動物殺しの民族誌

An Ethnography on Killing Animals

シンジルト
奥野 克巳 編

昭和堂

目次

第III部 動物殺しの系譜学

第7章 供犠と供犠論

序　肉と命をつなぐために

シンジルト

二〇〇九年に出版された絵本『いのちをいただく』は、日本国内で広く読まれ、多くの感動を呼んだ。二〇一一年には紙芝居化され、販売部数は一〇万部を突破した。さらに、二〇一三年にはデジタル版および新版も発行され、ロングセラーとなっている（内田他 二〇〇九：二〇一一、二〇一三、坂本他 二〇一三）。

この絵本は九州熊本の食肉センターで働く坂本氏の実体験に基づくものである。坂本氏の仕事は牛を殺して肉にすることだったが、彼自身はこの仕事が好きではなかった。特に、殺される牛と目が合うたびに自分の仕事が嫌になり、やめようと考えたこともあったという。彼の小学生の息子も父の仕事は格好悪いと思い、人前で父の仕事のことを話すのを嫌がっていた。授業参観で、父の仕事について担任の先生に尋ねられた時に、息子は「普通の肉屋です」と答えた。しかし先生に「坂本、おまえのお父さんが仕事ばせんと、先生も、坂本も、校長先生も、会社の社長さんも肉ば食べれんとぞ。すごか仕事ぞ」と言われ、彼はそれまでの考え方を変えた。息子からの理解もあって、坂本氏も仕事に自信を持つようになる。

ある日、食肉センターに一頭の牛が持ち込まれた。一人の女の子が付き添ってきていた。女の子はその牛に「みいちゃん、ごめんねぇ……」と謝っていた。女の子の祖父によると、みいちゃんは孫娘と一緒に育ったので、ずっと家に置いておくつもりだった。祖父は、孫娘にクリスマスプレゼントを買ってあげることも、お年玉をあげることもできないことに困っていた。この話を聞いた坂本氏は、みいちゃんを屠《ほふ》ることを拒み、会社を休むことにしたという。

翌朝、「お父さん、やっぱりお父さんがしてやった方がよかよ。心の無か人がしたら、牛が苦しむけん。お父さんがしてやんなっせ」という息子からの励ましの言葉を受けて、坂本氏は会社に向かう決意を固めた。「みいちゃん、ごめんよう。みいちゃんが肉にならんと、みんなが困るけん。ごめんよう……」と話しかけながら坂本氏はみいちゃんを屠り、解体した。翌日、女の子の祖父がセンターにやってきた。みいちゃんの肉を少しもらって家族全員で美味しくいただいた。「坂本さん、ありがとうございました」と感謝の言葉を述べた。

以上がこの絵本の粗筋である。この絵本がロングセラーになった理由は、肉を食べることを考えるという点で、熊本というローカルな文脈を越えて、日本全国で幅広い読者層の関心を集めたことにあるだろう。食卓の向こう側に何があるのか、という問いを多くの人が共有していたのである。その問いに対してこの絵本は答えを出したのではないか。食卓の向こう側にはみいちゃんという命がある。分断された命と肉のつながりを再確認させてくれたという意味で、この絵本の持つインパクトは大きい。

しかし、考えてみると、なぜ、当然のことしか言っていない絵本が、これほど広く受け入れられたのだろうか。筆者はモンゴル人で「肉食文化」の中で育った。筆者が日本に来て最も驚いたことの一つは、日本では季節を問わず一年三六五日いつでも肉が食べられることであった。肉は基本的に寒い季節のご馳走という認識しか持っていなかった筆者にとって、季節の影響を受けない日本の食生活はやや贅沢で奇異に見えた。しかし、こうした食肉の利便性がある一方で、ほとんどの日本人は、家畜を屠る場面を見る機会がない。多くの人々にとって経験的にたどれる肉の起源は、冷蔵庫あるいはスーパーマーケットまでであろう。たとえ食肉センターの存在を知っていたとしても、自分には遠い存在、ときには閉鎖的で暗く恐いイメージしか持っていないのではないか。そこで働く食肉解体作業員に対する偏見や差別も存在する。このように日本では、屠る現場が不可視な存在にされ、屠るという実践が日常生活から除外されており、その結果、命と肉のつながりは分断されているのである。[*1] 家畜を屠るあるいは殺す現場を描き、殺しという実践そのものに対する理解を国民一般に呼びかけたことに、絵本『いのちをいただく』の社会的意義がある。

むろん、屠畜を取り上げた書物は、絵本『いのちをいただく』だけではない。イラスト・ルポルタージュ『世界屠畜紀行』は、日本で初めて正面から屠畜の実態を取り上げた書物として広く知られている。世界各地の屠場で取材してきた著者の内澤によると、世界的に見て、屠畜者が差別されるのは、日本・韓国・インド・ネパールくらいである。ほとんどの国においては、たとえ屠られる家畜がかわいそうだと思うことがあっても、屠畜者を差別することはない。逆に、モンゴルやエジプトのように、屠畜できる人が周囲から尊敬されたり、屠畜業を神様がくれた仕事だと誇りに思ったりする国があるという（内澤 二〇〇七）。このように屠るという行為に対する人間の態度は、社会や文化によって大きく異なるということが分かる。もし『世界屠畜紀行』が世界の屠畜事情に関する日本初のルポルタージュだとすれば、本書『動物殺しの民族誌』は、世界の動物殺しを主題化した日本初の学術書になるだろう。

本書は、家畜のみならず、野生動物を殺す行為も扱う。また、食べるための狩猟・漁撈・屠畜はもとより、神に捧げるための供犠も射程に収めており、これらの行為すべてを本書では「動物殺し」という用語で表す。人類学ではこれまで、動物殺しが扱われてこなかったというわけではない。例えば、文化人類学領域における供犠研究や生態人類学領域における狩猟研究では、膨大な研究成果が蓄積されてきている（タイラー 一九六二、スミス 一九四一―一九四三、フレイザー 二〇〇三、デュルケーム 二〇一四、モース／ユベール 一九九〇、ラドクリフ＝ブラウン 一九七五、エヴァンズ＝プリチャード 一九九五、レヴィ＝ストロース 一九七〇、ド・ウーシュ 一九九八、田中 一九七一、煎本 一九九六）。

しかし、これまでの傾向を見ると、供犠という枠組みで区切られる動物殺しはしばしば表象研究に、狩猟という枠組みで区切られる動物殺しは往々にして生業あるいは経済研究に、それぞれ回収されてしまうきらいがある。その点を踏まえて、供犠や狩猟という用語の有用性を認めながら、動物殺しという実践そのものに焦点を当て、当該実践と人々の生活世界がどのような関わりを持ってきたかを考察するのが本書の目的である。方法としては、執筆者たちはそれぞれの調査地で得られたデータをもとに、動物殺しの実践者たちの経験を前面に押し出すことで、上記目的を達成しようとしている。それゆえ、本書は、動物殺しの民族誌なのである。なお、全体として民族誌的な記述が目指されるが、個別テーマによっては、歴史あるいは文献学的なアプローチが取られる。

本書の各章の対象地域は、アジア、アフリカ、ヨーロッパ、南北アメリカである。これらの地域において人々は動物を殺し、タンパク源としてその肉を摂食しながら暮らしている。同時に、そのおかれている自然環境、信仰する宗教の違いによって、動物の殺しの在り方が異なる。この事実自体は、当然といえるもので、取り立てて問題であるわけではない。「問題」となるのは、特定の動物殺しの在り方をめぐる価値評価が人間同士のさまざまな軋轢を引き起こす時であろう。では、こうした問題はどのような「政治」的状況の下で生じているのか。そして、そもそも、特定の動物殺しの方法を規定している「論理」とはどのようなものなのか。さらに、ある特定の動物殺しの在り方が、外部との相互作用の中で、どのような変貌を遂げてきたのかという「系譜」があるのか。この三つの問いを我々研究チームは共有した。そして、この三つの問いにそれぞれ対応しているのが、本書の三つの部である。

動物殺しの「問題」としての側面を考えるのが「動物殺しの政治学」と題する第Ⅰ部である。第Ⅰ部の三つの章はそれぞれ動物殺しと人殺しを論じている。動物殺しは人間と動物の関係において、人殺しは人間と人間の関係において理解されるべきであり、両者の間には必然的な関連性はないと思われがちである。しかし、現実社会においては、両者はしばしば密接に関係しあい、多くの場合は政治的な課題としてクローズアップされる。

第一章では、フランスを中心に現代ヨーロッパにおける「儀礼的屠殺」をめぐる問題が論じられる。ユダヤ教徒やイスラーム教徒は宗教的戒律に基づき、気絶処理を行わない屠殺方法を採用しており、この方法は儀礼的屠殺として位置づけられている。ヨーロッパ諸国では、動物保護思想の広まりにより、動物に苦痛を感じさせないための配慮として、気絶処理を行う義務が法制化されてきたものの、儀礼的屠殺は特例としておおよそ認められてきた。ところが、二〇世紀末、イスラーム系移民増加の問題が浮上すると、儀礼的屠殺はフランスの普遍的なるものに馴染まない野蛮な慣習として有徴化され、その残虐さへの批判がクセノフォビア（外国人嫌悪）と結びつき、他者排斥運動として展開されるようになった。花渕馨也は、屠畜という行為が日常から隠蔽されるとともに残酷なイメージが与えられるようになった感性の歴史や、ナチスドイツがユダヤ人の屠殺方法を残酷で非人道的なものとして攻撃するプロパガンダによっていかにホロコーストを正当化したかという事実にも言及しつつ、今日のヨーロッパにおける動物殺しと移民排斥をめぐる文化政治学について論じている。どのような状況において特定の動物殺しの仕方が問題化されるかだけでなく、いかにそれが政治的暴力と結びつきうるのかを考えさせる論考である。

第二章では、現代社会の倫理道徳からすると決してその存在が許されない、子殺しや棄老といった人殺しの問題を取り上げている。具体的には、南米パラグアイの熱帯森林に生きる狩猟民のアチェ（グアヤキ・インディオ）社会について、フランスの民族学者ピエール・クラストルが一九六〇年代に著した民族誌を再読しながら、当時のアチェ社会においてある意味で黙認されたこれらの人殺しの特徴を解析する。池田光穂は、人々がある対象を殺す際に、その対象をそれまで所属していた範疇から排除し、自分たちとは異なる存在として他者化することで「殺す」ことが可能になるという点に着目する。その上で、そうした実践が、屠畜の際に、犠牲になる家畜に呪文を唱えたり、聖水や花びらをかけたりして聖別する行為に似ていると分析考察する。関連する民族誌の地道な再読作業を通じて、池田は、人殺しと同格とされる「動物殺し」に関する質的理解を深めようとしている。

第三章の舞台はアフリカに移る。にわかには信じがたいが、南部エチオピアのボラナという牧畜社会においては、家畜を供犠すること、野生動物を仕留めること、嬰児を遺棄すること、敵対集団の人間を殺すことなど、形を変えながら多種多様な「殺害行為」が行われている。それらの目的は、たった一つである。すなわち、男性性の獲得である。

そこでは、動物殺し（植物殺しも含む）と人殺しは最初から密接に関連しあっており、一種の文化現象を成している。ボラナにおいて、男性は、何ものかを殺害しながらライフステージを移行し、男性性を獲得することを期待される。ここでいう男性性とは「男であること」と「父親であること」を意味するが、前者は個人として狩猟と戦いで勇敢さを示すことによって、後者は世代組の年長者による嬰児遺棄と供犠を伴って獲得されている。ボラナ社会では、動物殺しと人殺しはもはや別個のものとして論じることが困難である。田川玄は、現地調査の経験を活かしボラナの供犠、狩猟、嬰児遺棄、戦いを民族誌的に描き、男性性の獲得をめぐって、それらの諸要素がどのように関係しあっているかを明らかにする。

人殺しは、他者を排除あるいは支配するための究極の行為であり、そこには権力が欠かせない要素として作動しているという意味で、政治的なものである。そのような人殺しと隣りあう動物殺しが人々の関心を呼び、問題視されているのも、政治的だからである。いわば動物殺しに見られる政治学の構造をつかみとるのが第Ⅰ部であった。

特定の動物殺しの方法を規定する論理とはどのようなものなのかを、よりミクロな社会文脈の中で考えていくのが「動物殺しの論理学」と題する第Ⅱ部である。第四章は、北米カナダ先住民のカスカ社会におけるユニークな狩猟実践を取り上げ、彼らの動物観を抽出する。カスカ人たちは、狩猟でヘラジカなど草食動物を殺した時は、「気管を木の枝にかける」「舌の先をブッシュに置いておく」といった儀礼を行う。しかし、テンなど肉食動物を殺した時には儀礼を行わない。なぜ、一部の動物に対しては儀礼を行うのか。ここでは、儀礼は贖罪のため、あるいは殺された動物の復讐を回避するためだといった仮説は通用しない。カスカにとってテンなどは市場でその毛皮を販売するために殺すが、ヘラジカなどはその肉を自家消費するために殺す。そして、人間がヘラジカを一方的に殺しているように見える行為は、カスカにとって、ヘラジカが贈り物として差し出してくれた自らの肉を、人間はいただいている、ということになる。そこで、感謝の気持ちを表しヘラジカの魂を再生させるために、人間は返礼として儀礼を行うのである。山口未花子は、これらの儀礼から、人間と分断された全く異質の存在としてではなく、互いに交流可能な連続した存在として捉える彼らの動物観を描き出している。

第五章で取り上げられるのは、中米パナマ共和国東部に暮らす先住民エンベラによる獲物と毒蛇の殺しである。食肉という目的から獲物としてシカなどを殺すのは理解できる。しかし毒蛇は、その肉が利用されることはない。また実際襲われることがなくても、毒蛇というだけで容赦なく殺される。近藤宏は、狩猟活動以外に見られる動物殺しの実践を俎上に載せることによって、その実践を支えるエンベラ社会の論理の特徴、すなわち、人間と非人間との関係の本質をめぐるエンベラ人の観念を解明しようとする。エンベラにとって、人間と非人間は魂を持っている点では共通しているが、異なっているのは身体である。非人間的な存在の中には動物以外、ハイという霊的な存在もいる。ハイが人間の身体につきまとうと病気になる。症状はハイの姿となる。毒蛇の危険はその牙、つまり特異な身体に由来する。ハイと毒蛇の身体はそれぞれの仕方で危険を体現している。そして物理的に破壊できる身体を持つ毒蛇は、容赦ない殺しの対象となる。こうした動物殺しの論理からエンベラにおける人間と動物は必ずしも二元化された存在ではないということが読み取れる。

第六章では、マレーシアのボルネオ島の熱帯雨林に住む狩猟民プナンによる狩猟を取り上げている。具体的には、プナンが、森の生態と関わりながら、狩猟活動をいかに組織しているのかが記述検討されている。プナンは、吹矢、槍、銃などのような、獲物の死んでいく姿を人間が直接目にすることのない道具を用いて、あらゆる野生動物を躊躇うことなく死に至らしめる。野生動物は発見され次第、殺しの対象となる。彼らは、ヒゲイノシシやその他の野生動物を手に入れるために、植生の変化につねに気を配っている。季節性のないボルネオ島では、ある時いっせいに花が咲き、それに続いていっせいに実が成る。プナンにとって、季節変化を印づけるのが、鳥の鳴き声である。鳥は、人間だけでなく、あらゆる生きものに実りを告げて回る。人間は、果樹を見つけて、あるいは、落下している果実を見つけて、そこに動物がやってくるのを待ち、動物を仕留める。猪肉は、果物とともにプナンの食卓を豊かなものにする。奥野克巳によると、彼らの動物殺しの特徴を決定づけるのは、神話や鳥占いなど象徴記号による抽象的な思弁ではなく、互いに指標記号となる森・鳥・果物・猪・人間などの諸存在の具体的な絡まりあいである、という。

このように、詳細を検討していくと、同じ狩猟とはいえ、これまで取り上げた、カスカ、エンベラ、プナンにおける野生動物の殺し方やそれが依拠する論理の在り方はかなり異なっていることが分かる。しかし、共通して言えるのは、いずれの狩猟実践においても、実践者たちは、人間と人間以外の諸存在を互いに交流不可能な完全異質のものとして捉えていない、ということである。そういう意味で、毒蛇を見たら殺さずにはいられないエンベラの態度、野生動物全般に対して殺意を抱くプナンの振る舞いなどは、動物愛護思想が広まる現代都市社会ではあまり理解されないばかりではなく、ことによると「野蛮な慣習」としてバッシングの対象となるだろう。

それでは、「野蛮な慣習」のように思われる動物殺しの在り方が、それらを取り巻く資源開発や自然保護といったイデオロギーとの折衝の中で、今現在、どのような変貌を遂げようとしているかを考察するのが「動物殺しの系譜学」と題する第Ⅲ部である。

「野蛮な慣習」という意味では、おそらく、合理的思考が身に染みついた現代人にとって、供犠は最も理解しがたい行為の一つであろう。『大辞林』によると、供犠とは「宗教などで、特定の宗教的目的と共同体の結束のために、いけにえ・犠牲を神に捧げること」である。供物や犠牲になるのは動物に限らないが、動物殺しにとって供犠は重要な一つの形態である。人類史上、動物殺しはしばしば宗教的儀礼の枠内において「供犠」として行われてきた。第七章では、供犠実践や供犠実践をめぐる研究の系譜を取り上げる。具体的には、狩猟民・牧畜民社会から、地中海世界やイスラーム圏、さらに東南アジアや東アジアにおける供犠の展開過程とそれらをめぐる研究の特徴が記述分析される。そのうえで、供犠はキリスト教を背景に持っており今や支持しえない過去のカテゴリーであるという、近年関連研究領域に見られる批判がいかに的外れであるかが論じられる。山田仁史は、一九世紀末から今日まで蓄積されてきた古今東西の民族誌的情報を活用しながら、現代社会において、動物殺しの現場が一般人の目から隠され、供犠そのものも動物愛護の立場から厳しい批判を受けている一方で、供犠という名で呼ばれてきた諸実践が現代社会でも広く行われており、供犠という概念は今後も有用な学術用語として生かされるに違いないと展望する。

第八章では、アメリカ合衆国アラスカ州内陸部に暮らす先住民ディチナニク人社会を事例に、「文化キャンプ」と呼ばれる狩猟や漁撈といった伝統的な生業を再活性化する取り組みに焦点を当て、その位置づけを人々のおかれている文化や経済的な文脈において考える。こうした取り組みは、先住民アイデンティティの構築・発揚と深く結びついているだけではなく、自給自足的な狩猟採集生活への回帰にまつわる予言的語り、過去回帰言説がその背景にある。事実、白人との接触以降、先住民社会では、生存経済と現金経済が混じり合ったいわゆる「混合経済」が生じている。過去回帰言説が予言するのは、まさしくこの混合経済体制の崩壊である。しかし、実際その細部に入ってみると、「文化キャンプ」は、神話の身体的な記憶が継承される場であるだけではなく、混合経済への彼らなりの適応の結果でもあるということが分かる。近藤祉秋は、「文化キャンプ」を、「動物殺し」をなりわいとしてきた人々が強大な国家に包摂される過程において大きな変化を経験する際に、集団としての自律性を保とうとする試みの一つであると位置づける。集団意識と経済活動のいずれにおいても、「動物殺し」は人々にとって重要であり続けるだろう。

第九章では、中国西部青海省に暮らす牧畜民オイラト人の屠畜方法について考察している。牧畜民にとって家畜を屠るという行為の目的は一般にその肉を食べることにある。よって、屠畜は、その屠畜方法が家畜に優しいか否か、得られた肉が美味しいか否かを考えることに結びついている。人びとは、窒息させてから家畜を屠る。この窒息法で、羊が気絶するまで一〇分、牛は三〇分もの時間がかかる。この方法は「窒息」を特徴とするため外部から残酷だと批判される傾向にある。だが、牧畜民たちは窒息こそ家畜に優しく、肉も美味しいという。地域の屠場がすべてイスラーム式だったため、その肉は美味しくないということで、これまで一度も市場で肉を買ったことのない者もいる。彼らは美味しく食べたいがゆえ、屠畜する際には窒息法を採用する。美味しさと優しさは因果関係を成す。ただ仮に、美味しさだけを追求するのであれば、原理的に他の屠畜方法を採用してもよいが、人々はやはり優しい窒息法に拘る。優近年、牧畜民たちが資金を出し合い、窒息法に拘って屠場を開設したが、その屠場の肉の味が人気を博している。優しさと美味しさは因果関係を成す。シンジルトは、恣意的に見える特定の屠畜方法が、当事者にとっては必然的であり、それは優しさと美味しさが常に相互規定関係にあるからだ、と考察する。

第Ⅲ部で取り上げた供犠、狩猟（漁撈）、屠畜は、動物殺しを支える三つのキーワードである。過去のカテゴリーとされる供犠は、今も形を変えながら諸地域で実践されている。学習の対象として客体化されているけれども、アラスカにおける狩猟（漁撈）実践は、先住民社会に新たな文化をもたらす可能性を秘めている。青海オイラト人社会における伝統的な屠畜は、窒息という形式を保ちながら、近代的な企業に受け継がれている。我々はこれらのフィールドにおいて、異なる性質の動物殺しの系譜を確認することができよう。

ところで、冒頭で紹介した、絵本『いのちをいただく』の主人公である元食肉解体作業員の坂本氏は、退職後、現在各地で講演活動を行い、それを通じて屠畜という仕事を多くの人に理解してもらおうとしている。彼の活動にメディアも好意的である。地元の熊本県民テレビは、二〇一六年春、坂本氏をはじめとする食肉センターのスタッフたちの仕事や生活を紹介する番組を制作した。番組の名前は『いのちを伝える――元食肉解体作業員の挑戦』であった（KKTくまもと県民テレビ 二〇一六）。ゲストとして、筆者も番組に出演する機会があった。

坂本氏との番組の対談の中で、筆者は彼に、青海オイラト人たちの屠畜方法、窒息法を紹介し、その映像を観せた。日本の屠畜現場では、屠畜銃を使い家畜を失神させてから素早く屠ることが、家畜を楽にさせることになる、つまりその方法が家畜に優しいと考えられている。それとはまったく異なるやり方で行われている屠畜のシーンを観てもらい、それに対する坂本氏のリアルな感想を聞きたかった。そして、この映像を観たら坂本氏はきっと驚くだろうと、筆者は確信していた。しかし、驚いたことに、坂本氏のリアクションはいたって淡々としたものだった。彼は低い声で、屠畜するオイラト人の屠る技を褒めた。屠られる羊は、苦しそうな表情を見せたり、抵抗したりすることがなかったからという。屠られる家畜の視線から屠る方法を評価するという発想は、筆者にとって新鮮だった。窒息法のシーンを観せて相手に驚きを期待する筆者より、坂本氏の方が窒息法の真の理解者であるかもしれない。第Ⅱ部の民族誌が明らかにしたのと同じように、彼は屠畜の実践を通じて家畜との間に交流可能性を体得していたからである。

とはいうものの、坂本氏に悩みがないわけではない。屠畜の仕事に対する人びとの無理解である。そのため、彼は講演活動を続けている。現代日本社会において多くの人は、屠畜の仕事を理解しないばかりか、屠畜あるいは動物殺しといった言葉を口にすると、なぜか、それらをおぞましいもののように感じる。さらに、多くの人は、自らが持つこの種のネガティブな感覚を、世界共通のもので、人間が生得的に持つ本能によるものだと思い込んでいる。しかし、おぞましく感じることの是非はともあれ、動物殺しをめぐる特定の感覚自体は決して人間の本能によるものではない。このことを読者に伝えるのが本書である。動物殺しという実践にまつわる人間社会の多種多様な論理の在り方を記述考察する本書を読むことで、読者は、自ら慣れ親しんできたものとは全く異なる世界を追体験し、そこにみられる多様な生命観、環境観の存在に気づき、自己と他者、死と生をめぐる思考を深めることができるであろう。

注

＊1　例えば、沖縄における人間と豚の関係を論じる中で、文化人類学者の比嘉は、豚を屠る方法の変化に注目しながら、産業化に伴って現代の屠場における屠畜実践がいかに不可視なものになり、人間と豚の間の距離がどのように広がり、生き物としての豚はいかにモノとして扱われるようになったかを明らかにしている（比嘉二〇一五）。

参考文献

煎本孝　一九九六『文化の自然誌』東京大学出版会。

内澤旬子　二〇〇七『世界屠畜紀行』解放出版社。

内田美智子（著）、諸江和美（イラスト）、佐藤剛史（監修）　二〇〇九『いのちをいただく』西日本新聞社。

内田美智子（著）、坂本義喜（企画・原案）、魚戸おさむ（イラスト）　二〇一一『紙しばい　いのちをいただく』西日本新聞社。

内田美智子（文）、魚戸おさむとゆかいななかまたち（絵）　二〇一三『デジタル紙芝居「いのちをいただく」』DVD、株式会社アースドラゴン。

エヴァンズ＝プリチャード、E・E　一九九五『ヌアー族の宗教』（上下）、向井元子訳、平凡社。

KKTくまもと県民テレビ　二〇一六「現場発！『いのちを伝える――元食肉解体作業員の挑戦』」二〇一六年四月三〇日、午後三時放送。

坂本義喜（原案）、内田美智子（作）、魚戸おさむとゆかいななかまたち（絵）　二〇一三『絵本　いのちをいただく――みいちゃんがお肉になる日』講談社。

スミス、W・R　一九四一～四三『セム族の宗教』（前後）、永橋卓介訳、岩波書店。

タイラー、E・B　一九六二『原始文化』比屋根安定訳、誠信書房。

田中二郎　一九七一『ブッシュマン――生態人類学的研究』思索社。

デュルケーム、E　二〇一四『宗教生活の基本形態――オーストラリアにおけるトーテム体系』（上下）、山崎亮訳、筑摩書房。

ド・ウーシュ、L　一九九八『アフリカの供犠』浜本満・浜本まり子訳、みすず書房。

比嘉理麻　二〇一五『沖縄の人とブタ――産業社会における人と動物の民族誌』京都大学学術出版会。

フレイザー、J・G　二〇〇三『初版　金枝篇』（上下）、吉川信訳、筑摩書房。

モース、M／H・ユベール　一九九〇『供犠』小関藤一郎訳、法政大学出版局。

ラドクリフ＝ブラウン、A・R　一九七五『未開社会における構造と機能』青柳まちこ訳、新泉社。

レヴィ＝ストロース、C　一九七〇『今日のトーテミスム』仲沢紀雄訳、みすず書房。

第Ⅰ部

動物殺しの政治学

第1章 儀礼的屠殺とクセノフォビア

残酷と排除の文化政治学

花渕馨也

1 残酷な屠殺をやめろ!

二〇一〇年、フランスの八つの主要な動物保護団体[*1]が結集し「儀礼的屠殺の実態に関する消費者への情報提供全国キャンペーン」[*2]を開始した。フランスでは、屠殺前の家畜に気絶処理を行うことが法律で義務づけられているが、宗教的慣習に基づく「儀礼的屠殺」には特例としてそれが免除されている。彼らのキャンペーンの目的は、気絶処理を行わない屠殺の残酷な実態をフランス国民に伝え、儀礼的屠殺の法的禁止か、儀礼的屠殺によって生産された食肉を識別するための追跡タグの義務化を実現することである。そのホームページのトップページには次のように書かれている。

「屠殺前の気絶処理は、死をむかえる動物の苦痛を緩和するために行われています。しかし、ユダヤ教徒とイスラム教徒の儀礼的屠殺は特例とされ、いかなる麻酔もなしに、完全に意識があるまま動物が首を切られています。この気絶処理の例外が、フランスの食肉業における屠畜の慣例になりつつあるのです。

たとえ宗教の自由が尊重されるべきだとしても、それは、食肉用動物の屠殺方法について情報提供を受けていない多数のフランス人の信教の自由を侵害することを正当化することにはなりません。現状において、生産情報に関するタグ付けはまったく実施されていません。つまり、消費者は、首を切られる時に完全に意識があった動物のものだということを知ることなく、その肉を食べているのです。今日、多くの科学的権威が、儀礼的屠殺において動物が感じている苦痛について証明しているだけに、こうした事態はいっそう耐え難いことです。」

また、つぶらな瞳の牛がじっと前を見つめる写真を載せたキャンペーンポスターには、次のような文章が添えられている。

「この動物は気絶処理されることなく、ひどい苦痛を感じながら、むき出しの首を切られます。そう、これが儀礼的屠殺なのです。ハラルやカシェルの供儀をフランスのあたり前にすべきではありません。このような虐殺・肉屋（boucherie）を止めさせましょう！」[*3]。

フランスでは、移民問題が浮上してくる一九九〇年代以降、儀礼的屠殺の問題、特にイスラムの「ハラル肉」について、たびたび論争が起きてきた。このキャンペーンが開始された翌々年、二〇一二年に行われた大統領選挙では、移民排斥、反イスラムを掲げる極右政党・国民戦線のマリーヌ・ルペン候補が、「パリで流通している食肉のほとんどは残酷な殺し方によって生産されたハラル肉だ」（Le Parisien 2012a）と告発したことを火種として大きな論争が起こり、大統領選挙の一つの争点となった。「動物の殺し方」が移民問題と結びつき、異なる慣習や信念を持つ人々がいかに共生しえるのかという、フランス社会の根本的あり方が問われる重要な政治的課題となっているのだ。

本章は、現代のフランスおよびヨーロッパで起きている儀礼的屠殺をめぐる議論について取り上げる。気絶処理をともなう「人間的屠殺」方法の法制化とともに、「儀礼的屠殺」が残酷な行為としてスティグマ化され、ユダヤ人に対するクセノフォビア（外国人嫌悪）と結びつけられた歴史をたどり直し、同様に、他者を野蛮な存在として排除する「動物殺し」をめぐる言説の政治的暴力が、フランスで起きているハラル＝移民問題において反復されている現代の状況について明らかにしたい。

フランスやヨーロッパという国や地域、あるいはイスラム社会という地域を越えた集団を対象とし、フィールドワークではなく主に文献資料とインターネットの情報に基づいて議論する本章の内容は、「比較民族誌」という本書の枠組からは少し外れたものになっている。それは、次のような視点に立って問題の枠組を設定しているからだ。

現代の世界において「動物殺し」について考える場合、特定の民族や文化における「人間と動物」との関係について民族誌的に明らかにするという枠組はもはや通用しなくなっているのではないか。人や物や情報がボーダーレスに流通する世界において、「動物をむやみに虐待したり、殺したりしてはいけない」という倫理的言説は、普遍的な価値としてグローバルな言説空間に拡散し、その隅々にまで影響を及ぼすようになった。また、その言説は法的、政治的力として他者の動物の殺し方へと介入し、集団間の対立を生み出すようになってきている。動物殺しの問題は、もはや、そうした広い言説空間の政治的影響関係なしには考えることができないだろう。

本章では、フランスにおける儀礼的屠殺の問題が、まさに、そのようなグローバルに展開する広い言説空間における文化政治学として生じている現象であることを示すことで、動物殺しについて比較するための共通の参照枠組について確認することになるだろう。

2 神の法による儀礼的屠殺

現在、フランスなどの欧米諸国では屠殺前に家畜に「気絶処理（étourdissement）」を行うことが法的に義務付けられているが、その一方で、宗教的戒律によって気絶処理を行わない屠殺を儀礼的屠殺と定義し、例外として認めている場合が多い。「儀礼的屠殺」とは、フランス語の abattage rituel または égorgement rituel（儀礼的首切り）、英語の ritual slaughter の翻訳である。「気絶処理を行わない儀礼的屠殺」（abattage rituel sans étourdissement）という言い方もよく使われる。儀礼的屠殺に対し、法律に基づき気絶処理を行う屠殺は「慣例的屠殺（abattage traditional）」、あるいは「近代的屠殺（abattage moderne）」、「通常的屠殺（abattage conventionnel）」、「人道的屠殺（abattage humanitaire）」などと言われている。

儀礼的屠殺とされているのは、ユダヤ教とイスラム教による屠殺方法である。どちらも特別な宗教的行事や供儀として動物を屠るやり方というわけではなく、日常において食される肉を生産するために動物を屠《ほふ》る時の、宗教法に則ったやり方のことである。

ユダヤ教には食物に関する清浄規程「カシュルート」があり、この規程に従った食物のことを「カシェル」と呼ぶ。カシュルートは、豚など特定の種類の動物や死んだ動物の肉などの食物禁忌を定めるとともに、動物の屠殺は、ラビ（ユダヤ教の宗教的指導者）によって任命された「ショーヘート（屠殺人）」によって「シェヒータ」という方法で行われなければならないと定めている。

儀礼的屠殺はこのシェヒータのことを指す。家畜を屠殺する場合、まず検査によって病気や傷を負った動物は除かれ、動物を気絶させることなく、鋭いナイフによって一撃で首の動脈を切り割き、心臓が動いた状態で血をすべて流し切らなければならない。血は魂であるとされており、血を口にすることが厳しく禁じられているので、血の処理には特段の注意が払われる。また、カシュルートでは屠殺した動物の坐骨神経は食べてはならないという規程があり、それを取り除く「ニクル」と呼ばれる処理を行わなければ下半身（臀部から後ろ足にかけての部分）は食べることができない。しかし、このニクルは特別な知識と技術が必要なため現在ではほとんど行われておらず、一般に下半身の肉はカシェル肉としては食べられず、一般の肉として市場で売られている。ヨーロッパで流通するカシェル肉の多くはイスラエルで生産されており、また、ハラル肉に比べて流通する量も消費量も少なく、その経済的影響力が小さいため、今日儀礼的屠殺の問題でシェヒータが前景化することは少ない。

同じ起源を持つ宗教であるイスラム教においても、ユダヤ教ほど厳格で細かな規則ではないが、類似した食物規則が存在している。イスラム教では、イスラム法（シャリーア）によって「禁止された」行為や物などを「ハラム」といい、それに対し「許された」ものを「ハラル」という。コーランには飲食が禁じられているものが記されており、汚らわしいとされる豚や犬のほか、獲物を捕らえる牙や爪を持つ虎や熊などの野獣、フクロウ、鷹などの猛禽類、ロバやラバ、ラクダ、死んだ動物の肉、アルコールや血液などがハラムとされている。

ハラルには様々な食品が含まれるが、とりわけ儀礼的屠殺によって処理された「ハラル肉（viande halal）」を指して言われることが多い。食肉の場合、イスラム法に則った手順で屠殺された家畜の肉のみがハラルであり、それ以外で処理された肉はハラムである。イスラム法および慣習に則った屠殺は「ザビハ（dhabiha）」と呼ばれ、それはイスラム法として明記されている部分と、慣習的に行われてきたスンナや神学的解釈による部分からなり、細かな点で地域的な違いもあるが、基本的な部分は共通している。家畜である牛や山羊や羊の場合、以下の条件と手順によって行われる。①屠殺するものが「啓典の民」であること。②屠殺する動物を地面に横に寝かせ、その顔をキブラ（メッカの方向）に向ける。③鋭く良く切れるナイフを使用し、喉と食道を一回の動作で切り裂き、頚動脈と頚静脈を切断し、血液を排出させる。ただし、首は切り落とさない。④喉を切る時に、「ビスミッラー（アッラーの御名において）」、または「アッラーフ・アクバル（アッラーは偉大なり）」と唱える。⑤血がすべて排出された後に解体する。

ユダヤ教およびイスラム教の儀礼的屠殺では、一般に屠殺前に動物の意識を失わせる「気絶処理」を行うことはしない。気絶処理を行わない第一の理由は、それがシェヒータやザビハの規則に則ったものでないことであるが、その他に、気絶処理によって動物が死亡してしまうことがあり、その場合、死肉を食べてはいけないという戒律に反するため、その動物の肉を利用できなくなるという経済的理由や、瀉血を十分に行うためには首を切った後も心臓を動かしておくことが必要であり、気絶処理によって心臓が停止した場合には瀉血が不十分になるといった技術的理由が挙げられる。

しかし、イスラム内部において気絶処理についての意見が統一しているわけではない。イスラム神学者や宗教的指導者の中には気絶処理を容認する見解も存在している。たとえば、イラクのアブドゥルカリム・ザイダンは、イスラム法の百科事典『アル・ムファサル』において、預言者の伝統に基づき動物を生きたまま屠殺することを強調する一方、「電気による気絶処理は、死の瞬間における動物の負担を減らし、苦痛を和らげる。気絶処理が死をもたらさないという条件で、この方法はイスラム法の内にある」とする（Non à l'abattage ritual 2016）。

また、カナダのハラル食肉協会の宗教的指導者であるマルズギ・ハビブは、二〇一二年のラジオ・カナダのインタビューに対し、儀礼的屠殺は動物に苦しみを与えるものではないとする一方、「われわれにとって重要なのは、首を切る時に動物が生きているということです。ですから、気絶させるということは重大なことではありません」と述べ、気絶処理を行うことは問題ないとする。また、彼は屠殺する動物の顔をメッカの方向に向けることも、大量に屠殺する屠畜場の状況では不可能であるとも発言している（Radio Canada 2012）。

気絶処理についての法的解釈が統一されていないため、ハラル肉の生産工程において国や地域によって違いが生じており、アラブ首長国連邦やサウジアラビアなどでは気絶処理は禁止されているのに対し、インドネシアやマレーシアでは認められており、国際的なハラル認証機関であるマレーシア政府ハラル認証機関（ＪＡＫＩＭ）では、定められた電圧による気絶処理を規定している。*4 ヨーロッパでも、イギリスのムスリム社会では気絶処理を認める見解が受け入れられてきたため、フランスほど儀礼的屠殺の問題が大きく取り上げられることはない。

ベルゴー＝ブラクルは、ハラルの統一した基準は存在していないとし、それは、外部との関係によりイスラム社会内部で多様な解釈や実践が生み出される状況にあるからだと指摘する（Bergeaud-Blackler 2004）。そもそも、鷹木が指摘するように、イスラム社会においてハラルは自明のことであり、ハラルであるかどうかが意識されたり、社会問題化したりすることはなかった（鷹木 二〇一四）。また、屠殺方法の規程も厳格に遵守されているわけでもない。筆者が調査対象としている東アフリカのコモロ人社会はイスラム社会であり、人々はハラルの規則について知識として知ってはいるものの、家畜の頭をメッカの方向に向けたり、アッラーの名前を唱えたりするといった手順がすべての屠殺において厳格に守られているわけではない。

しかし、一九世紀末からヨーロッパ諸国で動物保護運動が広まり、屠殺前の気絶処理を義務化する法制化が進められると、まずユダヤ教のシェヒータが、そして次にイスラム教のザビハが、気絶処理を行わない「儀礼的屠殺」として規定され、区別されるようになり、それを残酷な屠殺方法として非難する運動が広まるようになると、それへの反応として、イスラム社会内部でハラルの定義をめぐる議論が出てくる。

とりわけ、ヨーロッパ社会に移民として住むようになり、異文化の中で暮らすようになったムスリムは、より自身の宗教に対し自覚的になり、何がハラルで、何がハラムかという「ハラル性」を意識的に区別することが求められ、イスラム法遵守のためにそれを正当化する明確な法的解釈を必要とするようになった。移民の第一世代よりも、むしろヨーロッパで生まれた第二、第三世代が、マイノリティとしての自分たちのアイデンティティを故郷やイスラムに求める要求が強く、ハラルに対する意識も高いとされる（Bergeaud-Blackler 2004）。

さらに、ハラル市場がヨーロッパだけでなくグローバルに拡大し、ハラル肉の大量生産と流通という新たな経済的環境が出現したことにより、国際的な法や基準に対応してハラルの定義を明確化することが必要となってきたという事情もある。こうした状況の中で、ハラルは外部との関係において再定義され、新たな意味を付与されるようになり、気絶処理をめぐる複数の解釈や実践が併存する状況が生まれてきたのである（Bergeaud-Blackler 2005）。

気絶処理の例外を認めてきたヨーロッパ諸国では、二〇世紀末から、儀礼的屠殺に対する批判が高まり、儀礼的屠殺の禁止や例外規定の見直しをめぐる裁判がいくつも起こるようになっている。一九九五年にドイツ連邦議会は、ハラルをめぐる統一見解がないので気絶処理の禁止をイスラム教に基づく公的要請とは見なせないとし、ユダヤ教のシェヒータに与えられている気絶処理の免除をイスラム教には適用できないという判断を示した（Smith 2007）。二〇〇二年、ドイツ憲法裁判所は、「宗教の自由」の権利に基づきイスラム教の儀礼的屠殺を認めてこの判断を覆しているが、儀礼的屠殺を禁止する動きはヨーロッパ各地で強まっている。

今日のヨーロッパにおいて、宗教的異論と妥協することなく屠殺前の気絶処理の義務化を進めることは、ユダヤ教徒やムスリムに、人の法に従うか、神の法に従うかの選択を迫ることになっている。しかし、ムスリム移民にとって儀礼的屠殺をめぐる解釈の違いは、あくまで文化的慣習や宗教上の問題であり、絶対的な「神の法」の問題であるのに対し、ヨーロッパの側にとって、それは動物福祉に関する人道的倫理や信教の自由、政教分離の原理など「人の法」の問題として議論される問題であり、両者の議論の土台は大きく異なっており、その断層は深い（内藤・阪口二〇〇七）。動物の殺し方の残酷さをめぐる対立の背後には、西欧的価値や倫理を普遍的なものとして他者の宗教的信念や文化的慣習を否定し、法的に規制することができるのかという、移民問題に揺れるヨーロッパ社会が抱える根本的問題が存在しているのだ。

3　人間的殺し方と感性

儀礼的屠殺が問題とされるようになった背景には、「気絶処理（スタンニング）」を行う技術の普及と法制化がある。家畜を殺す前に意識を失わせる気絶処理がヨーロッパに導入されるようになったのは一九世紀末からのことである。

初期における気絶処理は、まず屠殺時に暴れる動物によって屠殺人が怪我をしないよう安全を確保するために導入されたもので、動物の苦痛緩和という動物保護の目的は二次的なものであった（Van der Schyff 2014）。

大型獣である馬や牛、豚などの屠殺では、首を切って瀉血する前に大型ハンマーによって前頭やうなじを一撃して気絶させる方法が古くから広く行われていた。一九世紀末には、頭に穴を開けるための屠畜用専門の鎚や、家畜の頭に鋲を打ち込むためのマスクなども開発された。

一九〇三年、ドイツの屠畜場において動物の頭にボルトを打ち込み意識を失わせる「屠畜銃（pistolet d'abattage）」が発明され、広く普及するようになった。その後、二酸化炭素や一酸化炭素などのガスを使用する方法や、頭部や胴体への電撃による方法など、様々な気絶処理の技術が開発されてきた。気絶処理の後、家畜が痙攣して四肢を動かすことを防ぎ、作業員の安全性を確保するために、屠畜銃によって開けられた頭部の穴からワイヤーを挿入し、脳や脊髄を破壊するピッシング（不動体処理）の工程も伝統的に行われてきたが、狂牛病問題後は、病気の感染を防ぐために行われなくなった。

やがて、動物保護運動の広まりにより、気絶処理の技術には屠畜作業者の安全性の確保という目的のほかに、動物保護という意味が付加され、家畜は気絶処理によって「人間的に」屠殺しなければならないということが強調されるようになる。野性動物の狩猟において一発で止めを刺す「クリーンキル」が推奨されるようになったように、家畜の屠殺においては動物が恐怖や苦痛を感じないようにする方法、あるいは苦痛を緩和し、できるだけ苦痛を短くするような方法として、屠畜前の動物を気絶させ、意識を失わせるという「安楽死」の方法が要請されるようになったのだ。

ヨーロッパ諸国では一九世紀から二〇世紀半ばにかけて、屠畜場を公的に管理するようになり、儀礼的屠殺を批判し、気絶処理を法制化する動きが出てきた。一八九三年、スイスは動物保護団体の要請により国民投票を行い、連邦憲法により、ユダヤ教のシェヒータを禁止し、屠殺するすべての動物に対する気絶処理の義務化を規定した。続いて、一九一九年にオランダ、一九三〇年にノルウェー、一九三三年にイギリス、一九三八年にはスウェーデンが、同じように屠殺前の気絶処理の義務化を導入した。ただし、オランダやイギリスは、その法律においてユダヤ人の儀礼的屠殺の例外を認めており、その他のヨーロッパの国々では、儀礼的屠殺は実質的に許容されていた（Bergeaud-Blackler 2007）。

しかし、ナチス・ドイツ時代、まず一九三三年の動物保護法によってドイツで儀礼的屠殺が禁止されると、その後一九三八年にポーランドとイタリアが、そして、一九四〇年以降はイギリスをのぞくナチス・ドイツの占領下におかれた国々でシェヒータが禁止された。戦後、儀礼的屠殺の禁止は解除され、ドイツでは儀礼的屠殺が徐々に行われるようになったが、法的に容認されたのは一九八六年になってからである。

フランスもヴィシー政権下で儀礼的屠殺が禁止されたが、戦後に撤廃された。その後のフランスにおける気絶処理の法制化は遅く、一九六四年の政令によって屠殺前の気絶処理が義務化されるとともに、儀礼的屠殺の例外が認められた。この法律は、一九六一年に動物保護運動家として名高いJ・ジラルドーニによって設立された「屠殺される動物への奉仕活動」キャンペーンに影響を受けたもので、これ以降、家畜銃、電気、ガス等による気絶方法が義務化され、ハンマーによる気絶方法は禁止された。

二〇世紀半ばまでにヨーロッパに浸透した気絶処理による屠殺とその法制化は、EUの地域統合を背景とし、国際的な法制化へと拡大し、家畜を対象とした動物福祉に関する国際基準が設定されるようになってきている。動物衛生や人獣共通感染症に関する国際基準の作成を行うために一九二四年に設立され、一六七ヶ国が加盟し、パリに本部をおく国際獣疫事務局（ＯＩＥ）では、二〇〇五年の総会で初めて家畜福祉の国際基準としてガイドラインを採択した。そこでは家畜の飼育や輸送から屠殺方法に関する基準までが詳細に決められており、屠殺における事前の気絶処理を規定している。このガイドラインは世界貿易機構や世界保健機構における参考基準として採用されており、屠殺方法に関するグローバル・スタンダードとなっている。

ヨーロッパ諸国における家畜の扱いは国内法だけでなく、ＥＵや欧州評議会の条約や法律によって規制されている。

動物の屠殺に関しては、一九七四年に初めてEU理事会指令の第一条で屠殺前の気絶処理を定めている。ただし、第四条において、「特定の宗教的儀礼が要請する特殊な屠殺方法に関する国家の規程には影響しない」とし、ハラルやシェヒータによる屠殺を容認している（Bergeaud-Blackler 2008）。

一九七九年には、欧州評議会が「屠殺される動物の保護に関する欧州協定」[*5]を採択し、屠殺される動物に苦痛を与えないための方法について規定した。その後、この規程は、一九九三年の「動物の屠殺に関する閣僚理事会から加盟国への勧告」[*6]でも再確認され、さらに、二〇〇九年の「屠殺または殺処分時における動物の保護に関する規則」[*7]では、気絶処理についてより詳細な条件を規定している。その第三条は、「動物は、殺される際および関連する工程において、すべての回避可能な痛み、苦悩あるいは苦しみを免れなければならない」とし、第四条一項では、「動物を殺す前には定められた方法で気絶処置を行わなければならない。意識と感覚の喪失は死ぬまで維持されなければならない。気絶処置後は可及的速やかに殺すための手段をとらねばならない」と規定している（平澤 二〇一四：二八）。ただし、一九七四年の理事会指令と同様、この規程の第四条（四）では屠畜場での屠殺のみを条件として、儀礼的屠殺が、すべての動物の屠殺前の気絶処理を要請する第四条（一）の例外であることが明確に示されている。

EUや欧州評議会の法的拘束の下に、ヨーロッパ諸国はそれぞれ国内法を整備しているが、それぞれの国内の事情により、儀礼的屠殺の扱いは一律ではない。スウェーデン、スイス、ノルウェー、アイスランド、オーストリアの六つの州は屠殺前の気絶処理を規定し、儀礼的屠殺を認めていない。一方、フランス、イギリス、オランダ、ベルギー、デンマーク、イタリア、アイルランド、ポルトガル、スペインでは例外が認められている。ただし、例外の解釈は様々であり、スペインでは豚や山羊や羊はよいが、牛の儀礼的屠殺は認められていない。

ヨーロッパ諸国では、儀礼的屠殺の例外規定に関してたびたび国会で取り上げられたり、動物保護団体による裁判が起こされたりしており、各国内の議論は揺れ動いている。たとえば、オランダでは、二〇一一年に動物保護を掲げる「動物のための党」がイスラム教徒およびユダヤ教徒が行っている屠殺方法が「残酷である」として「動物の宗教的な食肉処理を禁じる法案」を提出し、下院で可決されたが、その後、上院では否決された。

ヨーロッパ世界では、「人間的な」屠殺技術としての意味を与えられた気絶処理が、国際法や国内法として法制化され、大きな拘束力を持つようになる中で、儀礼的屠殺の特例に対する反発が高まり、司法という場において、神の法と人の法とが衝突する事態が起きているのだ。

動物の苦痛と残酷さの隠蔽

屠殺前に気絶処理を行うことで動物の苦痛を緩和するという考え方が登場してきた背景には、西欧社会において大きな影響力を持つようになった動物保護思想がある。一七世紀、動物を「魂なき機械」と見なし、動物は考えることも痛みを感じることもないとしたデカルトの「動物機械論」に対し、一七～一八世紀には、アリストテレスに遡る「動物に霊魂（精神）があるのか」という問いや、動物への倫理的配慮について盛んに議論されるようになった（金森 二〇一二）。カントは、動物には理性はないが、動物を残虐に扱うと、人間に対しても冷酷に振る舞うようになってしまうので、動物にはやさしくすべきだと考えた。また、功利主義者ベンサムは、人間と同様に動物も苦痛を感じる能力を持つとし、「問題は彼ら（動物）が苦しむことができるかどうかである」とし、「感覚」や「感性」に焦点を当てる今日の動物保護思想の一つの根拠となる考えを示した（伊勢田 二〇一〇）。

そうした思想的展開が具体的な動物保護運動として現れるようになるのは一八世紀のイギリスである。一七七六年に出版された英国国教会のプリマット神父による『動物に対する慈悲の責務と残酷な行為の罪』が、イギリスにおいて動物福祉の考えが広まるきっかけになったとされている。イギリスで広く行われていた「牛いじめ」という犬を牛にけしかけていじめる娯楽などが批判されるようになり、一八二二年、最初の近代的な動物愛護法とされる「残酷で不適切な牛の扱いを防止するための法律（マーチン法）」が成立した。一八二四年には、動物虐待防止協会（ＲＳＰＣＡ）が設立され、その影響により、フランス、ドイツ、スイス、スウェーデン、アメリカで同じような動物保護団体が設立されるようになり、ヨーロッパ全体に動物保護運動が浸透していくことになる（伊勢田二〇一〇）。

ターナーは、一九世紀に動物の「虐待（cruelty）」防止への関心が高まった背景に、「他者の苦痛への配慮」という「感性(sensibility)」に基づく道徳的風潮がイギリス社会の中に育ったことがあるとする(ターナー一九九四)。ターナーによれば、「苦痛への配慮」は、ヴィクトリア朝時代における産業革命による工業化・都市化という変化、および進化論という新たな人間観の登場に対する不安の中から、「人間性（humanity）」を再定位する思想的運動の中で生じてきたのだという。苦痛への配慮を持つことが人間性の一部とされ、動物が感じる苦痛に配慮することが人道的で倫理的だとする考え方が登場してきたのだ。その対象は動物だけでなく、社会的弱者へも向けられ、児童虐待防止運動もこの時代に登場してくる。

しかし、青木によれば、「この時期の運動は動物にいかなる意味でも人間と同等の権利を求めるものではなかった。動物の命を奪うことはなんら問題とされなかったので、肉食そのものは運動のターゲットとならなかった」（青木二〇一五：六）。これに対し、一九七〇年代以降に登場してきた「動物の権利」や「動物の福祉」運動では、動物が人間の単なる保護対象であるのではなく、動物自身が苦痛を感じる「感性」を持つという点がさらに強調され、それ自体として苦痛を受けないという権利を持つ主体的存在であると位置づけられるようになる。この運動の急進派であり、「種差別」という考えを主張するP・シンガーは、動物に苦しみと恐怖を与えるとして儀礼的屠殺を強く非難している（シンガー二〇一一）。

動物が感覚能力を持ち、苦痛を感じるのであれば、動物に危害を与えないための倫理的配慮が必要であるとする「感覚中心主義」は、動物への配慮に関する倫理学的議論の多くが依拠するものである。今日では、動物の「感性」を根拠づけるために、動物の心や意識の存在について証明しようとする哲学的議論や、生物学や解剖学など自然科学の視点から、動物が苦痛を感じていることの神経生理学的根拠を証明しようとする研究も盛んに行われるようになっている。少なくとも、家畜を含む哺乳類が人間と同様に痛みを感じる「感性」を持つということは科学的にも定説になっており、今や、「魚が痛みを感じるとしたら?」「魚を釣るために餌にされるミミズは?」といった動物種と倫理的配慮の線引きへと議論が発展している[*8](ブレイスウェイト 二〇一二)。

感覚中心主義的な動物保護思想の広がりと平行して、屠殺場の環境が一九世紀以降大きく変化し、屠畜が一般市民から見えないように隔離され、それとともに屠畜についての「残虐なイメージ」が形成されてきた歴史的過程も、人道的屠殺が普及するようになった背景にある。

バルダンは「血の恐怖から動物の耐え難い苦痛へ」(Baldin 2014)という論文において、コルバンの「感性の歴史学」の視点から、儀礼的屠殺に対する議論を血と暴力に対する「感性(sensibilité)」の歴史として解読し、屠畜が日常から隠蔽される歴史的変化を辿ることで、「動物が流す血への恐怖」と「動物の苦痛への感性」が社会的に構築されてきたことを明らかにしている。

バルダンによれば、かつて屠畜場はフランス語の「殺す(tuer)」に由来する tuerie(殺害所)、屠殺者は tueur(殺す人=屠畜者)と呼ばれていたが、次第に使われなくなり、それに代わり一九世紀前半に使われるようになった abattoir という語が現在の屠畜場の意味を持つようになった(Baldin 2014)。abattoir は直接的に「殺す」という意味ではなく、フランス語で「打ち倒す」という意味の abattre という動詞に由来し、名詞で屠殺は「(木を)切り倒す」という意味も持つ abattage、屠殺人は abatteur と言われる[*9]。

かつて、フランスにおける屠畜は村の屠殺場や道端で行われるものであり、誰もが、動物が殺され、血が流れる場面を見ることができた。パリのような大都市では、人口増加とともに大量の肉を消費するようになり、そのために食肉業者が増加し、かつては町の中心部に大規模な屠殺場があった。セーヌ川に沿った街路には大量の動物の血が流れ、牛の頭や臓物が露わになっている光景が見られた(Baldin 2014)。

しかし、不衛生を嫌悪し、非道徳的と見なす衛生主義(hygienism)的志向が都市のエリート層に広がると、動物の血が流され、臭気を放つ屠畜場を不衛生な場所であるだけでなく、残酷で、野蛮な、恐怖をもたらす場所とするイメージが広がるようになった（Muller 2004）。

一九世紀になると、政府が食肉の安全や屠殺場の公衆衛生を管理するようになる。一八一〇年のナポレオンの政令によってパリのセーヌ川の左右の岸に五つの公営の屠畜場の創設が決まり、一八一八年に完成して以降、パリの肉屋は自前の家畜小屋や屠殺場を持つことを禁じられ、屠殺場は衛生管理上の理由で内務省および商業省によって管理されるようになった（Muller 2004）。また、かつては肉屋（boucherie）が屠殺を自前で行っていたが、食肉を販売する肉屋と屠殺と解体を行う屠畜場が分離し、分業体制がとられるようになった。

さらに二〇世紀になると、大量に食肉加工を行う工場畜産が発達し、大規模な公的屠殺場が増加するとともに、衛生上および道徳上の問題から屠畜場は街の中心地から郊外へと移転するようになる。その敷地は高い塀で囲われ、家畜の姿や、家畜が殺され解体される場面、その鳴き声や臭いなどが外から遮断され、一般の市民の目から隠されるようになった（Baldin 2014）。

バルダンは、屠畜場が市民の日常生活から隔離されることで公衆衛生の問題と道徳性の問題が取りざたされなくなると、次に、外からは見えない屠殺場の内部で行われている殺害による「動物の苦痛」に対する恐怖へと人々の意識が集中するようになったと推察する。屠殺場という見えない空間で行われている「残酷な屠殺」の犠牲になっている家畜たちを苦痛から解放しようという運動がそこから生じてきたのだ。

そして、見えない動物殺しに対する恐怖の想像力によって、動物殺しの残酷さに対する免罪符として気絶処理の法制化が進められる一方で、儀礼的屠殺を「残酷な殺し方」としてスティグマ化する言説が広まるようになったのだ。

現代の工場畜産における屠畜場では、法的規程や倫理的配慮に基づき、屠畜場への家畜の運送方法や、屠畜場内部における家畜の扱い、気絶処理などの工程において、様々な動物福祉のための工夫がなされるようになっている。レミは現代の工場化した屠畜場には二つの矛盾した論理が働いていると指摘する。一つは工場畜産による動物をモノ化する論理。もう一つは人道主義による動物保護という論理である（Rémy 2009）。一方で、大量に食肉を生産する現代の工場化された屠殺場という場は、より大量に、より早く、より安くという経済的効率化の原理に従い、生産力を向上させるために、空間や作業工程が整備され、家畜をモノのように扱う機械が導入されたシステムである。その論理において、気絶処理とは作業員の安全性を確保し、作業をスムーズに進めるための工程である。しかし他方で、そこは、家畜に恐怖を与えず、苦痛を感じさせずという動物福祉の考えに基づき、動物を気絶処理し、「安楽死」させる方法が求められるという空間でもある。屠畜場には、動物の生と死に対する矛盾した関係が併存しているのである。

屠畜場の作業工程には、その矛盾を見えないようにし、大量の動物殺しという生々しい現実が隠蔽されるような暗黙の仕組みが存在している。ヴィアル（Vialles 1994（1987））は、工場化した屠畜場では家畜を殺し、瀉血作業を行う「汚い場所」と、死んだ家畜を解体する作業を行う「清潔な場所」が空間的に分けられ、分業体制がとられており、清潔な場所の作業員からは殺す場面が「見えない」ようにされているという*10。

また、「死んだようにさせる」気絶処理と放血処理がそれぞれ別の作業員によって行われる過程において、「誰が、いつ死をもたらしたのか」という決定的瞬間が曖昧にされており、動物に苦痛をもたらし、死をもたらすことへの負担を回避していると指摘している。牛や豚の頭をハンマーで殴って気絶させていたかつての方法がそうであったように、気絶処理は、まず屠殺作業者の安全を確保するために始まったのだが、それはまた、屠畜の作業員に動物を殺すことへの関与を間接的に、見えないものとし、罪悪感を持たせないようにするための工夫でもあるのだ。

さらに、ヴィアルは、屠畜場での会話には暗黙のコードとして、生きた動物を「非動物化（dépouiller la bête）」し、屠殺された動物の死体を「植物化（végétarisme）」するメタファーが使用されており、それによって、生きた動物を殺す生々しい血と肉のイメージが払拭され、肉を野菜と同じように「食品」として処理するイメージへと変換されていると指摘している。屠畜場の外部と同様に、屠畜場の内部でも、「人間的な屠殺」への配慮として、殺しの残酷さを隠蔽し、動物を殺して食べるという現実にフィルターがかけられるようになっているのだ。

4 野蛮な他者の大量虐殺《ホロコースト》

ヨーロッパ諸国における気絶処理法制化の広がりは、単に動物保護思想の浸透によるものではない。それは、一九世紀後半からヨーロッパで高まった反ユダヤ主義と深く結びついた運動として展開された。それが最も先鋭的に現れたのがナチ党によるユダヤ教のシェヒータに対する弾圧である。

一九世紀末、ドイツではすでにいくつかの州の法律においてシェヒータによる屠殺が禁止されていたが、一八八六年、ドイツの動物保護団体はシェヒータを動物虐待であるとし、帝国議会に「気絶させることなく屠殺することを禁止」するよう請願書を提出した。ユダヤ教教区はこれに反論する請願書を帝国議会に提出し、シェヒータは動物虐待にあたらず、儀礼的屠殺の制限が信教の自由を侵すものだと主張した（西村 二〇〇六）。

当時、この議論について刑法学者ラートブルフは信教の自由という観点から儀礼的屠殺が法的に保護されるという見解を示している。「宗教的屠殺の問題は、まず第一に、動物保護の観点からではなく信教の自由の観点から答えられねばならない。そもそも苦痛に満ちた屠殺の過程で、屠殺される動物の苦痛をいくらか大きくするか、小さくするかという考慮をしても、信頼するに足る結論を導きだすことはできない。かくのごとき考慮は、宗教的感情から特定の屠殺方法を欠かすことができないと我々民族同胞の一部が言うのであれば、取り消されねばならないのだ」（西村 二〇〇六：五八）。

しかし、やがてナチ党が政権を掌握することによって、シェヒータの禁止はドイツ国内だけでなく広くヨーロッパに広がることになる。ヒトラー率いるナチ党は一九三三年に政権を獲得し、その後、一九三九年から第二次世界大戦が終結する一九四五年までヨーロッパを広く占領化に置いた。その政権下における一つの重要な政策が、動物保護あるいは自然保護に関する法律の制定であった。

ナチ党は全権委任法によって包括的立法権限を獲得すると、動物保護の立法化を強行に進め、一九三三年四月から一一月までのわずか半年の間に動物保護の法律をいくつも制定した(西村 二〇〇六)。一九三三年四月に制定された「動物の屠殺に関する法律」の第一条は、「温血動物の屠殺の際には、血を抜き取る前に気絶させねばならない」と規定する。また、第六条では気絶させる方法が規定されており、「不必要な興奮や苦痛を与えないように」気絶させるべきであるとしている。その方法は、「十分に力があり訓練を受けた者が十分に重い木槌で頭蓋を殴打する」というものだった。さらに、一九三三年一一月には「動物保護法」が公布され、動物の飼育、保護、輸送、繁殖、屠殺、そして動物への虐待が細かく規定され、違反に対する刑罰が制定された。この法律において、儀礼的屠殺の例外規定は定められていなかった。

この法律の立法趣意書には、動物は人間のためではなく「それ自体のために」保護されることが宣言されている。西村は、この規程を「非人間中心主義的」であると指摘する。それは、「動物が苦しむのを見ることによって人間が受ける不愉快を防止するのではなく(そうであれば、公衆の前での屠殺を禁じるだけでよい)、動物自体を苦痛から保護しようとしている」(西村 二〇〇六：六一)とし、その後の一連の動物保護法でも「動物自体」という観点が中心的位置を占めているとする。この「動物保護法」は今日の動物保護法の基礎となる先進的な法律であったと国内だけでなく海外の動物保護活動家からも高く評価され、ヒトラーは「ドイツ民族に動物保護のために有効な法律を授けた、人類と動物の友」(西村 二〇〇六：六一)であるとされた。しかし、この法律が単に動物保護を目的としたものではなく、シェヒータを実質的に禁じるものであり、厳格な食物禁忌を遵守するユダヤ人排斥を意図したものであったことは明白であった。

ナチス政権下において、シェヒータはユダヤ人の残虐さや物質主義的な強欲さを示す象徴的存在として、ユダヤ人排斥のプロパガンダとして利用された。サックスは、「血」を生命力と見なし、「血の神話」を持ち、「血の盟約」によって結ばれたナチスにおける血の象徴性とシェヒータ弾圧との関連について指摘している。ゲルマン民族の「血が穢れる」妄想に取り憑かれたヒトラーは、失血による死を屈辱的なものとしたという。瀉血によって死をもたらす屠殺を行うユダヤ人は、「吸血鬼」や「寄生虫」などと呼ばれ、プロパガンダでは血への恐怖を煽るイメージが強調された（サックス 二〇〇二）。

ナチスの宣伝に利用された作家ハンス＝ペーター・リヒテルはシェヒータの場面をユダヤ人の残虐で、野蛮な行為として生々しく描いている。「ユダヤ人の僧侶は牛に近づき、生贄のナイフをゆっくり振り上げる。牛は死で脅かされ、唸り声を出し、自由になろうと身をもがく。しかし、ユダヤ人は憐憫を知らない。稲妻のような速さでナイフを牛の首に突き立てる。血がほとばしる。すべてがその血に浸される。牛は激しくもがく。眼は苦痛でうつろになっている。慈悲なきユダヤ人は血だらけの牛の苦痛を短くする手段はいっさい取らない。むしろ血の中をころげ回る気配だ。彼は血を求めている」（サックス 二〇〇二：二二一―二二二）。

また、ナチスの宣伝大臣ゲッベルスの指示で製作された、反ユダヤ主義のプロパガンダ映画『永遠のユダヤ人』（Der ewige Jude 1940）では、「不変の人種的特質が、ユダヤ人をさすらう文化的寄生虫と特徴づけている」とし、ユダヤ人が持つ野蛮で、不潔で、強欲で、残虐な人種的特質を示すとされる場面をドキュメンタリー形式で映し出す。この映画では、首を掻き切られて血を噴出しながらもがき苦しむ牛や羊の姿の屠殺シーンが延々と映し出される。ユダヤ人のげらげら笑いが大写しになり、ナレーションが流れる。「この人たちのいわゆる宗教は、普通の方法で殺した肉を食べることをユダヤ人に禁じています。そこで、この人たちは完全に血を抜き取るまでは動物に死を迎えさせないのです」（サックス 二〇〇二：二二二）。

このようなプロパガンダを通じてナチスは、血への恐怖のイメージを喚起し、シェヒータの残虐さをユダヤ人の動物のような野蛮さや劣等性の証拠とし、感情的恐怖を煽り、ホロコーストへの道を正当化したのだ。

ナチス政権は動物保護の法制化を進める一方、優生学的な人種主義思想によるユダヤ人迫害を開始した。一九三三年、ヒトラーはナチ党組織に対し「反ユダヤ主義的措置の実行に関する指令」を出し、ユダヤ人が経営する商店や会社へのボイコット活動を行った。一九三五年には、「ドイツ人の血と名誉を守るための法律」と「帝国市民法」からなる「ニュルンベルク法」によって、ユダヤ人はドイツ国民でありながら「帝国市民（ライヒ）」ではないとされ、ドイツ人との婚姻や婚姻外性交渉を禁止するなどユダヤ人の権利剥奪を法制化した。一九三九年、ユダヤ人を国外移住させる政策がとられた後、独ソ戦争が開始された一九四一年以降、ユダヤ人の組織的な大量殺戮が始まる。

一九四二年、「ヨーロッパのユダヤ人問題の最終的解決」の決定により、ユダヤ人を収容し、労働させた上で絶滅させるというホロコーストの政策が決定的となった。一九四二年から一九四四年まで、ユダヤ人を効率的に殺害するためにトレブリンカなどの絶滅収容所を設置する「ラインハルト作戦」が開始され、各地のゲットーから狩り出されたユダヤ人が収容所に移送され、もともと殺虫剤であったツィクロンBによるガス室での大量虐殺が実行された。ホロコーストにおいて殺害された犠牲者の数は約五八〇万以上ともされている（芝 二〇〇八）。ナチスの動物保護法が動物をそれ自体として保護されるべき存在としたのに対し、ユダヤ人は保護されることのない動物以下の存在として扱われた。家畜を輸送する場合に適用される動物保護法による配慮は、ユダヤ人を強制収容所へと輸送する場合には適用されず、ユダヤ人は家畜用の貨物列車にぎゅうぎゅう詰めにして送られ、収容所では家畜よりもひどい環境に置かれ、ガス室で大量虐殺されたのだ。

動物化と工場畜産

ナチ党は自然保護や動物保護を強く推進し、先進的な動物保護法を制定する一方で、ユダヤ人を家畜以下の存在として計画的に大量虐殺した。この矛盾について、サックスは、ナチスにおける優生学的人種主義とアーリア人的自然観における「人間と動物」観の検討から明らかにしようとしている（サックス 二〇〇二）。

まず、サックスによれば、ナチスの実践は、「ある種の倒錯した生物学的／人種的思考を特にドイツの知識階級が広く受け入れた結果であった」（サックス 二〇〇二：一一）。ゲルマン民族の血を崇高なものとし、劣等で、穢れた血のユダヤ人を排斥し、絶滅させようとしたナチスの思想には、その基盤として、ゲルマン民族が理想とする自然である「森の秩序」の思想、「血と土地」（ナチスの人種主義的な農業政策・植民政策のスローガン）のイデオロギー、そして、人間と動物の関係、および人種に関する進化論的、社会生物学的な優生思想の考え方があったとする。そして、そうした思想の中から、生存競争、適者生存、闘争、自然淘汰、捕食者の美徳といった生物学的概念が転用され、ナチスの「民族イデオロギー」が形成されてきたのだという。

ゲルマン民族とユダヤ人や他の民族との関係は人間と動物との隠喩によって想像され、狼と豚、野生獣と家畜、捕食獣と被捕食獣といった表現を生み出した。ナチスは、森林や野生動物を礼賛し、その中で、他の動物よりも自然に近く、さらに大きな生命力を備えている、最も強く、気高い存在としての狼や鷲に自らを重ねた。それに対し、ユダヤ人は猿から人間への進化の途上にある野卑で、未熟な存在、家畜のように文明に汚され、金に強欲な物質主義におちいった堕落した動物とされ、犬、豚、鼠、蛭、蛇などに喩えられた。

ユダヤ人の「動物化」は、強制収容所での彼らの扱いにおいて熾烈なものとなる。強制収容所において、ユダヤ人は隠喩的に家畜とされるだけでなく、文字通り家畜、あるいは家畜以下の存在として扱われ、殺された。サックスは、「ナチスのやり方は、動物と人間の間の境目を曖昧にすることで、人間の殺害を動物の屠殺のように見せることだった。ナチスは、これから殺す人間たちに、着衣をすべて脱ぐように命じ、かたまって集まるよう命じた。これは人間の通常の行動ではない。裸は動物と同じことを意味する。これに集合が加わると、牛や羊の群れを意味する。この種の脱人格化は、その人間を射殺またはガス室殺しの犠牲者にし易くする」（サックス 二〇〇二：二二九）とし、ナチスによる大量虐殺のシステムは人間の殺害を動物の屠殺と同じように見せかけるために考案されたと指摘する。

パターソンは、そもそも人間の奴隷制は動物の家畜化をモデルとしており、動物への処遇が奴隷への暴力と支配を生み出し、促進したのだと指摘する。「奴隷制社会において、家畜をコントロールするのと同じ方法が、奴隷をコントロールするために用いられた。去勢、焼き印、鎖、耳に切れ目を入れることである。動物を人間の配慮と義務の領域から放逐した人間支配の価値体系は」動物状態にあるとされた人間への虐待、そして殺しを正当化し、大量殺人をより残酷ではないように見せるのだ（パターソン 二〇〇七：三三一―三七）。

この論理において、「アウシュヴィッツへの道は屠畜場に始まる」とパターソンはいう。彼によれば、強制収容所という制度化された人間への暴力システムの発想やデザインは、大量に食肉を生産する工場畜産のシステムをモデルとして作られた（パターソン 二〇〇七：八九）。起源はアメリカ大陸にある。アメリカ大陸に植民を始めた白人は、ヨーロッパから大量の家畜と肉食文化を持ち込んだ。やがて、人口の増加とともに牧畜も大規模化し、大量の肉を消費する文化が広がり、分厚いステーキを食べることがアメリカでの成功のシンボルとなっていく。ニューヨークなどの都会には、街中に大規模な屠畜工場が建設され、大量の家畜を効率よく処理するシステムが確立した。

流れ作業ライン生産を確立した自動車製造業のヘンリー・フォードは、そのアイデアが「シカゴの精肉業者が牛肉を市場向けに処理するのに用いる頭上の高架式滑車からきている」と自伝に書いている（パターソン 二〇〇七：一一四―一一五）。分業による流れ作業によって同じ製品を早く、効率的に、大量に生産する工場的生産のシステムが、大量の家畜を屠殺し、解体する、食肉生産の産業システムをモデルにして生まれたのだ。[*11]

官僚的組織や分業による効率的工場生産システムによる殺害行為からの距離化や不可視化がふつうの人々の感情的抵抗や個人的責任、道徳を抑圧したことが、大量虐殺を可能にしたとし、近代の合理性こそホロコーストの必須条件であったとするバウマン（二〇〇六）の主張が正しいとすれば、工場的畜産の登場はホロコーストへとつながることになる。パターソンによれば、ユダヤ人収容所の仕組みやガス室の設計は、家畜の飼育所や屠殺場との比喩的類似性において考案された。大量のユダヤ人を移送し、収容し、労働させ、最終的には殺し、その遺体を処理するという作業がいかに効率的に行われるかというシステムが、大量の家畜を処理する工場畜産をモデルに考案されており、実際、構造的に多くの共通性を持つというのだ。

動物保護活動家はしばしば、今日の工場化された屠畜場にホロコーストを重ね合わせる。ベジタリアンであるノーベル賞作家J・M・クッツェーは、『動物のいのち』の中で、主人公の女性小説家コステロに、ユダヤ人が動物のように虐殺されたのと同じように、動物がユダヤ人のように虐殺されているのだと言わせている。「率直に言わせて下さい。私たちは堕落と残酷と殺戮の企てに取り囲まれていて、それは第三帝国がおこなったあらゆる行為に匹敵するものです。実際、私たちの行為は、終わりがなく、自己再生的で、ウサギを、ネズミを、家禽を、家畜を、殺すために絶え間なくこの世に送り込んでいるという点で、第三帝国の行為も顔色なしといったものなのです」（クッツェー二〇〇三：三二）。

同じくノーベル賞作家で、ベジタリアンで、ユダヤ人のI・B・シンガーは、『手紙の書き手』の中で、主人公の孤独な編集者ハーマンに、彼の友人であったハツカネズミへの追悼の中で、動物を絶滅収容所トレブリンカに収容されるユダヤ人に喩え、すべての人間はナチスだと言わせる。「こうした学者たち、世界の指導者たちが、お前のような者について、何を知っているというのか？　彼らは、あらゆる生物種のなかで最悪の罪人である人間が神の創造の精華だと信じてきた。他のあらゆる被造物は単に人間に食糧や生皮を提供し、拷問され、絶滅させられるために創造されたのだ。彼ら（人間以外の生物）との関係で言えば、すべての人々はナチスである。動物たちにとって、それは永遠のトレブリンカである」[*12]（パターソン二〇〇七：二六三―二六四）。

皮肉なのは、今日の工場的畜産と同様に、絶滅収容所での殺害においても「人道的」配慮がなされたということだ。ユダヤ人の組織的な大量殺戮が開始された一九四一年九月、キエフ近郊バビ・ヤールで、移住させるとして集められたユダヤ人三万七千人が二日間かけて射殺された。初期の組織的な大量殺戮は、銃撃という殺害方法によるものだった。しかし、銃撃による大量殺害が親衛隊員の大きな精神的負担となり、重圧に耐えられない者も出てきた。そこで、ヒムラーが殺害方法の検討を障害者の「安楽死計画」（T4作戦）に関与していた隊員に命令し、ガス室による殺害などの実験が行われるようになった（芝二〇〇八）。

ヒトラーは、「私には害虫のように自己増殖を続ける何百万という劣等人種を除去する権利があるのではなかろうか」とユダヤ人の殲滅について語りながら、「望ましくない人種を、体系的に、比較的苦痛もなく、ともかく流血の惨事もなく、死滅させる多くの方法がある」(南 一九九五：一八三―一八四) と語ったとされており、殺害方法が「人道的」であるか気にしていた。当初、屠畜作業者の安全性のために行われていた気絶処理が、後に「安楽死」の方法とされ、効率的な大量殺害の免罪符となったように、ホロコーストで使用されたガス室や遺体焼却のシステムは、兵士の精神的負担を軽減するために開発され、「安楽死」というベールの下で効率的に大量殺害を行うことを可能にしたのだ。「ナチスの動物保護法の暗黙の目的は、安楽死を良いことと考えるように国民をならすことだった。人間の感覚を麻痺させることにより、動物の殺しは、人間の大量殺害の道を切り開く第一歩だった」(サックス 二〇〇二：二六二)。安楽死とは、条件つきであっても、殺すことを正当化する物言いであるのだ。

5 ハラルとイスラモフォビア

ドイツ占領時代の暗い記憶をひきずるヨーロッパにおいて、スウェーデン、ノルウェー、スイスを除くヨーロッパ諸国はユダヤ人の儀礼的屠殺を容認するようになり、シェヒータに対する禁止運動は影を潜めるようになった。しかし、その一方で、第二次世界大戦後にイスラム系移民が大量にヨーロッパに到来したことによって、ハラルをめぐる問題が移民問題と結びついて浮上してくることになる。

二〇世紀後半、ヨーロッパ諸国には旧植民地から多くのムスリムが移住してくるようになり、特に七〇年代以降には急激にその数が増加してきた。二〇一〇年の時点でムスリムの人口は、ドイツで全人口の五・八％の約四八〇万人、イギリスでは全人口の四・五％の約二七〇万人、フランスでは全人口の七・五％の約四七〇万人 (七〇〇万人という二〇〇六年の推計もある) である。中でもパリはヨーロッパの都市の中で最もムスリム人口が多く、約一七〇万人が住んでいるとされている。EU諸国全体では全人口の三・八％の約一九〇〇万人にのぼり、二〇三〇年には全人口の八％に増加すると推計されている。

第二次世界大戦後、西欧諸国は「栄光の三〇年」（一九四五〜七四年）と呼ばれる経済成長期を迎え、炭鉱や自動車産業などでの安価な労働力確保のため外国人の受入れを積極的に行った。フランスではイタリア、スペインなどと結んでいた移民労働者受入れに関する二国間協定を拡大し、一九六三年にはモロッコ、一九六四年にはポルトガル、チュニジア、トルコ、一九六八年にはアルジェリアと協定を結んだ。以降、旧植民地のマグレブ三国からのムスリム移民が急増することになる。

しかし、一九七三年のオイルショックにより経済成長が停滞すると、一九七四年にフランスは労働移民の受入れを停止した。さらに、一九七六年からは帰国奨励政策を開始し、志願者には一万ユーロを支給して帰国を促した。しかし、この政策の効果は小さく、単身男性移民による「家族呼び寄せ」による女性と子どもの移住や、結婚出産による次世代の誕生により移民の増加は止まらなかった。また、マグレブ三国以外のサブサハラ・アフリカからの移民も八〇年代以降に増加してきた。フランスのムスリムの多くはマグレブの出身者であるが、西アフリカやトルコ、その他南部アフリカからの移民も増加している。やがて、彼らの多くがフランス国籍を取得し、フランス市民として生活し、フランス生まれの第二、第三世代が増加するようになる。

フランスに定住するようになったムスリム移民の貧困層は大都市郊外のＨＬＭ（低家賃公団住宅）に集住し、そこで故郷と同じようなムスリムとしての生活文化を営むようになる。一九八〇年代半ば以降、こうしたムスリムの社会統合が政治問題化するようになり、フランス政府は移民流入の規制を強化するとともに、国内に定住するようになった移民のフランス社会への統合政策を推し進めてきた。しかし、ムスリム移民の増加とともに、イスラム教との共存をめぐり様々な摩擦が生じるようになり、二〇〇〇年代になってイスラムを嫌悪し排斥する「イスラモフォビア」（islamophobie）の言説が露骨に現れるようになってきた。

その背景として、ヨーロッパに定住するようになったムスリム移民の「再イスラム化」や、「イスラムの可視化」

による対立の表面化が指摘されている（佐藤 二〇一五：二）。ムスリム移民の多くは経済的に貧しく、不安定な状況におかれ、外国人移民として社会から疎外される状況の中で、自らのアイデンティティをイスラムに求めるようになった。また、移民の親は、フランスで生まれ育つ第二、第三世代の子どもたちに対しても、西洋的文化に染まらぬよう、イスラムの実践をより厳格に守らせるようになり、彼らの中からも、イスラムの教義について学び、より厳格にシャリーアを遵守することを求める若者たちが出てきた。女性はスカーフやヴェールを着用し、男性はアパートの一室や路上で集団礼拝を行うようになった。こうしてイスラムは目立って可視化するようになり、それに対するフランス市民の反発として「イスラム問題」が表面化し、政治問題化するようになってきたのだ（宮島 二〇一二）。

近年では、移民問題はイスラム問題として論じられるようになり、ムスリムを同化困難な外国人移民とし、「移民が入ってきたことから発生する問題と、彼らの多くがムスリムであることから発生した問題が混合され、統合失敗、治安悪化、暴力、それらの背景にある貧困、失業、学業失敗などの問題までもが、イスラムと結びつけられる」（佐藤 二〇一五：二）ようになった。二〇〇五年にパリ郊外で起きた若者による暴動や、二〇一五年一月に発生したシャルリー・エブド紙襲撃事件や同年一一月のパリ同時多発テロなどイスラム過激派によるテロ事件を受けて、イスラモフォビアの風潮はさらに高まってきており、フランスは寛容さを失いつつある（トッド 二〇一六）。

フランスにおいてこのムスリム移民の統合問題が先鋭的に表面化したのが「スカーフ問題」である。一九八九年にパリ近郊クレイユの公立のコレージュで起きた、ムスリムの女子生徒のスカーフ着用をめぐる問題を発端とした騒動は、ヨーロッパにおけるムスリムとの共存の可能性について大きな議論を巻き起こした。

フランスは欧州の中でも独自な政教分離「ライシテ（laïcité）」の歴史を持っており、憲法の第一条「共和国の基本理念」第一項には「フランスは、不可分の、非宗教的（laïque）、民主的かつ社会的な共和国である。」と記されており、公的な場に宗教的なものが入り込むことを制限している。フランスではムスリム女性のスカーフやヴェールの着用がこのライシテの原則に反しているかどうかをめぐる議論が繰り返され、それを禁止する法制化が進められてきた。

一九九四年には、フランソワ・バイルー教育相が公立学校において宗教的シンボルを身に着けることを禁止する通達を出し、その一〇年後の二〇〇四年には通称「スカーフ禁止法」として法制化された。さらに二〇一一年にはサルコジ政権が公共の場で顔を覆うブルカやニカブなどヴェールの着用を禁止する通称「ブルカ禁止法」を成立させた。こうしたスカーフ・ヴェールを法的に規制する動きは欧州各国に広がっている（ヨプケ 二〇一五）。

このスカーフ・ヴェール論争には、ライシテの原則だけでなく、イスラム教を女性差別の宗教と見なす西欧の視点が深く関わっていることが指摘されている。家父長的であるイスラム教においてスカーフやヴェールは女性差別のシンボルであり、男性によって女性に強制されているものであるという考え方が、フランス的価値に反しているというものだ。サルコジ元大統領は、ヴェールは宗教問題ではなく、「女性の自由と尊厳の問題だ」とも発言している（スコット 二〇一二）。

スカーフ・ヴェール問題は、フランスにおいてイスラムを「異質」な、フランス社会に統合できないものとして他者化、スティグマ化し、排除する傾向を決定的に強めることになったといえるが、儀礼的屠殺やハラル肉をめぐるフランスの言説も、これと同様な構造を持つといえる。

ハラルもまた、ライシテに反する慣習、フランスの普遍的価値への脅威として、反儀礼的屠殺や反イスラムを掲げる団体から攻撃されてきた。特に議論されてきたのは、ムスリムの生徒に対してハラルの給食を提供するべきかどうかという学校給食の問題である。二〇一三年に、ペイヨン教育相が「ライシテ憲章」を発表し、学校におけるライシテの遵守を義務づけ、学校に宗教的なものを持ち込まないことを確認したことで、教育の現場や、学校を管轄する自治体の対応が問題となった。子どもの食に関わることなので、この問題にはベール問題とは異なる対応が見られ、ムスリムの生徒が多い学校を抱える一部の自治体では、学校給食で豚肉を提供するのをやめたり、選択としてベジタリアンの給食を提供したりするところもある。国民戦線のマリー・ルペンは二〇一四年四月のテレビ番組で、そうした妥協は重大な危機的状況にある「ライシテの侵害に目をつむる」ことであり、「われわれは学校給食のメニューについてのいかなる宗教的要求も認めません。公的な空間に宗教が入り込むいかなる理由もありません。それが法律なのです」（Le Monde 2014）と主張した。

移民統合やイスラモフォビアの問題をその背景としながらも、表面的には、宗教的慣習とライシテとの関係が一つの争点となっている点、また、女性の権利と同様に、差別され、虐待されてきた動物の権利を保護するという大義名分が掲げられる点において、二つの問題は類似している。しかし、ハラル問題には、スカーフ・ヴェール問題にはない、もう一つ別な側面がある。それは、食肉産業と消費者の経済的事情が大きく関わっているということであり、そのことが、ハラル問題を宗教とライシテの対立に単純化できない複雑なものとしている。

二〇〇〇年代以降、ハラル肉や儀礼的屠殺をめぐる問題がたびたび浮上し、移民政策やレイシズムの問題として盛んに論じられるようになってきた。その背景として、九〇年代以降のハラル肉市場の急速な拡大がある。フランスにおいてハラル肉市場は一九七〇年代から成長し始め、フランス生まれの若いムスリムの文化的アイデンティティと結びついたイスラム回帰とともに、九〇年代以降急速に発展した。

ベルゴー＝ブラクルによれば、移民の増加にともない、ハラル肉市場は地元の小売店やレストランから大型スーパーマーケットやファストフードのチェーン店へと広がり、それにともないハラル肉専門の大規模な卸売業者、そして大量のハラル肉を生産するための工場畜産を行う食肉業者が成長してきた（Bergeaud-Blackler 2005）。そのマーケットはすでにフランス社会に広がっており、クイック（Quick）やＫＦＣといったチェーン店がハラル肉専門店を出しており、大型スーパーマーケットのカジノ（Casino）は、ハラル肉専門の流通部門ワシラ（Wassila）を創設している。

さらに、ハラル肉産業は、ヨーロッパ各国から世界へ、グローバルな市場へと急激に拡大しており、ハラル市場の成長率は年一五％とされている。国際貿易において「ハラル食品」や「ワールド・ハラル」というハラル・ブランドの概念が登場し、世界のムスリムを対象としたハラル市場を狙い、日本を含め、国家を挙げた参入が画策されるようになっている。鷹木は、世界ハラル食品評議会が設立された二〇〇〇年前後から、ハラルを認証ブランドとする世界的な「ハラル化」の動きが顕著になってきたとする（鷹木 二〇一四）。現在では、マレーシア政府ハラル認証機関ＪＡＫＩＭをはじめ、ハラル認証を行う数多くの認証機関が設立されている。

しかし、ハラルの統一化された明確な基準は存在しておらず、ハラル肉市場の動向にあわせてハラルの基準や定義は多様化してきた。ハラル認証機関が世界中で増加し、複数の審査基準が存在することでハラルの正当性をめぐる混乱が生じ、ハラル認証の信憑性についての疑いも生じている。ハラル肉として売られている商品の中に、実際にはハラルの手続きに従った屠殺解体を行っていない肉が含まれていたり、豚肉の生産ラインと区分されていなかったり、生産過程でアルコールが使われていたりなどといった「偽ハラル肉」の流通が指摘されてきた。

こうした事態を受けて、ハラル認証の厳格化、国際的な統一化の動きも出てきている。一九九七年七月一七日、国際食品規格委員会（コーデックス委員会）は「ハラルという単語の使用についての一般ガイドライン」*[13]を採択した。この規程では、ハラムや非ハラルとされるものとの接触がないことが規定され、生産ラインの分離がハラルの要件とされるようになった*[14]（Bergeaud-Blackler 2005）。また、二〇〇四年のイスラム協力機構（ＯＩＣ）財務相会談で、マレーシアがハラル標準の国際統一規格制定を提案して以降、ＯＩＣ加盟国間での国際基準統一化の作業が進められているが、各国の主導権争いによりその目途は立っていないのが現状である。

ハラル肉の生産における気絶処理の是非についても各国の基準に相違があり、正当なハラルをめぐる対立が見られる。フランスでは、ハラル・マーケットのグローバルな拡大と、ハラル認証をめぐるこのような動きの中で、「正当なハラル」へのムスリム消費者の意識が高まるようになり、ハラル肉は「気絶処理を行わない」屠殺でなければならないという基準が明確化してきた（Bergeaud-Blackler 2005）。気絶処置の法制化における儀礼的屠殺の例外規定は、この認識を法的に確認するものにもなっており、フランスではハラル肉は気絶処理なしに屠殺された食肉として生産されてきた。

ところが、フランス食肉業界では、ハラル肉でない食肉生産においても気絶処理を行わない屠殺が広く行われており、その食肉が一般に広く流通してきたという事情があり、そのことがフランスにおける儀礼的屠殺をめぐる議論をさらに複雑にしている。

大規模な工場畜産を行う食肉業界にとって、フランス国内だけでなく、ヨーロッパ、そしてグローバルに広がるハラル市場は魅力的な市場である。しかし、ハラル肉とそうでない一般の食肉の生産ラインを別々に設置することはコストがかかる。また、気絶処理を行うための施設や機材を用意することもまた多大なコストが必要となる。さらに、狂牛病（ＢＳＥ）問題以来、スタンニングにより脳を破壊したり、気絶処理後にピッシングで脊髄を破壊したりする工程が食肉への感染防止のため禁止され、この処理を行った食肉の流通が規制された。そのため、主に電気ショックによる気絶処理の方法が採られるようになったが、その設備投資と、より慎重で、手間と時間のかかる作業が必要になった。

そのため、フランスの食肉業界および屠畜場の多くが「儀礼的屠殺」の例外規定を採用し、実際にはハラル肉あるいはカシェル肉を生産していなくても、気絶処理なしの屠殺方法によって食肉を生産するという状況が生まれたのだ。

ハラル・スキャンダルと大統領選挙

動物保護団体やマスコミは、屠畜場における不正な儀礼的屠殺をたびたび告発し、家畜が残酷な扱いを受けているとして儀礼的屠殺の禁止や、適用の厳格化などを求めてきた。二〇一二年のハラルスキャンダルが起こった背景にはそうしたフランス独特な状況がある。

二〇一二年に行われたフランスの大統領選挙のキャンペーンでは、ハラル肉をめぐるスキャンダルが大きな論争を巻き起こした。ことの始まりは二〇一二年二月一六日木曜日に国営放送フランス２（France2）が放送したルポルタージュ番組『特派員（Envoyé spécial）』の特集「肉のすべて（La viande dans tous ses états）」であった。この番組は、パリを中心としたイル・ド・フランス地域圏における屠畜場の取材に基づくもので、獣医による家畜の検査の不備や、屠畜場における作業手順が法律に従っておらず、その衛生管理が杜撰である実態を取材映像によって暴露し、バクテリアに汚染された肉による消費者の健康被害のリスクを訴える内容であった。

二〇〇〇年代初頭に発生した狂牛病問題以来、食肉の管理について敏感なフランスの消費者にとって、肉の安全性が守られていないという報道は大きな衝撃であった。しかし、このスキャンダルは、その後、肉の安全性の問題よりも、むしろ「儀礼的屠殺」という動物の殺し方に焦点が当てられて議論されるようになり、さらにライシテや移民政策の問題と結びつけられ、大統領選挙における最大の争点として議論されるようになった。

儀礼的屠殺に焦点が当てられるようになったのは、『特派員』の番組において「イル・ド・フランスにおける屠畜の一〇〇%がハラルだ」という関係者の発言が放送されたためである。フランスの多くの屠畜場が、屠殺前の気絶処理を義務づけるフランスの法律に従わず、法律において例外として認められているイスラム教やユダヤ教に基づく儀礼的屠畜方法を行っているということが報告され、特にハラル肉がムスリムの市場だけでなく、一般の市場に出回っていることが告発されたからだ。

番組では、衛生管理の問題として、儀礼的屠殺がバクテリアによる肉の汚染をもたらす科学的危険性や、儀礼的屠殺によって生産された食肉のトレーサビリティの不備が問題にされたのだが、多くの消費者の関心は、儀礼的屠殺によるハラル肉がパリの市場に広く流通し、自分たちが知らずに口にしていたという事実に向けられた。

論争の口火を切ったのは極右政党「国民戦線(Front national)」の党首マリーヌ・ルペンである。*15『特派員』番組の情報に基づき、ルペンは二月一八日の記者会見において、「消費者は知らないが、イル・ド・フランスで流通している食肉のほとんどが、ほぼハラル肉だということが明らかになりました」「イル・ド・フランスのすべての屠畜場が例外なくハラル肉を売っているのです。大量のハラル肉を!」(Le Parisien 2012a) と述べ、イル・ド・フランスの屠畜場は事前の気絶処理に関する法律を犯しているとして、食肉業界を強く批判するとともに、現政権がそうした情報を知りながら対策をとってこなかったことを批判した。そして、気絶させない儀礼的屠殺は動物に苦痛を与える残酷な屠殺方法だとして、その例外的免除に反対する立場を主張した。

フランスの「イスラム化（islamisation）」に反対し、特にイスラム系移民の排斥を主張する国民戦線にとって、屠殺と食肉という感情的反応を喚起するスキャンダルは、イスラム教を「残酷で、危険な宗教」とし、ムスリム移民を人道的で衛生的なフランスの文明的環境を汚す人々としてスティグマ化する格好の機会であった。

これに対し、当時大統領であったサルコジは、「イル・ド・フランス地域圏で消費される二〇万トンの肉のうち、ハラルおよびカシェルの肉は二・五％に過ぎない」（Le Monde. fr 2012）とし、ルペンの発言は誤った批判だとした。つまり、ルペンは肉の生産と流通を混同しており、イル・ド・フランスで消費される食肉のうちのほとんどは近隣の大きな畜産地域から来たものであり、この地区で屠殺された肉はわずかであるというのだ。サルコジ大統領はこうして彼の政権の不備への批判をかわそうとしたが、その後、この問題に対する議論が高まり、世論調査によりハラル問題がフランス国民の最大の関心事であることが示されると、儀礼的屠殺によって生産された肉とそうでない通常の屠殺による肉を消費者が明確に区別するトレーサビリティのためのタグ付けの義務化を提案するようになる。

サルコジ大統領の政権内からも多くの政治家がこの問題について発言し、議論は食肉の安全性の問題から移民の問題、そして宗教の自由をめぐる問題へと広がっていった。内務相のゲアンは、この問題を外国人に地方選挙権を与えることに反対する議論と結びつけ、「外国人に選挙権を認めることは、コミュニタリズムへの扉を開くことだ。われわれは外国人の地方議会が学校給食にハラル食を義務づけることや、男女共用でないプールなどを望まない」（LE HUFFINGTON POST 2012）と発言した。

さらに、フィヨン首相は、儀礼的屠殺を「古い伝統」だとし、「諸宗教は、今日の科学の状況、技術の状況、健康の問題を考えると、もはや重要でないような伝統の維持を再考すべきである」と発言し、ユダヤ教およびイスラム教の指導者から大きな批判を受けた。フランスのラビの代表者は「国家と宗教の分離をうたう国」の首相の発言として信じがたいもので、「宗教の秩序に関する言説と、普遍的な価値の秩序に関する言説の範疇の混同がある」とし、「ある宗教を古い伝統であるかのように語るべきでなく」、フィヨンの発言は「ひどく困惑させる」ものだと批判した（Le Monde DES RELIGIONS. fr 2012）。その後、フィヨン首相はユダヤ教とイスラム教の指導者と会談し、ハラル肉やカシェル肉に対する規制などを行わないことを確約した。

儀礼的屠殺を移民問題へと結びつけようとする右派の議論に対し、左翼戦線の大統領候補メランションは、こうしたハラル肉をめぐる論争は「グロテスクな話だ」と批判し、「共和国は、ハラル肉でもカシェル肉でもない。ライシテによって国家と宗教は分けられているし、屠畜場は宗教にも、国家にも属していない」、「屠畜がそのようなやり方（気絶なしの屠殺方法）で行われているとしたら、それは宗教による問題ではなく、資本主義的な理由によるものだ」とした。さらに、ルペンが反イスラムの宣伝材料としてこの問題を煽っていることに対し、「一九六〇年代まで、すべての家畜は気絶なしの方法で屠殺されていた。ルペンはハラルの肉を食べるとイスラムに感染するとわれわれに思わせようというのか」、（彼女は動物の苦痛に対する同情によってハラルを批判しているが）「その彼女は死刑復活に賛成している。死刑台に送られる人のことは問題にならないのか？」と痛烈な皮肉をぶつけた（Le Parisien 2012b）。

この大統領選挙におけるハラル論争には、フランスにおける屠殺をめぐる言説の混乱した状況と、それが移民問題と絡まりあい、大衆のイスラモフォビアをかき立てる政治的道具として使用されている状況が顕著に表れているといえるだろう。

儀礼的屠殺を残酷とする批判言説は、動物保護という人道的な外面の下に人種差別主義を覆い隠しながら、移民＝他者を非人間的な存在として排除する強い情動的反応を喚起させる道具となる。動物の権利を認めることで、ある種の人間の権利を剥奪する。動物の殺し方の残酷さのメタファーが、野蛮な他者表象として使用され、感情的な対外主義を扇動する。人道的な殺し方という処置が、大量殺戮という残酷さを覆い隠し、感情を鈍化させる。かつてナチスによって用いられた隠喩的操作によるプロパガンダと類似した言説が、フランスにおいて再び拡散しているのだ。

6 動物殺しと他者への配慮

儀礼的屠殺は残酷なのだろうか？

フランスから遠く離れた東アフリカのコモロ諸島において行われている、イスラム教に基づく儀礼的屠殺の場面について描写してみよう。家畜として牛、山羊、羊、鶏などが飼われているが、肉を食べる機会は、イスラム教の年中行事や結婚式などの祝宴などの場合に限られている。牛を屠殺する場合、大人の男たち五～六人で牛を村の近くの畑や森に連れていく。小さな子どもたちも野次馬として見に来たりもする。牛の首にかけた荒縄を木に縛りつけた後、前足と後ろ足を荒縄で縛り、男たちが総がかりで牛に組みつき、地面に押し倒す。倒れた牛の頭がキブラの方向（メッカの方向）に向くようにし、一人の男が「ビスミッラー」と唱えながら、山刀で喉を深く切り裂く。その瞬間に牛の身体を押さえていた男たちがいっせいに飛びのき、牛は身体を震わせてもがき、足をばたつかせる。切断された動脈から血が噴き出す。気管も切断され、呼吸がそこから漏れてヒューヒューと鳴る。首をほとんど切断されても、しばらく心臓は動いており、血管から血が排出される。牛は時々身体を震わせ、やがて血を出し切ると、一五～二〇分程度経つと動かなくなる。その間、男たちは傍らに座り、静かに牛の死を見守っている。男たちは牛をつつき、完全に動かなくなったことを確かめると、その身体を仰向けにして、小刀で皮剥ぎを始め、手際よく内臓を取り出し、骨を断ち切り、肉を切り分けていく。

コモロの人に、牛は痛みを感じていると思うかと聞くと、「そんなことは当たり前だろ。お前が切られたら痛いように、牛だって痛いだろうさ」と言う。牛を殺すことは残酷だと思うか尋ねてみたが、「なんでそんなことを聞くのだ？お前は牛を食べないのか？」と変な顔をされる。彼らにとって、そのような質問は意味がないのだ。

コモロのような社会における儀礼的屠殺は、昔から日常的に行われてきた慣習である。家畜を殺して食べることは当たり前の行為であり、一般の人々にとって、それが「残酷」な行為として認識されることはほとんどない。そのような社会では、動物殺しは、道徳的問題として論じられるようなものではなく、文化的慣習として日常の生活の中で自然に身につける認識であり、態度であり、実践である。何が残酷であり、何を悪とするかという道徳的規範は、それぞれの集団の歴史や文化によって異なるというあたり前の事実は、そうした日常生活の中にまず存在している。

人道的屠畜は残酷ではないのだろうか？

私たちは動物の肉を食べて生きている。家畜を殺さなければならないならば、できれば苦痛を感じないように殺してあげたい。そのような「動物の苦痛への配慮」は、なにも倫理学的根拠づけがなくとも道徳的直感によってある程度共感できる。しかし、今日展開されているような、動物の感覚や意識に関する自然科学的証明や、動物の権利に関する倫理学的論理に基づく儀礼的屠殺への合理的批判に対しては、何か道徳的な居心地の悪さを感じずにはいられない。「動物にとってすべての人間はナチだ」というスローガンを掲げる過激な動物の権利論者やヴィーガン（純粋菜食主義者）たちの動物殺しや肉食を完全否定する主張からすれば、気絶処理という人道的方法もナチスの「安楽死」による大量虐殺の論理とそれほど違わない偽善にも思えてくる。苦痛を感じなければ動物を殺してもよいのだろうか？　残酷さの線引きはどこに引かれるべきなのか？　誰がそれに答えを出せるというのか？

ハーツォグ（二〇一一）は、動物保護思想がはびこるアメリカの社会において、過激な動物保護活動家も含めて人々の動物に対する道徳的な認識、思考、態度、行動には常に矛盾があり、一貫したものではないことを指摘している。論理の一貫性を追求する倫理学者でさえ、その生活の中での態度や行動には矛盾が見られるのだという。「ソファには猫、皿には牛」（ハーツォグ 二〇一一：三一一）。ペットに対する文化的慣習と家畜に対する文化的慣習、そして動物保護言説は、「人間と動物」という一つの論理にまとめられるわけではない。ハーツォグによれば、現代のアメリカ社会における動物に対する道徳的にややこしい状況を特徴づけているのは、論理だけでは説明しがたいし、かといって感情だけでもない、そんな人間と動物の一貫性のない、矛盾した関係性なのだ。

屠畜場における人間と動物との関係にもその矛盾が見出される。工場畜産化された屠畜場において家畜をモノのように扱い、流れ作業によって大量に処理する作業員と家畜との関係に密着したレミは、モノとして扱われる家畜が抵抗を示した場合における、この関係性の変化について論じている（Rémy 2009）。一般に、家畜は従順に、おとなしく屠殺される場合が多いが、時には、家畜を移動させたり、気絶処理のための囲いに入れたり、気絶処理がうまく効かなかったような場合に、家畜が興奮し、暴れて、抵抗することがある。家畜が暴れて、本性としての動物性が露わになる時、そこには緊張関係が生じ、作業員にとって家畜はモノではなくなり、生き物となり、抵抗する主体＝敵として立ち現れる。彼らは、暴れる家畜を口汚くなじり、闘いの相手である敵と見なし、暴力をふるったりするのだ。その時、屠畜場のルーティンを支配している動物を徹底してモノ化する規則が破られ、人間と動物の関係は感情に導かれた身体と身体の関係となり、動物は主体化され、人間が駆け引きする相手となる。そこには、一貫した論理や合理的システムには回収できない、矛盾を孕んだ動物と人間の生きられる関係性が露出するのだといえるだろう。

人間と動物の関係をP・シンガーのように倫理学的な言葉による論理的命題において捉え定位しようとすることに対して懐疑的なダイアモンドが、クッツェーの『動物のいのち』の読解において述べている「現実のむずかしさ」とは、そのような言葉にし難い、動物という他者の理解し難さ、人間と動物とが身体として対面する関係の中での応答の難しさなのではないのか（ダイアモンド 二〇一〇）。言葉を話さない動物を、言葉によって人間と類似したものとし、知性や感性を持つ存在と見なし、人間と同等な権利を持つ存在とするような言説は、動物への倫理的配慮を強く要請する。しかし、そのような議論は、私たちが生活の中で取り結ぶ動物たちとの慣習的な関係を見ようとはしない。動物の苦痛への配慮、それは、動物への配慮ではなく、論理への配慮なのではないのか。

フランスで起きている儀礼的屠殺の問題は、内なる他者を抱える社会における異なる文化間の対立というだけでなく、人間と動物との関係をめぐる慣習と論理との対立として捉えることもできるだろう。実は、ハラル問題についての動物保護団体や政治家たちの発言は、フランスの一般市民の儀礼的屠殺に対する態度を代表するものではない。統計的な調査に基づくものではないが、私が知る限り、スーパーに並んでいる食肉が儀礼的屠殺によるものかどうかなどあまり気にしていない人も多いようだし、ハラル問題に関するインターネット上での議論においても、ハラルに対する極端な攻撃を冷めた視線で揶揄する態度も多く見られる。フランスの食肉業界が実質的に広く気絶処理を行わない屠畜を行ってきたのも、消費者による拒否感がそれほど深刻でないことを見込んでいるからだとも推測される。

問題は、儀礼的屠殺が移民問題と結びつけられた時に、それが経済的、社会的脅威としての外国人移民への恐怖を反映し、残酷さのシンボルとして作用するということだ。ハラル問題についての論争が起きると、人間と動物との関係や儀礼的屠殺の残酷さについて一貫した意見や行動規範を持たないような人々が、野蛮な他者を排除せよというイスラモフォビアの感情的な反応に同調し始める。儀礼的屠殺を残酷だとする批判は人間への配慮については容赦ない。他者の文化的慣習に対し非寛容で、普遍的だとする論理によってそれを野蛮だと否定する。残酷な他者を排除しようとする論理の暴力がそこから発生する。

人間と動物との関係、そして人間と人間との関係は、「みんなが思っているよりもずっと複雑」（ハーツォグ二〇一一：三五四）なのであり、容易に答えを出すことが難しいという、陳腐だが、本質的な事実をまず認めることが重要だろう。動物であれ、人間であれ、他者という存在を本来的に理解し難い、言葉によっては語りえない部分を持つ存在と見なすこと。そこに、対話や交流によってなんとか理解を深めようとする他者への寛容さが開かれうる。儀礼的屠殺の問題について考える時に、まず必要とされるのは、そうした他者への想像力ではないのか。

注

＊1　参加団体は、Œuvre d'Assistance aux Bêtes d'Abattoirs（OABA）, Fondation Brigitte Bardot, Confédération Nationale des SPA de France（CNSPA）, Conseil National de la Protection Animale（CNPA）, Fondation Assistance aux Animaux, Protection mondiale des animaux de ferme（PMAF）, Société Nationale pour la Défense des Animaux（SNDA）, Association

Stéphane Lamart.

*2 Campagne nationale d'information des consommateurs citoyens sur la réalité des pratiques d'abattage des animaux (2016).

*3 boucherie には「肉屋」という意味と「虐殺」という意味がある。この広告はフランスの広告業界規制機関（ＡＲＰＰ）によって、関係する儀礼関係者を「侮蔑し、脅威を与える」として禁止されたが、その後も使用され、インターネット上で拡散している。

*4 ただし、定められた電圧が弱いため実質的には気絶処理は不可となっている。

*5 European Convention for the Protection of Animals for Slaughter. Strasbourg, 10.V.1979

*6 COUNCIL DIRECTIVE 93/119/EC of 22 December 1993 on the protection of animals at the time of slaughter or killing

*7 COUNCIL REGULATION (EC) No 1099/2009 of 24 September 2009 on the protection of animals at the time of killing

*8 ブレイスウェイト（二〇一二）参照。ユダヤ教徒やイスラム教徒の側からも、儀礼的屠殺が動物に苦痛を与えるということに対する科学的反論や、儀礼的屠殺の方が衛生的で、肉の質もよくなるという科学的研究も多数出されている。

*9 これは日本において「屠殺場」という語が使われなくなり、殺害というイメージをやわらげる「と畜場」という語が使われるようなった状況と似ている。

*10 同様に、フランスの屠畜場で調査を行ったレミによれば、大量生産方式の屠畜場において屠殺と解体の作業空間は区分けされ、作業員も「殺す者（tueurs）」と「殺さない者（non-tueurs）」に分けられ、互いの作業が見えないようになっているという（Rémy 2009）。また、沖縄の産業化された屠畜場について調査した比嘉（二〇一五）も、屠畜場における空間の分離と、家畜が「脱動物化」され食品へと変換される仕組みについて分析している。

*11 ちなみに、ヘンリー・フォードは反ユダヤ主義者であり、ヒトラーの支持者で財政的支援もしており、七五歳の誕生日に大十字ドイツ鷲章を授与されている。

*12 アメリカの動物保護団体ＰＥＴＡは強制収容所と工場畜産の写真を並べたポスターにこのシンガーの言葉を引用し「すべての人間はナチスだ」というスローガンを掲げ、工場畜産や動物実験、あるいは肉食に対する批判を展開している。しかし、それに対して、ユダヤ人を家畜扱いし、ユダヤ人の命を動物の命と等価なものと見なしかねない過激な「動物の権利」主義だとして、強制収容所体験者やユダヤ人から強い批判が出されている。

＊13　コーデックス国際基準（CAC/GL 24-1997）。

＊14　この基準はWTOに採用され、WTOによるガイドラインは、商業的利益保護のために、国内製品と同じプライオリティを輸入製品にも付与することを各国に要請している。

＊15　国民戦線は一九七二年にジャンマリ・ルペンが創設した極右政党。二〇一一年にマリーヌ・ルペンが党首となり、移民排斥、イスラモフォビアの発言を繰り返し、二〇一二年の大統領選挙では第一回投票で二〇％以上を獲得し第三位となった。極右の台頭に対し、フランスでは反人種・民族差別主義の運動も強まりを見せているが、二〇一五年一二月の地域圏議会選挙において国民戦線は二七・七％の得票率を獲得し、全体として極右の傾向が強まっている。

参考文献

青木人志　二〇一五「動物福祉への倫理的配慮」上野吉一・武田庄平編『動物福祉の現在――動物とのより良い関係を築くために』農林統計出版、二五―三六頁。

伊勢田哲治　二〇一〇『動物からの倫理学入門』名古屋大学出版会。

金森修　二〇一二『動物に魂はあるのか』中公新書、中央公論新社。

クッツェー、J・M　二〇〇三『動物のいのち』森祐希子・尾関周二訳、大月書店。

サックス、B　二〇〇二『ナチスと動物――ペット・スケープゴート・ホロコースト』関口篤訳、青土社。

佐藤香寿実　二〇一五「フランスにおける『イスラーム問題』と政教分離原則ライシテ」『御茶ノ水地理』五四：一―一〇頁。

芝健介　二〇〇八『ホロコースト――ナチスによるユダヤ人大量殺戮の全貌』中央公論新社。

シンガー、P　二〇一一『動物の解放　改訂版』戸田清訳、人文書院。

スコット、W・J　二〇一二『ヴェールの政治学』李孝徳訳、みすず書房。

ターナー、J　一九九四『動物への配慮――ヴィクトリア時代精神における動物・痛み・人間性』斎藤九一訳、法政大学出版局。

ダイアモンド、C　二〇一〇「現実のむずかしさと哲学のむずかしさ」C・ダイアモンド他『〈動物のいのち〉と哲学』中川雄一訳、春秋社、七九―一三一頁。

鷹木恵子　二〇一四「イスラムのメタ理念『ハラル』の食品産業――日本におけるその変遷と新たな動向」住原則也編『経営と宗教――メタ理念の諸相』東方出版、二七九―三一七頁。
トッド、E　二〇一六『シャルリとは誰か?――人種差別と没落する西欧』堀茂樹訳、文藝春秋。
内藤正典・阪口正二郎編　二〇〇七『神の法 vs. 人の法――スカーフ論争からみる西欧とイスラムの断層』日本評論社。
西村貴裕　二〇〇六「ナチス＝ドイツにおける動物保護法と自然保護法」『人間環境論集』五：五五―六九頁。
バウマン、Z　二〇〇六『近代とホロコースト』森田典正訳、大月書店。
パターソン、C　二〇〇七『永遠の絶滅収容所――動物虐待とホロコースト』戸田清訳、緑風出版。
ハーツォグ、H　二〇一一『ぼくらはそれでも肉を食う――人と動物の奇妙な関係』柏書房。
比嘉理麻　二〇一五『沖縄の人とブタ――産業社会における人と動物の民族誌』京都大学学術出版会。
平澤明彦　二〇一四「農林水産省平成二五年度海外農業・貿易事情調査分析事業（欧州）報告書・第Ⅲ部ＥＵにおける動物福祉（アニマルウェルフェア）政策の概要」農林中金総合研究所。
ブレイスウェイト、V　二〇一二『魚は痛みを感じるか?』高橋洋訳、紀伊國屋書店。
南利明　一九九五「民族共同体と法（一九）NATIONALSOZIALISMUS あるいは『法』なき支配体制」『静岡大学法経研究』四四（三）：一七九―二一六。
宮島喬　二〇一一「移民政策と〝イスラーム問題〟の構築――グローバリゼーションとフランス」『社会学研究』八九：五―二三頁。
ヨプケ、C　二〇一五『ヴェール論争――リベラリズムの試練』伊藤豊・長谷川一年・竹島博之訳、法政大学出版局。
Baldin, D. 2014. De l'horreur du sang à l'insoutenable souffrance animale: Èlaboration sociale des régimes de sensibilité à la mise à mort des animaux (19e-20e siècles).. Vingtième Siècle. *Revue d'histoire* 123: 52-68.
Bergeaud-Blackler, F. 2004. Nouveaux enjeux autour de l'abattage rituel: Une perspective européenne. *Cahiers d'Economie et de Sociologie Rurales, INRA*: 5-33.
―― 2005. De la viande halal àl'halal food: Comment le halal s'est développé en France ? *Revue européenne des migrations internationals* 21 (3): 125-147.

——2007. New Challenges for Islamic Ritual Slaughter: A European Perspective. *Journal of Ethnic and Migration Studies* 33(6): 965-980.

——2008. L'encadrement de l'abattage ritual industriel dans l'union européenne: Limites et perspectives. *Politique européenne, l'Harmattan*: 103-122.

Campagne nationale d'information des consommateurs citoyens sur la réalité des pratiques d'abattage des animaux 2016（http://www.abattagerituel.com/ 二〇一六年七月一日閲覧）

LE HUFFINGTON POST 2012（http://www.huffingtonpost.fr/2012/03/05/viande-halal-le-pen-fillon-gueant-sarkozy_n_1322210.html 二〇一六年七月一日閲覧）

Le Monde. fr 2012（http://www.lemonde.fr/election-presidentielle-2012/article/2012/02/21/a-rungis-sarkozy-critique-la-polemique-sur-la-viande-halal_1646108_1471069.html 二〇一六年七月一日閲覧）

Le Monde. fr 2014（http://www.lemonde.fr/les-decodeurs/article/2014/04/07/porc-a-la-cantine-l-arnaque-de-marine-le-pen_4396864_4355770.html 二〇一六年七月一日閲覧）

Le Monde DES RELIGIONS. fr 2012（http://www.lemondedesreligions.fr/actualite/viande-halal-et-casher-le-rabbin-yann-boissiere-repond-a-francois-fillon-06-03-2012-2344_118.php 二〇一六年七月一日閲覧）

Le Parisien 2012a（http://www.leparisien.fr/election-presidentielle-2012/candidats/marine-le-pen-veut-saisir-la-justice-et-cible-la-viande-halal-18-02-2012-1867138.php 二〇一六年七月一日閲覧）

Le Parisien 2012b（http://www.leparisien.fr/election-presidentielle-2012/en-direct-gueant-non-l-islam-n-est-pas-du-tout-une-obsession-05-03-2012-1890635.php 二〇一六年七月一日閲覧）

Muller, S. 2004. Les abatoirs sous haute surveillance: Politiques et normalization sanitaires à Saint-Maixent-l'École, du XIXe au milieu du XXe siècles. *Revue d'histoire modern et contemporaine* 51(3): 104-120.

Non à l'abattage ritual 2016（http://rituel.jimdo.com/sans-%C3%A9tourdissement-obligatoire/ 二〇一六年七月一日閲覧）

Radio Canada 2012（http://ici.radio-canada.ca/nouvelles/Politique/2012/03/14/003-halal-pq-caq-viande.shtml 二〇一六年七月一日閲覧）

Rémy, C. 2009. *La fin des bêtes: Une ethnographie de la mise à mort des animaux*. Economica.

Smith, D. 2007. Cruelty of the Worst Kind: Religious Slaughter, Xenophobia, and the German Greens. *Central European History* 40: 89-115.

Van der Schyff, G. 2014. Ritual Slaughter and Religious Freedom in a Multilevel Europe: The Wider Importance of the Dutch Case. *Oxford Journal of Law and Religion* 3(1): 76-102.

Vialles, N. 1994 (1987). *Animal to Edible*. Cambridge University Press.

第2章 子殺しと棄老

「動物殺し」としての殺人の解釈と理解について

池田光穂

Bai jyvombré ja uémeré（狩猟者が捕らえ殺した動物を彼ら自身が食べてはならない）（Clastres 1974: 99）

——アチェの諺

私は決して望まない／横たわったままにされた骸骨と同じように／あらゆる寵愛を失った徽章＝杖の骸骨と同じように／わたくしの骨にも／そのような運命が待ち受けていることを／私はけっして望まない。

（クラストル 一九九七：一一四）——グアラニのシャーマンの歌

1 はじめに——人殺しをとおした動物殺しの解明

動物の生命を奪う行為を動物殺し（killing animal, theriocide）[*1]という。家畜を殺すことは畜殺、屠畜あるいは屠殺（slaughter）という。動物を殺す人は、その対象によって異なり、野生動物の場合は狩人（hunter）と呼び、家畜を屠る人を屠畜者あるいは屠殺人（butcher, slaughterhouse worker）という。現在では娯楽としての狩猟（game hunting）や屠畜する行為も「動物の権利」を侵害するために嫌がられ避けようとする動きがある（シンガー 二〇一一）。しかしながら、動物殺害の役割は、いかに嫌われようとも他方で人間集団にとって不可欠な行為であり、また合法的と見なされる実践でもある。そしてどのような社会でも法典や儀礼的手続きを遵守する限りそれが常に非難されるわけではない（ハーツォグ 二〇一一）。

では人殺しの方はどうだろうか。殺人（homicide）は動物殺しよりも罪が重いものと見なされる。しかし動物に対してても人間に対しても殺害が禁止されたり嫌がられたりしても、殺害行為そのものが消失した社会というものを私たちは知らない。また想像することも困難である。現代社会でも殺人慣行は実際に存在するにもかかわらず、伝統的社会における子殺しや老人殺害が取り上げられると、その社会の「残虐さのステレオタイプ」とされてしまう。それは伝統社会の人を見る西洋社会の眼差しと言説が、西洋の自文化中心主義に基づき、知と権力がつよく結びついていることの証左であるともいえる（サイード 一九九三：二二一―二二四）。伝統社会の老人殺害の記録は、欧米社会が持つ老人嫌悪のステレオタイプを彼らの「野蛮性」として投影したものであり、それは事実誤認にほかならないと批判が上がる（スチュアート 二〇〇四：一一九―一二〇）。

この書物にある一貫したテーマは動物殺しの民族誌であるが、本章で筆者は人間の子殺し（infanticide）と老人殺し（geronticide, gerontocide）についての理論とその具体的な事例の検討を目的としている。その理由は、人殺し（殺人）を動物殺しのレパートリーの一つとして相対化することにある。人殺しもまた社会制度化された行動としてあり、古典的民族誌記述の中にきちんと位置づけられている。他方で従来の民族誌やそのデータベースであるフラーフすなわち人間関係地域ファイル*2（Human Relations Areas Files, HRAF）には、動物殺しという独自の文化領域が設定されてはいない（HRAF Online）。

筆者は、動物殺しという文化的概念を確立するために、進化生物学の所論を参照しつつ、「動物としての人間（human

as animal)」と「動物殺しとしての人殺し（homicide as theriocide）」を人類史ならびに民族誌の中に位置づけることにする。そのことをとおして、動物や人間、殺害や犠牲といった一連の概念とそれらの用語法の可能性と限界[*3]について反省的考察を試みる。そして、子殺しや老人殺害を含む同種間殺しをめぐる文化表象は、どのようにしてその文化が提供する動物殺しという異種間殺しの変奏として登場し、かつまた動物の言語的カテゴリーという価値観が反映されるものであるのかを考える（Leach 1964）。

狩猟採集社会では、人間と動物の間はとりわけ緊密な関係性で表現されることが多い。本章第四節で取り扱う先住民アチェ社会は、私たちにとって異種である個々の動物種がアチェの各人と隠喩的変形関係（metamorphic relation）のもとで理解されるタイプの社会である。アチェでは、母親の妊娠中に行われる肉の贈与をめぐって人間と動物種は、誕生後の命名と呼称をとおして強い繋がりがあるものと見なされる。かつてのアチェ社会では子殺しが行われていたが、子殺しは同時にその名前に付されている動物（種）を殺すことを意味する。しかしながら、アチェの人たちは動物と人間が同一であることとその強い関連性を混同することはない。それはこういうことである。多くの民族による自然認識の研究では、自然科学者と変わらないほど環境に対する正確な知的態度を示し、現実の自然表象と象徴の意味を混同することなく峻別し、かつ異なる二つ（ないしはそれ以上複数）の知的体系と態度が共存している（ウィトゲンシュタイン 一九七五、タウシグ 二〇一六、レヴィ＝ストロース 一九七六）。

他方で、フィールドワークをとおして現地人の認識や感覚に関する独特の言語や概念について私たちがよく理解できず当惑することがある。そこで、このような当惑を理解に転換させるために、人類学者は自己の民族誌記述の経験をとおして他者が記述した民族誌の中に見られる他者の経験の認知プロセスや実践を再検討したり、別の体系に基づく隠喩的解釈を試みたりすることがある。そこで重要なことは、異質な社会の異質な記述からなる民族誌を読むことが、研究者が持っている社会的現実のあり方の「自明性」を覆すことにある（バーガー／ルックマン 二〇〇三、シュッツ／ルックマン 二〇一五）。

次に、私たちにとって恐ろしく感じる人殺しや動物殺しのような慣行が、なぜその社会に存在したのだろうかという問いを立てることが必要となる。だが、人殺しや動物殺しを行う伝統社会の人たちは、それらの慣行に怖れをなすことはなく、まったく別のタイプの怖れに基づいて人殺しや動物殺しを実践するのだ。たとえばアチェの狩人にとっての動物殺し（狩猟）における最大の恐怖とは、自分で殺した獲物を食べるタブー侵犯によるパネ（*pane* 獲物が捕れなくなる不能状態）である。冒頭にあるエピグラムには「狩猟者が捕らえ殺した動物を彼ら自身が食べてはならない」とある。動物が捕れない状態が続くと狩猟者（男性）は自分がパネの状態ではないかと怖れをなす。過去に自分が捕らえ殺した動物を口にした記憶がないにもかかわらず、何らかの理由で口にしたのではないかと疑い不安になる状態をパネという言葉で表すのである（クラストル 二〇〇七：二一〇―二一一）。すなわち、動物や人を殺すことに関する不安や恐怖の成り立ち方が、私たちとアチェの人たちでは根本的に異なる。それらの差異を明らかにしてゆくためには、本章で扱う子殺しと老人殺しの実際の細部に入り、またそれらが当事者を含む様々な人にどのように理解されてきたのかについて、それぞれの内部者の視点から考察し問い続けなければならない。

2 子殺し

子殺しの説明

民俗学者は子殺しを、法的処罰の対象になる明治以降の社会とそれ以前の「民俗社会」とでは、まったく異なった取り扱いを行っていたという解説から始める。比較家族史学会編『事典　家族』（弘文堂）によると、民俗学者である岩本通弥は「嬰児殺し（子殺し）」において次のように書く。

「近代法治国家では嬰児殺しは、反道徳的で犯罪的な行為としてみなされるが、『新約聖書』マタイ伝のヘロデ王の幼児虐殺にもあるように、人類史的には普遍的にみられる現象である。いわゆる未開社会などでは容認されている社会も多く、むしろ義務づけられている場合もあり、狩猟採集民社会では人口調整の一方法として一般的であったとされ、また不具児をはじめ逆子、歯の生えた子や私生児など、その社会が異常児とみなす特定要件を有する嬰児を殺害したり、産褥死した母とともに生き埋めにする風習などがあった」（岩本 一九九六：七四）。

子殺しが近代以前の社会では制度として根づいていたことがこのように説明されている。しかしながら、子殺しを実際に行っている当事者たちは、そのことを好き好んで調査者に語ってはこなかったようだ。これが当事者の「悲劇的な経験」（Daly and Wilson 1988: 38）に根ざすものなのか、それともそれ以外の要因によるものなのかは、識者の間でも分かれているところである。たとえば、白人や植民地政府が禁止してきたので現地人の間にも「恥ずべき」慣習と見なされるに至ったというのもその理由だ。長い間、英国の宣教師や行政官による人類学の調査マニュアルであった『人類学における覚書と質問』（一九二九）には次のような記述がある。これは子殺しが恥ずべき慣習であったことを示している。

「子殺し――もし、社会の性別の割合［系譜法のページを示して参照指示している：引用者補足］を調査しているのなら、男性あるいは女性の比率に有意な違いを発見したら、子殺しの存在あるいはその試みがなされたかどうかという質問は必ず行われるべきだろう。そして、それがどの程度行われたのかについても［調べよ］。食人や子殺しのような、その種のケースは文明人（the civilized）によって、非難されたりまたは処罰されたりしてきたことはよく知られるところである。それゆえ、とにかく［調査の］初期の段階でそのような質問をすることは［結果的にデータが得られないという］失敗を招くであろう。しかしながら、ついうっかりと行われたのかもしれないそのような行為［＝子殺し］徴候が、すこしでも人々によって示唆されるかもしれないことに細心の注意を払うこと。そして［人々との］信頼関係がしっかりと築かれたならば、完璧な真実（the full truth）について［人類学者は］学ぶことができるように試みなければならない」（Royal Anthropological Institute 1929: 85-86）。

岩本の説明では「普遍的」現象であったはずの子殺しが、この『覚書と質問』では、文明人により廃絶される方向に進んでいることが示唆されている。そして現地社会における慣行を把握したい人類学者は、そのようなデリケートな情報を確実に自分の手にしなければならないと助言する。

他方「食人（cannibalism）」の調査項目に関する記述では、そのような慎重な姿勢なしに「食人、それは頻繁か？例外的か？」という質問を皮切りに、次々とたずねるべき二一の質問項目が淡々と記載されている（Royal Anthropological Institute 1929: 215-216）。『記録と質問』の認識では、子殺しは食人よりも調査しにくい社会的事実として認定されている。あたかも「未開人」は食人には躊躇することなく話すが、子殺しには言いよどむことがあるのだと言わんばかりである。

遺伝子と個体数の調整

このような努力の末に収集された可能性のある歴史資料や民族誌における人口学的意義は、様々な角度から解釈されてきた（Scrimshaw 1984, Drixler 2013）。子殺しとは明確に、人口調節のための集団レベルでの適応と見なされることが多く、子殺しの性比の不均衡現象をも考慮した個人の包括適応度[*4]を増大させる手段として解説されている（ハインド 一九八九：二一〇）。R・アレグザンダー（一九八八）の説明では、現生人類である私たちが子殺しをしているのは、人間以外の霊長類や初期の人類同様、オスの遺伝子を次世代に伝えるための基本的な戦略のレパートリーの一つにすぎないという。

「初期の人類にあっては、［オスが：引用者補足］他オスの子どもを殺したり、メスにそれを捨てさせたりする傾向は、そうした行為がメスの排卵を促進し、そのオス自身の子のためにメスの繁殖能力を温存させる場合には、つねにオスの利益になったはずである。ヒトの母親によってますます集中的となった子の保護、その期間の増大、そして幼児期の集中的な保護や乳児の無力化と結びついて長期化した出産間隔、これらの結果として子殺しの利益は上昇し、他のオスからメスを獲得したオスは［前夫の］子どもを捨てることになっただろう」（アレグザンダー 一九八八：二八九）。

この論理に立てば、オスは（遺伝的な意味での）自分の子どもとそれを養育するメスにはともにケアをし、自分の遺伝子を持たないメスの子どもは殺すということが遺伝的には理に適うことになる。チンパンジーのカニバリズムは日本の鈴木晃が一九七一年に報告したものを嚆矢とするが、チンパンジーはメスが群れ間を移動し帰属した群れで発情、出産することで群れの遺伝子の多様性を確保するといわれる（Bygott 1972: 410; 北村 一九八二：六二）。アレグザンダーは、バイゴットによる野生チンパンジーの観察やイタリアの人類学者エトレ・ビオッカ（Ettore Biocca）が聞き取りをしたヤノマミに幼女時代に誘拐され養育されたエレナ・ヴァレロの語りを根拠に、子殺しにおける動物と人間の進化行動学上における連続性を主張する（Bygott 1972; Biocca 1970）。

「バイゴットの観察（Bygott 1972）からは、チンパンジーではよそもの［メス：引用者補足］の乳児（迎えいれたグループに父親がいない）はそのグループのオスによって殺されやすいことが示唆される。たとえば南米のヤノマミ・インディアンに見られるような、共同体間の戦争や婦人の交換によって父なし子になった子どもを殺した男（または女）の報告（Biocca 1970）からは、このことが人類の歴史においても親による保護が［自然］選択された重要な要因であったかもしれないこと、また乳児の依存期間の延長がもたらしたもう一つの間接的結末であったかもしれないことがうかがえる」（アレグザンダー 一九八八：二八九。訳は一部変えた）。

人間集団において、堕胎、子殺し、あるいは性交禁止は出生力を制御するという方法であることは、カール＝サンダースがすでに『人口問題――人類進化の一研究』という広闊な書物を著して以来よく知られている（Carr-Saunders 1922）。また現在では母親の頻繁な授乳は性交を禁止しなくても受胎機会を低下させることが分かっている。ウィン＝エドワーズは一九六三年に、人類進化におけるグループ（＝群れ）内での淘汰（＝進化的選択）という観点からカール＝サンダースの議論を捉えなおした（Wynne-Edwards 1963）。それによると、子殺しによる出生力を制御する方法が必要とされる社会とは、利用できる資源が稀少な狩猟採集民の環境でありブッシュマンがそれに相当するといっている。しかし、サン・ブッシュマンの専門家である田中二郎は、そしてクン・ブッシュマンの（未開）経済を報告したL・マーシャルもまた、ブッシュマンの社会は私たちが想像する以上に資源が豊富であり、ブッシュマンの生息環境の「資源が稀少」というのは、その社会を知らない者の偏見にすぎないと批判している（田中 一九七七、二〇〇八、Marshall 1961）。

ところで子殺しをする動物で最もよく研究されているのは霊長類である。単雄群のハーレムを形成するインドのハヌマンラングールにおいては他のオスによる乗っ取り時に子殺しが見られる。その際に乗っ取りオスにより、授乳期にある子どもの子殺しが行われ、それに引き続いてメスが発情するという。これらの説明は、端的にいうと種は集団で進化的選択（＝淘汰）するという論法では説明できず、当初は、個体数の増加による病理的な説明で片づけられていた。しかし、その後、個体数の調整メカニズムという説明が登場し、これはその種が、個体数に見合った資源を管理しているのだという解釈におきかわった。しかしながら、もしそうだとすれば、個体群密度の高い群れにのみ子殺しが多いことになる。それに単純に個体数を調整するためであれば、メスの小さいサルや（その後すぐに個体群の再生産活動に加わる）若いサルを選択的に殺せばよいことになる。これらは、子殺しが、集団の利益に関わる選択（淘汰）で起こるという説明の枠組みであった。

トリヴァース＝ウィラード仮説

まったく別の発想をする研究者もいる。R・トリヴァース（Trivers 1985）は、それまで集団単位で働くと考えられていた選択のメカニズムを、むしろ個体単位で解釈した方がより理にかなうことを明らかにした。

「オスは彼が殺す子孫の父親となるわけではない［＝オスは自分の種による子孫を殺さないものだ：引用者補足］。もし［単雄群を］乗っ取り、自分がおきかわったオスも、（たいていはそういう状況にあると思われる）おとなメスたちとも血縁が遠ければ、そのオスが殺す子どもとも血縁的な繋がりもまた遠い。そうであれば、子殺しをはたらくオスにとってのコストは小さく、他方では繁殖成功上の利益はほとんど即時にオスの手に入る。授乳中の子どもを殺すことで、オスはそのメス（母）に［排卵を開始させて］その子どもを孕ますことができるだろう。なぜなら子どもを授乳しているメスは排卵せず、次の子孫を残す生殖の準備ができないからである。子どもを殺すことで、メスが自分の血縁とは関係のない子孫を育て続ける労力をオス自身によって節約する。子どもを失ったメスは二、三週以内、場合によっては数日で発情することになる」（Trivers 1985: 74-75）。

トリヴァースは、いくつかの生物、とりわけその中でも栄養条件が良かったり、生後に子どもの世話をする傾向があったり、また個体間

写真 2-1　グラントガゼル（Nanger granti）の単雄ハーレム（右端にオスがいる）。タンザニア・ミクミ国立公園にて（2016年２月撮影）

写真 2-2　グラントガゼルの単独オス（タンザニア・ミクミ国立公園にて、2016年2月撮影）。あぶれてハーレムの主になれず子孫を残すチャンスがない。ガゼルと近縁のスプリングボックではトリヴァース＝ウィラードの仮説に完全に符合する詳細な報告がなされている（Krüger et al. 2005）

関係において順位制[*5]をとることが知られる動物一般においては、生まれてくる子どもの性比は一〈対〉一にならず、オスの方が多くなるという事実を発見した。そして、そのメカニズムを、ダン・ウィラードと協力して〈親の投資に見合った報酬の仮説〉で説明しようとした。この仮説では、一夫多妻の生物社会において子孫の数をたくさん残すことを、生存競争に勝利したと考える。一夫多妻制の動物では、オスが社会的に優位の場合、多くのメスを独占することができるために、そのオスは多くの子孫を持つことができる（写真2-1、2を参照）。だが、うまくいかなかったオスの子どもの将来は、うまくいかなかったメスの子どもの将来よりも悲惨である。つまりオスの競争はメスよりもハイリスクでハイリターンである。そこで、その子どもがどのような母親から産まれるかと考えてみると、良い条件に育った母親のオスの子どもももまた条件の良いハーレムを形成する機会を持つ可能性があることが分かる。社会的地位が高いと採餌のための資源にも容易にアクセスできる。すなわち条件に恵まれた両親からはオスが多く生まれるチャンスが増える。他方、条件の悪い母親が、条件の悪いオスの子どもを産むと、そのような子どもは運が悪ければ一匹の子孫を残すチャンスすらない（写真2-2）。しかしメスの子どもだと条件が悪くてもハーレムに加わり子孫を残すことができる。メスを産むことは、将来どのような社会的条件になろうがローリスクで、つねに安定したリターンが期待できる。一夫多妻のハーレムの親はローリスク・ローリターンの結果となるメスよりも、多くを犠牲[*6]にしても少数の成功できるオスを産むことに投資する傾向を持つ（写真2-1）。それゆえ、トリヴァース

＝ウィラードの仮説とは、一夫多妻の動物においては、条件に恵まれた親はオスを多く産むのに対して、恵まれない親はメスを多く産む傾向があるという現象のことをさす（リドレー 二〇一四：一九三―一九五、Trivers and Willard 2002: 115-122; Krüger et al. 2005）。

意図的な子殺し

さて、人間社会でも性比はオスに偏っているわけだが、動物とは異なり、それは意図的な性別を分けた子殺しによる結果である（クラストル 二〇〇七：二五〇、Clastres 1972: 197）。K・ヒルとM・ウルタードが調べたパラグアイのアチェ（族）では、一〇歳までに殺される男児の数は一四％であるが、女児は二三％に及ぶという。また、両親のどちらかが不在の子どもが殺される確率は、両親がそろっている場合にくらべて四倍にも上るという（Hill and Hurtado 1996: 437）。これだけを見るとアチェは、意図的に男児よりも女児に偏向して殺害していると判断される。しかしながら、アチェがいう子殺しの第一の動機は、死者が出た際の「殉死」である。この「殉死」の意味は私たちのそれとは根本的に異なることを本章第四節で示し詳しく検討する。つまり「殉死」が選択される際に女児が優先されるのではなく、男児は将来の狩人になるために取っておかれる傾向があるが、「殉死」が必ずしも女児でなければならないという理由にはなっていない（Hill and Hurtado 1996: 435-436; Clastres 1972: 201-202、クラストル 二〇〇七：二五六―二五七）。

女児殺しは、出生力を制御する方法としては人類進化の研究の初期から指摘されてきたことである（Carr-Saunders 1922）。この分かりやすい人口学的説明と、人間において女児よりも男児が殺害されにくい狩猟採集民の説明「男は狩人にならなければならない」は、子殺しの性別の偏りという結果において一致しているが、人為的に性差により攻撃性の度合いが異なるため、トリヴァース＝ウィラードの仮説は狩猟採集社会には当てはまりにくい。

それよりも、実際に子殺しを目撃した報告者たちが直面するもっと深刻な課題は、進化モデルの思考実験とは異なり、どのようにして客観化されたデータを集められるかということである。おまけに近年は狩猟採集民が国民国家へ統合され、子殺しが禁止されるようになったために、現在では過去のデータの解釈、再解釈、再々解釈しか、子殺しにおける性比の偏りを検証する手段がない。国民国家への統合の中で、首狩や戦争や子殺しの慣行（Rosaldo 1980; Matthiessen 1969; Bugos and McCarthy 1984）は廃止され、言語や芸術や神話などの口頭伝承は文字化され継承が推奨されるようになった。そのような慣習がかつて実践されていた時代、つまりヒルとウルタード（Hill and Hurtado 1996）やP・クラストル（Clastres 1972）が調査した時代には、まだ観察が可能であった。だが、彼らの民族誌に見られる子殺しの記述はとても婉曲的であり、あたかも読者に間接的にニュアンスを伝えるかのような文章であることが多い。ボリビアとパラグアイ国境の近くに住むアヨレオの子殺しについて調査したP・ブゴスとL・マッカーシーは、そのケースに出会った時の驚愕を隠さない（Bugos and McCarthy 1984）。

「私たちは、女性たちにインタビューを始める前に、すでにアヨレオの人々と六か月いっしょに暮らしていた。彼女らがバナナを満載した荷を頭にのせて畑から帰ってきたり、泥壁の家の前にすわって、マットを編んだり、おしゃべりをしたりするのを、私たちはすでに見なれていた。どこの母親もそうであるように、彼女らも、赤ん坊が病気になれば心配し、かわいい赤ん坊だと言われると喜びに顔をほころばせた。［中略］。私たちがエオの村に住み込んですぐ、エオは私たちに鶏をくれた。彼女は、しばしば私たちのところを訪れ、私たちに子どもがいないことを嘆いては、もし私たちに子どもが生まれたら絶対かわいい子に違いないといっていた。エオが嬰児殺しをしているという話を、他の女性からはじめて聞いたとき、とうてい信じられなかった。人類学者として訓練された者［女性のマッカーシーのこと：引用者注］にとってすら、チャーミングな友人、夫につくす妻、子どもをかわいがる母親である彼女が、私たち人類学者自身の文化が忌むべき行為をするような人物だとは、信じられないものだ。それでもなお、最も不寛容な宣教師でさえ、赤ん坊を埋めることに慈悲を感じてしまうはずだ」（Bugos and McCarthy 1984: 512）。

アヨレオにおける出生時の子殺し（嬰児殺し）についてブゴスらの報告の中には、信頼をおいている心優しい被調査者が別の局面では子殺しを行っているということを知った時のアンビバレントな感情が見られる。他方で、子殺しが「彼らの社会」において起こる状況は、十分に人類学者の間では把握されている。生まれながらの奇形、先天性の虚弱状態（あるいは出産時における仮死状態）、逆子、出産間隔の短い妊娠、双子、父親が不在やシングルマザーの出産などでは、子殺しが起こりやすい。また、出生時に女児と分かった場合は男児よりも選択的に殺害される傾向がある。当然、男児が生き残るという性比の偏りを生じさせる。どうして子殺しが行われるのか。これまでの研究者による説明は、調査される側の人間の説明よりも、その研究者自身による機能主義的なものが多いように思われる。たとえば、母体ならびに社会が不用なコストを抱えないようにする社会的措置という説明などである。

ではどのようにして嬰児殺しが行われるのか。ドゥーブ・クン・ブッシュマンの専門家であるN・ハウエルは次のように描写している（Howell 2010）。

「陣痛が始まると、女性は回りに知らせることなく速やかに、居住地からは見えず、また主たる通り道からも見えない藪（ブッシュ）の中に一人出かけて、一人で出産する。まれに、とりわけ初産の時には、一人あるいは何人かの出産経験のある女性が付き添って出かけ、薪の火を起こし、出産の時に［捕食：引用者補足］動物の危険から護るために一緒にいることもある。［中略］赤ん坊が生まれると、母親はそれを注意深く観察する。もし彼女が［奇形などの］異常を発見し、子どもがこれ以上生きられないと考えると、彼女はその鼻と口を塞ぎ窒息させ、後産［＝胎盤］とともにそれを埋めることができる。もちろん、多くの女性は九ヶ月もかけて妊娠しちょうど産まれたばかりの子どもを窒息させることを望んでいないことはいうまでもない。彼女はその場にとどまり後産が排出されるまで待ち、それを埋める。母親は子どもを伴い村に戻り、［母親がつけた］名前を告げ、配偶者や村の他の人たちから祝福を受ける」（Howell 2010: 24. 傍点は引用者）。

いうまでもなく人間の集団で先天異常や異常出産はそれほど頻繁に起こることではない。にもかかわらず、伝統社会における子殺しについて人類学者は頻繁に記録し、かつ様々な論述上の工夫を凝らしてきた。人類学者の側には、伝統社会の典型として正当化できる理由があるから子殺しがあるという説明である。またより最近の著者は、子殺しは必要にかられた遺習であり、当事者たちも本当は放棄したがっているという主張を付け加えることも忘れない（ピンカー 二〇一五：七四）。いずれにしても、伝統社会における子殺しの記録において、当事者たちにとっても調査者にとっても、心痛む経験であり、できることなら触れたくなかった経験のようだ（Bugos and MaCarthy 1984: 511）。

3 老人遺棄と殺害

老人殺しの多様性

通文化研究の質的情報データベースのフラーフ（HRAF Online）の本部はエール大学にあるが、完成直前の先駆資料をつかってL・シモンズは『未開社会における高齢者の役割』（Simmons 1945）という著作をまとめた。それによると調査された三九の社会のうち一八の社会で老人の殺害が実施されている（Simmons 1945: 225）。これらの社会で、殺害が頻繁に行われたのが一一社会、時に行われたのが一〇社会、存在しないのが二一社会であり、残りの二八社会はそれに関する情報そのものがなかったという（Simmons 1945: 239）。シモンズは、死に至るまでの間に社会が老人をどう扱うかは多様であることを確認した上で、過度の一般化を戒める。そして、そのまとめの部分でロケットの報告を引用する（Lockett 1933）。北米アリゾナのワルピ（地名）で目撃された、一九二八年七月四日に亡くなったホピの太陽司祭とよばれたスペラ（Supela）という長老の最期を思い出すようにと、ロケットは読者に喚起する。臨終のスペラは共同体に降雨をもたらすために自らの命を犠牲にすることを決意する。そして冥界に降りゆき人々に降雨を約束すると言って死んだ。

「人々は長引く干ばつに苦しんでいた。そして古老スペラは［一九二八年七月四日の死後：引用者補足］シパウと呼ばれる途を通り、雨と芽吹きを支配している諸霊が住む地下世界に降りていくだろうが、彼は躊躇することなく、神々の状況を説明し、また地上の人々と仲裁し、スペラ［の霊］が地上に戻った後に、即座にその結果を期待できるであろうと、神々と約束するとした。彼の人生は［これまで］宗教的に正しくあり、神々により受け入れられていたために、スペラがそのための旅の時間を記録し、その道中でどんな贖いも処罰を課せられ邪魔されることなく、四日間旅をするだろうと［期待され］、古老スペラとその友人［＝神々］たちへの信仰があったのだ。スペラの約束どおり［雨がもたらされるだろうという］願望の成就がなされることを人々は期待した。スペラの死後四日を経て、ものすごい雷鳴を伴った恐ろしい嵐雨により、その長い干ばつは終焉を迎えた。［その時］ホピの人々は驚きを見せただろうか。いや、その反対に［人々は］満足げに顔を紅潮させ、スペラが四日かけてようやく難関を『切り抜けて』感動的な請け合いをしてくれたことをお互いに祝福しあった、つまり最も素晴らしい賞賛が［死後のスペラに対して］なされたのだった」(Lockett 1933: 41-42; Simons 1945: 243)。

ロケットのこの報告は、私たちにはスペラが霊界での交渉と降雨の約束という遺言を残して死に、その四日後に実際に降雨があったことを述べているだけのように思われる。しかしホピの人は、スペラが自分の命と引き換えに、つまり自分の命を供犠として差し出し亡くなり冥界で神々との交渉の末に降雨があったと解釈している。シモンズは、老人殺害のレパートリーの一つとしてこの事例を取り扱っているのである。この引用直後に、シモンズは「未開社会において、老人の死というものは、単一の問題でもなく統一した問題によって表されるようなものでもない。また高齢者やその親族が取るような役割も完全に受動的なものでもない。死の状況も、死への態度というものも、その両方ともに極度に多様なのである」と述べている (Simmons 1945: 243)。

さて高齢者の遺棄と殺害の方法は、J・ダイアモンドの解説（二〇一三：三六六―三三九、Diamond 2012: 214-216）によると次の五つに大別できる。（一）高齢者をケアしない、ないしは虐待したり放置したりする方法。（二）狩猟採集民のように集団がキャンプから別のキャンプに移動する際に、意図的に置き去りにする方法。このような遺棄はしばしば「死者の家（house of dead）」という小屋（Simmons 1945: 227-229）などの存在に関連づけられることが多い。（三）高齢者自身が自殺という手段を選んだり、自殺することを示唆したりする方法。（四）高齢者の自殺を助けたり、当人あるいは親族によって依頼されて殺害したりする方法。そして最後に（五）高齢者を計画的に殺害する方法、である。

残酷なのは彼らか？　私たちか？

私たちが抱く疑問は、老人遺棄と老人への殺害行為は、人類に普遍的に見られるものなのか、あるいは伝統社会にのみ見られるものなのか、それとも近代社会こそが老人遺棄と殺害を、まさに私たちが自覚することなしに自家薬籠中のものにしているのかということなのである。翻って考えてみると、もし残酷さ（＝情動を伴う価値づけ）の基準も文化的多様性の中に位置づけられるとすると、ナーシングホームにおいて手厚くケアされる高齢者像を当然のごとく「良いケア」だと自明視する私たちの「自然的態度」も反省を求められる（シュッツ／ルックマン 二〇一五：五一―六三）。文化を異にする他者からの指摘は、この私たちの自然的態度の前提を突き崩すきっかけをもたらしてくれる。生物地理学者でありかつ人類進化について造詣の深いダイアモンドは、自分が経験したかつてのフィジー諸島の島民との会話を思い起こす。

「あるとき、私［ダイアモンド：引用者注］は、南太平洋のフィジー諸島にあるビティレブ島（Viti Levu）にいった。そして、とある村の、地元の男とたまたま話し込んだことがある。男はアメリカにいったことがあった。そして、そのときの感想を、次のように語ってくれたのである。アメリカには、自分が感心する部分もあるし、うらやましく思うような部分もある。しかし、嫌だなと思う部分もある。一番嫌だと思ったのは、高齢者に対する処遇だ。フィジーでは、お年寄りは自分が生涯を過ごした土地で暮らす。そこには家族もいる。昔からの友達だって住んでいる。たいていの場合、子どもたちの家に同居するのがふつうだ。子どもも親の世話をよくやく。面倒もみる。歯がだめになって自分で物を噛めなくなってしまった親に、食べ物を細かく噛み砕いて、食べさせてあげる。そんなことさえフィジーではするんだ。ところがアメリカではどうだっ？　年寄りはみんな施設送りだ。そこに年寄りを預けっぱなしにして、子どもはたまに会いにいくだけだ。『アメリカって国は、年寄りを捨てたり、自分の両親の面倒を見ない国なんですか！（"You throw away your old people and your own parents!"）』非難がましい口調で男が私にそういったのである」（ダイアモンド 二〇一三：三五八、Diamond 2012: 210）。

ビティレブ島民の主張つまり高齢者とは末期に至るまで親族と暮らすことが良いという「フィジー版の人道主義」から見ると、アメリカにおけるナーシングホームは、老人遺棄を報告した初期の西洋人類学者（Simmons 1945: 227）が未開社会の中に見た「死者の家」、おぞましい老人遺棄の場所そのものである。「未開社会」における老人遺棄を残酷なものと見なしている西洋人や私たちは、他方、自分たちが老人のために良かれと思って作り上げたものが、他者から非常に残酷なものとして映ることもあると知る。ビティレブ島民の指摘は、まことに西洋社会が持つ自民族中心主義への鋭い批判を見事に体現している。

スチュアート（二〇〇四）は、ダイアモンドが描くビティレブ島民と似たような立場をとり、イヌイト社会には棄老の伝統などないと厳しく弾劾している。

「欧米人が残している手記には、イヌイト社会には何もしない厄介者の老人を置き去りにする、残酷な習俗があると書かれている。姥捨て伝説でも有名だが、棄老習俗といわれる老人を置き去りにして見殺しにするこの習俗は、実際には近代文明以外の社会ではほとんど確認されていないようである」（スチュアート二〇〇四：一一九―一二〇、傍点は引用者）。

このような主張は、カニバリズム（人食い）論争において、カニバリズムを実際に見聞した民族誌家が皆無に等しいということをもって、カニバリズムは西洋世界の「未開や野蛮」の表象にすぎず、想定されているよりも遥かに低い頻度でしか起こっていないと主張したW・アレンズのそれと類似する（Arens 1979）。スチュアートは続ける。イヌイト自身にも棄老伝説があるのは、それは棄老を行わないための教訓として遺されてきたからだ。

「姥捨てなどの棄老伝説が説くのは、老人を大事にしないと禍のもとになるという教訓であることが多い。イヌイトの伝承には、老夫婦とその未婚の娘が置き去りにされた話がある。食べものがなくなり、三人は飢えに苦しんでいたが、ある日、ホッキョクグマ（カリブーという説もある）がイグルーに押し入ろうとして入り口にはまり身動きできなくなった。そのホッキョクグマを殺して肉で腹を満たすと、見知らぬ男性が目の前に現われた。その男性は娘を妻にして毎日のように獲物を仕留めたので、皆で幸せに暮らした。反対に、年老いた両親を家の外に追い出して凍え死にさせた男性は、村八分にされ次々と起こる禍に苦しむという言い伝えもある」（スチュアート二〇〇四：一二〇、傍点は引用者）。

そして、イヌイトが「棄老習俗」を持つと誤ったステレオタイプで、近代社会に誤解されるようになった歴史的経緯について次のように説明する。

「棄老習俗という欧米人の記録は、実は食料不足の時に若い人たちが老人をひとまずキャンプに置いて行き、獲物を捕ってからすぐ引き帰してくる、一時的な避難措置で、あったようである。時には、一族が飢餓に苦しんでいるときに、老人が子どもたちに自分の食べものを与えて自ら餓死するのをいとわないという伝承もある。また、体が不自由になり一族の足手まといとなる場合、自らの命を絶つことも知られているが、若い人が老人を死に追いやることは、反社会的な暴挙として指弾されるのだった。棄老習俗をことのほかに書きたてる背景には、老人を邪険にする欧米の近代社会の風潮をイヌイト社会に投射して、イヌイトの『野蛮性』を強調したことがあるようである」（スチュアート 二〇〇四：一二〇、傍点は引用者）。

イヌイトに「棄老習俗」はないという主張は、シモンズ（Simmons 1945）が指摘したように、老人遺棄や殺害は、高緯度地方の狩猟採集民に多いという一般的説明からは外れるように思われる。また「体が不自由になり一族の足手まといとなる場合、自らの命を絶つことも知られている」という記述は、先のダイアモンドの（三）高齢者自身が自殺という手段を選ぶ、という方法を否定しない。しかしながら、シモンズが老人の老人遺棄や殺害について議論した箇所に引用されているイヌイト（エスキモー）では、たしかに遺棄という事例はない。シモンズが紹介している民族誌データは、高齢者の自殺にのみ言及されており、その目的は高齢者への尊敬に由来するものであると説明されている。そう考えると、スチュアートが「老人が子どもたちに自分の食べものを与えて自ら餓死するのをいとわない」という高齢者の道徳原則とも齟齬をきたさない。老人遺棄の伝承は、老人自身の生き方に対する共同体の敬意と尊厳にも結びつく可能性があるのだ。現代の人類学者の課題は、そのことを歴史人類学的に検証することである。

ヘヤー・インディアン式〈死の迎え方〉

原ひろ子（一九八九）が報告するヘヤー・インディアン（アサバスカン系のディネ先住民）の五〇歳のチャーニーという老人の「死に方」にもそのような荘厳さがある。チャーニーは一九六二年八月末のある日、数日風邪で寝込んだ。そして、投薬した地元の看護師はすぐに治ることを予告した。にもかかわらず、原は五歳のマーサ（チャーニーの弟の娘）から「オジさんが死ぬことにしたから、すぐ行ってあげて。たくさん集まってるよ」と告げられてびっくりした。

そして急いで彼のテントを訪問する。

「チャーニーは一昨日から食物を少ししかとらなくなり、死ぬと言いだしてからは、紅茶を時折口に含むだけになったという。たたみ六畳くらいのテントには、すでに一七~八人集まっていた。たばこの煙の立ちこめるなか、全員チャーニーの話を聞いている。横臥してボソボソと思い出話をつづけるチャーニーに、みんなはフム、フムと相槌を打っている。ふだんの冬の夜長の体験談を聞くときには、聞き手は「フム、フム、それから?」とつづきを催促したり、ときには冗談を言って話をまぜ返すのだが、死にゆく人には、本人が言いたいことだけを話してもらうために、「それから」と聞いてはいけないことになっている。チャーニー氏は時折、話を止めて、大きく息をし、紅茶を一口すすっては、目を閉じる。まわりの者は互いに身をすり寄せ合っては、チャーニーを見つめる」(原 一九八九:三六七、傍点は引用者)。

チャーニーの末期を理解するためには、先住民ディネの伝統的な身体観や霊魂観を知ることが不可欠である。それによると、霊魂は肉体の間を自由に入ったり出たりすることができる。我々が忘我に浸る時、魂は我々の身体から離脱している。夢見は霊魂が旅をしているのである。また人が眼を閉じ瞑想している時には魂は守護霊と交流している。チャーニーが死を決意したのも夢見から醒めて守護霊のお告げを人々に素直に伝えたからなのである(原 一九八九:三六八)。

「肉体が生きているとき、霊魂は再び肉体に戻ってくるが、死ぬと霊魂が出て行ったきり戻ってこなくなる。だから、チャーニーが話を休めると、まわりの者は互いに身をすり寄せ合っては、チャーニーが良い死に顔で死ぬようにと祈るのである。人が死ぬと、その霊魂は、自分のミウチ[身内:引用者注]や生前のキャンプ仲間のもとや、自分が一生の間に旅をしキャンプをして泊ったところを巡り歩くという。遺体が埋葬されると、あの世への旅を始める。そして、良い死に顔をして死んだ者の霊魂は、再びこの世に生まれるべく旅につく。そして埋葬前にも、悪い死に顔の人ほどには、この世の近しい人の霊を道連れにしようとつきまとわない。だから、良い死に顔で死ぬことは、死にゆく本人の願いでもあり、見送る人々の願いでもある」(原 一九八九：三六八、傍点は引用者)。

ここで注意しなければならないことは、ディネ先住民は、霊魂の次元では、肉体の死とは無関係にこの世の人との連続的な関係性を持つことである。私たちは死を忌むべきものとして嫌っており、なるべくそのことを考えたり、その話題に触れることを避けたりしようとする。それに対して、先住民ディネの人たちは、むしろ自分のみならず他人の死をも受容して、静かに「良い死」を迎えようとする。ディネにおいて死の受容が重要なのは、死者の霊魂が「旅につく」前に、私たちの周りに引き続き存在し、生者との存在論的な関係性を維持しようとするからである。個人の死が生者との存在論的連続性を持たない私たちの感覚では、チャーニーがどう考えても早い死を迎えることに強い反発を覚え、できれば現代医学の力で治せるものなら治ってほしいと祈るだろう。だが、ディネは、当人が受け入れようとする死に方を全面的に受け入れ、それを共同体全体で支える。死後の霊魂がしばらく共同体の生者との関係を持ち、その後の共同体の成員の社会的関係に様々な形で影響を与えることは、次節で述べるアチェ先住民の場合にも当てはまる。

4 民族誌記述の細部へ――アチェにおける子殺し

アチェと動物の隠喩的関係

子殺しと老人遺棄について民族誌を比較したり、それぞれの社会の生業形態やその他の文化的要素と、それらの行為の相関関係を統計的に証明したりすれば、おおまかな傾向性を指摘することができる。だが、文化要素と殺害や遺棄の間の因果関係の証明はなかなか難しい。なぜなら単一の要因でこれまで論証された社会例は皆無だからである。日本における棄老伝説も各地で聞かれるが、それが実際に行われたという考古学ないしは古文書による証明があるわけではない。棄老伝承の説明もまたその民衆による原因の説明も歴史的に変遷するようだ。歴史や伝承に頼る接近方法は、子殺しと老人遺棄の慣習の証明においては頼りない。したがって子殺しと老人遺棄について考察を深めるためには、ある社会の特定の時空間において実際に起こった事例についての民族誌を追いかけてゆく必要がある。それを、P・クラストルによる民族誌『グアヤキ先住民の年代記――パラグアイ遊動狩猟民アチェたちが知っていること』[*7]を用いて子殺しの実際がどのようであるのかを追体験してみよう（クラストル 二〇〇七、Clastres 1972）。

そこで注目されるのは、アチェと動物との関係についてである。アチェ社会の個人の名称はすべて動物からきている（Clastres 1972: 40-42）。たとえば「カンティン」は「やまねこ」を意味する。妊娠している女性に、やまねこの肉が分与された時、肉をもたらした狩猟者はその胎児が生まれた時の名づけ親（*jware*）になることができる。「カンティン」に「〜ギ（*gi*）」という人称の接尾辞がつき、生まれたこの子はカンティンギと名づけられる（Clastres 1972: 40）。個人名に男女の区別はない。動物が人間と関わる際、つまり遭遇する、捕食される、狩猟する場合に、その動物が、すでに過去に死んだ人間（あるいは霊魂や死霊であるイアンヴェ *ianve*）とどのような関係を持っていたかについて、アチェは詳細にそのつど吟味する。動物のうち最も特異的な地位を占めるのがジャガー（*baipu*）である。人間はあらゆるものに生まれ変わったり変身したりするが、この肉食獣であるジャガーもまた人間に変身したり、また死後転生したりする。ジャガーは人間との間で食うか／食われるかをめぐる最強のライバルである。それゆえ、多くは狩猟して食べるだけの他の動物と異なり、〈ジャガーとその霊魂〉と〈人間とその霊魂〉がそれぞれどのように相互作用するのか、アチェは細心の注意を払う（池田 Online）。

ここで紹介する図２‐１は三件の子どもの連続殺害事例である（Clastres 1972: 203-214）。時系列にそって左から右に展開する。アチェの社会では出生時には男女の比がほとんど同じなのに、青年期以降では男性の割合が明らかに多い。つまり人為的に出生後、男女では有意に女児が殺害の犠牲になる。婚姻形態は一妻多夫である。殺害事例を紹介した図には簡略化のために必要な系譜関係のみ記してある。

トゥティユ（乳児）の雷撃死

（一）最初のものは、雷雨の中を移動していた、夫ワチュピランギと赤ん坊を抱えた妻キミラギに降りかかった不幸である。アチェでは雷（Chono）は人格表象のかたちをとっている。クラストルの民族誌でもチョノは固有名詞として表されている。「激怒する雷」は、夫婦の上にふりかかったが二人は助かった。しかし、彼らの赤ん坊（トゥティユ）が犠牲になった。キミラギの弟のラムビアンギは甥の死に苛まれることになる。アチェの人々の間では人（＝男）は大切なお気に入りの子どもを失うと、平静を保つことができなくなり、しばしば「絶望のために弓を取って」狩猟キャンプ地の周辺を走りまわるという（Clastres 1972: 204）。弓は「復讐」を実行するための凶器である。ここでいう復讐とは、日本語の意味のように「やり返す理由のある対象」に向かうのではなく、女児を中心にした子どもが殺害される、つまり犠牲者となって屠られることを意味する。この場合、ラムビアンギの最愛の甥の「復讐」の相手は、雷である。しかしながらその敵は絶大すぎた。このような場合、アチェの男は、ただ諦めることがある。だがラムビアンギはそれに耐えられなかった。ラムビアンギは復讐のための歌つまり死の言葉が込められた歌を歌い始めた。夜になっても彼は歌いやめなかった。キャンプ

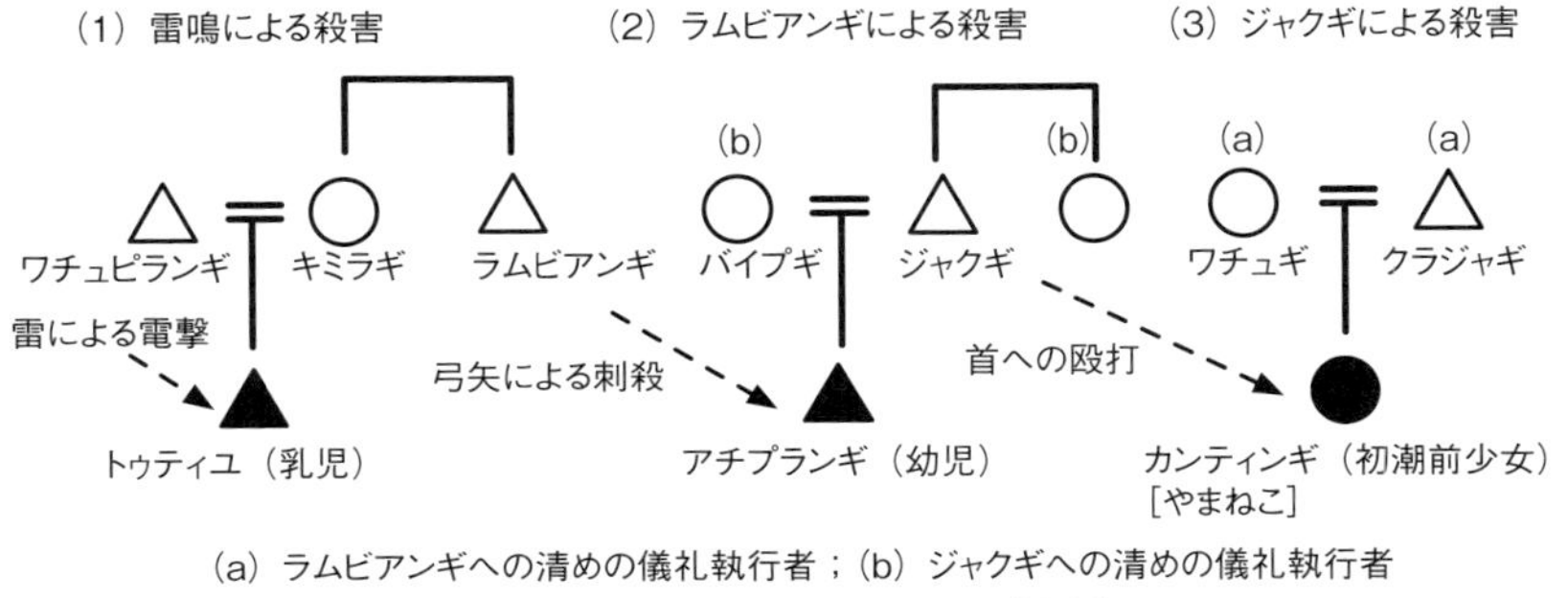

(a) ラムビアンギへの清めの儀礼執行者；(b) ジャクギへの清めの儀礼執行者

図 2-1　アチェにおける子殺し（事例）

の人々は彼の歌を聞いてラムビアンギが復讐をやりとげることを確信しているようであった。ただし誰がその犠牲者として選ばれるかは、未来の犠牲者にも殺害者にも明確にされることがない。

トゥティユに引き続く二番目の犠牲は、ジャクギという男とバイプギという女の間に生まれた乳児アチプランギであった。私たち日本人なら、復讐をした相手が自然現象の雷とされており、そのことにも驚きだが、さらに復讐による攻撃性の対象が、敵となる雷ではなく、隣の家族の乳児であったことは驚きである。アチェの感覚だと、復讐したい情動が男（狩人）をして、狂気に追いやると説明するのである。これはフィリピンのイロンゴット（族）における肉親の死が怒りの情動[*8]（*liget*）を引き起こし、隣接する民族を首狩りをするまではその情動が解消されないことと似ている（Rosaldo 1980）。ともにある種の狂気ではあるが、アチェの場合は復讐によって幼き犠牲者を屠るという目的は完遂するまではその狂気の状態が消え去ることがない。

弓矢によるアチプランギの殺害

（二）夜明け前になり、ラムビアンギはキャンプの中で寝ている隣の家族の寝所に近づき、そこでマットの上で静かに寝ているバイプギという妻とジャクギという夫の間にできた、ようやく歩き始めようとしていた乳児であった長男のアチプランギに弓矢を射かけた。アチプランギは即死し、そばで寝ていた母親のバイプギは嘆きの声を上げたが、夫ジャクギともどもそれ以上の抵抗は行わなかった。それには理由があったからだ。

ふつう、復讐の情念にとりつかれた殺人者＝ブルピアレ（*brupiare*）は、殺害の前から心身ともにある種の虚脱状態になる。ほとんど飲食をしなくなるし、性交も控えるようになる。水を飲むのにも直接水に触れてはならないというタブーがある。それを侵せば、キャンプ地が大洪水に襲われるといわれている。タブー侵犯のモチーフはアチェによればとても重要で、洪水は神話上においても現実の生活においてもタブー侵犯に対するもっと大きな天罰の一つである（Clastres 1972: 205-206）。

男が殺人者＝ブルピアレの状態になることは、まさに彼をふつうの人間の状態を超えた存在にしてしまうらしい。そのことは共同で狩猟生活をする、キャンプの成員すべてにとっての脅威となる。そのために、キャンプでは、彼をブルピアレの状態から人間世界に復帰させる儀礼を行わなければならない。クラストルはその民族誌中で「清め（purification）」という用語を使っている（Clastres 1972: 206）。清めの施術は、まず施術を行う夫婦が先に、自分たちの全身に泥を塗り、その後で、清めの対象になっている茫然自失の殺人者＝ブルピアレの状態の人間の身体に同じように泥をぬりつけ、さらに彼の口の中に泥を流し込む。本人が苦しもうがもがこうが、無理やり泥を飲み込ませる。やがて、その男の喉の奥に指を突っ込み殺人者＝ブルピアレの状態の人間である彼に嘔吐を促すのである。アチェの身体理論によると、復讐の執念にとりつかれた人間には、肛門から死霊（*ianve*）が入り込み身体の中に広がっている。そのために、肛門から入った死霊を消化とは逆向きに口から嘔吐物とともに排出させることによって、その身を清めるのである。

ラムビアンギの「清め」の施術は、クラジャギという夫とワチュギという妻の夫婦が務めた。施術の後には、殺人者＝ブルピアレの状態の人間は数日間キャンプでおとなしくすることが厳格に求められる。そのことをとおして、彼は元の「正真正銘の狩人（*bretete*）」に復帰することができる（Clastres 1972: 206）。

施術が終わると加害者の姉キミラギ——雷で死んだトゥティユ（乳児）の母親でもある——と新たな犠牲者アチプランギの母親バイプギが哀歌をうたう。そもそもラムギアンギが殺人者＝ブルピアレの状態になりジャクギとパイプギ夫妻の子どもであるアチプランギの命を奪ったのは、もとはといえば雷（チョノ）のせいなのである。キミラギとバイプギはともに泣いた。しかし、殺人の連鎖はそれで終わらなかった。

ところで殺された乳児アチプランギとは「美しい角（アチプラン）」を持つ人間という意味である。その名前の由来は、母親バイプギが妊娠中、ある狩人から雌牛の肉を分与された時に、自分の子どもが美しい角の本性＝ビュクワ（*bykwa*）——を持つようにと願ったことによる。ビュクワとは、クラストルのアチェ語からの翻訳はフランス語の

nature（自然）である。ある獣のビュクワはそれを狩り他者に与える者（ビュクワレ *bykware*）に宿り、獲物の肉を分与することによりその本性（nature）は肉を分与された者にも伝わる。死んだアチプランギと同様に、その弟は、母バイプギが妊娠中に夫ジャクギからハナグマの肉をもらい受けて食べたことから、ハナグマの本性を持っているという。

さて、このようなアチェの人間本性論は、彼らの復讐論とどのように繋がっているのであろうか？

殺人者の精神状態から生還してから、ラムギアンギは隣人たちとふたたび別のキャンプに出かけ、以前と同じような狩猟活動に戻った。ところで二番目の犠牲者の父ジャクギは、自分の家族を養えるだけの獲物が捕れたら、その余りを同行者たちに分け与えていた。つまり、彼は、自分が得た獲物の本性をメンバーに分け与える存在になっていた。そのような偉業をした狩人は森の中で自作の歌を朗唱するのだが、ジャクギはそうしなかった。復讐のための力を蓄えるようにしていたのである。新たな犠牲者を一撃で殺すための気力を蓄えていたのである。ある日彼は、炉の傍で歌い始めた。「たっぷりと美味な肉を食べた人であるために、美味しい脂肪を食べた人であるために、そのビュクワ[本性＝自然]を与えた者、その者はひどく怒っている。そのビュクワを与えた私が復讐するだろう！（*Ja bykware oo wachu gatu uare, kyra wachu uare, by-iä; cho bykware jepy verii cho!*）」（クラストル 二〇〇七：二六四、Clastres 1972: 208）。これはジャクギ本人が、自分の優れた狩猟能力（＝本性）を仲間に分け与えられずに内部に蓄え込み、そうして過剰になった狩猟能力が常軌を逸した殺害能力に変容したことを示す。そして仲間の誰かが殺害能力の犠牲になることを予言した、ある種の行為遂行的発話にもなる（Austin 1955）。つまりこの行為遂行的発話とは「私が復讐（殺害）するのは、ビュクワを得たものだ、私がビュクワ（自然）を与えた誰かを私が復讐するのだ」という殺害の予告である。

ジャクギとカンティンギの許されぬ関係

（三）ジャクギが歌の中で犠牲にすると表明したのは、自らビュクワ（本性＝自然）を分け与えた自分の「娘」であるカンティンギであった。これはアチェにとっても、またクラストルの民族誌を読む私たちにとってもスキャンダラスである。その理由は、二番目の殺害者ラムギアンギに「清め」の儀礼的施術を行ったのがワチュギとクラジャギ夫婦であり、その娘がカンティンギであったということを思い起こさなければならない。犠牲なる者の親が、やがて殺害者の慰撫のための儀礼の執行者になるという重く苦しい関係性に加えて、犠牲予定者と加害予定者は、狩猟肉をとおしてビュクワ（本性＝自然）を受け／授けた「娘と父」の関係にあった。話の顛末は、ジャクギ自らが文化人類学者クラストルに語ったように、自分（＝ジャクギ）がどのようにしてブルピアレ（殺人者）になり、またそこから生還したかという記述からうかがい知ることができる（Clastres 1972: 206）。

カンティンギ（Kantingi）がまだ母親ワチュギのお腹にいた時に、ジャクギは仕留めた「やまねこ（*kantin*）」の肉を妊婦であった彼女に分け与えたのだった。やまねこの肉を食べた母親から生まれたカンティンギ（やまねこ）にとって、それを与えたジャクギは本性＝ビュクワにおける彼女の「父」――正確にはフランス語の代父（parrain）――に相当する。すなわちカンティンギは、ジャクギの「娘」なのである。この「父」と「娘」の関係は、狩猟において得られたカンティン（やまねこ）の贈与肉を食べたことで娘が受肉するという換喩（メトミニー）的関係としての肉親と見なすことができる。自分の実際の息子アチプランギを殺されたジャクギは、今度は、早々と自分の「娘」を殺すことを予言する。そのような予言は私たちにはまさに破滅のように思える。だがアチェの論理では、ジャクギこそがカンティンギを殺すのに相応しい殺人者と見なされる（Clastres 1972: 208-209）。

カンティンギは初潮前の少女であるが、他のアチェの子どもたちも含めて彼らは思春期が訪れる前に性の営みという冒険にのりだす。容姿の美しいカンティンギは、とりわけ子どものみならず大人の男性の好奇の対象であった。その大人たちの中に、ジャクギも含まれていたのである。ジャクギがカンティンギを篭絡し、何も知らない彼女が彼の性の要求に応じることは、近親相姦（インセスト）の禁忌の侵犯に属する。カンティンギが狩猟して得たやまねこ（カンティン）の肉の贈与を媒介としてジャクギと誕生前のカンティンギは父娘の関係になったからである。ただし初潮前の性行為は遊戯的な意味を持つので、アチェの性規範から見るとグレーゾーンに入る。クラストルは、一般にアチェの食人において父が娘を食べるのは「近親相姦」と見なされる行為であると指摘する（Clastres 1972: 268）。食のタブーと性交のタブーは重なるため二重の意味で、この父娘の関係の逸脱の度合いは大きい。これがスキャンダラスと筆者が呼んだ理由である。だが、近親相姦ともいえる性行為のみが問題なのではない。

タブーの侵犯はアチェの狩人にパネ（*pane* 獲物が捕れなくなる状態）を引き起こし、それは彼らが最も恐れていることに繋がる。パネはアチェの共同体全体にとっての危機となる。したがって、このような危機の解消は、ジャクギがカンティンギを殺害することを正当化するのである。もちろんジャクギはカンティンギを実際に「食べて」（＝食人）はならず、また人肉を食べることと性関係は同値の関係にある。そのような禁忌が侵されている以上、カンティンギ自身にとっては迷惑千万だが、彼女はこの世にいてはならない存在になるのである。「復讐」という攻撃性の発露である殺害以外に復讐の方法がない。つまり殺害は他に選択肢のないアチェにとって最後の手段（ultima ratio）となる。

ラムピアンギが夜に歌い、ジャクギの息子アチプランギの殺害を予告したように、今度はジャクギが先のように *Ja bykware oo wachu gatu uare*……と歌い、カンティンギの殺害を予告した。この殺害予告もまたすぐに全員に知れ渡った。カンティンギの母ワチュギは嘆き悲しんだ。父クラジャギは屈強な身体を持ち、かつ娘を「愛している」（クラストルの弁）が、彼は彼女を保護しようとしない。だが、両親であるワチュギとクラジャギは彼らの娘カンティンギの死を望んではいない[*9]。

最終的に、やまねこであるカンティンギの父母は、この殺害に同意する歌をうたう。一睡もできずに過ごしていたカンティンギは、ジャクギが近づいてきた時に、その気配を感じ、*Pacho eme! Pacho eme!*（殴らないで、殴らないで）と叫びつつキャンプから逃げ出した。こうして一度は失踪することに成功した彼女だが、朝方に戻ってきて、とうとう睡魔に負け、母の傍らで眠り込んでしまった。ジャクギは、弓が湾曲した背の部分を用いてカンティンギの「首を殴って（frappant sur la nuque）［仏語］」殺害した。父クジャラギは、それを目撃してこう言った。「彼は彼女を殴った。

彼がその本性を生み出した彼女を。彼が私の娘のビュクワ［本性］のために矢で仕留めたのはやまねこだった！」と（Clastres 1972: 211-212）。ここで翻訳されている「矢で仕留めた」というのは事実とはことなる修辞的表現である。実際の殺害方法は首の殴打であるが、その凶器は弓であり、それは狩猟における動物の殺害方法として表現されたのである。

その後、カンティンギの葬儀がとり行われた。ジャクギは、かつてラムビアンギが受けたような「清め」の儀礼を受けたが、その執行はジャクギの姉妹と犠牲者の母ワチュギが行った。ただし復讐の連鎖はこれで終わった。狂気に陥ったのは父クラジャギではなく、カンティンギのジュワレ（水浴儀礼）の執行者であった。彼はある日、別の子どもの頭の上に弓を振り上げたが、犠牲者となる子どもの上には降りおろさなかったという。アチェもまたこの様子を「殺害行為は象徴レベル（*jepy rave*）に留まった」と表現する（Clastres 1972: 212）。この民族誌の読解から標的にされたのは彼女とジュワレ役の間の子どもであろうと筆者は推測するが、それについてクラストルは委細を示していない。いずれにしてもこの殺害の連鎖は終焉を迎えたのだ。

アチェの死の民族誌

アチェでは子殺しとともに老人殺害の慣行もよく知られている。進化生物学者や生態人類学者たちは、子殺し、とりわけ女児殺しの慣行の研究に、人口学的な観点から熱心に取り組んできた（Hill and Hurtado 1996）。しかしながら老人遺棄や老人殺しについては、移動における集団全体のリスクマネジメントからアチェの事例は説明できないという。リスクマネジメントによる説明とは、移動が難しい高齢者を犠牲にすることで、その分のコストを、次世代を育成するコストに振り分けることに寄与するという集団防衛論でとか、老人が殺害されることや遺棄されることを受け入れることは集団にとっての利他行動になるのではないかという類いの説明である。本章の第三節で検討したように、当事者たちが、そのようなエネルギーやコスト概念をつかった「合理的選択」や老人が集団のために自ら進んで遺棄されるかのような「利他的な理由」をアチェ自身が表明するわけではない。

アチェは、障害児や虚弱児をおしなべて殺害したり「復讐」のみだけの理由で殺害したりすることはないようなのだ。身体に障害を負った子どもを比較的大きくなるまで背負い共に連れて移動する事例が見られる（Hill and Hurtado 1996: 162）。老人は（将来自分の身に振りかかる殺害を予見し気配を感じ）殺害されるままになっているもあるが、他方その運命に抵抗することもある。また、依頼者（多くはその息子）は、魂が虚脱したようなブルピアレ（殺人者）に実母の老人殺害を依頼することに躊躇するという指摘もある[*10]（Clastres 1972: 99）。結局のところ、クラストル（Clastres 1972）やヒルとウルタード（Hill and Hurtado 1996）の記述から総合すると、ブルピアレになった男が、すべて殺害を完遂するわけではないし、復讐の解消手段のすべてが殺害に結びつくわけではない。

以上のことから、殺害という死を迎えることにアチェはある面では私たちとまったく共通点のない言明をする。殺人と死にまつわる様々な社会的制度やそれに対処する人々の行動や、それらに伴う民族誌に描写されている他者に対する暴力的感情は私たちのものとはほど遠く異様に思えることもある（レヴィ＝ストロース 二〇〇九）。しかし同時にアチェと私たちにも子どもや老人に対して観察的事実として共通する点はある。とりわけ、愛する者が亡くなることに対する愛惜の情や生きることへの執着という点は私たちと共通である。民族誌の細部に入れば入るほど、それぞれの個別の事例と現地人による解釈は細密に描くことができるが、肝心の私たちとの類似点と相違点を図式的に描こうとすると、途端に紋切り型になる。また事例を一般化すると、すぐに反証事例が出てきてそれは困難になる。どうすればよいだろうか。その対処として、共同体における他者との関係性について、生死を乗り越えてもなお紐帯させる掟（ルール）の遵守とその制御（コントロール）という観点から筆者は考察して本章を閉じることにする。

5 結論——ポリス的動物の倫理

分離という実践

端的にいうと子殺しも老人殺しも世代間では殺害しあう関係である。進化学的に表現すると、私たちは、様々な方法をもって、親や子を殺してきた。人類は、ある種の情動のもとで、あるいは情愛の念にほだされて、あるいは情愛の念を押し殺して、直接的暴力やネグレクトにより殺害や遺棄を実行してきた。動物殺しの事例においても類似の感情が見られる。私たちも、親や子を「殺して」はいるが、それは限りなく直接的ではなく、間接的な行為でそれを実行する。殺す際に、人はある種の認識論的な切断を行う。私たちもアチェも、ある者を殺害するとは、その殺害の前に、同胞や友人としての分類的カテゴリーから除外し、自分たちとは異なった状態や存在として再定義する。たとえば他者化した準＝人間（quasi-human）として老人や子どもを処遇することにより「殺す」ことが可能になる。これは屠畜の際に、犠牲になる動物に呪文を唱えたり、聖水や花びらをかけたりして聖別する行為に似ている（写真2-3参照）。これが筆者ならびに私たちの研究グループが到達することができた「動物殺し」の認識を可能にする社会的図式の一つなのである。

私たちが行っている同胞や友人を他者に定義を変更する（＝分離を実践する）とは、たとえば、次のようなものである。出生前の胚、重篤な症状を持つ障害者、脳死者、認知症者、ＱＯＬ（生命の質）が低下した人、成年後見人が必要とされる人（「精神上の障害により事理を弁識する能力を欠く常況にある者」日本の民法第七条）などというカテゴリーに分類することだ。そして、治療や保護や監視をとおして、彼らの法的権利を剥奪することが可能だという判断を下すのである。

親が子どもに与えるものを親は失い、親は子どものうちで死ぬ。親が子どもに与えるものは、彼ら自身の意識である。私たちが、奪ったり与えたりしているもの、それは意識であり、奪い与えることで意識は伝達する。これはまた

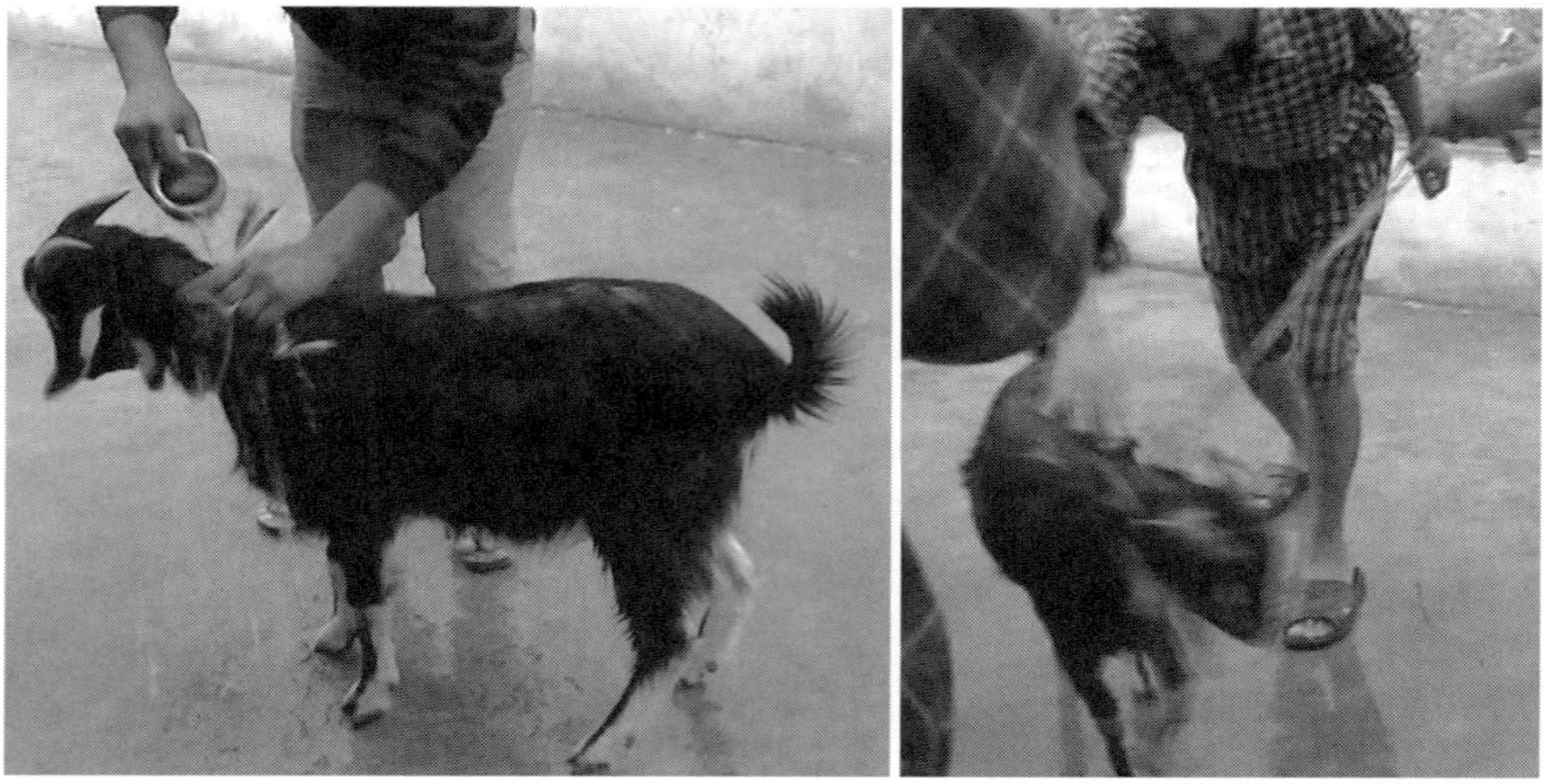

写真 2-3　直前に水をかけられ（左）、その直後、付近にあるケシ科の花びらが額に置かれた（右）、屠畜直前の山羊。この村ではダサイという年に一度の供犠祭で大量に家畜が屠畜される。その際、儀礼に則った聖別が行われるが、この食肉用の屠畜では参加した村人が自然に水をかけ花びらを置いた（ネパール・ガンダギ県にて、2013 年 3 月、奥野克巳撮影）

遺伝子の比喩にもなる。進化行動学的帰結としての子殺しや親殺しにおいては、伝えられるものは生殖にかかるコストや遺伝子である。ここでいう意識とは、多くの人類学者なら、遺伝により伝わらない後天的に獲得される「文化」というであろうし、進化学者のR・ドーキンス（二〇〇六）では「ミーム（meme）」と彼が表現しているものがそれに相当するだろう。

ヘーゲルは『精神現象学』中で、人間の「悟性（*Verstandes*）」、つまり現在では知性や理解力とも訳されるものが持つ「分離の活動（分けるというはたらき *Tätigkeit des Scheidens*, activity of parting/distinguishing）」が、人が人を殺すこと、人が動物を殺すことの意味にほかならないと主張する。「分けるというはたらきは悟性、最も不思議で偉大で、あるいはむしろ絶対的な威力である悟性の力であり仕事である」（ヘーゲル 一九九七：四八）。コージェブ（一九八七）によると、私たちの悟性が実践している分離（分けるということ）は「自然に反して」行うことであり、それは人間に与えられた自然の延長にある意識がそれをなさしめる。このような悟性の中にある矛盾は、ヘーゲルによれば弁証法によって解消されるわけだが、この自然とそれ以外のものをある意味で暴力的に切り分けている。「自然以外のもの」とは私たちが「文化」と呼んでいるものであることはいうまでもない（レヴィ＝ストロー

ス 二〇〇〇)。

屠畜や殺人が、私たちにとって恐怖や嫌悪の対象になるのは、単純に生と死の暴力的な分離の出来事が起こるからではない。むしろ、そのことを「悟性」が持つ分離という働きをとおして私たちが意識しようとした時に、死んだ者以外は誰も経験することのない「死」の情動つまり死の想像力を私たち自身にもたらすからである。だが、私たちの死への感情には驚くべき多様性がある。エルッ(二〇〇一:一二〇)は、それは「同じ社会にあっても、死のもたらす感情は、死者の社会的性格により強度が」異なってくるからであり、「こうした感情をまったく欠いてくることさえもある」とまで述べている。

屠畜や殺人をめぐる私たちの理解のパラドクスを次のように問いかけよう。自己の死を嫌いかつ不死を望む人間が、なぜ他者が死を迎えることに関しては、時間を前倒しにしても率先して行うのか? それは「自己の死の否定/他者の死の容認」のテーゼと名づけてもよいだろう。民族誌学的意味における理論的抽象度や説明の洗練度において、いかにその二世紀後の私たちがヘーゲルの言及の少なさについて不満を持とうとも[*11]、彼が指摘した「分離(分けるということ)」の意味の方に幾度も私たちは回帰していかざるをえない。

ポリス=国家的動物

人間とそれ以外の動物の峻別を、前者を〈政治的動物〉として特徴づけて行ったのはいうまでもない、アリストテレスその人であった。女性と奴隷を人間のカテゴリーに含めないために現在ではその考察には十分な留保が必要だが、人共同体=ポリスをつくる人間と共同体の存在は「無駄なものはなにも造らない」自然がなせる技の産物であった。人間は、群棲的動物であるが、その中でも最も〈ポリス的=国家的動物〉[*12]である。その人間の共同体の構築を支えるのは言語使用だという。「動物の中で人間だけが言葉を持つ」からである(アリストテレス 二〇〇一:九—一〇)。もし仮に私たちが「人間はなぜ動物殺しを宿命づけられているのですか?」とアリストテレスに問うたならば、どんな答えが返ってくるだろうか。彼の『政治学』と『動物誌』に親しんだ者は、こう答えるだろう。〈人間とそれ以外の動物は類似の存在ではあるが、前者は言葉を持ち、共同体に生き、自然に従い善をなすから、動物の命を奪うことが正当化されるいいい。それゆえ、人間においてすら言語を繰らず、共同性を否定し、善をなさないならば、動物の生殺与奪は正当化できないだろう〉と（アリストテレス 一九九九、二〇〇一）。この点において、古代ギリシャとクラストルの調査したアチェの社会（＝共同体）における、人間と動物の間の倫理の共通項を、ようやく私たちは見出すことができる。クラストルはいう。

「もし動物を殺すことを続けたいのなら、それを食べてはならない。消費の領域での狩猟者と死んだ動物の間の結合は、『生産』のレベルでの狩猟者と生きた動物の分離をまねくという観念のみ、先住民の理論は支えられているのである」（クラストル 一九八七：一三九、Clastres 1974: 99. 傍点ならびに翻訳は筆者による）。

ジャクギによるカンティンギの殺害が不猟という危機（パネ）の回避になるのであれば、この殺害は、アチェ先住民の理論に照らして見れば至極正当な行為となる。正当な行為とはその社会の倫理的規範に適うことである。そして殺害行為はアチェ社会[*13]にふたたび狩猟動物を、つまり森林の豊饒をもたらすことになる。「動物殺し」としての狩猟における殺害（＝分離）と、生産の隠喩ともいえる性交と摂食（＝結合という換喩関係）のコントロールとは、人類史初期におけるポリス的＝国家的動物にとってはきわめて重要な活動であったことが示唆されるのである。

注

＊1　Homicide を人間殺しとすると動物殺しの単語をひとことで表すと zoonocide® になるが、残念ながらこれは動物バクテリアを殺傷する薬品の商品の登録商標になっている。そのため動物優越論（theriophily）における「野獣」のギリシャ語由来の接辞

でこのようなかたち（theriocide）で表現するしかできない。ただし、これだと正確には家畜が含まれない。動物には昆虫などの動くものも含まれるが、動物学者以外の日本語使用者には「動物殺し」は殺虫行為なども包含されることになる（図２‐２を参照）。つまり、動物殺しという用語法は、日本語の統語法による文化的バイアスがあり、今後この用語の妥当性と洗練化のためには、さらなる議論が必要になるだろう。

＊２　人間関係地域ファイル（Human Relations Area Files, HRAF）、通称フラーフは、エール大学が中心となって、これまで書かれてきた民族誌に、G・P・マードックらの創案になる三桁の百番代の十進分類と十の細目という千項目（ただし改訂等により入れ替えや欠番あり）の三桁の分類番号を付してインデックス化した民族誌のパラグラフ単位の記述データベースである。かつては、タイプあるいはカード・ファイル情報で提供されていたが、現在はオンライン検索で対応している。フラーフで動物に関する項目としては畜産（二三〇）や食物探索（二二〇）に狩猟と罠（二二四）があるが、人間を含めて殺害に関する包括的ジャンルはない。さらに殺人という項目はなく、法（六七〇）の下位分類に犯罪（六七四）分類からしか「殺し」の記述を探索するしか手段がない（HRAF Online）。

＊３　日本文化人類学会第四八回研究大会分科会「動物殺しの担い手ができるまで——比較民族誌研究」（代表者：西本太氏）の会場において、文化人類学者のスチュアート・H（本多俊和）氏は、文化人類学の研究対象としてきた人々が行う屠畜や狩猟行為を「動物殺し」という否定的ニュアンスのある「学術用語」で表現することに強い違和感を示された。筆者は、この分科会の主宰者たちと同じ研究グループに属していたために、現象を「客観的・中立的に」扱おうとする立場から見れば、本多氏の批判はいささか不当であると思われた。しかしながら本章の第四節で詳しく検討するように、件のスチュアート氏（二〇〇四）が、イ

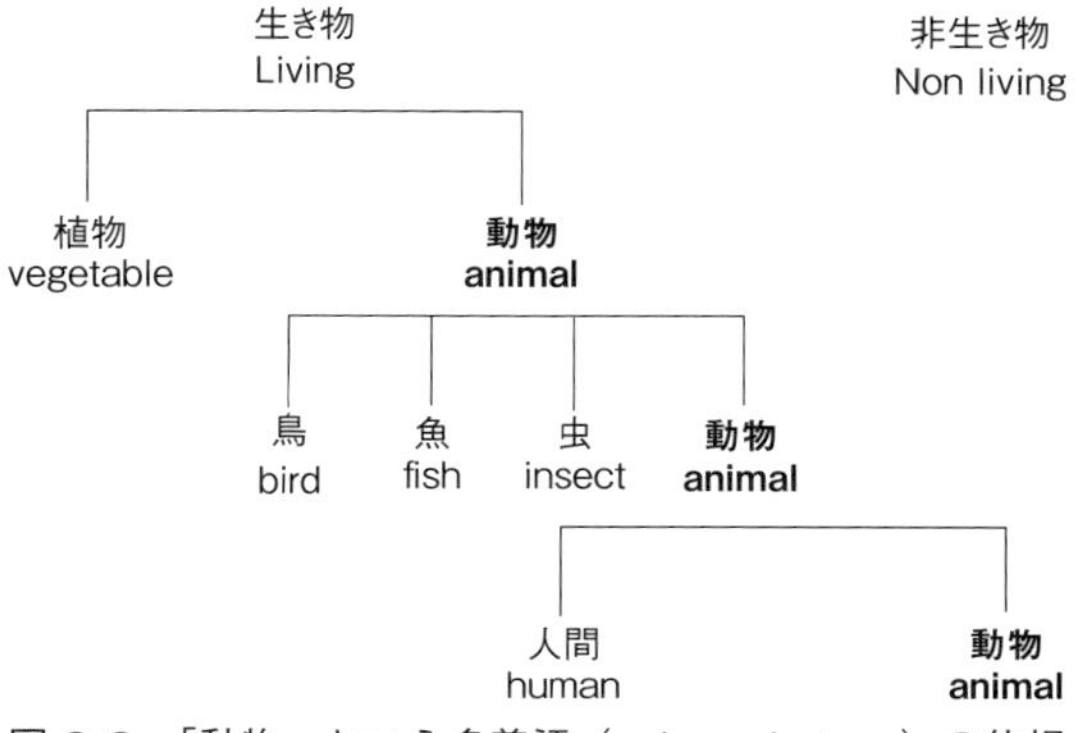

図 2-2　「動物」という多義語（polysemic term）の位相
注）Palmer（1976: 76-78）の説明と原図を筆者が翻訳した。

ヌイットの棄老の従来の民族誌記述に強い批判を展開されていることを知った。このたび本章において検討した際に、研究者が持つステレオタイプとしての未開主義(primitivism as stereotype)には人類学者として細心の注意を払うべきことにつきスチュアート氏が警鐘を鳴らしていることに今度は逆に感銘を受けた。記して謝したい。

＊4　包括適応度(inclusive fitness)とは、遺伝子上における「成功」の尺度であり、遺伝子のコピーの複製に、その個体がどの程度寄与するかを示す量のことである(ディリー/ウィルソン 一九九九:四五、三七三)。適応度とは次世代にどれだけ多くの子を残せるのかという観点から説明されてきたが、W・D・ハミルトンが社会性昆虫における遺伝子配分を調べた結果、適応度の概念が不十分であることを指摘した。つまり、女王蜂は不妊の働き蜂にくらべて子孫を残せるので適応度が高いが、働き蜂は適応度は低い。しかし、遺伝子を調べてみると女王蜂が産んだ子の遺伝子と働き蜂のそれは半分が共通している。働き蜂は自分の遺伝子を持った子どもを育てるのと女王蜂の遺伝子を持った子どもをそれぞれ平等に育てているのだ。この二種類の対象へのケアの行為(=寄与)は包括適応度という観点から見れば等価である。

＊5　順位制社会とは、動物が社会生活を営む上で、個体間の間に力の差異があり、それらの力の序列が線形的に決まるような社会である。つまり力の差異とは、たとえば特定の個体の間に餌があったり置かれたりした場合、かならず順位の上のものがそれを取得する。また順位が下のものが奪ったりすると順位の高い方から手痛い攻撃を受けるという制裁が観察されたりする。ニホンザルの社会は順位制をとることがよく知られている。

＊6　村上龍のエッセー集『すべての男は消耗品である』(一九九三[初出一九八七])で主張されている内容に、狩猟本能を失った男は女の消耗品に終わるという、現代男性への警句がある。この警鐘は、オスに生まれた者はハイリスクを負ってもハイリターンな狩猟本能を復権せよという男性への鼓舞として理解できる。アチェの人たちも「男は狩人にならなければならない」とクラストルに教えるのだ。だが同時によき狩人も常にパネ(不猟などの不能状態)に陥るリスクに神経質なほど気にするし、それが子殺しの原因にもなる。トリヴァース=ウィラード仮説の世界におけるオス(男性)の運命を暗示している点で、「すべての男は消耗品である」というテーゼは現代日本社会でもアチェの狩猟民の世界でも正鵠を得たものになっている。

＊7　P・クラストルの文献は、日本語のものとフランス語による原著を共に参照し、訳文の照合を行ったが、アチェの表記を記す関係で、引用文献中の指示はフランス語原著を中心にすることとした。

＊8　首狩の動機がリゲットという情動と深く関わることについては、以下のM・ロザルドの記述が説得的である。「男たちが首狩にいくのは彼らの自身の情動がそうさせるのだと、イロンゴットはそう説明する。神々などではなく、『重い』感情が、男たちをして殺害への要求へと向かわせしめる、首を狩ることは、それまで『重くのしかかっていた』そして悲しみに打ちひしがれていた『心情』として抑圧してきた『怒り』を『うち捨てる』ことを強く熱望していた」（Rosaldo 1980: 19）。

＊9　P・クラストルが一九六五年に採集した、本文冒頭の二番目のエピグラムを参照のこと。とりわけ死を望まないグアラニの詩的表現を思い出していただきたい（クラストル 一九九七：一一四）。

＊10　この事例の分析については、池田（Online）「アチェにおける親殺しと霊の復讐」を参照していただきたい。ブルピアレは殺害を依頼されるが、その異常な殺人能力（＝アモク的状態）を得るために、死霊（イアンヴェ）の助けを借りてある種の憑依ないしは虚脱状態になる可能性がある。これにはアチェの文化的パターンが規定する、その当事者に招来する情動の変容が欠かせない（池田 二〇一三）。

＊11　ヘーゲル的解釈では、意識が親から子に伝わり終えた時、親は殺される運命にあるが、この論理では子殺しは上手に説明することができない。他方、アチェの伝統的な論理（と生態人類学が共有している論理）では、老人殺害はノマド生活にとって機能的に足手まとい以外の何者でもないが（Hill and Hurtado 1996: 236; Clastres 1972: 99）、子殺しも含めて殺害は、狩猟動物にも変身することができるイアンヴェ（死霊／死者の霊魂）が復讐という名の冥界への連れ戻し行うことが必ず背景にある（Clastres 1972: 197-198）。これは「復讐」のために死ぬ女（児）の性比の不均衡を人類学者には人口学的に、そしてアチェの人たちには霊的に説明するものである。すなわち、アチェの論理では、殺害者と犠牲者の間での意識の継承などはまったくナンセンスなことになる。しかし、ヘーゲルにもアチェにも共通する基盤的理解がある。それは共同体にとってどのような殺害や死にもきちんと意味と正当性があるということなのである。

＊12　ポリス＝国家的動物については、それぞれクラーク（二〇一五）とアリストテレス『政治学』（二〇〇一：九）第一巻第二章（1253a）を参照のこと。ここからクラストル『国家に抗する社会』（一九八七）におけるアチェの統治権力のゼロ概念とヘーゲルの国家論との比較対照という興味深い議論を開始することができる（Clastres 1980: 111-126）。

＊13　グアヤキ（アチェ）社会を、ポリス的動物であるアチェ人間からなるということでの筆者の主張は、これまで深い吟味がなさ

れずにきた「国家に抗する社会」＝南米の狩猟採集民というステレオタイプと大きな齟齬をもたらすことになる。しかし、それは狩猟をとおして動物に依存し、かつポリス性もまた動物種との隠喩関係の連鎖の中で再定義される「社会」として見ると、クラストルのこれまでの所論の解釈にも修正が求められるということである。動物や自然というパースペクティヴを導入すれば異なる人類学理論が拓けてくる可能性があることを示唆する（コーン 二〇一六）。

参考文献

アリストテレス 一九九九『動物誌（下）』島崎三郎訳、岩波書店。

—— 二〇〇一『政治学』牛田徳子訳、京都大学学術出版会。

アレグザンダー、R 一九八八『ダーウィニズムと人間の諸問題』山根正気・牧野俊一訳、思索社。

池田光穂 二〇一三「情動の文化理論にむけて——『感情』のコミュニケーションデザイン入門」『Communication-Design』八：一—三四。

——「アチェにおける親殺しと霊の復讐」(http://www.cscd.osaka-u.ac.jp/user/rosaldo/1512_Parricidio.html 二〇一六年八月五日閲覧)。

岩本通弥 一九九六「嬰児殺し」比較家族史学会編『事典 家族』弘文堂、七四頁。

ウィトゲンシュタイン、L 一九七五「フレーザー『金枝篇』について」『ウィトゲンシュタイン全集（六）』杖下隆英訳、大修館書店、三九三—四二三頁。

エルツ、R 二〇〇一「死の宗教社会学——死の集合表象研究への寄与」『右手の優越』吉田禎吾・内藤完爾・板橋作美訳、筑摩書房、三七—一三七頁。

北村光二 一九八二「インセスト・パズルの解法——霊長類学からみたレヴィ＝ストロース理論」『思想』六九三：五六—七一。

クラーク、S 二〇一五『ポリス的動物——生物学・倫理・政治』古牧徳生訳、春秋社。

クラストル、P 一九八七『国家に抗する社会——政治人類学研究』渡辺公三訳、風の薔薇／水声社。

—— 一九九七『大いなる語り——グアラニ族インディオの神話と聖歌』毬藻充訳、松籟社。

――　二〇〇七『グアヤキ年代記――遊動狩人アチェの世界』毬藻充訳、現代企画室。

コージェブ、A　一九八七『ヘーゲル読解入門――「精神現象学」を読む』上妻精・今野雅方訳、国文社。

コーン、E　二〇一六『森は考える――人間的なるものを超えた人類学』奥野克巳他訳、亜紀書房。

サイード、E　一九九三『オリエンタリズム（上）』今沢紀子訳、平凡社。

シュッツ、A／T・ルックマン　二〇一五『生活世界の構造』那須壽監訳、筑摩書房。

シンガー、P　二〇一一『動物の解放』戸田清訳、人文書院。

スチュアート、H（本多俊和）二〇〇四「今を生きるイヌイトの老人――知識と技術の宝庫」青柳まちこ編『老いの人類学』世界思想社、一一五―一三五頁。

ダイアモンド、J　二〇一三『昨日までの世界（上）』日本経済新聞社。

タウシグ、M　二〇一六「直観性と信仰と懐疑」『ヴァルター・ベンヤミンの墓標』金子遊他訳、水声社、一九七―二五六頁。

田中二郎　一九七七『ブッシュマン――生態人類学的研究』第二版、思索社。

――　二〇〇八『ブッシュマン、永遠に。――変容を迫られるアフリカの狩猟採集民』昭和堂。

ディリー、M／M・ウィルソン　一九九九『人が人を殺すとき――進化でその謎をとく』長谷川眞理子・長谷川寿一訳、新思索社。

ドーキンス、R　二〇〇六『利己的な遺伝子』日高敏隆他訳、紀伊國屋書店。

バーガー、P／T・ルックマン　二〇〇三『現実の社会的構成』山口節郎訳、新曜社。

ハーツォグ、H　二〇一一『ぼくらはそれでも肉を食う』山形浩生他訳、柏書房。

ハインド、R　一九八九『エソロジー――動物行動学の本質と関連領域』木原武一他訳、紀伊國屋書店。

原ひろ子　一九八九『ヘヤー・インディアンとその世界』平凡社。

ピンカー、S　二〇一五『暴力の人類史（下）』幾島幸子・塩原通緒訳、青土社。

ヘーゲル、G・W・F　一九九七『精神現象学（上）』樫山欽四郎訳、平凡社。

村上龍　一九九三『すべての男は消耗品である』集英社。

リドレー、M　二〇一四『赤の女王――性とヒトの進化』長谷川真理子訳、早川書房。

レヴィ=ストロース、C　一九七六『野生の思考』大橋保夫訳、みすず書房。

——　二〇〇〇『親族の基本構造』福井和美訳、青弓社。

——　二〇〇九「カニバリズムと儀礼的異性装」『パロール・ドネ』中沢新一訳、講談社、一八五—一九六頁。

Arens, W. 1979. *The Man-eating Myth: Anthropology and Anthrophagy*. Oxford: Oxford University Press.

Austin, J. L. 1955. *How to Do Things with Words*. 2nd ed., Oxford: Oxford University Press.

Biocca, E. 1970. *Yanoáma: The Narrative of a White Girl Kidnapped by Amazonian Indians*. New York: E.P. Dutton.

Bugos, P. E., Jr. and L. M. MaCarthey 1984. Ayoreo Infanticide: A Case Study. In G. Hausfater and S. B. Hrdy（eds.）, *Infanticide : Comparative and Evolutionary Perspectives*. New York: Aldine Pub. Co., pp. 503-520.

Bygott, J. D. 1972. Cannibalism among Wild Chimpanzees. *Nature* 238: 410-411.

Carr-Saunders, A. M. 1922. *The Population Problem: A Study in Human Evolution*. Oxford: Clarendon Press.

Clastres, P. 1972. *Chronique des Indiens Guayaki: ce que savent les Aché, chasseurs nomades du Paraguay*. Paris: Plon.

—— 1974. *La société contre l'État: recherches d'anthropologie politique*. Paris: Éditions de minuit.

—— 1980. *Recherches d'anthropologie politique*. Paris: Seuil.

Daly, M. and M. Wilson 1988. *Homicide*. New York: Aldine.

Diamond, J. 2012. *The World until Yesterday: What can We Learn from Traditional Societies?* Viking.

Drixler, F. 2013. *Mabiki: Infanticide and Population Growth in Eastern Japan, 1660-1950*. Berkeley: University of California Press.

Hill, K. and A. M. Hurtado 1996. *Ache Life History: The Ecology and Demography of a Foraging People*. New Brunswick, NJ: Aldine.

Howell, N. 2010. *Life Histories of the Dobe !Kung : Food, Fatness, and Well-being over the Life-span*. Berkeley: University of California Press.

HRAF（Human Relations Area Files）Online. Outline of Cultural Materials Subjects. Retrieved from http://hraf.yale.edu/resources/reference/outline-of-cultural-materials/（二〇一六年八月五日閲覧）

Krüger O. et al. 2005. Successful Sons or Superior Daughters: Sex-ratio Variation in Springbok. *Proc. R. Soc. B.* 272: 375-381.

Leach, E. R. 1964. Anthropological Aspects of Language: Animal Categories and Verbal Abuse. In E. H. Lenneberg (ed.), *New Directions in the Study of Language*. Cambridge Mass.: MIT Press, pp. 23-63.

Lockett, H. G. 1933. *The Unwritten Literature of the Hopi*. University of Arizona Social Science Bulletin. No.2.

Marshall, L. 1961. Sharing, Talking, and Giving: Relief of Social Tentions among !Kung Bushman. *Africa* 31: 231-249.

Matthiessen, P. 1969. *Under the Mountain Wall: A Chronicle of two Seasons in the Stone Age*. New York: Ballantine Press.

Palmer, F. R. 1976. *Semantics*. Cambridge: Cambridge University Press.

Rosaldo, M. Z. 1980. *Knowledge and Passion: Ilongot Notions of Self and Social Life*. Cambridge: Cambridge University Press.

Royal Anthropological Institute 1929. *Notes and Queries on Anthropology*. 5th ed., London: Royal Anthropological Institute.

Scrimshaw, S. C. M. 1984. Infanticide in Human Populations: Social and Individual Concerns. In G. Hausfater and S. B. Hrdy (eds.), *Infanticide: Comparative and Evolutionary Perspectives*. New York: Aldine Pub. Co., pp. 439-462.

Simmons, L. W. 1945. *The Role of the Aged in Primitive Society*. New Haven : Yale University Press.

Trivers, R. I. 1985. *Social Evolution*. Menlo Park, California: Benjamin Cumming Pub.

Trivers, R. I. and D. E. Willard 2002. Parental Investment and Reproductive Success. In R. Trivers (ed.), *Natural Selection and Social Theory: Selected Papers of Robert Trivers*. Oxford: Oxford University Press, pp.56-110.

Wynne-Edwards, V. C. 1963. Intragroup Selection in the Evolution of Social Systems. *Nature* 200: 623-626.

第3章 殺しと男性性

南部エチオピアのボラナ・オロモにおける「殺害者文化複合」

田川 玄

1 殺害者文化複合

様々な殺しの形態

本章は、「殺害者文化複合（killer complex）」を手がかりとして、エチオピア南部に居住するオロモ系ボラナ社会に見られる様々な殺害実践が相互にどのように関係しているのか、また、それがどのように語られるのかについての民族誌的な報告である。ここで取り上げる殺害実践には、人間だけでなく動物の殺害である狩猟を含む。具体的には、儀礼における家畜の供犠、狩猟での野生動物の殺害、嬰児遺棄、戦いにおける敵の殺害を指す。

「殺害者文化複合」はシュレーとションゴロの提示した概念であり、北東アフリカ地域の諸社会に見られる、主として敵の殺害をめぐる観念と諸実践群のことを指す[*1]（Schlee and Shongolo 1995: 10; 2012: 39-44; Schlee 2008）。シュレーらは、この概念の中心的な要素には「牧草、家畜と女性の豊饒性と敵や大型獣の殺害に関する観念とその実践の連想と相互依存、出産と殺害の相互補完関係」（Schlee and Shongolo 2012: 39）があると述べる。

しかし、彼らは「殺害者文化複合」を明確に定義しているわけではなく、儀礼においてなされる狩猟から戦争までの殺害行為が、東クシュ語系諸社会に見られることを当初は指摘する程度であった（Schlee and Shongolo 1995: 10）。近年では、ドイツの民族学者イエンゼンが二〇世紀前半に提示した「称賛文化複合（Verdienstkomplex）」について言及している[*2]（Schlee 2008: ch9; Schlee and Shongolo 2012: 39-40; cf. Jensen and Wohlenberg 1936; Haberland 1963）。

この「称賛文化複合」概念については、ブラウケンパーがドイツ民族学の学説史の中に位置づけ整理している（Braukämper 2015）。それによれば、「称賛文化複合」は主に三つの要素からなり、第一に男性の敵と猛獣を殺害することによって得られる名誉の尺度である「殺害システム」、第二に多くのウシの所有によってなされる「称賛の祝祭」、第三にこれら二つを成し遂げた人物の栄光のために建てられるモニュメントと結びついた派手な葬送儀礼であり、これらは主に男性によって担われる。

一方、シュレーは、様々な民族誌的事例を提示することによって、「殺害者文化複合」の有効性を示そうとしているように見える。たとえば、彼は「殺害者文化複合」の特徴的な事例として主に農牧民ホールと牧畜民ボラナの二つの社会を取り上げている。ホールの民族誌を記述した宮脇（二〇〇六）も指摘しているが、ホールでは敵の殺害および男性生殖器の切除によって殺害者である男性自身の男性性が確立されるだけでなく、社会全体に豊饒性がもたらされるという観念が明確に表現される（Schlee and Shongolo 2012: 39）。この外部から獲得される豊饒性の観念は、「敵の血は甘い」というイディオムに見て取れる（宮脇 二〇〇六）。

ただし、シュレーの関心は、現時点で見られる政治的な同盟や言語・文化の共有をこえた集団間の関係にあり、ドイツ民族学の流れを受け継ぎ、そこに壮大な歴史的動態を描くことである。このため、特定の集団の内部における殺しの諸実践の配置について焦点を当てることはない。

すでに、先行研究はオロモ系諸社会で見られる殺害実践について民族誌的に報告してきた。たとえば、バーテルズは、エチオピア高地に居住する農耕社会マチャ・オロモの調査に基づき、次のように記述している。

「男性の名誉は敵か大型獣の殺害に夢中になることであり、女性のそれは子どもを産むことである。［中略］加えて、男性の戦いにおいて敵を殺すことは、女性の豊饒性を確かにする」（Bartels 1969: 408）。

この箇所はボラナを調査したバクスターも引用しており、彼はボラナや他のオロモ系社会が好戦的で獰猛な戦士であり、敵の生殖器をトロフィーとして切り取ることで有名であったことを記述している（Baxter 1979: 69）。シュレーも、かつてボラナが八年ごとに隣接社会に対して行っていた戦争と殺害した敵の男性器を切除して持ち帰る行為を、「殺害者文化複合」の典型例として提示する。

敵の殺害における慣行は、歴史的には一六世紀のバフレイ（Bahrey 1954: cf.石川 二〇〇九）の記述に見られ、また、一九六〇年代以降のオロモ諸社会についての民族誌的な記述にも繰り返し登場する内容である[*3]（eg. Huntingford 1955; Taddesse 1988, etc.）。シュレーらは「殺害者文化複合」という概念の中に野生動物の殺害を含めつつも、主に取り上げる事象は生殖器の切除を伴った敵の殺人であり、隣接する敵対集団間の戦いの研究の枠組みの中で論じる。

しかし、文字通り「殺し」をめぐる諸要素の配置に注目するのであれば、狩猟と儀礼的な動物殺しである供犠も同様に「文化複合」を形成する構成要素として扱うことができるのではないだろうか。たとえば、「殺害者文化複合」の特徴的な行為として取り上げられる生殖器の切除は、ボラナにおいては特定の家畜の供犠において犠牲獣のへその部位とともに生殖器をも切除し、自らの腕にブレスレットのように装着するという類似の行為がある。これらの殺しをめぐる諸実践は相互に関係し全体として整合したコスモロジーを成しているとまでは言えなくても、それぞれ部分的に関係してある種の「文化複合」を形成していると考えられないだろうか。

ただし、殺害と豊饒性の獲得を結びつけることに対しては注意が必要であろう。すでに見たようにマチャ・オロモやホールのように両者を結びつける報告があり、また、シュレー（Schlee 2008）は、敵の殺害が勇敢さを示す行為であると強調することに疑義を唱え、「戦うのに良い」と「殺すのに良い」ということは同じではなく、勇者と殺人者の地位も異なると述べ、それを示す例として、たとえ胎児でも殺害すれば生殖器をトロフィーと見なすという報告に触れている。しかし、必ずしもボラナでは殺害と豊饒性を結びつけるイディオムや儀礼があるわけではない。ボラナに隣接するグジ社会を調査したタデッセは、猛獣や敵の殺害は、同じような苦痛、困難、危険をともなうために女性の出産と等しいとされると述べる（Taddesse 1988: 45）。

こうしたことをふまえて本章では、「殺害者文化複合」をいう概念を足がかりにして、これまで別個の領域のテーマとして扱われてきた供犠、狩猟という動物殺しと嬰児遺棄と戦いという人殺し、そしてそれらに関連する実践がボラナの儀礼や社会制度の中でどのような配置にあるのかを民族誌的に記述していく。その際、「殺し」がどのように男性性と結びついて行われているのかについて検討していきたい。

ここでいう男性性とは、ボラナのいうところの「男であること」を意味する。「彼は男である」「私は男となった」という語りは他者や自分を称賛する表現として使われる。それは個人への称賛である。その一方でボラナ社会において男性として社会の再生産に結びつくための父性を求められる。この父性は、父系の系譜において子孫を作ることによって出自集団を永続化することに結びつく。本章の男性性とは、この二つを含む概念である。

本章は具体的には次の手順で殺しの諸実践を記述していく。まず、ボラナの年齢体系の通過儀礼によって、殺しの担い手として大人の男性となることが象徴的に示されていることを明らかにする。続いて、動物殺しとして供犠と狩猟を、殺人として嬰児遺棄と敵対集団との戦いを取り上げる。ボラナでは、嬰児遺棄は供犠として語られることがあり、また、狩猟は戦いと同じ行為として見なされる。そして、それらが男性性とどのように関連しているのか記述していく。

ボラナ社会の概要

ボラナは、主に南部エチオピアから北部ケニアの半乾燥地域に居住する人々である（写真3-1）。エチオピア側の人口は、三〇万から四〇万人程度ではないかと推測される。かつては牧畜を主としていたが、近年になりある程度の降水量が見込まれる地域では農耕も重要な生業となっている。*4 ボラナの家畜はウシ（*Bos taurus*）、ヒツジ（*Ovis aries*）、ヤギ（*Capra*）、ラクダ（*Camelus dromedarius*）などであるが、この中でウシに最も高い価値がおかれる。

写真 3-1　ボラナの集落遠景

言語はクシュ語系オロモ語ボラナ方言を話す。居住のあり方は、数戸から数十戸の半定住集落を形成する。宗教は伝統的にはボラナはワーカと呼ばれる天神を信仰しているが、近年は、ケニアやその国境付近をはじめとしてイスラーム化が進む一方で、役所のおかれている町であるヤベロを中心とした地域では若い世代にキリスト教徒になるものもいる。

社会構造は、サッボとゴーナと呼ばれる外婚半族があり、それぞれの半族は父系クランに、父系クランはさらに下位クランに分節する。

ボラナには、ガダ体系として知られる世代組と階梯が複合した年齢体系とハリヤと呼ばれる年齢組体系がある。前者は、結婚や出産、名づけなどのタイミングを規定し社会の再生産と関わる。世代組の役職者はボラナ社会の儀礼的政治的な権威を持つ。また、カッルと呼ばれる五人の世襲の儀礼的なリーダーがいる。この中の二人のカッルは、それぞれの半族を代表するカッルとして儀礼的政治的な権威を持つ。

2 大人になること／殺害すること

年齢体系

ボラナには、ガダと呼ばれる年齢体系とハリヤという年齢組体系がある。ガダ体系は世代組と階梯からなる年齢体系である。[*5] 世代組が八つの階梯を通過儀礼を行い移行する（cf. Legesse 1973; Baxter 1978; 田川 二〇〇五、二〇一四、二〇一六など）（図3‐1）。ボラナのすべての男性は、自分の父親の世代組から五つ後に結成される世代組の成員となる。このため暦年齢の違いにかかわらず、兄弟はすべて同じ世代組に所属する。第一階梯を経験することができたものが、世代組の最年長者となる。[*6]

それぞれの階梯には、決められた髪形や禁忌、儀礼が課せられており、そこからボラナ男性が男性性をどのように獲得していくのかという象徴的なプロセスを読み取ることができる（田川 二〇一四：二一五―二二三）。簡単にまとめると、階梯を移行する世代組の成員は、当初は象徴的に社会の外部にあり両性具有的であるが、階梯を移行することによって段階的に男性性あるいは父性を獲得していき、最終的には再び男性性を喪失し両性具有的となり階梯を終える（田川 二〇一四：二二二）。

一方、女性には二つの世代組があると語られる。これは女性が世代組の正規の成員ではないことを意味する。結婚する前の女性は彼女の兄弟と同じ世代組と見なされるが、儀礼に参加することはほとんどない。結婚後は夫の世代組の成員として扱われ、妻あるいは母親という役割で儀礼に参加する。

第一階梯ダッバッレと第二階梯ガッメでは世代組は正式には発足しておらず、その階梯にある子どもたちは、父親の世代組の名前にちなんで呼ばれる。過去にはダッバレは狩猟民ワータによって育てられ、イノシシなどの野生動物を食べていたと語られる。世代組は、第二階梯ガッメから第三階梯クーサへの通過儀礼によって正式に発足する。

第三階梯のクーサにある人々は結婚することは許されず独身のまま八年間を過ごす。クーサは定住的な集落の生活と異なる、遊動的な「牧畜キャンプ」と関連づけて語られる。クーサ階梯に限定されないが、牧夫であることは戦士であることに結びつき、戦士の期間は勇敢さや攻撃的な活力のような男性役割に特徴づけられる[*7] (Baxter 1979: 78-9)。第四階梯のラーバに移行することによって結婚が可能になる。世代組が第四階梯への通過儀礼を終えたのち、はじめに世代組の役職者が結婚する。この階梯の成員はかつては結婚しても子どもを養育することはできず、生まれた子どもは遺棄されるか養子に出されたという。

第五階梯になり子どもの養育が可能になった。第四階梯と第五階梯はどちらもラーバと呼ばれることもあり、口頭伝承では戦士としての活躍が語られる階梯である[*8]。第五階梯は、かつては隣接社会に対してブッタという戦いを行っていた[*9]。

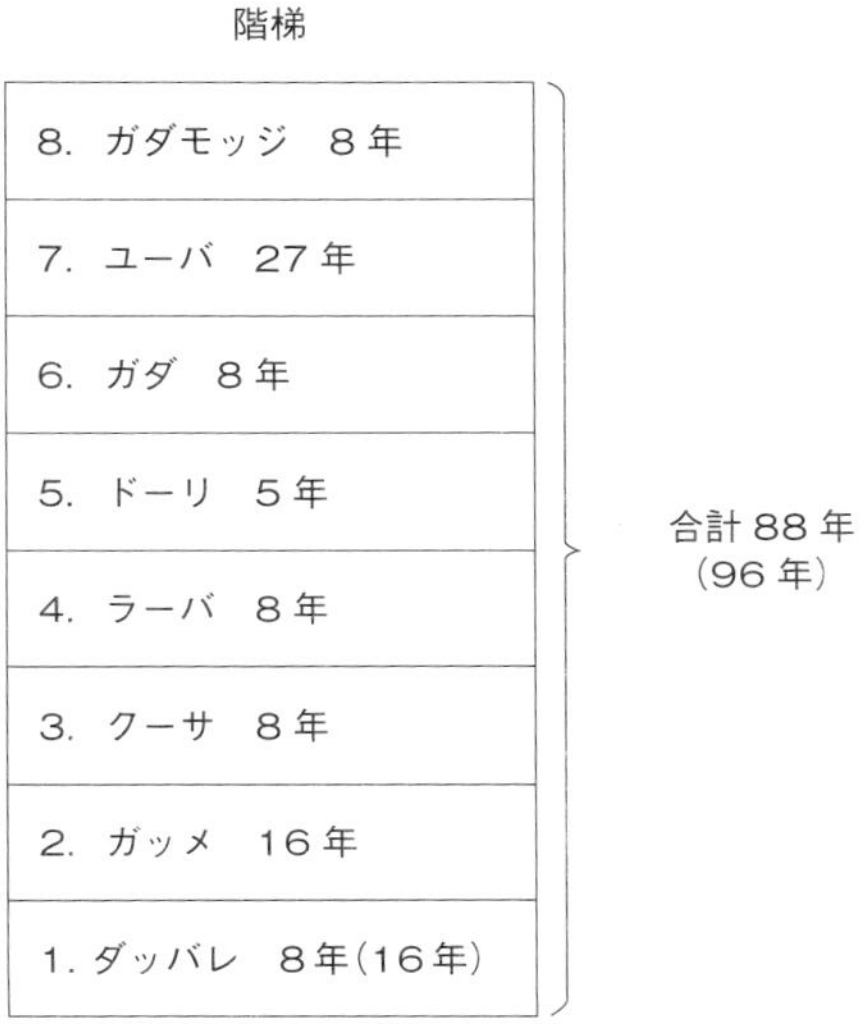

8. ガダモッジ　8年	
7. ユーバ　27年	
6. ガダ　8年	
5. ドーリ　5年	合計88年（96年）
4. ラーバ　8年	
3. クーサ　8年	
2. ガッメ　16年	
1. ダッバレ　8年（16年）	

図3-1　ガダ体系の階梯
注）現在の階梯の年数は合計96年である。

第六階梯ガダでは世代組のリーダーはボラナ社会全体の安寧に責任を持ち、儀礼的政治的に最も高い権威がある。第七階梯のユーバは「引退する」という言葉に由来しており、階梯に課せられる儀礼はない。最終の第八階梯のガダモッジ階梯の終了儀礼を終えることによってガダ体系のすべての階梯を終えて「老人」となる[*10]。

もう一つの年齢体系であるハリヤは、ガダ体系とは独立した年齢組織である。ボラナ男性がだいたい一六歳から二四歳になると、イニシエーションに参加し年齢組を発足させる。ただし、ガッメ階梯の世代組の成員はハリヤの儀礼には参加しない。年齢組の活動期間は二四年で、それを終えると引退することになる。

大人になること／殺害すること

ガダ体系における第二階梯のガッメという名称は未婚女性の髪型のことであり、彼らは未婚女性と同じ髪型をしているように、男性性が獲得されていないことが象徴的に示されている（田川 二〇一四：二一六）。彼らは「ガッメの子どもたち」と呼ばれており、戦いや狩猟、供犠に直接に参加することはできないとされる（田川 二〇一四：二一六）。

第二階梯ガッメから次の階梯への移行に先立ち、第二階梯の少年たちはそれぞれの地域で槍を携え集団で村々を訪ね歩き、ウシ囲いで寝泊りする。その際、彼らにとって父親に当たるとされる五つ上の世代組の成員が、少年たちに去勢ウシを供犠し、肉とミルクをご馳走する。これを「食べさせる」儀礼という。この儀礼では、ウシ囲いで彼らに与えられた去勢ウシを、少年たちは「手に入れた、手に入れた」と口々に叫びながら素手で捕らえる。しかし、そのウシを屠るのは少年たちではなく、ウシの贈り手がナイフを用いて行う。ある老人は「食べさせる」儀礼を説明する際に「ガッメは殺すことはしない」と語った。この老人の兄は「ガダの父」というガダ体系の役職者であり、彼自身も兄とともに役職者集団で儀礼に参加していた人物である。筆者が驚いたのは、通常は「供犠する／屠る」と「殺す」は区別して使われる言葉であるが、ガッメ階梯の儀礼において彼は同じ行為として語ったのであった。

ガッメ階梯では狩猟にせよ戦いにせよ、儀礼において模倣はするが実際に殺害することはない。それが明確に示されるのは、第二階梯から第三階梯クーサへの通過儀礼である。この儀礼によって、少年は大人の男の要件を満たす資格を得る。

クーサ階梯への通過儀礼で少年たちは未婚女性と同じ髪型を剃り落とす。続いて、ボラナの子どもがウシに見たてて遊ぶイッディという灌木の黄色い実を、参加者が競いあって集める儀礼がある。黄色い実は「ウシ」、灌木の節の部分は「敵」と見なされ、どちらも同じように集められる（写真3‐2）。この儀礼は儀礼集落の外側で行われる。二回にわたり「斥候」を送り、その後に黄色い実や節を摘み取るためにいっせいに少年たちはブッシュに駆け込む。一ヶ所に集められた黄色い実や節は、かつて行われていたといわれる略奪した家畜の分配のルールに従って略奪の時に果たした役割に基づき分配され、それを少年たちは自分の父親のウシ囲いに捨てる。次節でボラナの戦いのプロセスを示すが、この儀礼は他社会への略奪をモチーフとしている。

この儀礼の後、六名の少年が役職者として任命されることによって世代組が正式に発足するが、その数日後に新しい世代組の成員はウマやラバに乗り水場に出かけ蝶を木の枝でたたき落とし、その鱗粉を用いてかつて戦いに際して顔に赤い線を描いていたように戦士の模様を自分たちの顔に描く。この蝶の殺害は「キリンを狩猟する」といわれる。

通過儀礼の最後に、新しく発足した世代組の成員が、集落外の特別な木の下での「儀礼の終わりの種ウシ」の供犠を行う。これは、彼らが直接の執行者となる初めての供犠である。これ以降、ガダ体系の儀礼の目的にあわせて、ウシ（種ウシ、去勢オス、経産メス、未去勢ウシ）、ヤギ、ヒツジが犠牲獣となる。決められた暦に従ってガダ階梯を終えるまでの期間、役職者たちがボラナの領域に広がる儀礼地をめぐり供犠を続ける。

ハリヤという年齢組体系にも、同様な儀礼の要素を見て取ることができる。*11 年齢組では、だいたい一六歳から二四歳までの若者が八年間のイニシエーションの期間を経る。*12 この期間、イニシエーターは「クーチュの子どもたち」と呼ばれ、集まっては村々を渡り歩き歌を歌い食事をねだる。しかし、彼らは「子ども」であるために先に述べた第二階梯ガッメの少年たちと同じく戦いや供犠を行うことはできないとされる。「子どもたち」という範疇を終え年齢組の発

写真 3-2　イッディの実を「略奪」する儀礼

足後に、役職者が中心となり雄ヤギを供犠する。

ただし、世代組とは異なり、発足後に年齢組の役職者が狩猟で大物を仕留めるかまたは敵を殺害するまで、その年齢組が正式に発足したとは認められず、もしこの殺害が成し遂げられなければ、年齢組は解体され、その成員は次に発足する年齢組の中に吸収されることになる。年齢組が発足して以降は、年齢組の成員は二四年間、毎年それぞれの地域において、集落外の特別な木のもとで雄ヤギを供犠する。

これらの二つの年齢体系における世代組と年齢組の発足の儀礼において、供犠をすることによって大人の男性となることが示されている。それは儀礼的な家畜の殺害の担い手になるということである。

3 動物を殺すこと

供犠

(1) コーヒー豆の供犠

「供犠する」は、ボラナの言葉ではカルという。この言葉は主に家畜とコーヒー豆に対して用いられる。コーヒー豆の供犠は、既婚女性によって取り仕切られ、すべての儀礼で必ず行われる。概略は次のとおりである。殻付きのコーヒー豆の殻を噛み小さな穴を開ける。この行為は家畜の供犠において喉を切り裂くことに例えられる（Leus 2006: 88）。小さな素焼きの鍋あるいはフライパンでバターを熱し、コーヒー豆を入れて炒め、さらにその中にミルクを注ぎ込む。コーヒー豆の浮いたミルクをすすりコーヒー豆を噛み、苦みを楽しむ。ミルクを入れる時に煙が上がるが、この時に天神に祈願を行う。この煙を天神が喜ぶのだと語られる。

コーヒー豆とバターは豊饒性の象徴であり、コーヒー豆はしばしば人類学において女性の隠喩として語られる。バターは、祝福する時にその相手の頭に塗るなど、儀礼においても必ず用いられる。ボラナの儀礼用語でコーヒー豆をクマと呼ぶが、これは「たくさん」という言葉である。さらにガダ体系の儀礼においてはウシの隠喩であり、既婚男性がウシ囲いで殻付きコーヒー豆を袋から出して「放牧」する。家畜がいない世帯は家畜の代替としてコーヒー豆を供犠する（Leus 2006: 88）。なお、コーヒー豆はボラナの居住地では得ることはできず、かつては主に家畜などの交換でボラナの西に位置する山地に居住する農耕社会コンソから家畜と交換でタバコや織物と同様に手に入れていたというが、現在は市場で購入する。

写真 3-3　去勢ウシの供犠。喉を掻き切ったところ

(2) 家畜の供犠

家畜の供犠、特に屠る行為は男性が行う。ガダ体系においてクーサ階梯で世代組が発足した後は、決められた時期と場所で集団の役職者を含む成員によって、特定の種類の家畜の供犠を行うことが求められる。また、年齢組も同様に発足後は一年に一度、決められた場所で供犠する。ただし、供犠は世代組や年齢組の儀礼としてのみ行われるわけではなく、個人的に様々な機会に供犠を行うことがある。

すべての家畜の供犠に共通する手順は次のとおりである。*13 はじめに犠牲獣の頭を東に向けておき、供犠の参加者が鞭や儀礼杖、衣服の裾を持ち、「安寧を、豊饒を」などと天神へ祈願しながら、犠牲獣の頭から背中にかけて撫でていく。次に男性が犠牲獣の右半身を下になるように倒し、四肢を押さえつけている間に、供犠執行者は刃で頚動脈を切断し失血死させる（写真3 - 3）。供犠主催者は犠牲獣のへその部分を切り取り左腕につけるが、これを「へその緒」と呼ぶ（写真3 - 4）。「へその緒」は種オスであれば生殖器の部分も含んで切り取る。

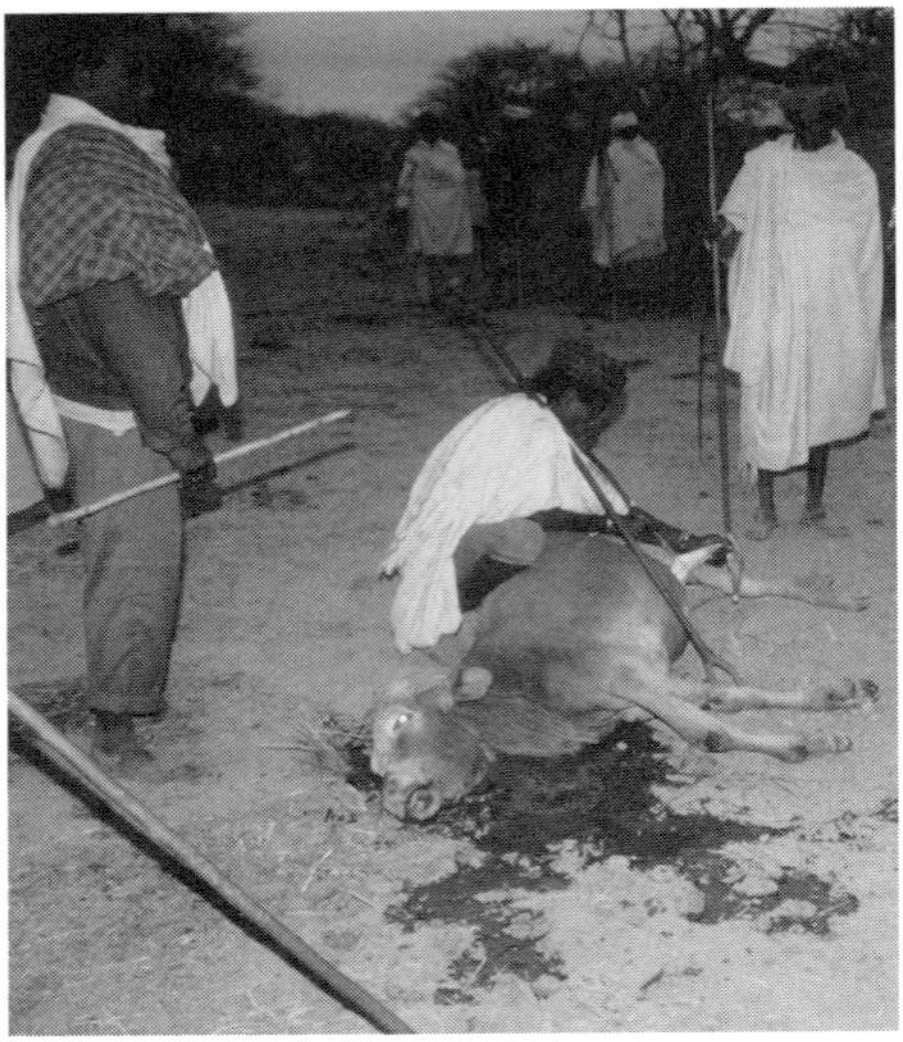

写真 3-4　犠牲獣の「へその緒」を切り取っている

犠牲獣の四肢から切り取った副蹄を含む八本の細長い皮片が地位の高い参加者に与えられるが、それを得られない人たちは、副蹄のない他の皮の部分を腕につける。こうした腕につける犠牲獣の皮のことをメーディチャと呼び、「へその緒」は供犠主体が誰であるのかを示し、それ以外の皮ブレスレットは供犠の参加者を示す。

　供犠の際、ボラナは競ってメーディチャを求める。メーディチャを求める理由を問うと、とにかくボラナはそれを欲しがるのだというような答えが返ってくる。大切な客人には家畜を供犠して、メーディチャをつけずに帰すわけにはいかないとも語る。名づけ儀礼の際に供犠された去勢ウシのメーディチャは、なめされて搾乳時にウシの脚を縛る皮ひもになるが、このメーディチャの分配をめぐり、ヒートアップして言い争いにまで発展することもしばしばである。儀礼によっては、人々は自分のメーディチャを木のへらなどを使い丹念になめして腕につける。なめしたメーディチャは長い間、その人物の腕につけられることになる。

　すでに多くの牧畜民研究が、牧畜民は家畜を管理し養育する対象と見なすというより、自己の一部として扱っていることを明らかにしている[*14]。一方で、家畜は社会内の交換の媒体であり、その典型が花嫁代償としての家畜である。犠牲獣となる家畜（特にウシ）は、その持ち主の人格を拡張した一部であり、また、日常的な牧畜民と家畜の関係だけでなく、供犠という限定された場においても、参加者が頭から背中にかけて供犠獣を撫でるという行為や、犠牲獣から切り取った皮をブレスレットのように腕につけることからも、犠牲獣と供犠参加者との間には換喩的な連続性を見出すことができる（田川 二〇一一：二二八、cf.エヴァンズ＝プリチャード 一九八二）。

(3) 犠牲獣による相違

ここで二つの供犠を比較してみよう。一つは、先述したような「集落外における種オスの供犠」[*15]であり、もう一つは、名づけ儀礼などで行われる「集落内での去勢ウシの供犠」である。この二つの供犠の相違は、バクスターの示した戦士と長老、牧畜キャンプと集落という相補的な対立とも合致するものである（Baxter 1979: 79）。

はじめに、ガダ体系の第二階梯から第三階梯への移行の儀礼の最後に行われる、「儀礼の終わりの種ウシ」の供犠の手順を示してみよう。この手順は他の機会に行われる種ウシの供犠とほとんど同じ手順である。

第三階梯クーサに移行した世代組は、槍を携え、世代組役職者はウマに乗り、集落外の特別な木の周りを「幸運を」と言いながら三回まわる。槍の穂先を東に向けてそろえて地面に置き、参加者は特別な木を背にして、横に一列に並べた槍の手前に一列に座る。「立ち上がれ、略奪した家畜を持ち帰れ」という合図で、参加者は「略奪した家畜を持ち帰れ、手柄を上げた歌をうたいながら帰れ」などと言いながら、周囲から薪を集め、火起こし棒で火を起こす。天神への祈願であるムルティを、座りながら一度、次に立ち上がり槍を肩に担ぎながらもう一度行う。ムルティには社会内部への祝福と外部への呪詛が含まれる[*16]。

この後、世代組の役職者が犠牲獣の頭をおさえている人物の名前と、犠牲獣の喉を切る人物の名前を祝福の言葉とともに三回述べる。すべての参加者が種オスに祈願した後、槍の穂先を用いて喉を切り裂く。犠牲獣から流れ出た血を自分の額と頭に、そして特別な木の幹に、最後に右の太ももにつけ「精液よ流れろ」などと述べる（写真3-5）。同じく、槍の柄やウマの額にも塗り、またウマには供犠参加者と同じように犠牲獣の皮ブレスレットがつけられる。肉はその場で起こした火にあぶって切り分け食べるが、犠牲獣の部位は何も残さずにすべて焼き尽くさねばならない。集落外での種オスの供犠は、略奪や戦いをモチーフにしており、ボラナ社会への祝福だけでなく敵や猛獣に対する呪

写真 3-5　種ウシと雄ヤギの供犠。犠牲獣の血を体に塗る

詛も行う。

同様に、世代組の役職者集団と年齢組は、ブッシュにおいて去勢していない雄ヤギを供犠する。年齢組は、発足してから二四年間、雄ヤギの供犠を毎年一年に一度行う。年齢組の雄ヤギの供犠の儀礼手順は、二つの段階に分けることができる。

第一の段階では、前夜に夜通し、ドラム代わりのプラスチック製筒状水容器を打ち、そのリズムに合わせて勇者を称える歌をうたう。この歌の内容は、戦争などで武勲をたてた人々の名前を朗唱し、彼らを称えるものである。供犠される雄ヤギは、家の奥の間で提供者の懐に抱かれて、布をかぶせて隠される。隣接する年齢組が犠牲獣を奪いかねないので用心しなくてはならない。第二の段階では、朝、参加者は槍とウマの鞭を携えて集落外にある特別な木へ向かう。これより後は、先に示した種ウシの供犠とほとんど同じ手順で儀礼を行う[*17]。

また、世代組と年齢組どちらの儀礼でも、ウマやラバにも供犠参加者と同じく皮ブレスレットが与えられ首にかけられ、ウマの額には犠牲獣の血が塗られるが、この時、ウマは儀礼参加者の一部となり、殺害者として「人と同じ」扱いを受ける。ボラナはウマを人と同じであると述べる。戦士とともに殺す側であるウマは、戦士を拡張した存在となっている[*18]。同じことは、ウマの参加する戦いや狩猟についても指摘できる。

集落内部における供犠は、供犠祭主のウシ囲いでナイフを用いて行われる。犠牲獣を屠るのは男性であるが、供犠執行者の妻も犠牲獣の耳をつかむといった役割を負う（田川 二〇一一：二二七）。男性たちがウシ囲いで犠牲獣を解体し、供犠主催者の妻などの既婚女性が家屋で肉を調理し分配する（田川 二〇一一：一二七）。

(4) 男性性と供犠

ガダ体系の第一階梯と第二階梯の子ども時代と、それ以降の二つの供犠を対比させると、ボラナ男性の変化を読み取ることができる。かつては第一階梯は狩猟民ワータとともに暮らし、彼らと同じように野生動物を食べていたと語られる。次の「子ども」期では彼らは家畜のミルクと肉を与えられる。

「大人」期は、代表者が種オスを供犠することによって始まる。種オスの供犠は、男性だけが参加し、戦いを模倣し、肉を社会に再分配することなく男性の参加者のみで消費してしまい、食べきれない肉を含めて骨や皮などすべての部位を焼き尽くすことによって最終的に破壊する。これらのすべては集落の外であるブッシュで行われる。ブッシュは、集落と相補的な対立にある牧畜キャンプを連想させる。また、ガダ体系においては、この時期はすべてではないが、かつては結婚し子どもが生まれたとしても遺棄しなくてはならず、社会の再生産とは結びつかないラーバ階梯の時期とも重なる。

それに対して、集落内のウシ囲いでの去勢ウシなどの供犠は、既婚男性が屠殺する際には女性も参加し、ウシ囲いから運ばれた肉を妻が家屋で調理する。祈願から調理した肉の再分配まで社会に開かれている。

ここで示した種オスの供犠は、世代組や年齢組の発足という社会的に不安定な状況において、去勢していない家畜を殺害することによって、緊張関係にある上位世代と下位世代の間の対立を社会の外部へと転嫁する。この外部とは、種オスの供犠での天神への祈願ムルティで呪詛される敵や野生動物によって表される。*19

このため、こうした行為が隣接社会との境界領域で行われた場合には、実際に紛争を生み出しかねない。ガブラの集落の近くにおいてボラナの年齢組が雄ヤギの供犠を行ったところ、ガブラの人々が自分たちへの攻撃であると受け止め、警察を呼ぶ騒ぎになったことがあった。同様なきっかけで殺害へと結びついたと思われる事件も耳にする。

さらに、年齢組では雄ヤギの供犠の後に年齢組のリーダーが実際の狩猟や敵の殺害を果たすことによって、完全に年齢組が確立するのであるが、供犠という擬似的な敵の殺害から実際の殺害へと連続的に移行する。儀礼的な要請ではないが、かつてはクーサ階梯においても略奪や戦いを遂行することが求められていた（Baxter 1978）。しかし、供犠は秩序だった手順によって遂げられ決して失敗することはない殺害であるのに対して、実際の戦争や狩猟は成功するとは限らない。このため、一年にもわたって、新しい年齢組が狩猟に成功しなかったということもある。

供犠はライフコースに従ってエイジメントから親族の儀礼へと移行する。その典型は子どもの名づけ儀礼の去勢ウシの供犠であるが、男児を持つことは「男らしさ」である「父性」を誇示することになる。この儀礼は独身者の牧畜キャンプと相補的な対立にある集落で行われる。しかし、それは「男らしさ」のもう一面である勇敢さを示すこと同一ではない。そうした個別の男性性は狩猟や戦いでの敵の殺害によって確立するものである。

狩猟

かつてボラナの居住する南部エチオピアの地域には野生動物が豊富に生息しており、狩猟は食糧獲得の方法でもあったが、ボラナはいわば「食べるため」の狩猟を狩猟民ワータの行うこととして見下していた[*20]（Baxter 1979: 71）。特にワータに対しては、イノシシなど野生動物であれば何でも食べると、ボラナは蔑視する。ボラナは、野生動物の中でも彼らがウシの仲間としてブサワと呼ぶ範疇のもののみを食べるに相応しいものと見なしている。ブサワはひづめが割れており牙のない動物を指し、バファロー（*Syncerus caffer*）、キリン（*Giraffa camelopardalis*）、クドゥ（*Tragelaphus strepsiceros*）などが含まれる。

しかし、ガダ体系のリーダーや年齢組のリーダーが天神への祈願において「ゾウとバッファローをやっつけろ」という呪詛を含むように、必ずしも食べるためだけではない猛獣の狩りについては高い価値をおいている。中でもゾウ

（*Loxodonta africana*）とバッファロー、ライオン（*Panthera leo*）、サイ（*Diceros bicornis*）を狩猟することが最も称えられ、キリンも価値の高い獲物である。これらの中でボラナが食べることのできる獲物は、バファローとキリンのみである。狩猟した野生動物の他の利用方法としては、かつてはサイの皮は盾を作る材料として用い、キリンの皮は搾乳に使うミルクバケツなどの材料となった。また、キリンの尻尾を編み込み、ネックレスのように首から背中にたらすことも、キリンを殺害した手柄として示される。象牙は指輪や腕輪にされ身に着けるほかに、売られたという。

かつてボラナの居住地域に野生動物が数多く見受けられた時には、狩猟隊が組織された。狩猟民ワータは弓矢と罠を使い狩猟するが、ボラナは槍を使いウマ（*Equus caballus*）に乗って狩りをしたようだ。ウマと槍を使うスタイルは、戦いと同じである。

ボラナにとって価値の高い狩猟は、まさに勇敢さを示すために行われていた。ゾウを狩猟した時の価値は、かつての敵対集団アルシの殺害に次いで非常に高く、敵を三〇人殺害するのに相当すると聞いたことがある。また、レカ・ワッユというオロモの地域集団では、ウマに乗った戦士は二人の敵の男性の殺害に相当し、ゾウは一〇人の敵、バッファローは一人、ライオンは五人、ヒョウ（*Panthera pardus*）は三人、クロヒョウ（*Panthera pardus*）は一七人の敵を殺害するのに等しいのであるという（Cerulli 1933; cited from Huntingford 1955: 51）。エチオピア中南部に居住する農耕社会ハディヤにおいても、三名の敵を殺害することと一頭のライオンを殺害することは等価であり、九人の敵を殺害することとゾウ一頭を殺害することは等しいといったように、殺害を数え上げる体系が存在していた（Braukämper 2015）。

こうした殺害対象のランクづけとそれに基づく殺害者の称賛は、冒頭部で述べたドイツ民族学の先行研究が提示した「称賛文化複合」を構成する主な要素である「殺害システム」に含まれる（Braukämper 2015）。後述するように、多くの先行研究は北東アフリカ地域の諸社会では戦いの文化的コードが共有されていることを指摘してきた（eg. Turton 1994, etc.）。こうした文化的コードの共有は、人と動物を含む殺害対象の価値づけにまで広げて考えることができよう。

特にゾウを倒す価値が高い。あるボラナの老人は、ゾウとの遭遇について語ってくれた。彼が仲間とソマリの武装集団を追撃していたところ、遠くに集落跡が見えた。近づくとゾウであることが分かり彼らは逃げ出したのであるが、ゾウは鼻で木を引き抜き、逃げる人々に向かって投げつけた。その木は逃げる先に落ちた。彼がゾウを見たのはこの時だけだったという。

狩猟でゾウを仕留めた話は、ガダ体系の最終階梯を終える儀礼の場で語られる英雄譚において一度聞いたのみである。その英雄譚では、語り手の老人は若い時分に組織された狩猟団に加わり国境をこえてケニアまで出かけていき、ゾウを集団で取り囲み銃器によって殺害したという。この英雄譚を朗誦している時、老人は打ち震え興奮状態になった。

ゾウよりも、ライオンがどちらかといえば身近な存在であったようだ。筆者の調査地は行政都市からさほど離れていないが、かつてブッシュは現在よりも深く生い茂り、ライオンが隠れていたという。ライオンは家畜を襲うが、それを人々は追い払おうとする。その際、ライオンは対峙した人間を見て、臆病者を認識するのだという。臆病者は足が震えていたりして、それを見たライオンは臆病者を標的にするそうだ。

ゾウを狩猟した後、象牙は売り払うが肉は食べずに捨てるという。ライオンを殺害した場合も肉は食べることはなく、毛皮を剥ぎ取りエチオピア帝国に献上したという。

ボラナがいうには、銃器で狩猟するようになってから、野生動物はみな保護区のあるケニアに逃げ出したという。ある老人は、野生動物は今やケニア政府の「家畜」になったと語った。エチオピア南部には、一九世紀末にはインド洋沿岸から内陸部までの交易ルートが開かれており、象牙やサイなどの野生動物の角や毛皮が取り引きされていた（Baxter 1979）。そこでは、エチオピア高地からティグレと呼ばれる盗賊がゾウ狩りをしていただけでなく、エチオピア帝国の駐屯兵の財源ともなっていた（Hickey 1984）。つまり、商人や北部からの狩猟者と駐屯兵が関わり、銃器を用いて商品としての猛獣を狩るという商業狩猟が行われた結果、野生動物が激減したということであろう。

現在、ボラナでは野生動物の狩猟は禁止されており、二〇一二年に開かれたボラナ全体の慣習をめぐる会議においても、懐中電灯を照射することによって幻惑され動けなくなる最小のウシ科の草食獣ディクディク（*Madoqua*）を簡単に狩猟することについて戒めるだけでなく、すべての野生動物を殺してはいけないと宣言を行った。

これはボラナにとって狩猟の対象となるような身近な野生動物が、ディクディクくらいしかいないことを意味してもいる。地域にもよるが、比較的多くの人口が集まっている地域において、話題にのぼる野生動物といえば、ハイエナ（*Hyaenidae*）やイノシシ（*Sus scrofa*）であり、前者は小家畜を襲い、後者は農作物を食い荒らす害獣である。ボラナはもはや手柄として狩猟について語ることはなく、筆者の聞く限りは手柄話として語られるのは、この数十年の間に起きた隣接民族との紛争における敵の殺戮のみである。

「殺害者文化複合」の一要素である狩猟は、獲物によっては敵を殺害する以上に勇敢さを示すことができたが、野生動物の減少と政府による狩猟の禁止によって衰退していった。一方で、ボラナと隣接民族との衝突は、国家政治の変化の中でこれまでとは異なった形で行われ続けている。このため、敵を殺害することによって得られる勇敢さは、（政府の目から隠れてではあるが）現在もなお語られている。

次節では、嬰児遺棄と戦いにおける敵の殺害について取り上げる。ボラナにおいて、嬰児遺棄は供犠と比べて語られるが、戦いはすでに述べたように狩猟との連続性の中で語られている。

4 人を殺すこと

嬰児遺棄

オロモがかつて行っていた嬰児遺棄の慣習は、一六世紀のバフレイの記述に見られる。バフレイ（Bahrey 1954）によれば、結婚していても男性が割礼する前に生まれた子どもは遺棄され、また、父親の割礼後も男児のみを育てることができ、女児を育てるのは二、三年たってからだと書かれており、また、こうした嬰児遺棄は一七世紀にエチオピアに滞在したポルトガル人宣教師アルメイダの記述にも見られる（Huntingford 1955: 40）。本来、遺棄されるべき子どもが貰われることも忌み嫌われ、穢れた存在と見なされた（Huntingford 1955: 40）。

ボラナの嬰児遺棄の慣習はすでに行われていない。嬰児遺棄についてボラナは「子どもを捨てる」と表現し、筆者の知る限りにおいてボラナはこの慣習を語る際に「殺す」という言葉を使わない。ただし、「捨てる」という言葉は「殺す」という意味で用いられることがある。

嬰児遺棄の慣習は、ガダ体系の第四階梯ラーバの世代組の成員に対するものであった。第三階梯クーサになると大人として扱われ始めるが、結婚はできない。次の第四階梯ラーバになると結婚が可能になるが、結婚しても子どもを養育することはできなかった。妻が妊娠し出産すると子どもをブッシュに遺棄し、ハイエナが子どもをさらうと幸運があると考えられた。ラーバ階梯の八年を過ごし、次のドーリ階梯へ移行して子どもを養育することが可能となるが、ドーリ階梯で養育できるのは男児だけであり、女児は次のガダ階梯に移行してからさらに三年を経過したのちであった。*21

ボラナではラーバ階梯は「子どもを捨てる」といわれていたが、この慣習が廃止される以前から政府の禁止もあり、実際にはブッシュに捨てることよりも他の民族集団や町の住民に養子に出すことが多かったと思われる。警官は、妊娠していた女性がその後に幼児を連れていなければ遺棄したのではないかと疑い捕まえていたという。一九七〇年代から八〇年代にかけて、ラーバ階梯の成員は結婚すると子どもを育てるようになったようだ。

先行研究ではどのように嬰児遺棄の慣習を議論してきたのであろうか。ボラナについてはレゲッセ（Legesse 1973: 73-74）が、戦士であるラーバ階梯の成員が戦争の移動の防げになる幼児を遺棄したと、戦士の役割と嬰児遺棄を関係づける。この説明は、オロモの一六世紀の軍事的な優位による北東アフリカ地域における領域の拡大という歴史的な事実と結びつけるものである。これに対して、ホールパイクが、戦争に行くために世帯の移動は必要なく、嬰児遺棄の必要はないと反論する（Hallpike 1976）。

また一方で、レゲッセ（Legesse 1973）は嬰児遺棄を人口抑制と関係させている。それによれば、一六世紀にエチオピア地域で起こったオロモの大移動は、ホームランドにおける人口の増加が引き金となったのであり、ガダ体系の階梯の結婚と養育の規則を作ることによって結婚年齢を引き上げるだけでなく嬰児遺棄によって人口を抑制したと述べる。年齢体系の結婚や出産の規則はほかにもレンディーレにおいても人口調整と関係づけられる（佐藤 一九九二）。

しかし、ボラナは嬰児遺棄の慣習を人口抑制のためであると語ることはないであろう。なぜならば、ボラナにとっての人生の目的は子どもを持つことであり、常に天神に願う事柄でもあるからだ。また、嬰児遺棄において先に男子の養育が可能になることも人口抑制だけでは説明できない。この慣習が人口に影響を与えるという前提として、階梯を移行する集団が同年輩である年齢組である必要があるが、ボラナのそれは世代組であるため、ボラナ社会の人口への影響も限定的である。

一六世紀の文書からすると歴史的には階梯を移行する集団は年齢組であったと考えられるが、少なくともガダ体系が世代組によって構成されるボラナにおいては、当てはまらない。「結果として」人口が抑制されたことをまったく否定することはできないが、それを証明するためのデータを収集することは不可能であろう。さらに付け加えると、人口抑制という説明はあまりに社会を理念的に扱いすぎており、離合集散を繰り返してきた北東アフリカの諸社会の歴史的動態を考慮に入れていない。

バクスター（Baxter1978：176）はラーバ階梯における嬰児遺棄について、成員がガダモッジ階梯まで到達できなくなることを防ぐためであり、「この規則の主要な目的は変則を防ぐことにある」と述べる。つまり、結婚とともに子どもが生まれるとすると、その子どもが最後の階梯を終えるには九六年もの歳月を必要とするため、子どもを持つことのできるタイミングを遅らせたということである。とはいうものの、八八年にせよ九六年にせよ、あまりにも長い。第一階梯から最後の階梯まで生き続けることを前提とするのは、現実的ではなかろう。それではボラナの人々は、こ

写真 3-6　ラーバ階梯の種ウシの供犠

の慣習をどのように語っているのであろうか。

ボラナの人々も、ラーバ階梯の特徴として「子どもを捨てる」ことをしばしば口にする。ボラナでは嬰児遺棄の理由を二通り耳にした。一つは、ラーバ階梯の夫婦はおしゃれ好きであり、いろんなところを糞尿などで汚す赤子は嫌われたためだという。これは人々の間で広く語られる。

もう一つは、主に老人たちによって述べられる理由で、ラーバ階梯の子どもの遺棄は、生まれて間もない仔ウシを供犠することと同じであるというものだ。[*22]仔ウシの供犠は豊饒性を求めるために行われる。この説明は、遺棄した子どもがハイエナにさらわれると幸運が訪れるという信念と合致するものである。こうした説明をする老人は、ラーバ階梯の嬰児遺棄の慣習が政府の圧力によって廃止させられたと憤慨し、隣接民族によって領域を奪われ、また降雨が減り牧草地が荒廃するといったボラナが直面している苦境が、ラーバ階梯の嬰児遺棄の慣習を止めたことによるものであると語ることもある。[*23]もちろん、すべての人々がかつて行われていた嬰児遺棄という慣習を肯定的に受け入れていたわけではなく、過去の「悪い慣習」と述べる人々も数多くいる。どのように語るにしろ、ラーバ階梯の嬰児遺棄の慣習はボラナの人々にとっても奇異な行為であると捉えられている。

ボラナがしばしば語るように結婚が正統な男系子孫を残すという目的で行われるとすれば、結婚後に生まれた子どもを遺棄することは著しく矛盾した行動である。こうした矛盾する儀礼的義務を課せられているという点において、ラーバ階梯は中間的であいまいな位置にあるといえよう（写真3-6）（田川 二〇一四：二一八）。こうしたあいまいさは、ラーバ階梯にある世代組の成員の日常や儀礼の規定にも現れている。ラーバ階梯の頭髪は剃ることも櫛で梳くこともできないが、バターを頭髪に塗り整えることはできる。ラーバ階梯の男性の妻は、結婚しても既婚女性の髪型を結うことはできない。家の炉は、通常は三つの石が置かれるが、ラーバ階梯の妻は蟻塚の土を水でこねて固めたものを三つ並べる。子どもが生まれた時には、炉の石の下に胎盤を埋める。蟻塚の土で炉を作ることは子どもを養育できないことを示す。また、ラーバ階梯の男性が死んだ時には、村外へ通じるウシ囲いの出入り口の右内側に埋められ、通常行われるように墓を石で覆うことはない。

ラーバ階梯は戦士として語られるが、結婚しても子どもを持つことができず不完全な男性のままである。ラーバ階梯の男性性の獲得を妨げる子どもの遺棄を、供犠として語るボラナの老人たちの表現は隠喩として捉えるべきであり、この慣習を人身供犠として見なすべきではなかろう。ただし、この表現は、自己の一部を破壊することとそれによって幸運が得られるという点においては、供犠の特徴を示すものでもある。しかし、嬰児遺棄には儀礼的な手順があるわけではなかったようだ。また、政府による禁止によって町や他の民族集団に養子に出すことで「遺棄」していた時にも、供犠のように何かを代替して捨てる（破壊する）ことはなかった。

戦いにおける殺害

ボラナは敵の男性を殺害することについては「罪（チュッブ）」とは考えていなかったが、同じボラナを殺すことは良くないことであり、特に殺害の際に血が流れることは、ボラナ社会に災厄をもたらすといわれている。[*24][*25] しかし、口頭伝承では、かつてはボラナのガダ体系の役職者集団はボラナの成員を処刑していたと語られる。ただしその際は、ナイフや槍を使うのではなく、棍棒で鼠蹊部を打つことによって殺したという。これは血を流さずに殺害する方法である。[*26] 他のオロモ系社会でも同じ集団内での殺人が殺害者を穢れた状態に陥れることが、報告されており、ボラナの北に位置するグジ社会では同じグジを殺害すると穢れるだけでなく、ライ病になるといわれていた（Taddesse 1988）。ボラナで人を殺した場合は、グジのように穢れという観念で語られることはない。ボラナの中で殺害された親族やクランから殺害者とその家族が復讐されることはなく、賠償としてウシ三〇頭を犠牲者の親族に支払う。

それに対して他社会の成員によって殺害された場合は、戦いの範疇に入る。すでに述べたように、北東アフリカ地域の諸社会では戦いの文化的コードが共有されていることが、多くの民族誌的研究によって明らかにされてきた（eg. Turton 1994, etc.）。ボラナとその隣接諸社会の関係においても同様のことが指摘できる。この戦いの文化的なコードには民族間関係も含む。ボラナにとっての「本来の正しい民族間関係」では、敵は同じオロモ系の農牧民グジ、アルシであり、農耕民コンソは友好関係にあった。また、ラクダ牧畜民ガブラやソマリ系諸集団は、ボラナとパトロン・クライアント関係にあり戦う相手ではなかった。[*27]

多くのボラナは、昔と現在の戦いのやり方は異なっていたと述べる。過去においては、殺傷の対象は青年男性に限定されており、子どもと女性は殺さず、家屋を焼き払わず、殺すことはなかったと語られる（田川 二〇〇九：三二）。また、女性と子どもを捕虜にして連れ帰ることもあったが、捕虜にした場合はそのまま自分の子どもや妻にすることができ、また、捕虜が自分の集団に帰ることを望めば家畜や衣服などを持たせて帰し、その後、両者は擬制的な親族となったという（田川 二〇〇九：三二）。現在は女性であろうが子どもであろうが殺害するが、こうしたことを尋ねると、ある老人は現在の見境のない殺害は「罪」であると語りたがらなかった。過去においては、殺さないことによって戦いは敵対関係をこえて社会関係を作り出す契機となるが、殺せば敵対関係が再生産される。そもそも、ボラナが隣接集団の成員となることも、隣接集団の成員がボラナになることもあり、集団間の関係は相互浸透的である。[*28]

ガダ体系には、隣接民族への略奪が儀礼として行われていた。ドーリ階梯からガダ階梯への世代組の移行に先立ち、準備儀礼としてドーリ階梯の四年目に「水容器を立てる」儀礼と「ブッタの種ウシ」儀礼が、役職者集団によって同時期に行われる。前者は、立てた水容器にミルクを注ぐという儀礼である。かつてブッタ儀礼では、ドーリ階梯の役職者集団が、一定期間、儀礼的に水と草を与えた種ウシを先頭に、隣接民族であるグジへ略奪を行い、家畜を奪うという儀礼が行われた。襲撃した際に、種ウシを敵のウシ囲いに入れると、種ウシが敵のウシを引き連れて帰るのだという。もし、自分たちの種ウシが逃げ出したら略奪はしないという。現在は、いったん出発してふたたび戻るだけで実際には略奪は行わない。

こうしたかつてあった儀礼的な戦いあるいは略奪儀礼が行われなくなった一方で、現在は、ボラナとすべての隣接集団との関係は敵対関係となっただけでなく、かつての敵対集団と共有していたという戦いの規範は、現実の戦いではまったく見られないようである。二〇〇〇年代のボラナとグジとの武力紛争において、敵対集団の友人男性をいち早く逃がすことがあった一方で、敵の住居とされた家屋を取り囲み、家屋の中にいた人々を無差別に銃撃し殺害したというような話を耳にすることもあった。

そもそもかつての戦いの規範がどれほど機能していたかは不明であるが、ボラナは、現在の無差別な殺害のあり方を、かつて地域で共有された規範が崩壊した結果であるように語る傾向にある。[*29] それに基づけば、相互浸透的な関係にある集団間の限定的な戦いから、全面的な殺戮を伴う戦いへ、ボラナ社会と隣接社会が植民地化と近代国家に組み込まれることによって変容していったという解釈が可能である。

かつての敵対集団は同じオロモ系の牧畜民あるいは農牧民であり、生態資源をめぐり競合し、言語文化的には近接しており鏡像的な関係にあったといえる。一方、敵対関係にない農耕民のコンソとラクダ牧畜民のガブラとは資源の競合関係にはなく、(ガブラとは非対称的であるとはいえ) 儀礼的にも経済的にも相互補完的な関係にあった。それらの集団は、一九世紀末にイギリスの植民地とエチオピア帝国に包摂されることによって変容し、さらに現政権での地方分権化は、民族集団を政治経済的な競合関係へと変えていったといえよう。しかし、上述の政治経済的な説明では、個人の動機づけが不明なままである (cf.佐川 二〇一二)。

ボラナの戦いは、その規模から三つに分類されている。一つめは、大規模な戦争であり、選ばれた戦争リーダーが指揮し斥候を送り敵の動向を探った上で出撃するタイプ、二つめは、小さな集落や少人数で家畜に給水をしている人々から家畜を略奪するために二〇人から三〇人程度で組織される襲撃、最後は、一人あるいは二人でブッシュに隠れて通りかかった敵の誰かを殺害する待ち伏せである（田川 二〇〇九：三二）。この待ち伏せの殺害は、敵対する民族との境界地域において、姿を隠しやすい茂みのある場所で起きる。たとえば、二〇一〇年には毎日曜日に開かれる家畜市の日に、ガダ体系の役職者と連れの二人が市からの帰路に、茂みに隠れていた隣接民族のグジの二人の男性に銃撃されて死亡するという事件があった。大規模の戦争に繋がらないこうした一人二人の殺害は散発的に起きている。

戦争に出撃する際は、ウルーコと呼ばれる儀礼を行う。この儀礼によって先々の不幸を取り去ることができるという。また、種オスの供犠も行う。このほかに、戦いでは呪術が用いられることが語られる。口頭伝承でも呪術師によって敵を打ち負かしたという話が語られる。

第一節で述べたように、ボラナにおいても殺害した敵の生殖器を切り取り持ち帰るという慣習があった。ボラナの隣接社会ホールを調査した宮脇（二〇〇六）は、切除した敵の生殖器と仔ウシの交換によって外部の豊饒性が獲得されるという儀礼プロセスを描いている。一方、ボラナは、敵の生殖器の切除について、敵を殺害した確かな証拠をうるために行うと述べる。ここで少なくとも指摘できることは、ボラナにとっての戦いとは本来、男性による男性の殺害であり、生殖器こそが男性を代表するものであるということである。[*30]

敵を殺害した者は、その場所からゲーララという歌をうたいながら集落に戻ってくるそうである。獲物を仕留めたとされる者とは、一番早くに獲物や敵に槍を打ち込んだ、あるいは銃弾を撃ち込んだ者であるという。これは狩猟についても同じである。誰が手柄を上げたかについては、それを証明する証人は重要な役割を持つ。

ボラナは、戦いの動機づけについて、人それぞれであると述べることもあるが、中でも家畜の略奪、復讐、勇敢さを挙げる（田川 二〇〇九：三二）。

はじめに、家畜の略奪についてであるが、花嫁代償となるウシの獲得を目的とするものと貧困によるものがあり、後者は「戦いで死ぬのではなく空腹で死ぬ」と語られる（田川 二〇〇九：三二）。ただし、ボラナの認識としては、必ずしも旱魃などの困難な状況において空腹を満たすために食糧である家畜を奪うというわけでもないようだ。なぜならば、旱魃時は家畜の世話に精一杯で、戦いをしている暇はなく、混住していればお互いに助け合うが、雨が降り牧草が茂り家畜が肥え人もミルクで満腹し始めると、ボラナも敵の集団もお互いに嫌いになり戦いを始めるそうだ。

次に、復讐を遂げるための殺害である。先ほど述べたガダ体系の役職者の殺害についても、以前に親族を殺害されたことに対するグジの復讐であるということを聞いた。ただし、復讐の相手は実際に自分の親族を殺害した者である必要はなく、殺害者の所属する集団の誰かを殺害すれば成し遂げられるとされる。

他民族の殺害のほとんどは、誰かの復讐としてなされる。復讐を成し遂げなくては「存在することができない」あるいは「衰える」などと語られるため（田川 二〇〇九：三三二）、自己存在の回復が敵を殺害する動機づけともいえる。また、復讐による敵の殺害は、家畜が略奪されたことに対しても行われるため、人とウシとが等価である。どちらにせよ、復讐は何らかの喪失への償いとも解釈できる。

最後に、勇敢さについてであるが、家畜を略奪することも殺された誰かのために復讐することも勇敢さの証である。戦いは常に喪失への補填である復讐として行われるため、ボラナと敵対集団との間には動機が失われることはない。しかし、その対象はかつてのように特定の敵対集団の成人男性に限定されず、女性や子どもも含まれるようになっている。

5 殺す男性

殺さない男性

本章では、ボラナの男性に期待される（あるいは、かつて期待されていた）野生動物と人の殺害について記述してきた。しかし、男性であっても、その中には動物や敵の殺害を期待されない、むしろそれがタブーである人々が存在する。

一つはカッルと呼ばれる世襲の儀礼リーダーである*31（cf. Legesse 1973; Baxter 1978; 田川 二〇一四など）。ボラナには五人のカッルがおり、その中で二人のカッルが各半族を代表する。半族の一方のカッルの出自は天神にあり、天から遣わされたという神話が語られる。もう一方のカッルはコブラに出自を遡る。

カッルは、様々な禁忌に服している。たとえば、頭髪を剃る、土を掘る、木に登る、耕す、走る、戦う、殺す、割礼、つめを切る、針、斧や武器を持つ、といったことは禁じられている。頭髪は一生、剃られることがなく、蜂蜜で固めて渦巻き状に編み込んでいく。

こうした禁忌が表わすカッルの儀礼活動と日常生活は、他のボラナ男性の行う儀礼活動と日常生活とは相容れない。カッルは、自分の世代組と年齢組を認識しており、また、その成員でもある。しかし、カッルは、それらの儀礼活動に他の成員と同様に参加することはできない。彼は、世代組の儀礼で頭髪を剃ることもなく、年齢組の仲間と槍を携えて村々をめぐることもない。ウシ囲いを建てることもウシを放牧させることもない。

もう一つは、ガダ体系の最終階梯であるガダモッジである（cf.田川 二〇一六）。ガダモッジ階梯はボラナの男性全員が終えるべき階梯とされている。ガダモッジ階梯を終了せずに死ぬことは悪いことであり、それはまた、繰り返される不運の概念によって表わされる。

ガダモッジ階梯もまた、戦争や狩猟に行かない、殺さない、ズボンをはかない、走らない、争わない、立って小便をしないなどの禁忌がある。ガダモッジの終了儀礼では家畜を供犠することがあるが、ガダモッジ階梯の老人は供犠の執行者でありながら、家畜の喉を切り裂く振りをするだけで、実際には他の人がそれを行う。ガダモッジ階梯の終了後も彼らは戦争や狩猟に行くことは望まれない。このように多くの禁忌に服し、その中に殺害するという行為が禁じられる人々は、「女性のようだ」と語られる。一方で、彼らには祝福の力があるともいわれる。こうしたカッルやガダモッジ階梯に対する語りは、男性であることが殺害することに結びついていることを示している。

殺しによる男性性の確立

供犠にせよ狩猟にせよ戦いにせよ、何かを殺害するという行為は、ボラナにおいて成人男性に求められる社会的行為である。それは女性が「産む」ものとされていることと対称をなし、女性は結婚し出産することによって大人として認められる。大人の男性であることは、世代組や年齢組の発足による種オスの供犠に始まり、その後、二つの方法によってボラナ男性は男性性を確立する。

一つは、様々な儀礼において供犠を繰り返し行うことである。ライフステージを上昇する中で、犠牲獣の種類も場所も供犠参加者も手順も異なり、社会外部のブッシュから社会内部のウシ囲いへと、種オスから去勢ウシへと、エイジメイトから親族集団へと変化する。それらは供犠論から見ると自らの一部を殺害する行為でもある。また、かつてはラーバ階梯にある夫婦は結婚しているにもかかわらず嬰児を遺棄することを求められたが、これにより幸運が得られるとされ供犠として語られもした。そうした自らの一部を破壊するという行為によって、外部の天神との交流を図り豊饒性を得ることができる。

もう一つは、狩猟と戦いに出かけ野生動物か敵を殺害し手柄を上げるという方法である。男児を持つことと狩猟と戦いで手柄を上げることのどちらを行っても、「満ちる」という言葉に由来するグートゥという頭髪の房を立てることができるため、この点において両者は等価であるといえる。

しかし、狩猟と戦いは直接的には男児を得ることのように社会の再生産には結びつかない。むしろ、どちらとも特定の個人の勇敢さを示すことから、たとえ集団として組織され遂行されたとしても、個別的な行為である。また、それはブッシュあるいは敵の集落といった社会外部において果たされる予測不可能な行為であり、そうであるからこそ、勇敢さを示すことができる。

戦いが狩猟と異なる点は、戦いがしばしば復讐によって動機づけられ、必ず誰かの復讐として語られるということである。すでに敵に殺害された誰かの（親族である場合が多い）あるいは敵に略奪された家畜への償いとして、敵の誰かを殺害する。このため、復讐は殺害された社会の成員との関係を敵の殺害によって再構築する行為ともいえ、先ほどの男性性を示す方法である男児を持つことと、補完的な行為のようにも思われる。

最も個別的な行為は、殺害対象との関係づけが予め想定されていない狩猟である。予測不可能とはいえ、ある程度秩序の中で行われる敵の殺害に対して、野生動物の殺害は無限定であった。銃器が流入し無限定な殺戮が行われるようになったことが、ボラナの領域から大型の野生動物がいなくなった要因の一つとも考えられよう。

以上のように本章では、広い地域集団の歴史動態を念頭においたシュレーの「殺害者文化複合」を、特定の社会内部における殺しをめぐる行為群として捉え直し、動物供犠、狩猟、嬰児遺棄、戦いという異なる四つの事柄について民族誌的な報告を行った。しかし、嬰児遺棄は行われなくなって久しく、狩猟もほとんど行われていない。さらに、ボラナの人々は、商品として売買の対象となった家畜を以前のようには供犠することはなくなった。現在もなお継続している殺害実践は、隣接する集団との紛争における殺害である。その殺害の対象は特定の敵対集団の成人男性だけではなく、ほぼすべての他集団の女性と子どもにまで拡大している。このように動物と人の殺害をめぐる実践のあり方は、著しく変化している。それらについては、ボラナ社会の国家への包摂と国家政治の変化による影響の中で、考察していく必要があるであろう。

付記

本章は、ＪＳＰＳ科研費（研究課題番号二四四〇一〇四一）（研究課題番号二四二五一〇一九）の成果の一部である。

注

＊1　シュレーの「殺害者文化複合」概念は、野蛮性を想起させるためオロモの若いエリートから批判を浴びている（cf. Baxter,

Hultin and Triulze 1996; Schlee 2012: 41)。シュレーはこうした批判に対して、「コンプレックス」という用語を心理学的な意味に勘違いしていると反論している(Schlee 2012: 41)。

*2　シュレーらの対象とする地域からは離れるが、たとえば、栗本(一九九八)が南部スーダンのパリ社会における戦士的エートスについて棒合戦や狩猟について記述している。文化的に方向づけられる戦いは、類似の観念と実践である供犠や狩猟、あるいは模擬的な行為とも関係している。

*3　一九六〇年代までは人類学においてオロモ系諸社会についてガッラ(Galla)という名称が使われていた。現在はガッラという名称は蔑称として使われていない。

*4　筆者は一九九四年からエチオピアにおいて断続的に調査している。

*5　本章の年齢体系についての記述は田川(二〇〇五、二〇一四、二〇一六など)と重複する。また、明記しない限りは筆者の調査に基づくものである。

*6　ガダ体系の階梯の年数については、筆者が二〇〇五年以降に発表した論文に基づく。

*7　バクスターはこうした牧夫の特徴を乾燥地域の牧畜という生業と関係づける(Baxter 1979)。

*8　ラーバとドーリは、同じラーバとして語られることもある。この場合、ラーバは「小さいラーバ」、ドーリは「大きいラーバ」と呼ばれる。

*9　ブッタ戦争については、バフレイ(Bahrey 1954)の一六世紀の記述まで遡ることができる。ボラナでは、一定期間ドーリ階梯の男性が育てた種ウシを敵のウシ囲いに入れてウシを略奪するという儀礼的戦争であったという。

*10　ボラナには太陰暦があり、月の名前がある。この太陰暦とは独立してアッヤーナと呼ばれる二七日周期の暦があり、太陰暦とアッヤーナ暦を合わせて儀礼を行う月日が決まる。

*11　本章の年齢組の記述の一部は田川(二〇〇七)に基づく。詳細は田川(二〇〇七)を参照のこと。

*12　イニシエーションのタイミングからすると一九歳から二七歳までである。ただし、ボラナは「ガダの父」の年代と年齢組とを一致させるため、一六歳から二四歳までと記述している。

*13　ボラナの家畜の供犠の記述の一部は田川(二〇一一:二二五―二二九)をもとにしている。

＊14　エヴァンス＝プリチャードは、その古典的民族誌『ヌアー族』（一九七八）で、ウシとヌアーとが互いに寄生する共生関係にあると述べている。東アフリカの牧畜民における男性と去勢牛との最も近年の研究では波佐間によるカリモジョンとドドスの牧畜民と家畜の共生をめぐる研究（波佐間 二〇一五）がある。

＊15　本章では、コルマは「種ウシ」、コルベーサは「雄ヤギ」、両者を合わせて「種オス」と記述している。

＊16　他の階梯や年齢組のムルティは、冒頭部が少し異なるが、後は基本的にはほとんど同じである。

＊17　ムルティは「切る」「決める」を意味する動詞ムルに由来する。

＊18　ウマが死んだ時は、戦場で死んだ人と同じように死体の上に木の枝を置き、「埋葬」するのであるという。

＊19　ムルティのほかにも、世代組の役職者集団の儀礼歌において、サイとバファローは呪詛の対象でもある。このとき同時に敵対集団も呪詛される。例として「サイやバファローを／殺せ、外で敵を／殺せ、敵を突撃して／殺せ（後略）」。また、種ウシを供犠する際に「サイとバファローを殺せ」というせりふを述べることもある。

＊20　ワータはかつて狩猟を生業としていた集団であり、現在もボラナから被差別的な扱いを受けている。前の社会主義を標榜する軍事政権時代にワータと呼び差別することが禁止された。このため、ワータという名称を使うことは公的には避けられる。ボラナと同じ言語を話し、同じ集落に居住する。

＊21　ただし、女児の養育についての情報を、あまり多く得ることができなかった。これは、ガダ体系における女性の従属的地位とボラナの関心を反映したもので、そうした女性に対する無関心は、たとえば、女性は世代組の正式の成員ではなく、また、系譜的にも父親にとって自分の系譜を継ぐものではないといった事柄に表れているだろう。

＊22　ルースは次のようにフィティコについて記述している（Leus 2006: 216-217）。供犠される仔ウシは生後三日から七日で多くのウシの出産があった時に感謝のために行われる。また、母ウシがわずかなミルクしか出さない、あるいは授乳することを拒むといった状況においてもなされる。フィティコを行う場合は、供犠する仔ウシを母ウシから話、家屋の奥に隠したのち、ウシ囲いで母ウシの前で行う。

＊23　筆者は、ガダ階梯の役職集団の集落を訪れた時に既婚女性たちが語っていた嬰児遺棄の話を思い出す。筆者はぼんやりとしか分からなかったが、隣にいた調査を手伝ってくれたボラナの青年が筆者に分かるように語ってくれた。それによれば、長老によっ

て捨てるように言われ、生まれたばかりの子どもはブッシュに運ばれて捨てられたが、その後に母親が連れ戻しにいったという。地面に置かれていた赤子には無数の蟻が集っていたそうだ。結局その赤子は亡くなったという。

＊24　現在も敵を殺害することに関しては、必ずしも「罪」とは考えていないかもしれない。ある老人によれば、前政権から敵の殺害を隠すようになったという。

＊25　バクスターによれば、殺人は、未婚女性を妊娠させること、獣姦、同性愛的性行動と同様に危険なほどに穢れていると見なされた（Baxter 1979: 70）。ただし、「穢れ」という観念はあまり強調されていないというのが筆者の印象である。

＊26　シュレーは、殺す方法によって相手がボラナか敵かに分類されたというボラナの口頭伝承を記述している（Schlee 2008）。

＊27　ボラナにおける戦いは田川（二〇〇九）の記述をもとにしている。

＊28　たとえば、グジ社会に自分の兄弟がいるという人物もいる。彼は子どもの時に母親とともにグジ社会に移入したが、その後、彼のみがボラナに戻った。

＊29　こうした規範はボラナが地域の覇権を握っていた時期に作られたものであろう。一九世紀末頃にはボラナの覇権は揺らいでいる（Baxter 1979）。

＊30　ボラナがいうには、今は生殖器の代わりに殺害の証拠として犠牲者の持ち物を持ち帰るとのことである。

＊31　カッルについては田川（二〇一四：二〇七―二一三）に詳述している。

参考文献

石川博樹　二〇〇九『ソロモン朝エチオピア王国の興亡――オロモ進出後の王国史の再検討』山川出版社。

エヴァンズ＝プリチャード、E・E　一九七八『ヌアー族――ナイル系一民族の生業形態と政治制度の調査記録』向井元子訳、岩波書店。

――　一九八二『ヌアー族の宗教』向井元子訳、岩波書店。

栗本英世　一九九八「戦士的伝統、年齢組織と暴力――南部スーダン・パリ社会の動態」田中雅一編『暴力の文化人類学』京都大学学術出版会、六九―一〇六頁。

佐川徹　二〇一一『暴力と歓待の民族誌――東アフリカ牧畜社会の戦争と平和』昭和堂。

佐藤俊　一九九二『レンディーレ――北ケニアのラクダ遊牧民』弘文堂。
田川玄　二〇〇五「民俗の時間から近代国家の空間へ――オロモ系ボラナ社会におけるガダ体系の時間と空間の変容」福井勝義編『社会化される生態資源――エチオピア絶え間なき再生』京都大学学術出版会、二九五―三二二頁。
――　二〇〇七「年齢組のパラドックス――エチオピア南部オロモ語系ボラナの年齢組の生成過程」福井勝義編『抵抗と紛争の史的アプローチ――エチオピア　国民国家の形成過程における集団の生存戦略』京都大学大学院人間・環境学研究科、五五―七〇頁。
――　二〇〇九「現代エチオピアにおける民族間の暴力の諸相」慶田勝彦編『東アフリカにおける暴力の諸相に関する人類学的研究』熊本大学文学部文化人類学研究室、二九―四八頁。
――　二〇一一「ウシの名を呼ぶ――南部エチオピアの牧畜社会ボラナにおける人と家畜の駆け引き」奥野克己編『人と動物の駆け引き』はる書房、二〇五―二三四頁。
――　二〇一四「福因と災因――ボラナ・オロモの宗教概念と実践」石原美奈子編『せめぎあう宗教と国家――エチオピア　神々の相克と共生』風響社、一九九―二三五頁。
――　二〇一六「老いの祝福――南部エチオピアの牧畜民ボラナ社会の年齢体系」『アフリカの老人――老いの制度と力をめぐる民族誌』田川玄・慶田勝彦・花渕馨也編、九州大学出版会、九五―一二二頁。
波佐間逸博　二〇一五『牧畜世界の共生論理――カリモジョンとドドスの民族誌』京都大学学術出版会。
宮脇幸生　二〇〇六『辺境の想像力――エチオピア国家支配に抗する少数民族ホール』世界思想社。
Bahrey. 1954. The History of Galla. In C. F. Beckingham and G. W. B. Huntingford (eds.), *Some Records of Ethiopia, 1593-1646.* Hakluyt Societypp, pp. 111-129.
Bartels, L. 1969. Birth Customs and Birth Songs of the Macha Galla. *Ethnology* 8(4): 406-422.
Baxter, P. T. W. 1978. Boran Age-Sets and Generation Sets: Gada, a Puzzle or a Maze? In P. T. W. Baxter and U. Almagor (eds.), *Age, Generation and Time: Some Features of East African Age Organization.* Hurst, pp. 183-206.
―― 1979. Boran Age-Sets and Warfare. In K. Fukui and D. Turton (eds.), *Warfare among East African Herders. Senri Ethnogical Studies* 3. National Museum of Ethnology, pp.69-95.

Baxter, P. T. W., J. Hultin and A. Triulze 1996. Introduction. In P. T. W. Baxter, J. Hultin and A. Triulze (eds.), *Being and Becoming Oromo: Historical and Anthropological Enquiries*. The Red Rea Press, pp. 7-25.

Braukämper, U. 2015. The Meritorious Complex: A Research Focus of the Frobenius Institute in Ethiopia. *Ityopis: Northeast African Journal of Social Science and Humanities*. Extra Issue I-205. (http://www.ityopis.org/Issues-Extra_files/ityopis-extra-braukaemper.pdf 二〇一六年七月一一日閲覧)

Cerulli, E. 1933. *Etiopia Occidentale*. Vol.2. Roma.

Haberland, E. 1963. *Galla Süd-Äthiopiens*. Kohlhammer.

Hallpike, C. R. 1976. The Origins of the Borana Gada System. *Africa* 46(1): 48-56.

Hickey, D. C. 1984. *Ethiopian and Great Britain: Political Conflict in the Southern Borderlands, 1916-1935*. Unpublished Ph. D. Dissertation Northwestern University.

Huntingford, G. W. D. 1955 *The Galla of Ethiopia, The Kingdoms of Kafa and Janjero*. London: International African Institute.

Jensen, A. E. and H. Wohlenberg (eds.) 1936. *Im Lande des Gada: Wanderungen zwischen Volkstrumern Sudabesiniern*. Kohlhammer.

Legesse, A. 1973 *Gada: Three Approaches to the Study of African Society*. Free Press.

Leus, T. 2006. *Aadaa Boraanaa: A Dictionary of Borana Culture*. Shama Books.

Schlee, G. 2008 *How Enemies are Made: Towards a Theory of Ethnic and Religious Conflict*. Berghahn Books.

Schlee, G. and A. A. Shongolo 1995. Local War and its Impact on Ethnic and Religious identification in Southern Ethiopia. *GeoJournal* 36(1): 7-17.

Schlee, G. with A.A. Shongolo 2012. *Islam and Ethnicity in Northern Kenya and Southern Ethiopia*. James Currey.

Taddesse, B. 1988. *Traditional Warfare among the Guji of Southern Ethiopia*. MA thesis, Michigan State University.

Turton, D. 1994. Mursi Political Identity & Warfare: The Survival of an Idea. In K. Fukui and J. Markakis (eds.), *Ethnicity & Conflict in the Horn of Africa*. James Curry, pp.15-32.

第Ⅱ部

動物殺しの論理学

第4章　狩猟と儀礼
動物殺しに見るカナダ先住民カスカの動物観

山口未花子

1　動物殺しと感情

この一〇年ほどの間、筆者はカナダ先住民カスカと動物との関係について調査を実施してきた（山口 二〇一二、二〇一四）。動物という存在を、人間との関わりの中で理解したいと考えた時に、世界的に見ても多様な野生の哺乳動物に大きく依存してきたカスカの動物に関する文化について知ることは、人と動物のある種もっとも密接な関係を示してくれるものであり、そこから多くを学ぶことができた。中でも特に印象的だったのは、動物を殺すことについての彼らの考え方であった。カスカの人々は、狩猟民としての性格を強く維持してきた人々であり日常的に動物を狩猟して暮らしている。しかし人間が動物を狩猟によって殺すことができるのは、人間が動物より賢かったり強かったりするからであるとは考えていない。むしろ動物の方が、人間が狩猟するのを許している、もしくは贈り物として自分の体を与えてくれるから、狩猟が成功するのだと考えているのだ。

もちろんだからといって、狩猟の技術や良い道具を獲得し手入れすることを怠けているわけではない。狩猟者たちは日々動物に関する知識を仕入れ、技術を高めようとしている。

また、良い道具を手に入れたり手入れをしたりして狩猟の効率を高める努力を怠らない。さらに、猟の際には合理的ともいえる知識や経験を総動員して動物を見つけ出し、捕獲の効率を高める努力をしている。しかし筆者がカスカの人々の狩猟に同行して動物と向き合い、殺し、殺される現場を見て印象に残っているのは、経験や技術を使って必死に動物を追うというよりも、静かに淡々とした様子で動物を追い、まるでそれが当然とでもいうように、見つけた動物を殺しているようにさえ見えたことである。そうした経験を積む中で、動物を殺す瞬間に感情が揺さぶられる、という筆者にとっては人間の自然な感覚だと思っていたことが、カスカの人々との生活の中で揺らいでいった。

一方、日本で研究生活を進める中で、「動物殺しの比較研究」の共同研究に参加するようになり、世界各地の「動物殺し」がどう行われているか、そのとき動物を殺す人の感情はどのようなものかということについて、たびたび議論する機会に恵まれた。その中で多くの研究者にとって、狩猟民であれ牧畜民であれ日常的に動物を殺す人々は動物を殺す際に特に何も感じていないように見える、という話になった。動物が直接消費する資源である時、動物を殺すという行為は、むしろ美味しい肉や素晴らしい毛皮を手に入れる喜びを想起させるものとして人々の目に映るのかもしれない。あるいは動物を殺すこと自体にそれほど悲しみも喜びも感じていない、という可能性もある。長年にわたりブッシュマンと動物との関わりから人間にとっての動物という問題に向き合ってきた菅原和孝は、ブッシュマンの友人たちが食べるためにでもなくただニシキヘビを殺した上にその遺骸をもて遊ぶ様子を見て心を痛めた経験を語っている（菅原 二〇一五）。肉にそれほど飢えているわけでもなく、儀礼食として食べきれないほどの屠畜を行うバリ島の人々においても、動物を殺すことは単なる儀礼の過程の一部であり感情が動く様子は見られない、という報告もある（中野 二〇一四）。

しかし人間は、動物を二元論的に自分と異なるものとして区別する一方で、擬人化という心の働きによって自分たち人間と同じように心を持つ存在として動物を捉えるということをしてきた。そうした表現は世界中にちらばる神話のみならず、現代社会における文学や漫画などにおいてもおなじみのものである。そう考えれば、人間の自然な感情として、動物を擬人化し、そこに感情移入できるという仮説が成り立つのではないだろうか。そこで生じる疑問は、人間の心の動きとして動物を殺す時に生起する感情は本来心の痛みを伴うものなのかどうか、ということである。たとえば一見何事もなく動物を殺しているように見える人たちも、じつは感情を押し殺しているのではないだろうか？

先に紹介した菅原は、近年話題になったダイアモンドの著書『〈動物のいのち〉と哲学』（ダイアモンド他二〇一〇）の中にある「私たちめいめいが一つの生ける肉体である、［中略］という自覚を持つならば、そこには、死に対して無防備である、単なる動物であるがゆえに脆く傷つきやすいという身体感覚への露わさが伴う。私たちが動物と共有するのは、この傷つきやすさなのである。この傷つきやすさは私たちをしどろもどろにさせる潜在的な力がある」（ダイアモンド他二〇一〇：一一四）という一節を取り上げながら、「工場畜産や愚劣な動物実験のむごたらしさを知ってしどろもどろになることこそ、私たちが動物たちと共有している被傷性の露わさなのである」（菅原二〇一五：五三）とし、先述したニシキヘビ殺しの時に感じた自身の「胸の痛み」をその被傷性に繋がるものとしている。こうした感覚は日本人である私たちにはなじみ深いものであるが、動物を殺すことに「被傷性」を感じていないように見える狩猟民や牧畜民には共有されないのだろうか？　とはいえ狩猟民や牧畜民にしても動物を殺すことには様々な禁忌や儀礼が伴うことが多い。そうした儀礼などはもしかすると罪悪感や恐怖などを感じないようにするための仕組みであり、それによって本来は感じている心の痛みのようなものを感じないようにしているのかもしれない。

こうした疑問を抱えながら研究を進める中で、一つの手がかりが見えてきた。カナダ、ユーコン準州からブリティッシュ・コロンビア州を生活領域としてきたカスカの人々は、狩猟採集民としての伝統を受け継ぎながら今日の社会を生きている。カスカの人々にとって、狩猟とは生活を支えるものであり、多様な野生動物を現在でも利用している。ただし当然のことだが、カスカの人々は「動物」をひとくくりの存在として捉えているわけではない。動物はいくつかの分類項に分けられ、そうした分類項、種ごと、あるいは個体ごとに異なる関係を人間との間に結んでいる。こうした動物とカスカの関係を詳細に調べてみると、動物種や利用法、動物との関係などの様々なバリエーションがあることが明らかになった。したがって人が動物を殺すという行為も、それぞれの動物種によって、あるいはそれぞれの動物との関係によって異なってくる。

それと同時に、殺しに関わる儀礼についても一様でなく多様な展開が見られることが分かってきた。特に重要なのは殺して資源として利用する動物でも種によっては儀礼が行われ、種によっては行われないということである。この儀礼の有無は、ヘラジカなどのようにその動物を自分たちが食べるのか、あるいはテンなどのように貨幣を得るために売るのかどうかということと相関を持つことが示唆された。心の動きが顕在化したものともいうべき儀礼が、動物種や動物との関係性と大きく関連しているように見えるということは、これを検討すれば疑問に対する答えが見つかるかもしれないということだ。

こうした、動物との関係に重点をおくというカスカ文化の基盤には、動物との「初源的同一性」や「対称性」と呼ばれるような観念が存在する。この観念は動物と人間が時には同一の存在であると見なされ、交渉したり親族関係を結ぶことが本来はできる存在であるという、北米北方の先住民の間に広く認められる考え方（ナダスディ 二〇一二、Sharp 1994; Ridington 1994; Irimoto 1994; 煎本 二〇〇七、中沢 二〇〇二）である。たとえば煎本孝は、「〝初源的同一性〟という概念は二元論と同一性という矛盾した概念であるために説明を要する。〝二元論〟は分類の結果であるが、〝同一性〟は分類しないことによる結果である。したがって、〝初源的同一性〟とは、現在は異なる二つのものが初源的には一つであると見なすような〝二元論〟と〝同一性〟との間の神話上の決着である」（Irimoto 1994: 336-337）と指摘した上で、「〝初源的同一性〟の概念は世界の異なる認識が融解したものである。これは人と自然の同一性と二元性のもどちらをも正当化する。神話、または儀礼は〝初源的同一性〟の表現である。しかしながら、今日の北方狩猟採集民が初源的同一性の概念を持ち続けたとしても、それは、神話の理論あるいは互酬性の理論によって、単に統合される否定の問題を調和させることを説明しない。むしろ、同一性と二元性の概念は常に共存しているのだ。したがって、人‐獲物関係の正当化や多様な説明、二元論的分類を用いているにもかかわらず、人は日々の狩猟生活における異なる感覚を継続して経験するのである。同一性と二元論の不一致は和解のために必要であり続け、そのことが人が人間である限り北方狩猟採集民のユニークな世界観を形作る」（Irimoto 1994: 337-338）と述べている。そしてさらに「初源的同一性の理論に基づき自然を人格化し、人間と超自然との関係を贈与と返礼による相互関係として認識する思考」（煎本 二〇〇七：二〇）としての互酬性の起源が神話には記されていることを示している。

このように、初源的同一性とそれに基づく互酬性とは、狩猟や神話の中で二元論と同一性という真逆の関係性が揺らぐことによって生じる状態を重視していることが分かる。カスカの人々は、こうした動物観に基づいて自分たちと動物という異なる存在との社会関係についての観念を作り上げてきた。その中で動物とカスカとを結びつける重要な要素が贈与による結びつきである。

狩猟が、動物による贈与であるという考え方について、例えばシャープは「逆転した供犠はチペワイアンの男性が彼のために動物の死を願った時に動物が彼の前に現れ、その命をささげるというふうにして起こる」（Sharp 1994: 264-265）と述べている。シャープは、チペワイアンにおいて動物が人間に殺されることというのは、人間が神に捧げるという一般的な供犠が逆転した形の動物から人間への供犠であると捉えることができる、という。クルアネ地域のアサパスカンの集落を調査したナダスディ（二〇一二）も「動物の贈り物」としての狩猟という概念を示している。

そもそも贈与という行為は、狩猟採集社会におけるコミュニケーションの基盤となるような働きである。中沢新一（二〇〇三）は、

「贈与は、［中略］人と人との間に感情的・人格的なつながりをつくりだす力をもっています。おそらくは贈与というのがコミュニケーションの形態としての経済というものの、もっとも原初的なレベルをかたちづくっているのだと思います。交換はこの贈与という基礎の上に立って、贈与を否定したり、別の組織につくりなおしたりすることからつくりだされ

ます。［中略］交換では、贈与に比べて人と人との間を動くモノの移動が、すみやかにおこなわれるようになり、贈与では不確定性を抱え込んで進行していたものが、交換では計算したり比較したりするのがスムーズに、しかも的確におこなわれるようになります。ここからはいずれ『貨幣』というものがうまれてくることになるでしょう」（中沢 二〇〇三：三二一―三三二）。

として、交換と贈与の本質的な違いを指摘する。この指摘から、初源的同一性といった動物観を持つカスカと動物とが、「交換」ではなく「贈与」による結びつきであることの必然性が理解される。また、儀礼の有無に象徴されるような動物との関係や動物観といったものの背景に、動物との関係が贈与に基づくものかどうかという点が重要である可能性が示唆される。

以上の先行研究における指摘をふまえた上で、本稿ではまず、カスカにおける動物種ごとの捕獲、利用と儀礼との相関のバリエーションを明らかにし、その上でカスカにとっての「動物殺し」を考察する。この際に、筆者自身が狩猟をした経験もふまえ、動物殺しがその瞬間の出来事ではなく、自然環境や動物、そして自分が属するコミュニティとの連続性において理解される必要があるという点についても論じたい。特に、初源的同一性といった伝統的な動物観に基づく動物との贈与を通じた関係と、貨幣を用いた交換という新しい関係との違いに注目する必要があるだろう。さらに、それを手がかりとして、動物殺しに伴う感情についての筆者自身の疑問への答えを探してみたいと思う。

2 カスカによる動物殺しの事例

調査の対象と方法

カスカの伝統的活動領域はユーコン準州南東部からブリティッシュ・コロンビア州北東部にかけての二四万平方キ

ロメートルとされる。カナダ北方内陸部に位置するこの地域は、冬季には最低気温がマイナス六〇度にもなる寒冷な気候と、豊富な積雪や降水により、湖沼や河川の点在する広大な亜極北針葉樹林帯を形成する。またブリティッシュ・コロンビア州北部においてはロッキー山脈の北部に当たる山岳地帯が広がっている。こうした多様な環境は豊かな動植物相を育む要因にもなっている（写真４‐１）。

歴史的に見れば、カスカは最も古くからこの地域に生活してきたと考えられている。言語的にはネ・デネ大語族、北アサパスカン諸語のタルタン・カスカ・ターギッシュ語族に分類される。文化領域としては北アサパスカンに分類されるが、特にクランシステムを持つなどの社会構造などは、隣接するトリンギット族など北西海岸文化の影響を受けていると考えられる（Moore 2002）。

写真 4-1　調査地の景観

図 4-1　カスカの伝統的活動領域

筆者はこのカスカの土地で、二〇〇五年三月から二〇一五年七月まで、断続的にフィールド調査を実施し、通算で二二ヶ月ほど現地に滞在した。調査の主な方法はカスカの狩猟者に同行して自ら狩猟を学びながら観察する、経験的観察方法を用いた。また、狩猟以外の時間にも、彼／彼女らと日常生活をともにして多くの人の話を聞いたり、イベントに参加したりする中で情報を収集した。調査の対象としては、主に生涯において学校に通った経験を一度も持たない古老を中心とした。これらの古老は、伝統的な狩猟採集生活の中で生まれ育った経験から、カスカの伝統的な技術や世界観をよく維持していると同時に、現在に至るまでの近代化に対応して生活してきたという経験を持ち、現代のカスカの狩猟文化について全体的に理解する上で最も重要な存在であるためである。

ヨーロッパ系カナダ人との接触

カスカの土地にヨーロッパ系カナダ人が初めて訪れたのは、一八七〇年代とされる。さらに、一八九七年から一八九八年にかけてはクロンダイク・ゴールドラッシュの通過点として多くの人々が外部からこの地を訪れた。さらに二〇世紀に入ると、ヨーロッパ系カナダ人の罠猟師たちがカスカの土地に入植するようになった。その頃になると、カトリックやプロテスタントの宣教師が訪れるようになり、一九二六年にはカトリックの教会が建てられた(Honigmann 1981)。こうやって外からやってきた人々は、それまでカスカ社会になかった新しいモノや技術をカスカの人々にもたらした。

しかし、カスカの人々の生活を決定的に変化させた出来事は一九四〇年代の、アラスカハイウェイと空港の建設であるといえよう。もともと点在していた交易所や教会を中心とした集落が形成されていた場所を結ぶようにして、交通の経路が整備され、建設に伴う雇用が生じると、カスカの人々も金銭労働に従事するようになっていった。さらに交易所などを中心として住居や店舗が増設され、やがてほとんどのカスカの人々が定住するようになった。また、交通の便が良くなったことで外部からの人やモノの流入も加速度的に増加すると同時に、学校や政府機関が拠点をおくようになり町としての機能が備わっていった。こうして、狩猟採集生活をしていた人々が貨幣経済の洗礼を受けるとともに、近代的なカナダという国の市民として位置づけられるようになっていった。生活の面でも、定住化に伴い近代的な設備を持った家屋に暮らすようになり、車やスノーモービルで移動することが一般的になった。

さらにカスカの生業はどう変化しただろうか。伝統的な暮らしが移動を伴う狩猟採集に基盤をおいていたことは疑いない。ただし狩猟採集といっても、カスカの活動領域の植生は主食となりうる根菜類や穀類を欠くことから、必然的に動物性たんぱく質がその中心になっていた。もちろん体を温めるための薪や薬草、副食としてのベリー類など、採集によって得られる資源がカスカの生活を支えてきたという側面は否めないが、動物資源への依存が南方に比べてはるかに高いものであったといえる。カスカの伝統的活動領域には、平地に棲息するヘラジカ、山地に棲息するシロイワヤギ、ドールシープ、さらに移動性の高いカリブーといった大型有蹄類が豊富に生息している。ただし、これらの大型有蹄類は単独性で、たとえ群れを作るとしてもそれほど大きなものではない。大群を作る動物の生息地で狩猟を行う集団であれば、その動物への依存度が自ずと高まるだろうが、カスカの場合は一種類の動物に大きく依存するということはなかった。また、季節によっては小動物や魚も重要な食糧資源としていたことなども鑑みれば、常に多様な動物を狩猟し続けることで人々は生存してきたと推測される。

しかし現在、多くの人々は町に定住し賃金収入の見込める仕事を持つか、政府からの生活保護をもらって生活している。とはいえカスカの世帯当たりの収入、および定職についている人の割合は、カナダ平均の約半分と非常に低い水準にある。その一方で、集落や、集落から五時間ほど車で行ったところにあるホワイトホース市の物価は、全体的に高く、ものによってはカナダ南部の二倍から三倍にもなる。したがって、カスカの家庭の多くはどちらかといえば貧困状態にあるといえる。実は、多くのカナダ先住民社会が同じ状況を抱えている。

こうした状況の中で、彼らは生活保護に頼るばかりではない。特に、カナダ北部の自然資源が豊かな地域に住む先住民の多くが、混合経済という生業複合によって対応していることが知られている（Omagari 2004）。混合経済とは、雇用労働に従事する一方で、食事の中心となる肉を自分たちで狩猟したり、罠猟による毛皮や伝統的な工芸品の販売、薪や薬草、ベリー類などの採集などによる資源の獲得によって現金収入の不足を補うということである。こうした自然資源の利用は、伝統的な狩猟採集文化の維持に繋がる。したがって混合経済を取り入れることは、狩猟採集活動に関連する技術や知識の維持、そしてその背景としての自然を理解する手段や、伝統文化に根差した精神的な実践として、また忍耐力や力を身につけるための訓練にもなると指摘されている（Receveur et al. 1996）。その他にも、資源の共有や文化的価値の重視によって狩猟活動の体系は、特に北方居留地における先住民の社会関係やアイデンティティを維持し価値観を支える役割を果たしているという指摘もある（Berkes and Berkes 1999）。このように混合経済は、貨幣経済ベースの生活を送りながらも、狩猟採集活動を継続することによって先住民社会におけるアイデンティティの構築や維持、モノのやりとりをつうじた社会関係の活性化、そして伝統文化の維持に繋がると評価されている（Omagari 2004; Berkes and Berkes 1999; Receveur et al. 1996）。こうした点について、たとえば同じ狩猟であってもヨーロッパ系カナダ人とカスカとでは、カスカ語で「ツクコン・ケ（白人の方法）」と「デネ・ケ（我々の方法）」と表されるように異なる方法を用いている。ただし、カスカも時にはスノーモービルや車のようなツクコン・ケを用いるのだが、それぞれの方法を場面ごとに使い分けながら、特にブッシュでの狩猟採集活動の際に「デネ・ケ」を使うことで自分たちの文化を維持しているのだという認識を持っている（Yamaguchi 2011）。

そもそも、カスカのコミュニティは自給自足的であったとはいえ外に閉じたものではなかった。交易や女性の交換（時には略奪）をとおして近隣の諸民族と広く交流を持っていた。そしてそれをつうじて新しい人や技術、モノを手に入れることには高い価値がおかれ、そこからいくつもの技術革新が起こったり、クリンギット式の社会組織を取り入れるようなことが起こったのである。こうした態度は広くカナダ先住民の間に見られるものであり、たとえばカスカと同じアサパスカン諸族のチペワイアンについて、人類学者のシャープは「彼らは、変化し続ける状況に直面する中で彼ら自身を改革する異常なまでの力を持つ偉大な生存者である。彼らの歴史は、彼らの変化する生活の文脈への適応と変容の繰り返しの歴史なのである」（Sharp 2004: 140）と述べている。

資源としての動物の利用

ここまで見てきたように、カスカの人々は近代国家の市民としての側面を持ちながら、複合経済やデネ・ケという形で伝統的な狩猟採集文化を現在の生活の中に維持してきた。こうした現代における自然資源の利用について、筆者自身のフィールド調査におけるデータを季節ごとにまとめた表を、表４‐１に示す。

表 4-1　季節ごとの狩猟採集活動

月	活動
1月	罠猟
2月	罠猟
3月	罠猟、皮なめし、氷下漁
4月	ビーバー・マスクラット狩猟、皮なめし
5月	ビーバー・マスクラット狩猟、皮なめし、山菜摘み、白樺樹液採集
6月	皮なめし、薬草の採集
7月	薬草作り、キイチゴ摘み
8月	キイチゴ摘み、大型動物狩猟、漁撈、干し魚作り
9月	大型動物狩猟、トボガン・スノーシュー作り
10月	トボガン・スノーシュー作り、罠猟準備
11月	罠猟
12月	罠猟、氷下漁

表４‐１からは、一年をつうじて何らかの狩猟採集、もしくは獲得した自然資源の加工が行われていることが明らかになった。またこれまでの調査から、狩猟採集だけでなく利用の頻度や量といった側面からも、特に動物資源の利用が際立っていることが示唆されている（山口二〇一二、二〇一四）。このことから、本章では特に動物資源の利用について注目し、さらに詳細な利用の実態を見ていく。

動物種ごとにどのように狩猟するのか、捕獲した動物をどのような目的で利用するのかについて表４‐２に示した。表４‐２からはまず、カスカの分類項として「他の動物を食べる動物」、および「他の動物を食べない動物」というものがあることが分かる。付け加えると、「他の動物を食べる動物」は食用に向いていないとされ、「他の動物を食べない動物」だけが食べるのに適していると考えられている。ただし、ここで「他の動物を食べる動物」に分類されるものの中にも、例外的に食用とされる動物もいる。たとえばカナダオオヤマネコは、「どうしてもお腹が減っている時なんかには食べてもいい」という人もいる。なぜなら、ヤマネコは（動物の）肉ではなく鳥を食べているからだという。余談ではあるが、カスカの人にとって「肉」とはいわゆる赤身の肉、主にはヘラジカやカリブーなど大型有蹄類の赤身の肉のことを指す。日本人だと鳥肉やウサギの肉も「肉」であると考えるが、カスカの人々にとっては「肉」ではないらしい、このあたりの感覚の違いにはじめは戸惑ったものである。

またもう一種、「他の動物を食べる動物」であるのに食べることがある動物としてクロクマが挙げられる。その理由として主に語られるのは、「クマは個体によって食性が異なり、ほとんど植物しか食べないクマがいる。そういうクマは食べると美味しい」というものである。クマを食べることと、それに伴う儀礼については後述するのでここでは詳しく述べないが、クマは非常に畏れられる動物でもあることから、食べるにしても細心の注意をはらうことが必要とされる。この二つの例外の事例からは、その動物の肉を食用にするか否か判断する際はその動物が何を食べるのかということに注目しているということが理解できる。

次に、カスカの人々がどのような目的で動物を利用しているのかを見ると、食糧としての重要性はもちろんだが、毛皮やなめし皮、そのほか様々な道具の素材としても活用していることが分かる。食糧以外の利用で最も重要なのは、ヘラジカもしくはカリブーの皮で、このなめし皮で様々な工芸品が作られる。伝統的には衣服や住居、スノーシューなど、衣住食のあらゆる場面でこのなめし皮が用いられていた。また、中型および小型の動物の毛皮は、衣服などに用いられるだけでなく、換金することができるという点で現在の生業においても、人によってではあるが大きな位置を占めている。特に高く売れる毛皮動物は、オオカミ、クズリ、カナダオオヤマネコ、テン、カワウソなど「他の動物を食べる動物」が多い。しかし「他の動物を食べない動物」であるビーバーとマスクラットも、水棲動物であることから質の良い毛皮を持つために、毛皮のための狩猟や罠猟の対象になる。

さらに、動物をどのように捕獲するかという点について見ると、大きく二つに分けられる。一つはライフルによる狩猟、もう一つは罠猟である。ライフルによる狩猟では動物を殺す瞬間、動物と人は同じ場に居合わせる必要があり、

表 4-2　カスカによる動物の捕獲と利用

分類			狩猟方法		利用	
カスカの分類	目	種	ライフル猟	罠猟	肉	皮など
他の動物を食べない動物	ウサギ目	カンジキウサギ	○	○	○	
	齧歯目	アカリス		○	△	毛皮：販売
		シマリス		△		
		アメリカモモンガ		△		
		マーモット	○		○	
		ウッドチャック	○		○	
		カナダヤマアラシ	○		○	棘を縫い物に利用
		ビーバー	○	○	○	毛皮：販売および自家利用
		マスクラット	○	○	○	毛皮：販売および自家利用
	偶蹄目	ミュールジカ	△		△	
		オジロジカ	△		△	
		アメリカアカシカ	○		○	
		ヘラジカ	○		○	皮：なめし皮、ドラム、骨:スクレイパー
		カリブー	○		○	皮：なめし皮、ドラム、骨:スクレイパー
		シロイワヤギ	△		△	毛皮：交易（？）
		ドールズシープ	○		○	
他の動物を食べる動物	食肉目	イタチ(オコジョ？)		○		
		ミンク		○		毛皮：販売
		テン		○		毛皮：販売
		カワウソ		○		毛皮：販売
		クズリ		○		毛皮：販売および自家利用
		カナダオオヤマネコ		○	△	毛皮：販売
		クロクマ	△		△	
		グリズリー	△			
		オオカミ		△	○	毛皮：販売
		コヨーテ	△	△		毛皮：販売
		アカギツネ		○		毛皮：販売

注）○ 筆者がフィールド調査中に複数回の利用を確認したもの。
△ 聞き取りで利用すると回答のあったもの、または調査中に確認できた利用回数が1回だけだったもの。

自分の手で動物を殺すという感覚が生じる。一方、罠猟では、動物の行動を予測して罠を仕掛けはするが、罠に動物がかかって死ぬまでの間に人間がその場に居合わせるということは少ない。カスカの罠猟は多くが冬に行われるため、罠にかかって動けなくなった動物は寒さのために凍死してしまうし、夏に肉をとるための猟で用いられている首を絞めるスネア式の罠の場合、動物は罠にかかると首にかかった罠が締まって窒息死してしまうためである。

以上、表4-2で示された動物利用を項目ごとに見てきたわけだが、さらに動物種と項目ごとの相関を見てみると、三つのグループに分けられることが分かる。すなわち、①ヘラジカなど、ライフル猟で獲る主にコミュニティ内で消費する動物、②テンなど、罠猟で獲り毛皮を外部へ販売する動物、③ビーバーなど、罠でもライフルでも獲り、コミュニティ内で毛皮と肉を消費するとともに外部へ毛皮の販売もする動物である。この分類では③のビーバー型は、①②の型のどちらの要素も持っているということが分かる。そこで、次節ではさらに狩猟後と儀礼との関係について見ていきたいと思う。

3 狩猟と儀礼

カスカの人々は狩猟した動物について、「目玉をくりぬく」「気管（と肺）を木の枝にかける」「舌の先をブッシュに置いておく」「後ろ足の骨をブッシュに置いておく」といった儀礼を行う。これらの儀礼が行われるのは、主に大型有蹄類に対してである。ただし、目をくりぬく儀礼については、「食べる動物すべてに、調理する前に行う必要がある」とされている。したがって、ビーバーやウサギなどについてもこの儀礼が行われる。これを先のカテゴリーと照らし合わせてみると、③のビーバーとマスクラットは両方の要素を持つと指摘したが、儀礼という面では①のヘラジカ型に近いといえる。

ではなぜ、カスカの人々は狩猟や利用に伴って儀礼を行うのだろうか？　その点について儀礼と利用法や捕獲法との相関関係から検討してみたい。さらに、どのような狩猟活動の文脈の中で儀礼が執り行われるのかについても明らかにしておく必要があるだろう。この点について、カスカにとって最も重要な狩猟獣であるヘラジカの猟の事例を紹介する。儀礼とはカスカの人々の宗教観が反映されるものであることから、それを行うことによって生じると思われる心の動きについてもあわせて考えてみたい。

儀礼の目的（一）——贖罪・慰霊

はじめに思い浮かぶ儀礼を行う可能性として、日本人である私たちになじみ深い感覚として、動物への贖罪の気持ちや慰霊の必要からという可能性について検討してみたい。日本では、様々なものに魂を認め、これを供養するという儀礼が広く行われている。たとえば、動物の命を奪って生計を立てる人々の間では塚を立てて動物の魂を供養するという儀礼が広く見られる。捕鯨者の作った鯨塚や、大学の獣医学部の横にある慰霊碑などがそれに当たる。こうした儀礼の背景には、すべてのモノに魂が宿るというアニミズム的思考があると考えられることから、カスカの人々の儀礼においても同様な発想があるかもしれないと仮定した。もし、カスカの儀礼にこのような性格があるとすれば、殺した動物すべてに対して行われると考えられる。もしくは、個人の感情として罪悪感が生じる場面として自分の手で動物を殺した瞬間が想定されるが、そうであれば罠猟よりもライフル猟で直接自分がその動物を殺した時に儀礼が行われるというような傾向が出ると仮定できる。しかし実際は先述したとおり、儀礼はすべての動物に対して行われるわけではない。また、たとえばカンジキウサギやビーバー、マスクラットなどに対しては、罠で捕獲しても儀礼を行う必要がある。したがって、この仮説は支持されないものといえる。

儀礼の目的（二）——報復の回避

では次に考えられる可能性として、動物を殺したことによって動物霊から恨みを買い、復讐を受けることを避けるために儀礼を行うのではないかということを検討したい。これはケガレを払うというような感覚に近いかもしれない。そもそもカスカの宗教観はアニミズム、およびシャマニズムを基盤としている（Honigmann 1981; 山口 二〇一四）。さらにカスカの宗教観においては、動物は人格を持ち人間と交渉可能な存在であり、超自然的な力を持つ守護霊のような存在である「メディシン・アニマル」も広く認められている。その一方で、動物種によっては非常に危険な力を人間に及ぼすということも知られている。こうした動物の力について、ホニッグマンは次のように述べている。

「ヨーロッパ系カナダ人との接触以前、キャシア・インディアンとして知られていたアッパーリアド・インディアンは数種類の動物は呪術的に危険であると見なしていた。第一にマッケンジー川流域の他地域の人々の間にも共通する認識としてオオカミがその一つに数えられる。またカワウソ、ミンクは気絶や鼻血、さらに『身をよじらせるような』ひどい症状を伴って人間を狂わせるとされた。これら二種類の動物は食べることが忌避された。落とし罠で偶然捕獲されたミンクの遺骸は火にくべられ、羽をかぶせられた。罠に生きたままのミンクがかかっていた時は特に危険とされた。カワウソがビーバー用のデッドフォール罠にかかってしまった時は、川または湖にその遺骸を戻し、その周りの水は飲まないようにと子どもに言い含めなければならなかった。またカワウソの夢はカワウソによってもたらされるものと考えられ、人々を恐怖に陥れた。またカワウソは人間に変化する力を持つとされた。深い尊敬と忌避の態度はオオカミに対して欠けているものではなかった。狩猟者がオオカミに怪我を負わせた場合、次回はオオカミが自分自身を贈り物としてくれるように期待して常に逃がしてやった。そうした場合にオオカミを殺すと、二、三年の間獲物が枯渇すると考えられていた。こうした動物を食べることは避けられた。これ以外にもモモンガやカエル、ゾウ、ウルブリン、グリズリーなども同様の存在と見なされた。たとえばモモンガは人間をこの世から連れ去るものと見なされ、その肉を食べることは忌避された。またカラスクランの人間はカラスを、オオカミクランの人間はオオカミを殺すことは避けられた」（Honigmann 1954: 108-109）。

「ヘラジカ、カリブー、ビーバーに関してはこれとは異なる呪術的な力が認められる。新しい獲物をひきつけるため、ビーバーの骨は火にくべられ、ヘラジカとカリブーの骨はキャンプから遠ざけられた。ヘラジカの毛を女性がまたぐとその夫のヘラジカを殺す力が弱くなると考えられていたので、皮なめしの際に刈られたヘラジカの毛は燃やされた。カリブーを棒で傷つけることは病をもたらすとされた。これらの動物を飼うことは非常に愚かなことであり、多くの人々に死をもたらすと信じられていた。若い男性が水や脂肪、骨髄の摂取を控えることは彼の健康に寄与し、狩猟能力を高めると考えられていた。［中略］女性にはこうした忌避は適応されなかったが、それは女性が狩猟者でないからだった。一般的に自分の補助霊である動物の利用を制限することはないが、個人的な契約によっては肉の一部、または利用すべてを避けることもあった。［中略］現代においてもインフォーマントはミンク、カワウソ、オオカミを悪魔の助手と見なしていた」(Honigmann 1954: 109-120)。

ヨーロッパ系カナダ人の移入は一八七〇年代とされているが、少なくとも一九五〇年代ホニッグマンが調査した当時よりも前の時代の規範として、ある種の動物に対して動物霊からの悪影響が心配され、儀礼や禁忌などを設けることで対応していた様子がうかがえる。しかし一九五〇年代ではすでに、そうした儀礼などはあまり行われなくなり、「昔の人の考え方」として残存していたということだろう。筆者が行った調査でも、確かにイタチ科の動物を家の中で解体するのはあまり良くない、というような禁忌はあったものの、ここで述べられているようなオオカミ、ミンク、カワウソに関する儀礼は行われていなかった。ただし、ミンクとカワウソは、珍しい獲物であった。それが人々が捕獲を忌避しているからか、絶対数が少ない、あるいは捕獲しにくいためかの判断はここでは差し控えておく。しかし少なくともオオカミは最も高く売れる毛皮ということや、数が増えると集落の犬を殺してしまうということからも、現在は積極的に捕獲される動物になっている。

一方でモモンガ、カエル、グリズリーに関しては、取り扱いに注意の必要な危険な動物であるという認識が現在も見られた。これらの動物を殺したり利用したりすることも禁忌とされ、たとえば家の中に入ってきたカエルはそっと手で持って家から遠ざける必要があるとされた。そうしなければ、悪運がもたらされるためだという。また、グリズリーに関しては、「カスカと兄弟だから」殺してはいけないという説明もあった。隣接するインランド・トリンギットの人々も、「自分たちはクマを狩猟するが、カスカはクマを獲らない」ということから、カスカに特有の規範といえるかもしれない。ただし、これらの危険な力を持つ動物というのは、そもそも利用自体が禁じられているというような規範である。また、現在毛皮を売るため捕獲されている、オオカミ、ミンク、カワウソに関しては、儀礼は行われなくなっている。

こうした点から、確かに動物の霊的な力によってもたらされる悪い影響を、禁忌や儀礼によって防ぐという考え方はカスカ文化に備わったものであることが分かる。他方で、かつては禁忌の対象であったり儀礼を行っていたりした動物種が現在は殺され、儀礼も行われなくなっていることが分かった。この背景には、ヨーロッパ系カナダ人と接触する前後に起きた動物利用の変遷があると考えられる。

こうした変化について、たとえばジュリアン・スチュワードは、次のように述べている。

「カナダの狩猟バンドがつぎに理論的に興味深いのは、多くのグループの間に毛皮のとれる動物、とくにビーバー用のわなをしかけるかなり狭くてはっきりと境界の定められた地域の家族所有権と、猟獣を狩るための広い地域のバンド所有権が共存していたからである。幾人かの著者たち、とりわけスペックは、家族の縄張りは土着のものであったと強く主張してきたが、証拠は、これは、ビーバーやその他の毛皮と、大変欲しがられた鉄製斧、鍋、わな、銃、その他の金物類を手に入れるための市場を生んだ毛皮交易に応じて発達した、とだいたい結論することに有利である。毛皮交易への依存が増大するにつれて、以前の狩猟バンドはかなり恒久的に家族グループに分かれ、各々は、主にそのわなをしかけた地域の産物と交換で得た交易品で生活した」(スチュワード 一九七九:一五七―一五八)。

すなわち、ヨーロッパ系カナダ人との交易、それに伴う新しいものやお金の流入が、カナダ先住民の社会組織や、狩猟の形を変化させたのだという。スチュワードはここで儀礼や宗教の変化には言及していないものの、交易が、動物利用の方法や社会のあり方まで変化させたという指摘は、カスカにおける動物利用の変化や儀礼、動物観の変化を考える上でも示唆に富んでいる。

当時、カスカの伝統的活動領域にはじめに入ってきたヨーロッパ系カナダ人の多くは、毛皮交易に従事する人々だった。それはすなわち、それまで自家消費にしか利用していなかった毛皮が、これまで見たこともないようなモノや貨幣に換えられるようになったということを意味する。それ以降、カスカはヨーロッパ系カナダ人との接触以前と比較できないほど、毛皮獣の罠猟を活発に行うようになった。毛皮にそれほど良い値がつかなくなった現在でも、優秀な罠猟師であれば一冬に数百万円を稼ぐことができる。また、初期の毛皮交易ではビーバーの毛皮が珍重されたが、現在は肉食動物の毛皮の方が高く売れる傾向にある。危険な力を持つオオカミ、ミンク、カワウソの毛皮は中でも高く売れる部類に入る。自給自足的な狩猟採集生活の中で、次第に罠猟による現金（交易品）収入の割合が高くなっていったことで、それまでは捕獲することがなかった動物も捕獲するようになっていったと考えられる。そうした経済的な要求が、儀礼や伝統的価値観を変化させるということについては、ホニッグマンやスチュワードをはじめ多くの事例報告がある（Honigmann 1954; 1981; スチュワード 一九七九）。

またこうした状況の中で、罠猟の対象になっていった「他の動物を食べる動物」は、そもそも食用などにされることがなかったと考えられる。あるいは食用にされない理由として、その動物の持つ呪術的な力の危険性が今も意識されているのかもしれない。そうしたこともあって、動物を捕獲し毛皮を剥いで残った遺骸はそのままブッシュに置いておくという行動がとられているのかもしれない。しかし筆者がカスカの狩猟を見てきて特に重要な点だと思うのは、毛皮獣は業者に販売するために獲るのであり、自分自身がその動物を資源として利用することがない、という点である。こうした動物との距離というのが、その動物に対する儀礼の有無に影響を与えているのではないかと考えられるからである。少なくとも現在のカスカの人々と動物との関係を見る限りでは、カエルのような接触によって悪影響をもたらす動物はそもそも殺すこと自体が禁忌である。他方で、殺して自分が利用するような動物に関しては、その動物からの復讐や悪運などを防ぐために儀礼を行っているという認識はないように見える。かつては儀礼や禁忌の対象であり、現在は毛皮の販売のために獲られている動物は、そのどちらのカテゴリーにも当てはまらないといえる。こうした点からは、この仮説は否定はされないものの、現在行われている儀礼の説明としては当てはまらないといえる。

ただし、動物からの影響を儀礼によって回避するという事例はまったくないというわけではない。これについて、古老の昔話の中に気になる事例があったので検討したい。その事例とは、カスカの古老であるA氏が若かった頃、母親と二人でキャンプを設営していた時に食べるものがなくてやむをえずクロクマを殺して食べたというものである。本来クロクマは「他の動物を食べる動物」であるが、場合によっては食べることができる、という規範については第二節の「生業の変化」の項で述べたとおりである。A氏はその時の様子を次のように語った。

母はそのクマを解体する間、ずっと彼に話しかけていた。「他に食べるものがなにもなくて、私たちは飢えて死んでしまうところだった」と母は言った。真っ先に目玉をくりぬいて頭を切り取ると、木の枝の上に置いた。その後、解体している間中、そして料理をしている時も母はずっとクマに話しかけていた。クマの肉はポークチョップみたいで美味しかったけど、後にも先にも食べたのはその時だけだった。次の日の朝起きてテントを出ると、ヘラジカが来た。母がそのヘラジカを撃ったので、しばらく食べ物に困らなかった。多分彼（クマ）がヘラジカをよこしてくれたんだと思う。

実は、普通は目玉をくりぬくという行為は解体の後、調理する前にされることが多い。しかしクマに対しては特別に解体の一番最初に行っている。また頭部の掲揚は、現在の狩猟儀礼ではまったく見ることができなかった。ただし、過去にはカスカの人々がクマに対して頭部掲揚儀礼を行っていたという事例が、クマと北米先住民の関係について詳しく記載したロックウェルの著作の中で紹介されている（ロックウェル 二〇〇一）。こうした特別扱いは、クマが本来食べるカテゴリーに属していないこと、またクマの霊力が強いことと関係があるように見える。したがってA氏の母はクマからの力が及ばないように気をつけるため特別念入りに儀礼をしているようにも見えるのである。しかし、この事例の中には、それだけではない動物への感情や願いのようなものが含まれているようにも見える。

儀礼の目的（三）——再生産・連続性の維持

そこで三つ目の儀礼の目的の可能性について検討したい。そもそも「他の動物を食べない動物」すべてに儀礼を行うということは、つまりその動物を自分が食べるということにヒントがあるのではないかということである。その動物への感謝や、これからも動物の肉という恩恵にあずかりたいという祈りのようなものが、そこにはあるのではないか。この点について検討するのに際して注目したいのは、ホニッグマンの記述にあるヘラジカ、カリブーおよびビーバーのカテゴリーである。捕獲するにも危険な力を持つ動物種に対して、ヘラジカ、カリブー、ビーバーの持つ呪術的な力は少し異なる性質のものであることが分かる。それはどちらかといえば、同種の動物をひきつけて人々に豊かさをもたらすものである。あるいは、飼育をすることを禁止してあくまでも人と動物の狩猟によって結びつく関係を維持する方に働くものであるといえるだろう。クロクマを食べた事例でも、クマへの感謝としての儀礼という側面は否定できない。さらに儀礼を行った翌日クマがヘラジカをもたらしてくれたという点も、儀礼が次の狩猟の成功と関係するという構造を支持している。

こうした儀礼が行われる背景として、特にこの三種の動物がカスカにとって最もよく狩猟する動物であることが指摘できる。現代のカスカの生活においても、人々は「ヘラジカの肉は一番美味しい」「ビーバーの尻尾は古老が好むデリカシー（珍味・ご馳走）だ」「店の肉と比べて野生の肉は体にいい」「自分たちの本当の食べ物である」「野外で活動するにはなめし皮で作られた道具が一番いい」と話すような、生活に根差した利用が見られた。もちろん昔と違って、それらの動物が手に入らなくても生活はできるかもしれない。しかし混合経済を採用しているカスカの生活において、生活の豊かさや幸福は過分に動物という資源の獲得と結びついている。それを保証するための仕組み、すなわちカスカが「他の動物を食べない動物」を食べる時には必ず儀礼が行われるということが、そのことを如実に表しているといっていいだろう。

ここまで、カスカにとって動物を殺すことは時には危険を伴うことであり、一方で自分が利用するため、特に食べるためには儀礼を行うことで動物へ配慮を示すことによって正当化されるような仕組みがあるということが明らかになった。次項ではこうした儀礼が、なぜカスカの動物殺しを正当化することになるのか、そして特に「他の動物を食べない動物」を殺すことに罪悪感や畏れを感じていないのか、という点について見ていきたいと思う。具体的には、カスカの狩猟から動物資源の利用までを連続した活動系と見なし、その文脈の中で儀礼がどのような役割を果たしているのかを示した上でさらにその意味について考察する。

ヘラジカ狩猟の文脈に見る儀礼

カスカの儀礼が、その動物を自らが食べることと関係がありそうなこと、その背景として伝統的に動物に対する儀礼が狩猟の成功や動物が継続して獲物としてやってきてくれるという意味を持っていたことなどが示された。そうした儀礼が、動物との関係や生活の文脈の中でどのように位置づけられるのかについてさらに詳細に検討する必要があるだろう。今日のカスカの人々にとって、最も重要な狩猟動物であるヘラジカ狩猟の事例からこれを検討する。表4-1でも示されているように、ヘラジカ狩猟が最も活発に行われるのは八月から九月にかけてである。シーズン中に二頭ヘラジカが獲れれば一年肉に困らないという。ただしそれは、現在ほとんどすべての家庭に導入されている冷凍ストッカーがあるからである。多くの人は船や自動車、飛行機などを使ってブッシュに赴く。狩猟の道具として用いるのはライフル銃である。狩猟はただ肉や皮を得るためだけではなく、家族や親族が集まり、昔ながらのキャンプを設営しブッシュで過ごす機会でもあり、滞在は一週間以上に及ぶこともある。

ヘラジカ狩猟へ赴く際に狩猟者は、肉の不足などの理由や天候、船で行く場合は川の水量、体調などによって狩猟に行く日にちを決定する。しかしそれだけではなく、夢などで動物から送られてくるメッセージや、第六感も判断材料になるという。どれだけ気象条件などが良くても、獲れない時に狩猟に行くのはガソリン代の無駄だというわけである。また、ブッシュに滞在している間、ヘラジカが活動する朝と夕方に狩猟活動を行うのだが、この時にも第六感や動物からのメッセージをどれだけ読み取れるかということが重要になる。もちろん、親族に受け継がれてきた猟場や、自分の経験から見つけたヘラジカが湖と川を行き来する道、水飲み場や餌場といった情報、足跡や糞などからヘラジカの行動を予測し、忍び寄る技術なども重要な狩猟活動の要素である。しかし、数ある猟場の中からその日どこへ行くのかを決める時、あるいはヘラジカ猟を中断して集落に戻るかとどまるかの判断は、どちらかといえば超自然的な力の方に重点がおかれていた。たとえばヘラジカを見つけて撃ったのにまったく弾が当たらず逃げられてしまった時などは、猟師は非常に落胆して、これ以上狩猟を続けてもしばらくは獲れないから集落に戻るという決断をした。せっかくの機会をものにできないということは、ヘラジカの機嫌を損ねる要因になるという考えがその背景にある。

写真 4-2　木の枝に吊るされたヘラジカの気管

ヘラジカ狩猟が成功した場合、その場で解体が始まる。通気性を良くするために近くに生えている柳の枝などを切り取って地面に敷き詰め、その上にヘラジカを横たえ、まずは頭を落として血抜きをする。次に皮を剥ぎ、内臓を取り出し、体を運べるくらいの大きさに切り分ける。ヘラジカはオスの成獣では七〇〇キロにもなる大きな動物であり、たとえば足一本でも筆者一人では運べないくらい重い。さらに内臓は持ち帰る部分と残しておく部分に分け、胃内容物などは川の水ですすぐ。解体作業が終わると切り分けておいた気管を近くに生えている木の枝に下げる（写真4-2）。これはこの部位が必要ないからではなく、狩猟儀礼として行っているのである。人によっては舌の先や後ろ足の骨を置いておく場合もある。なぜこのようなことをするのか聞くと、ヘラジカは死んだのではなく、ヘラジカの魂は気管（や舌の先や後ろ足の骨）にまだ宿っていて、それが木に吊り下げられ、そこに風が通ると、また息を吹き返し肉や皮を身につけて肉体を持ったヘラジカに戻るからだという。そうやって再生したヘラジカはまた狩猟者のもとにやってきてくれるということなのだ。

ヘラジカの魂は狩猟者の猟の仕方、解体の仕方、解体した肉の利用の仕方もよく見ている、とカスカの人々はいう。なぜなら、ヘラジカは生きていても死んでいても個体の目玉をとおして、すべてのヘラジカと繋がっているので、ヘラジカ全体がすべてのヘラジカの眼をつうじて世界を見ることができるからだという。したがって狩猟者は目の前にいるヘラジカと向き合うと同時にすべてのヘラジカに見られていることを意識している。動物にこうした力を認めているために、「動物に隠しごとはできない。人間よりも動物の方がよく知っている」というあきらめにも似た認識がカスカの動物観の根底に存在している。そしてこうした考えから、カスカの人々は必ず調理する前に目玉をくりぬくという儀礼を行う。くりぬいた目玉はブッシュに置いておく（写真4-3）。これは、ヘラジカたちがヘラジカの体が焼かれたり調理されたりするのを見ないですむようにという配慮なのである。

解体されたヘラジカの肉は、焚火を焚いて煙を当てながらブッシュの中に数日吊しておき、それから集落に持ち帰ることもあれば、すぐに集落に運ばれる場合もある。集落に持ち帰るとすぐに、まず親族や近所の人など親しい人に大きな塊の肉が分配される。若者がヘラジカを獲った際に古老に贈与するという規範が現在でも守られており、時には丸ごと一頭分のヘラジカが贈与されることもある。古老の家には必ずスモークハウスがあり、また古老には時間があることが多いため、肉をさらに細かく切り分ける作業や、干し肉作り、皮なめしなどの作業を担うことができることも、古老のもとに肉が集まる理由の一つだろう。また、古老を中心とした親族集団は当然若い世代を中心にした集団より広がりを持っている。したがって、そのネットワークをつうじてより広く分配することが可能になるという点もコミュニティにとって重要である。カスカの人々は、ヘラジカだけでなく野生の動植物資源は決してお金でやりとりしない。それはそもそも動物や植物からの贈り物であり、自分が誰かに渡す時もそれは贈り物であるべきということになるからだ。また、ヘラジカの肉は日常的に食べられるだけでなく、最上のご馳走であり、来客があった時、親族が集まる時、クリスマスなどに必ず調理される。また、肉だけでなく骨からもスープを作り、最後にはその骨を犬にやると簡単にかみ砕いて食べてしまう。このように、文字通りすべて食べつくすこともヘラジカへの礼儀だと考えられている。

写真 4-3　くりぬかれたヘラジカの目玉

肉だけでなく皮も重要な資源である。特にヘラジカの皮は、頑丈で野外の仕事をする際の手袋やモカシンを作る材料として今でも欠かせないものである。皮なめしの作業は人によっては半年もかかる大仕事であるが、この作業をつうじて人々はヘラジカとの繋がりを再確認しているように見える。皮もまた様々に形を変えながら大切に使われ、使い切られることが良いとされる。

ここまで、カスカの狩猟から狩猟した動物の利用までを見てきたわけだが、常に動物のことを気にかけているということが理解できるだろう。動物からの声に耳を傾け、サインを読み取り、その結果動物が自分のもとにやってきてくれたらその動物を捕獲することができる。さらに、その動物を利用する際にも様々な気遣いが示されていた。そしてそうした動物への気持ちを最も良く示すことができるのが儀礼という形なのである。そこには、動物がくれた贈り物に対する感謝の気持ちと、動物との繋がりを維持するという二つの要素を見てとることができた。

4 動物と人間の連続性の再考

カスカの人々にとって、動物を殺すとはどのようなことか、狩猟儀礼に注目しながら検討を進めてきた。この結果、過去も含めれば動物霊への配慮や、悪影響から逃れるためという側面があったようではあるが、現在も含めて最も重要なのは動物との連続性を維持するということのために儀礼が行われているという点である。さらに、その「連続性」というのは動物の再生を促すものと、動物の集合意識のような存在に対する配慮を示すことで動物への返礼を行い、関係を永続させようとするもの、という二つの考え方の上に成り立っていることが示された。

また、主に毛皮を販売する「他の動物を食べる動物」すなわち肉食動物についてはほとんど儀礼が行われなかったのに対し、肉を食べる「他の動物を食べない動物」すなわち草食動物に対しては必ず儀礼が行われるということも明らかになった。儀礼をする理由と重ねてこのことを考えるならば、自分が食べる（利用する）か、最後まで自分が使うわけではなく販売してしまった後はどのように利用されるか見えなくなるという利用の仕方も、儀礼の有無に関わっている可能性がある。なぜならカスカの人々は、動物との連続性の中で自己を見出しているからだ。そのことを人々は「我々は大地の一部であり、水の一部である、そして何より動物の一部である」と語る。それは単にカスカと動物との観念的な関係ではなく、大地に根を張り水を吸い上げて育った植物をヘラジカが食べ、そのヘラジカをカスカが食べ、またその遺体が大地に還るというような循環を狩猟という活動をつうじて身体的に経験しているところからくる実感である。そして自然な感覚として、その循環の中に自分やカスカという存在を位置づけているということである。さらに、こうした動物との連続性を創り出すものとして「贈与」という観念が用いられていることが重要である。野生の資源というのは本来お金によってやりとりするものではない。お金でのやりとりは「交換」である。しかし、本来狩猟というのは動物の側が自分の肉体を差し出してくれるという「贈与」であり、それは受け取った人々においても「贈与」によって他の人々に渡されるべきものである。交換と贈与はどちらもモノのやりとりであるように見えるが、まったく異なる性質を持っている（中沢 二〇〇三）。

この視点を用いるならば、カスカの人々にとって、贈与されるヘラジカ肉は人々だけでなく動物とのコミュニケーションに欠かせないものであり、一方貨幣によって交換されるテンの毛皮は、そうした循環からははじきだされた資本主義的な価値観によってつくられる世界に属するモノであるといえる。そうした意味では、テンの毛皮も貨幣で交換することなく自分たちで使うという利用の仕方をしていたとすれば、現在もなんらかの儀礼が残っていた可能性はあるだろう。一方で肉を得るための狩猟は現在も重要な生業として行われ、そこでは交換という形態が厳しく排除されている。そこでは「カスカの方法」が今も意味を失うことなく用いられており、そこでは儀礼によって動物との繋がりを維持することは最も重要な価値を持つものと認識されている。

カスカの人々が動物を捕獲し利用するという活動の背景にも、こうした概念が明らかに存在し、儀礼はその最も象徴的なものであるといえる。そこには動物の霊を慰めるという発想や、動物を殺すことによって罪悪感が生じたり贖罪のために儀礼を行うという認識は見られなかった。その背景には、動物を殺すことは動物が死ぬことではなく、肉体と魂を分離させて肉体を贈り物として受け取りつつ魂は再生するというカスカの死生観が存在する。ここからは動物や命に対する考え方は決して普遍的な形に収まるものではなく、動物との関わり方や文化の持つ価値観によって大きく異なることがあるということが理解できる。

また、動物種ごとの個性を認め、種ごとに異なる対応をしているという点にも留意したい。種ごとの差異は、それぞれの動物が異なる力を持つということと関係しているように見える。カワウソやカエル、クマなどの動物は強い力を持ち、下手をすればこちらに悪い影響が出てしまう。そうした動物に対しては、利用すること自体を禁じたり入念な儀礼を行ったりする。ヘラジカなどの日常的に狩猟する動物でも、儀礼や礼儀正しい対応を怠れば、しばらくその身体を自分たちに贈与してくれなくなるという危険がある。しかしこうした関係は常に動物に働きかけているような、互酬的な関係、あるいは贈与という仕組みの中でのみ維持されうる。ここに異なる原理で働く交換というものが導入されたことによって、カスカと動物との関係にこれまでにはない新しいあり方がもたらされたということも指摘しておきたい。図らずもこうした新しい形を分析することによって、これまでカスカの人々の動物観を作り上げてきたものが、動物の身体を自分が直接利用し、贈与によって分かち合うようなあり方であることが明確に示されたといえる。

このようにカスカの動物観から動物殺しに焦点を当てることで、むしろ連続する動物との関係の中に殺すという一瞬の行為が織り込まれているということが理解できた。これと対比させながら私たち自身にとっての動物殺しとはどのようなことであるかを考えてみたい。

カスカの人たちに学ぶ生活が一〇年にもなろうとしているが、その間に筆者自身の動物や命についての認識も大きく変化を遂げた。もともとは動物のことを知りたい、動物に近づきたいという思いから、動物との関係が深い猟師ならばそうした技術を教えてくれるのではないかというような考えで始めた調査である。はじめは動物を殺すことにそれほど免疫があったわけではなかった。しかし、共にブッシュの中で長い時間を過ごし、動物について教わり、殺す現場に立ち会い、その肉を美味しく食べさせてもらい、その皮から様々な道具を創り出す楽しさを学ぶ中で、狩猟の持つ意味がどんどん大きなものになっていったように思う。そしてついに昨年度は日本で狩猟免許を取り、自分でも狩猟を始めた。

それでも筆者は自分が動物を殺す時どのような気持ちになるのか、その時が来るまでは知らなかった。結果としては、その瞬間、ほとんど感情が動くことはなく、それよりも素早く確実に殺せるかどうかということに集中していたと思う。それ以上に自分でも驚いたのは、罠に獲物であるイノシシがかかっているのを見つけた瞬間の大きな喜びの方であった。殺す瞬間より罠に獲物がかかっているということの方が、明らかに大きな感情を筆者にもたらした。振り返ってなぜそうだったのかと考えてみると、罠にかかって初めてイノシシと自分の繋がりが目に見える形になったということが大きかったのではないかと思う。ライフル猟において知識や経験を総動員して動物を見つけだすまでの間、あるいは動物の行動を予測して罠を仕掛けて獲物がかかるのを待つ間、狩猟者は常に不安である。本当に自分は動物の気持ちを読めているのだろうか、もし獲物がずっと見つからなかったら、ずっと罠にかからなかったら、結局は動物の身体という資源を手にすることはできない。動物が目の前に現れた瞬間、初めてその不安は払しょくされ、喜びと安堵の気持ちが押し寄せてくる。そうした気持ちと、カスカの人々の動物観や生命観には通底するものがあるように思えた。

狩猟が成功したということのもう一つの意味は、獲物を自分のコミュニティに持ち帰ることができるということにもある。初めて日本での狩猟が成功した時、遠く離れたユーコンの師であるカスカの古老F氏は病床にあった。猟の翌日に彼を見舞うためにユーコンに渡った筆者が「一人で動物を獲ることができた」と伝えると、「今日からは君が（狩猟の）リーダーだ」ととても嬉しそうだった。古老が自分の技術や知識が受け継がれたと感じたからだと筆者には思えた。それだけではなく肉をともに食べて楽しむことや、人々に贈与した時に豊かになったような気持ちは常に狩猟に付随するものである。自然からの贈与が人と人を結び、喜びを与える。こうした経験を経た今は、もしかすると私たち日本人が感じているような殺すことへの抵抗感や罪悪感といった感情の方が、比較的新しいもので、狩猟することの喜びは本来狩猟採集民である人間の本質に根差した感覚であるといってもいいのかもしれない、とさえ思うようになっている。

謝辞

本稿は、平成二四〜二八年度日本学術振興会科学研究費補助金（基盤A）「動物殺しの比較民族史」（課題番号二四二五一〇一九、研究代表者：奥野克巳）、および平成二五〜二八年度日本学術振興会科学研究費補助金（若手B）「野生動物資源の贈与交換に潜む動

物とのパートナーシップ」（課題番号二五八七〇〇六八、研究代表者：山口未花子）の研究成果の一部である。
また、フィールド調査においてカスカの人々、特に古老であるF氏とA氏には大変お世話になった。心より感謝を申し上げる。

参考文献

煎本孝　二〇〇七「北方研究の展開」煎本孝・山岸俊男編『現代文化人類学の課題』世界思想社、四―三〇頁。

菅原和孝　二〇一五『狩り狩られる経験の現象学――ブッシュマンの感応と変身』京都大学学術出版会。

スチュワード、J　一九七九『文化変化の理論――多系進化の方法論』米山俊直・石田紝子訳、弘文堂。

ダイアモンド、C／S・カヴェル／J・マクダウェル／I・ハッキング／C・ウルフ　二〇一〇『〈動物のいのち〉と哲学』中川雄一訳、春秋社。

中野麻衣子　二〇一四「消えゆく悲鳴、『殺さない主体』と『見えない殺し手』の出現――バリにおける家庭内屠畜の衰退と専業的屠殺人の成立」日本文化人類学会研究大会発表要旨集（https://www.jstage.jst.go.jp/article/jasca/2014/0/2014_21/_article/-char/ja/ 二〇一六年八月二五日閲覧）。

中沢新一　二〇〇二『熊から王へ――カイエ・ソバージュⅡ』講談社選書メチエ。

――　二〇〇三『愛と経済のロゴス――カイエ・ソバージュⅢ』講談社選書メチエ。

ナダスディ、P　二〇一二「動物にひそむ贈与――人と動物の社会性と狩猟の存在論」近藤祉秋訳、奥野克己・山口未花子・近藤祉秋編『人と動物の人類学』春風社、二九一―三六〇頁。

山口未花子　二〇一二「Part of the Animal――カナダ先住民カスカと動物との関係の諸相」『文化人類学』七六（四）：三九八―四一六。

――　二〇一四『ヘラジカの贈り物――北方狩猟民カスカと動物の自然誌』春風社。

ロックウェル、D　二〇〇一『クマとアメリカ・インディアンの暮らし』小林正佳訳、どうぶつ社。

Berkes, M. and F. Berkes 1999. Subsistence Hunting of Wildlife in the Canadian North. In L. Treseder et al. (eds.), *Northern Eden*. Edmonton: Canadian Circumpolar Institute Press, pp. 21-32.

Honigmann, J. J. 1954. *The Kaska Indians: An Ethnographic Reconstruction.* Yale University Perss.

—— 1981. Kaska. In J. Helm (eds.), *Handbook of North American Indians: Subarctic.* Washington, D.C. : Smithsonian Institution, pp. 442-450.

Irimoto, T. 1994. Religion, Ecology, and Behavioral Strategy: A Comparison of Ainu and Northern Athapaskan. In T. Irimoto and T. Yamada (eds.), *Circumpolar Religion and Ecology.* Tokyo: University of Tokyo Press, pp. 317-340.

Moore, P. 2002. Na-Dene. In P. R. Magocsi (ed.), *Aboriginal Peoples of Canada: A Short Introduction.* Toronto: University of Toronto Press, pp. 214-236.

Omagari, K. 2004. The Role of Traditional Food in Identity Development among the Western James Bay Cree. In T. Irimoto and T. Yamada (eds.), *Circumpolar Ethnicity and Identity.* Suita: Senri Ethnological Studies 66, pp. 127-138.

Receveur, O., M. Boulay, C. Mills˙ W. Carpenter and H. Kuhnlein 1996. *Variance in Food Use in Dene/Metis Communities.* Mcgill University.

Ridington, R. 1994. Tools in the Mind. In T. Irimoto and T. Yamada (eds.), *Circumpolar Religion and Ecology.* Tokyo: University of Tokyo Press, pp. 273-288.

Sharp, H. S. 1994. Inverted Sacrifice. In T. Irimoto and T. Yamada (eds.), *Circumpolar Religion and Ecology.* Tokyo: University of Tokyo Press, pp. 253-271.

—— 2004. Changing Times. In T. Irimoto and T. Yamada (eds.), *Circumpolar Ethnicity and Identity.* Suita: Senri. Ethnological Studies, pp.139-146.

Yamaguchi, M. 2011. Struggle for Co-existence between the Euro-Canadians and the Kaska First Nations. In T. Yamada (eds.), *Continuity, Symbiosis, and the Mind in Traditional Cultures of Modern Societies.* Sapporo: Hokkaido University Press, pp. 211-225.

第5章　毒蛇と獲物
先住民エンベラに見る動物殺しの布置

近藤　宏

1「野生生物保護」の相対化

動物を殺すこと。これは対象を食べることはじめをとする、動物の身体の利用を目的にした行為には限定されない。本章では、パナマ共和国東部地域に居住する先住民エンベラによる動物殺しを考えるにあたって、二つの対象に注目したい。毒蛇と獲物である。これらはともに、森にいる野生動物である。だが、同じように殺されるわけではない。前者の殺しには、その身体を食べるという目的がある。対して、後者の身体が利用されることはない。この二つを併せて動物殺しとして考えることで、エンベラが多様な存在と関わりあいながら生きている世界における、動物を殺すことの位置を描くことにしたい。

動物との遭遇

まず、二つの出来事から議論を始めよう。ともにエンベラ＝ウォウナン特別区、セマコ区内のY川流域に位置する集落（ＰＧ村、ＰＦ村）での出来事だが、この流域にある村々はこの一〇年間、環境保全ＮＧＯと協働し、持続可能な森林伐採事業を進める企業体を経営している。そのために、この村々では住民を対象とする自然保護に関するセミナーが行われることもあった。[*1]

筆者が調査に赴いていた時期、Ｙ川流域の先住民がつくる企業はＰＧ村周辺の森を切り出す計画について検討を進めていた。そこでＰＧ村周辺の森にある伐出可能な樹種とその数を調べるために、簡単な調査が行われた。筆者もそれに同行し、企業の執行部の一員であるウィリンとＰＧ村の首長であるアルベルトと、森に向かった。

記録しながら三時間ほど歩いたのち、ほとんど水流のない幅の狭い沢で昼食をとることとなった。ウィリンは左岸にあった倒木に、アルベルトはウィリンの対面に位置する右岸の岩に、筆者はその間にあった砂地に座っていた。すると、アルベルトは以前に森の中であった出来事を語り出した。

写真 5-1　アルベルトが話した沢

ちょうど今いるような沢に来ると、コネホの足跡があった。あそこからここくらいまでの距離［私たちが座っていたところから沢の蛇行するところまでの距離：筆者注］を歩いてみると、ふとサイーノのにおいがした。何か来るなと思って待っていたら、トリッカーがあっちの方にあった樹の上で急に鳴いた。いよいよ何か来る。サイーノか。コネホか。どっちでもいいから来い。そう構えて待っていたら、ふと背中の方で、シーーっという音がした。驚いてそっちを見ると、蛇が身構えていた。ゆっくりと後ろの方に動いて、樹の枝を山刀で切り出し、それを蛇に突き刺した。殺してから落ち着いて蛇を見ると、二腕分くらいの長さがあった。

コネホ（パカ、学名 *Cuniculus paca*）もサイーノ（クビワペッカリー、学名 *Pecari tajacu*）も、狩猟対象となる動物で、その肉は人々に好まれている。トリッカーとはリスカッコウ（学名 *Piaya cayana*）の現地名で、その鳴き声を模してそのように呼ばれている。リスカッコウの声は、近くに何か動物がいること、あるいは、近親者や知人に不幸な出来事があったのを人間に伝えていると考えられている。しかし具体的にどの動物がいるのか、何が起こったのかは人間には伝わらない。アルベルトはその声を聴いて、視覚や嗅覚によってそこにいたことを感じ取っていた獲物がまだそばにいると確信していた。しかし、実際に姿を見せたのは、自身を殺しかねない毒蛇だったのである。

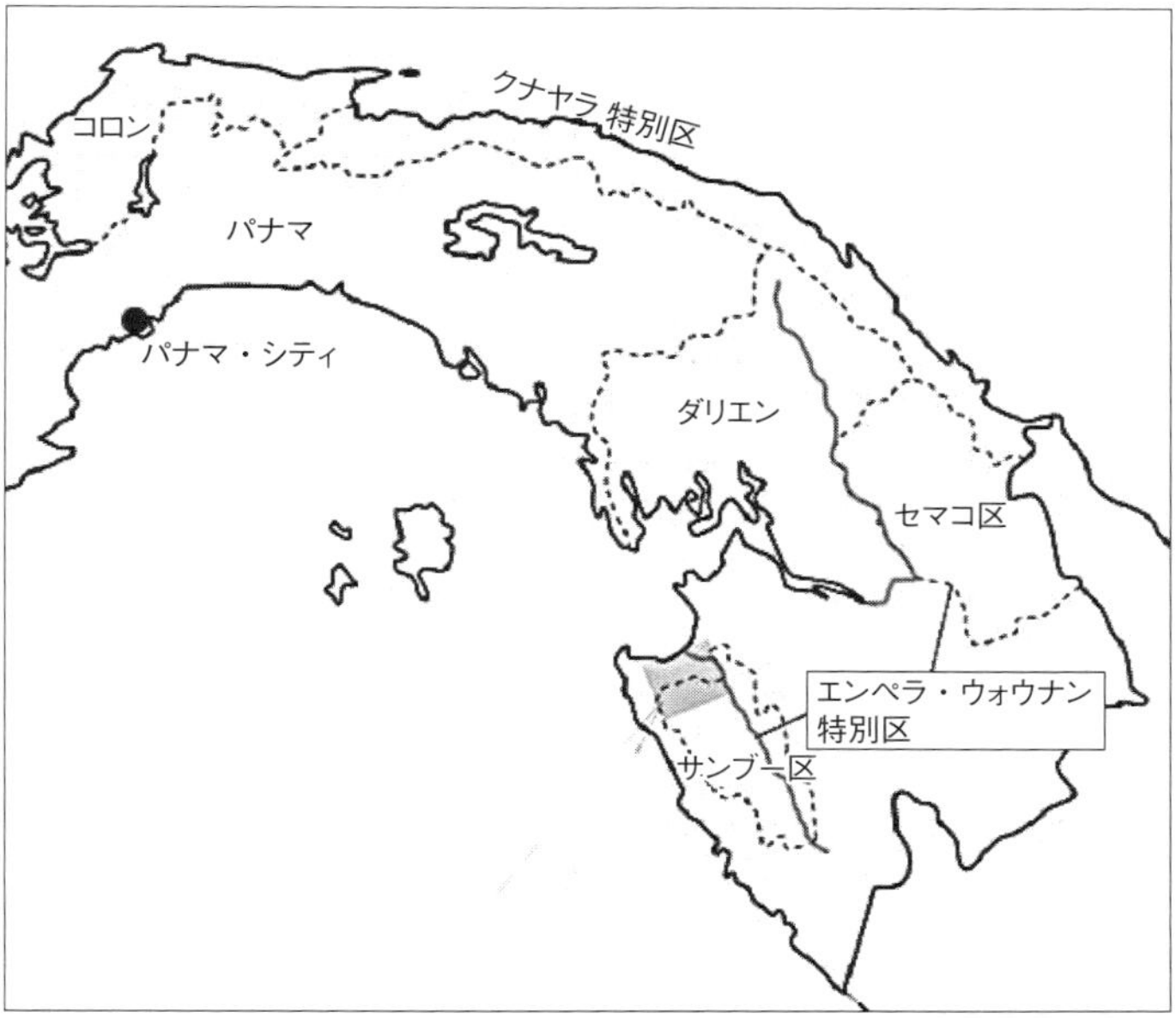

図 5-1　パナマ東部地域

　このアルベルトの語りは、森で動物と遭遇する経験がいかに緊張に満ちているのか、また、いかに多様な可能性に開かれているのかを、はっきりと伝えている。アルベルトはその場を起点にしたかたちで指示詞を用いたので、以前にこの場所で起きた出来事について語っているように思われるほど、鮮明な印象を筆者に残した。この話に触発されたのか、アルベルトに続いて、ウィリンは友人が体験した毒蛇との遭遇について語り始めた。

　二人で、狩猟に出ていた時のことらしい。ご飯を食べるか、休憩するかということになって、ちょうど今の自分たちのように二人は対面して座った。一人はちょうどいま俺が座っているみたいに、倒木に腰かけていた。それでこんなふう［頭を垂れて、両脚の間に視線を落とすしぐさ：筆者注］にすると、ちょうどここ［自分の両脚の間に位置する幹と地面の間の隙間：筆者注］に蛇がいた。それで、驚いたが静かに、目の前にいる連れの方に向かって脚の間を指さしながら蛇がいるのを伝えると、連れは十分に大きな枝を見つけて、山刀《マチェーテ》で先を尖らせて、それを渡してくれた。その棒で突き刺して、蛇を殺した。もしこの男が静かに腰を掛けなかったら、あるいは、たとえばこんなふうに［その場で足踏みをする：筆者注］していたら、どうなっていたことか。それでも、マヌエラ・オルテガ［仮名：筆者注］は森にいる動物を保護しよう、シカやサイーノとかだけではなく蛇も殺してはいけない、とか言う。

毒蛇との遭遇に続けるようにしてウィリンが言及したのは、現地のラジオ局のパーソナリティーである。ウィリンによると、このパーソナリティーが登場するプログラムでは、様々な社会問題が取り上げられる。そこで、野生動物保護の重要性が説かれたこともあったという。その日の会話は、別の蛇と遭遇した時の話に移っていったので、ラジオでどのようなことが言われていたのかをもう一度聞こうと、後日筆者はウィリンを訪ねた。すると彼は、類似した言説に触れた経験とそれに対する見解を語った。

たまに生物学者がやってくることもある。その人たちも、同じように森にいる動物を殺してはいけない、と言う。たとえば一緒に森を歩いていて小さな蛇に出くわしたとしたら、生物学者はそれを殺さない。捕まえて、どこかに投げて、それでおしまいにする。こうした人たちはここでの生活を知らないから、そうするのだ。普段都市に住み、たまにここに来て、二、三日を過ごすだけならいいかもしれない。でも、自分たちはそうするわけにはいかない。

森にいると多くの動物がいることを、たとえ直接目にせずとも感じ取ることができる。反対に、そばにいる動物を感じ取れないこともある。ただ物理的な接触が生じる前にその存在を感じ取ることは、狩猟の成功や無事に森を去るためには欠かせない。この日の二人の会話には森を歩く経験に基づいた見解が強く表れていた。そうした日々の中、ウィリンは野生動物保護の言説を相対化して受け止めていた。

そうなりたい他者、そうなりたくはない他者

同じような態度は、別の場面にも見られた。PF村で過年度の森林伐採の様子を説明してもらおうと、別の若者たち、クペルティーノとヘンリーに案内してもらった日のことである。狩猟自体は主たる目的ではなかったが、散策中に何か動物に出くわすかもしれない、ということでクペルティーノは猟銃を持ち、ヘンリーは猟犬を連れていた。さらにクペルティーノは、金属縁のサングラスを持って来ていた。伐採された木材が一時的に集積されていた区画に着くと、非先住民である伐出業者がそこに置き忘れていった青色のヘルメットがあった。クペルティーノはそれを見つけると、おもむろに被った。そして村に戻るまで、ヘルメットを被り続けていた。聞き取りの作業を終え村への帰路についているさなか、彼は急にサングラスを掛けると、嬉しそうに筆者に話しかけてきた。「こうやっていると、森林技師（*ingeniero forestal*）みたいだろ？」

森林技師というのは、持続可能な森林伐採の事業計画を立案するのに必要な学位と資格を持つ人物のことである。この流域の事業では、国際的なNGOが紹介する人物か国外で学位をとった一人のエンベラがその役割を果たしてきた。彼らは、GPSを駆使し森の中の樹について種と位置情報を同定し、パソコンを使いそれらを地図化し、計画立案する。その計画書は政府機関から伐採の許可をとるのに欠かせない。森林技師は、準備事業だけではなく実際の伐出作業にも意見する、重要な専門職である。彼らはこの流域周辺には住んでおらず、クペルティーノをはじめ集落の住民の多くは、森林伐採事業では一労働者でしかない。住民たちにとって、森林技師たちは自らの持たない職能を持つ人物像である。そのような人物が置き忘れたものをわが物として身に着けながら、彼に自身を同一化しようと試み

たのである。[*2] もちろん、冗談半分に。

ただクペルティーノがもともと持っていたサングラスは筆者には日本の国民的なサッカー選手を思わせるもので、ヘルメットを被ったそのいでたちは、どこかちぐはぐで滑稽だった。森林伐採という経済活動には本来は不要である猟銃を担いでいたことも、その要因であっただろう。からかってみたい気持ちになった筆者は、クペルティーノにこう言った。「そうだね。猟銃も持っているし」。すると、クペルティーノは自らの装備品がちぐはぐであるのを、次のように省みた。「ああ。猟銃を持って動物を殺して。いったいどんな森林工学を学んできたのか、ってことだな」。

この返答は筆者には意外だった。というのも、クペルティーノが動物を殺すことに触れたからである。森林工学というのは、森林技師になる者が修める学知のことなのだが、クペルティーノにとってはその学知に通じていることと、動物を殺すこととの間に齟齬があったのだった。クペルティーノは、動物をみだりに殺してはならないという道徳が彼にとっての「森林工学」、すなわち自分たちの外にある世界から伝えられた環境理解に備わると理解しているようだった。クペルティーノは続けて、「森林工学」的な道徳にも一定の理があるのを認めるようなことを口にした。次のような見解である。狩猟をするにしてもメスや子らを殺さない方が良いという考え方は理解できる。というのも、再生産を難しくすることで、動物の数をさらに減らしてしまうからである。[*3]

しかし合理的でもあるこうした道徳は相対主義的に受け止められているのは明らかだった。この日、ヘンリーの猟犬はシカ（学名 *Mazama termana*）やアグーチ（学名 *Dasyprocta punctata*）、アルマジロ（学名 *Dasypus novemcinctus*）を追い込み、アルマジロを一匹手にすることができた。猟犬とともに追い詰めていた、大きなシカはメスであり、殺したアルマジロはオスだったが、性別を確認したのは殺害後であった。[*4] シカに最も接近したのは、トラクターが切り開いた道にいたクペルティーノとヘンリーの間を駆け抜けていった時であり、シカを撃たなかったのはクペルティーノが向けた銃口の先に、ヘンリーがいたためであった。ヘンリーはそのとき自身は素早く位置を変えたと繰り返し、シカを撃たなかったクペルティーノをなじっていた。クペルティーノもそのことを失敗と捉えていた。

このようにクペルティーノたちは野生保護の言説に一定の理を認めている。ただし、それに倣い自身の行為を変えるほどではない。

分化される外来の環境理解

先の二つの例から明らかなように、「森林工学」すなわち外来の環境理解は、分化され受け止められている。持続可能な森林伐採事業については受け入れ、それに適したかたちに自分たちを組織化するようになっている。それとは対照的なのが動物殺しに自制を求める道徳である。自らの行為を変えることはなく、相対化したかたちで受け止めている。

外来の言論をいかに受け止めるのかということについて、南米低地先住民社会の民族誌学は、これまで議論を積み重ねてきた（Gow 2001; ヴィヴェイロス・デ・カストロ 二〇一五b）。ヴィヴェイロス・デ・カストロは、一六世紀のブラジルにおけるトゥピ＝ナンバによる宣教師たちの言説の流用に注目しながら、そこに広くアメリカ大陸先住民に共有されている、他者への態度と自己のありようを見ていた。それは他者の記号を貪ることによって自己を構成すること、他者へと生成することによって自己を拡張するという様態をとる、自己のありようである。そのために、一六世紀のトゥピナンバは当初、宣教師の言説を抵抗せずに受け入れていたという。

エンベラの人たちに戻ると、彼らは森林伐採事業については自らのものにするべく受容している、あるいは少なくとも受容するように取り組んでいる。それだけに同じ他者が伝える別のこと、動物殺しの道徳に対する態度が大きく異なっていることが目を引く。エンベラにとって動物殺しに自制を求める道徳を語る他者は、なるに値するような魅惑的な他者ではないかのようである。

デスコラは動物を食べることをめぐる道徳を論じる中で、南米低地地域の先住民たちが西洋社会に見られる道徳を持つと措定するのは困難だと指摘している。西洋社会に見られるような罪の意識とは権利や義務や価値の明快さによる道徳的体系のもとで展開したもので、生存の権利と自由である権利を否認してしまうことに対して生じている。一方で、アマゾニアに見られる獲物に対して向けられる両義性とは、動物を殺すこと自体に由来するというよりも、殺した動物が復讐を仕掛けるかもしれないことへの恐れと関連している。動物殺しを考えるには、西洋的な道徳意識と結びつく感情を敷衍するよりも、アマゾニアの人々が実践や言説をつくりだしている、動物を対象化する様態とそれに関連する諸存在の関係性や布置を把握する必要があると論じている[*5]（Descola 2005b: 33）。エンベラによる野生生物保護言説の相対化も、このように考える必要があるだろう。問題は、動物を殺さずにいることは不可能である諸存在の布置とはどのようなものだろうか、ということなのである。

2 エンベラを取り巻く存在

先住民エンベラは、コロンビア太平洋岸からパナマ地峡地帯にかけて居住する。パナマ国内では主に東部地方に居住するエンベラの人口は、二〇一〇年の国勢調査によれば約三万人であり、うち八千人弱が「エンベラ＝ウォウナン特別区」という先住民特別行政地区に居住する。熱帯林地帯にある集落での主な経済活動は、焼畑耕作、漁撈、狩猟であるが、集落に暮らしつつ学校教員や行政機構の役職に就き現金収入を得る者も少なくない。現金収入に余裕のある者の中には集落内で雑貨店を営む者もいる。雑貨店では缶詰なども売られている。サンブー区内のＳ川下流域に位置するＳＢ村では、近郊にある非先住民の漁民たちが海魚を販売に来ることもある。現在でも狩猟活動は営まれているが、漁撈ほど多くの肉を食卓に提供するわけではない。収入に余裕がある者ほど自ら狩猟を行わなくなることが多い。それでも、獲物の肉には缶詰や海魚によっては代替できない美味しさがあると評価されている。

殺される動物

まず、エンベラのもとでどのような動物が人間による殺しの対象となるのかを見ていくことにしたい。食糧となる動物には、狩猟の対象となる野生動物がいる。シカ、クビワペッカリー、クチジロペッカリー（学名 *Tayassu pecari*）、アグーチ、パカなどの陸上哺乳類や、キジ目に分類されているオオホウカンチョウ（学名 *Crax rubra*）、リスやサルなどの樹上生活をする動物、イグアナ（学名 *Iguana iguana*）などがある。このほかニワトリやブタを飼っているが、殺した後に肉は売りに出すことが多い。

エンベラのもとでの動物殺しは、食べるという目的を実現するための手段に限られない。先に見てきたように毒蛇もまた殺しの対象であり、これは徹底したかたちで行われる。毒蛇は、森や耕作地、家のそばや川岸など様々な場所に現れる。毒蛇はひとたび発見されると、必ず殺されることになる。発見するのが子どもで自ら蛇を殺すことできなければ、年長の兄弟や親をはじめ、誰かを呼びに行き、呼ばれた年長者たちが蛇を殺すことになる。このように徹底されるのも、咬まれると死に至ることさえあるためである。この点で、毒蛇は日常生活における最大の危険の一つである。といっても、わざわざ殺すために蛇を探しに行くこともない。

毒蛇のほかにも殺されるが食べられることのない動物がいる。その一つがジャガーである。ジャガーが殺しの対象となるのは、とりわけ、ジャガーによって飼いブタが殺される危険が高い時期のことである。SB村の人々によると、数年に一度、あるいはそれよりも少ない頻度で、集落周辺の飼いブタがジャガーに襲われる時期が生じる。ひとたびブタを飼っている区画でジャガーの足跡が見られると、数週間のあいだ人々はブタを守るために、ジャガーを殺そうとする。というのも、一度ブタを食べたジャガーはその後しばらくの間に何度もブタを襲おうとするからである。人々は、集落から離れたところにあるブタ小屋で寝泊まりをしたり、場合によっては昼間にジャガーの足跡を追うこともある。もっともジャガーは極めて狡猾で、多くの場合は人間が警戒を怠ったタイミングで再びブタを食べに来るため、

写真 5-2　ミナミコアリクイを狙う狩猟者

殺すのは極めて困難であるという。PG村では、自らのブタを食べたジャガーを追っていったところ反対に襲われてしまい、掌をかみ砕かれた人物もいた。息子がジャガーに切りかからなければ、命を落としていたかもしれなかったようである。

ジャガーのほか、川にいるワニ、メガネカイマン（学名 *Caiman crocodilus*）なども人間を襲うことがある。また典型的な獲物とされるペッカリーも鋭い犬歯を持っており、猟犬が殺されてしまうこともある。中でもクチジロペッカリーの中には、人食いとなった群れがあると考えられており、典型的な獲物であると同時に、強力な捕食者でありうる可能性を持つのがペッカリーである。実際にSB村には、ペッカリーにふとももを咬まれ深く肉をえぐられてしまい、以前のように歩けなくなった老人もいた。

オオアリクイ（学名 *Myrmecophaga tridactyla*）やミナミコアリクイ（学名 *Tamandua tetradactyla*）も、狩猟の際に遭遇した際には、それを殺すことが求められる。特にオオアリクイは、ジャガーと同じくらい危険な動物と考えられている。ある若い狩猟者は、一度猟犬をアリクイに殺されたことがあった。また別の機会にアリクイを銃で撃ったが、着弾したにもかかわらず何事もなかったように去っていったこともあった。ただし、狩猟に際して出くわしたアリクイを殺さなければならない理由は、その危険性とは別の点に求められる。アリクイを目撃したが殺すことができない狩猟者は、その日、ほかの動物を殺せなくなってしまうと考えられているためである。狩猟者は食べることのないアリクイを殺そうとする。

殺されない動物

人間の手で殺されることがほんどない動物もいる。イヌとウマである。ウマは一般的に近隣に住む非先住民から購入する。収穫物や木材を運ぶのが、ウマを飼う目的である。イヌも非先住民から購入されることが多く、「外国血統」と見なされるイヌは優れた猟犬になると考えられている。イヌは放し飼いにされているが、餌づけされている。またウマと違い、イヌは個体ごとに名づけられ、また調理された食材を食べる。この意味で、イヌは部分的に人間的な生活を送っている。飼い主の中には、イヌが死ぬと埋葬する者もいるが、遺体を森に捨てに行く人もいる。

ペットに目を向けると、南米低地先住民社会を対象とする民族誌学の議論とエンベラの実践の間にずれを指摘できる。エリクソンによると、アマゾニア地域の先住民社会では、野生動物のペット化が広く見られる。これは、狩猟の際などに見つけた幼い動物を連れて帰り、家で育てるという実践である。このアマゾニア諸社会におけるペット化の実践は、狩猟と意味論的に補完関係にあり、人と動物の関係を「あまり一方的」にしないための手続きである。アマゾニアの諸社会ではペットを食べることは敬遠され、さらにマティスのもとでは肉以外の部位を利用することは禁止されている（Erikson 2000: 20）。

エンベラも幼い野生動物を連れて帰り、家でペットとして育てることがある。ただし、ペットとなった動物を食べることや肉以外の部位を利用することは珍しくない。またこれらを殺すことも忌避されていない。この意味で、エリクソンの議論の筋道をたどることは難しい。ただしエンベラの事例に関して、筆者の知りうる限りでは森から小さな動物を連れ帰った人物が殺すことはなかった。意図してそれらを殺していたのは、その動物を譲り受けるか買い取った人物であった。

毒蛇と獲物という二つの殺しの対象は森で遭遇する動物のたぐいであり、高い頻度でその殺しが経験される。加えて、それらとの関わりは、野生動物との関係性を考える上で重要な言説とも密接に関連している。そこでまず、エンベラでの特徴的な動物理解をふまえることにしたい。それは南米低地先住民に関する民族誌学の領域で描かれてきた動物像に重なる部分が多い。

南米低地先住民社会は、デスコラによって読み替えられたアニミズム論の中心的な地域の一つである。その議論によれば、人間との関係において、動物は内部性（＝魂・精神など）において類似しており、差異は身体性の水準に求められる。アニミズム的な存在論において、身体にこそ特徴的なハビトゥスが宿っており、特徴的な行動様態はしばしば、特殊な装備品や装飾品など脱着可能な人工物になぞらえられる（Descola 2005a: 183-191）。

こうした特徴はエンベラのもとでも確認できる。エンベラの場合、動物も人間も、ハウレと呼ばれる魂を持っている。動物はそれぞれ意図や選好を持っている、という点では人間と大差がなく、またイヌや飼いブタなど特に接触が多い動物には個体ごとに異なる性格、つまり個性があるのを人々は経験的に知っている。またいくつかの物語では、アニミズム的な動物像、つまり、動物の身体は衣服であり、それを脱ぐと人間的な姿が現れる、というモチーフが語られる（近藤 二〇一二）。

もっとも動物に人間的な側面があるとしても、アチュアールの事例をもとにデスコラが注意を向けるように、すべての動物が一様に人間的だと見なされているわけではない。むしろ、人間性とは程度の問題である（Descola 2005a: 21-29）。たとえばあるエンベラが語るには、鳥の中には人間の言語を覚える種もあり、また多くは巣をつくり、親が幼い子に餌をやり育てるという点では人間的である。だが、家族という社会生活の単位を子の成長後にも維持できないという点では人間には及ばない。鳥とは異なり人間は親が老齢になると子がその世話をするようになる。つまり、家族という社会生活の単位の持続性によって、鳥は人間から区別される。

ヴィヴェイロス・デ・カストロによれば、南米低地先住民の世界において「人間であること」とは、固定的な存在論的身分のことというよりも、代名詞や指示詞のように文脈・状況に応じて表出が変わる潜勢力である（ヴィヴェイロス・デ・カストロ 二〇一五a：四六―四七）。つまり、動物には人間的な相があるとはいえ、それはあらゆる脈絡において常に前景化するものではない。

動物の主

部分的に人間的であるという動物像とならび、南米低地先住民民族誌学の領域で特徴的とされるのが、野生動物にはそれらを管理する主がいる、という理解である（Fausto 2008; コーン 二〇一六）。エンベラの場合では、それぞれの種にはその個体群を統制している霊的な存在ワンドラがいると考えられている。これらの主は、人間が飼いブタを飼うように、地下の世界や森のどこかの囲いの中に、自らの群れを飼っているという。ワンドラの中でも、その特徴を伝える物語をつうじてよく知られているのは、時に一〇〇頭を超える群れを形成するクチジロペッカリーの主、ヴィド・ワンドラである。クチジロペッカリーの主になった男を主人公とする物語では、もともとヴィド・ワンドラであった人物は個体数が多すぎる群れを管理するために仲間を探しており、地上から地下の世界に来てしまった男をリクルートする。

川魚の主はヌシと呼ばれる巨大な人食い魚である。ヌシは河川の中でも川底が深くなっている所にある大きな穴に棲んでおり、人間が不用意に近づくと飲み込まれてしまう。もっともこれらの主たちは、種全体を代表する唯一の存在と位置づけられているわけではない。ヌシは複数存在し、それぞれ異なる穴にいる。またヴィド・ワンドラの物語でも、新たにペッカリーの主になった男は、それまでのペッカリーの主と代替わりをするわけではない。いずれにしても、これら霊的な存在との関係があるために、森にいる野生動物は「家畜動物」でもある存在として理解されている。

主の管理能力

森にいる動物は家畜動物であるという動物の理解と、冒頭に挙げたアルベルトの語りに明らかなように、多様な感覚的なチャンネルをとおしてそのプレゼンスが感じ取られるほどに森には多くの動物がいるという現実は、どのように両立するのだろうか。

このことを考えるには、動物の主が管理者としてなすことを考える必要がある。そこで、まず他の南米低地先住民社会の事例を見るとしよう。たとえば、ギアナ地方のトリオの物語では、シャーマンと、バク、クモザル、ペッカリーという獲物である動物との関係性が語られる。物語の主人公は、それぞれの動物のところに赴く。ペッカリーについては、ほかの二つの動物とは異なり、その主とのやりとりがなされる。その結果、バクとクモザルの場合では裏切りやへつらいによって獲物を得るが、獲物の代表格であるペッカリーの主とシャーマンは、互いを交渉相手として位置づけている。森に動物がいるのは、人間が食べるようにと動物を解放したためである（Rivière 2001）。

エクアドルのアチュアールでは、獲物の主は非常に強力な力を持ち、自らの管理する動物がいるあらゆる場所に同時に存在できると考えられている。獲物を撃とうとする時、狩猟者はアネントと呼ばれる歌をうたう。狩猟者は、主に向かい義理の兄弟、すなわち妻に関わるものと呼びかける。義理の兄弟との関係のおいては、負債が生じることはなく、狩猟者が獲物を望んでいることは、アネントをとおして、主たちに聞き入れられている（Descola 1996: 126-133）。これらの例では、人間による狩猟が可能であるのは、動物の主の意図によるのだと理解できよう。

しかしながらエンベラの事例は、それらの事例と一致しない。人々は、狩猟に際して、ことさら動物の主に対する祈りを唱えるようなことはない。加えて特に目を引くのが、動物の主が備える「家畜を管理する」力能の程度の違いである。アチュアールでは、動物の主は人間が動物になすことを常に見張ることができるほど、徹底した管理・監視のできる存在として、その形象が産出されている。対してエンベラの場合、クチジロペッカリーの主の物語に明らかなように、動物の主は多すぎる個体の管理に手を焼いている。つまりエンベラにおいては、主が家畜を管理する力は不十分なのである。

このことは、動物の主と野生動物の関係を概念化するために用いられるアナロジーにも明らかである。エンベラにおいて動物の主は、人間がブタを飼うように囲いの中に動物を飼うといわれる。ところが実際には人間が飼うブタは、頻繁に、あるいはほとんど常に、囲いの外に出ている。この囲いはチケロと呼ばれ通常、高床式の建物の床下に作られる。SB村の場合、集落内部にチケロはなく、農作業時に寝泊まりする小屋の床下が使われていた。PG村にブタを飼う人物はおらず、PF村では一名が集落内にチケロを持っていた。いずれの集落においても囲いの中にブタをとどめておくことはなく、飼い主たちは、ブタが地面を掘るなどして囲いの隙間を広げ、そこから抜け出てしまい、耕作地や森に向かうのを放置している。あまりに放置しすぎるとブタはどんどん囲いから離れることを覚えてしまうので、飼い主は定期的に餌を与えなければならない。豚小屋が集落から離れたところにあったとしても、数日おきにその小屋を訪れなければならないのである。

飼い主が到着した時にブタが見当たらないと、飼い主がブタに向かって呼びかける。すると、どこからともなくブタは囲いのそばに姿を現す。この餌やりをとおして、飼い主はブタの行動範囲を制限しようとするが行動そのものを常に監視し制御できるわけではない。

自らの意志を持ったブタの動きを統制する方法は、基本的には餌を与えることだけである。それを怠る主のもとから、ブタは去っていくことさえある。つまり、ブタを飼うことをアナロジーとする「家畜」の管理は、その不完全性によって特徴づけられる。霊的な主においても事態は同じであり、管理される個体はそのもとを離れる可能性を秘めている。主の囲い込みの不完全性ゆえに、「家畜動物」であることと地上の森を動き回るという属性が、野生生物の述部として矛盾せずに両立する。エンベラにおいては、狩猟の対象である獲物に出会うのは、人間と交渉したり、人間に対してお目こぼしをする主の意図というよりも、むしろ主の意図が及ばないためだといえよう。

動物的な霊

エンベラのもとでは、森を動き回る存在は動物に限らない。不可視の霊的存在もまた、森を徘徊しているとされる。そうした存在の一種に、ハイと総称されるたぐいがある。ハイは、人間の身体に文字通りに付きまとうようになることがある。人間はその状態を、病気として経験する。病因となるハイには数え上げるのが不可能なほど多様な種類があり、いくつかは動物や鳥、昆虫の姿をしている。たとえばコトゥトゥ・ハイ（コトゥトゥはマントホエザル（学名 *Alouatta palliata*）を意味するエンベラ語）と呼ばれる、ホエザルの姿をとるハイもいる。ほかにも、イヌ、ブラウンクモザル（学名 *Ateles fusciceps*）、ハチドリ、ミツバチなどの姿をとるハイもある。しかしながら、その多様性の範囲は動物種に限定されない。植物的な姿形をとるハイがいるだけではなく、飛行機や銃のハイも存在する。原理的にはあらゆるものの姿をしたハイが存在しており、さらには「人種」に応じたハイ、すなわちエンベラ的なハイ、白人的なハイ、チノ（＝東洋人）的なハイもいるとさえ語られる。こうしたハイのうち植物の姿をするものさえも、森を歩いているとされる。さらに、一つ一つのハイの種には、複数の個体がいる。ホエザルの姿をしているハイは、ホエザルという動物種を代表する精霊ではなく、ホエザルのような姿をした、不可視の身体を持つ一体の霊的存在といえる。

ハイが引き起こす病気の症状は、それぞれのハイの姿、つまり不可視の非＝人間的な身体の形状と密接に関連している。例を挙げよう。バプチェ、ワクコとよばれる川魚の姿をしたハイがいる。このハイは人間に憑き気管支炎を引き起こすなど、普通に呼吸するのを困難にする。チルアネと呼ばれるハイは、血が詰まった笛（チルと呼ばれる）を吹き、胃に疾患をもたらす。エンベラ語では、喉はオチルと呼ばれ、笛と強い結びつきを持っている。[*6] タカの姿をしたハイは、身体を傷つけることなく人間の魂をくちばしでつつき、爪でひっかく（Hernández et al. 1995: 89）。ボンボラ・ハイに憑かれた患者は、その眼を開けることができず、閉じたままになってしまう。ボンボラとはフクロウのことであり、昼間のフクロウのように目を開けることができず、また目を自由に動かせなくなる。また、ビオポロミヤワ・ハイというハイに憑かれると、腹が膨れてしまい、吐血などの症状が引き起こされる。ワとは血液を意味するエンベラ語だが、ピオポロミヤとは川にいる腹がぷっくりと膨れた小魚である。ビオポロミヤワ・ハイはその魚の姿をしたハイである。同じ症状はカンドロナーワ・ハイによっても引き起こされる。カンドローナはハチの仲間、特にカリバチではないミツバチの一種で、大量のハチミツと蜜蝋をこしらえる。カンドローナは樹木の穴に巣を作り、バケツ数杯分もの蜜を樹木の中に作る。その姿をしたハイが、人間の腹に血液をためる。

このように、ハイの不可視の身体がとる姿形と病状は密接に関連している。ハイという霊的存在を形象化するにあたって重視されるのは、かたちの多様性と結びつく、複数性である。このことはハイの治療法においても確認できる。ハイによる治療は、病気を引き起こしているハイを患者の身体から引きはがすことになるのだが、呪術師やその治療法を知る人々が語るところによると、同じ種であるハイの力が必要になる。同じ種であるハイは、同じ言語によって喋りかけることができるため、病気を引き起こしているハイを説得することができるからである。異なる種のハイが引き起こす病気を治療できるハイはなく、またハイ全般に通用する治療法もない。そのため患者は、病気を引き起こしているハイを扱うことのできるシャーマンを探さなければならない。シャーマンが優れた治療者になるには、多様な種類のハイを所有することが必要である。この関係性は、シャーマンがハイに食べ物を与えることによって構築される。ただし、ブタの飼い主同様、食事を与える儀礼を怠ると精霊は主の呼びかけに応じなくなり、その下を離れていく。そうしたこともあり、一種類か二種類のハイしか持たないシャーマンは無能力な治療者として評価される。このように、ハイという霊的存在において重要なのは、その姿形の多様性、いわばハイの身体性であり、それが人々との関係性を規定している。

ヴィヴェイロス・デ・カストロによれば、南米低地先住民における身体とは、「それぞれの種を特異なものにする、情態、傾性、力能」であり、身体には「弁別的な身体的実質や特徴ある解剖学的構造」とは異なる、「ハビトゥスを構成する、情態や存在の様態の集合体」としての相がある（ヴィヴェイロス・デ・カストロ 二〇一六：五八）。この議論をふまえると、ハイの姿形は、人間にとって病気となる情態としての身体として理解できる。ハイは、物理的に殺害可能な身体を持った動物とは異なる、人間にとって不可視で病気の情態となる身体を持った諸存在であり、それらと人間との間に生じているのは身体的な関係といえよう。

3 遭遇と誘惑

こうしたハイとの身体的な関係は、つまり特異な身体に由来するという点で、毒蛇との関係にも似ている。そうした存在も含む非人間的な存在に意図せず近接してしまう可能性が、森を歩く時には付きまとう。森の中に動物のプレゼンスを読み解くことは、狩猟において決定的に重要である。エンベラは、狩猟方法として罠猟や待ち伏せ猟を発達させておらず、狩猟のほとんどの作業は森の中を歩き回りながら、動物の痕跡やその姿を探し求めることになるからである。

遭遇としての狩猟

狩猟では、猟犬を用いることもあれば、そうでないこともある。猟犬がいない場合、狩猟者は狩猟のために切り開いているいくつもの小路のうち、望ましいものを選んで歩く。狩猟者にとって、この小路は狩猟に欠かせない。森に迷わないためだけではなく、動物を見つけ追跡しやすくするためである。小路の繋がりを覚えておけば、無駄に下草やとげ植物のあるやぶに入らずに小路を駆けていくことができる。また足跡も探しやすくなる。そのため狩猟をしながら狩猟者たちは小路を覆う下草を払い落とし、その維持に努める。そのように歩きながら小路やそのそばに、獲物が残した足跡や糞尿、食べ滓、匂い、寝ていた所に残された熱などの痕跡を探し出す。そして複数の痕跡と河川や丘の位置などを組み合わせ、動物が動いていった軌跡を環境の中に描き出し、その方へ向かう。こうしたことを繰り返し、動物が動いた線に近づいていく。

猟犬が獲物を追う場合も、動物の軌跡を描き出すという点では同じことがなされている。猟犬は獲物の匂いに気づくと、それまで一緒に歩いてきた小路を離れて匂いを追っていく。しかし狩猟者は、その猟犬をほおっておく。猟犬の姿が見えなくなり、しばらくしても戻ってこないと、飼い主が動物の後を追っている猟犬に向けて呼びかける。すると、猟犬は呼び声に呼応し吠える。その後、また時間を空け同じことを繰り返す。猟犬の声が聞こえてくる方向や距離が変わり、猟犬の動きが把握できるようになる。動物を追っている猟犬の動きをとおして、獲物となる動物が動いた軌跡が想像可能なものとなる。その軌跡に応じて動物の種を同定しながら、動物と遭遇する地点へと狩猟者は動いていく。

小路を歩く猟と猟犬を使う猟は、同じ技法を用いている。つまり、森の中に描かれる二つの線、人間（と猟犬）が動く線と獲物が動く線を交差させることで、動物と出くわす技法である。しかしながら、狩猟に赴けばいつも動物に遭遇できるわけではない。猟犬が獲物を追い始めたとしても、人間が追いつく前に動物を見失ってしまうことは頻繁に起こる。歩いている小路になかなか獲物の痕跡が見られないこともあるし、見つかった痕跡をうまく辿れないこともある。また、獲物の姿を見つけても、射程距離に近づけずに逃がしてしまうこともある。狩猟者が自らの動く軌跡を獲物のそれと交差させるか、接近させようとしようとも、動物にはそれから逃れる能力がある。もっとも、すべての獲物が首尾よく人間から逃れるわけでもない。狩猟者に気づかないもの、人間を見ても動かないもの、あるいは狩猟者の方に向かってくる動物もいる。

遭遇・運・誘惑

狩猟は成果の確約されない活動である。ある若い狩猟者、アレハンドロは失敗に終わったある日の狩猟活動を「サッカーとかのゲーム」のようなものと表現した。「ある時には自分たちが勝って、獲物を持って帰ることができる。でもまた別の時には、動物が勝つこともある。そうすると、今日みたいに何も持って帰ることができなくなる。狩猟とはそういうものなのだ」。ここでのゲームの比喩は、エンベラのもとでの狩猟が持つ、本来的な不確かさを表していると理解できよう。

不確かな活動である狩猟において良い結果をもたらすために不可欠なのは、動き回る動物との遭遇であり、それは特定の様態によって概念化される。幸運であり誘惑である。森で動物に遭遇できるのは、その人物は魅惑的であるためであり、運を持つためであるとエンベラでは考えられている。理想的な狩猟者とは若々しい身体を持っており、動物の側が引き寄せられるかのように、彼のそばに姿を現し、彼から逃げることはない。こうした狩猟者は、運に恵まれた状態にある。

狩猟の成功に必須の要件である森での動物との遭遇が幸運―誘惑として理解されていることは、夢見の解釈論に確認できる。エンベラのもとでは、夢見は睡眠中に魂であるハウレが経験することとされる。この意味で、夢見は何らかの投影像ではなく現実の一側面である。そして夢で生じたことのいくつかは昼間の生においても近い未来に起こることを先取りしている。ただし、夢は実際に何が起こるのかを「比喩」的に表現するだけである。そして夢によって先回りして体験されるものの多くが、森での動物との遭遇である。*7

たとえば肌の白い女とセックスする夢を男が見ることは、シカを殺すことの吉兆とされる。肌が黒い女や声がうるさい女の裸を見ることや、陰毛の濃い女を夢見ると、サイーノを翌日森で見かけることができるという。これらの夢見は、幸運を与える夢であり、その幸運を失わないためには狩猟を成功させるまでは内容を誰かに伝えてはならないとされる。ただし、幸運をもたらす夢となるのは夫婦の関係にない人物が登場する夢である、と人々は語る。自らの配偶者と性的関係を持つ夢は、その限りではないとされる。

狩猟が森を動き回る線を交差させることであるなら、ほかの動線を自らに引きつける力、誘惑の力は狩猟者にとって幸運となるのも、よく理解できよう。*8 ただし注意しておきたいのは、こうした森での遭遇と誘惑的な関わりあいは、その広がりがジェンダーによって制約されることはない、ということである。動物との遭遇を予兆する夢を見るのは男に限らない。たとえば、ある女性のエンベラによると、ある晩彼女は相対的に肌の白いエンベラの男とセックスする夢を見た。すると、次の日、耕作地で農作業をしていると大きなシカが姿を見せた。このシカは、その前の晩に見た夢に出てきたものであったという。エンベラの場合、狩猟という活動は男性の活動と見なされているが、動物との遭遇を夢見る主体は、男性には限らない。さらに、動物を引きつける幸運─誘惑の力が及ぶのは、狩猟という文脈に限られはしないこともここに伺えよう。

夢見はまた、獲物とは異なる存在との遭遇を先取りする。それが毒蛇との遭遇である。ただしその内容は、狩猟の予兆とは異なる。登場するのは、社交的な関わりの難しさを示す人間である。具体的には、蛇に咬まれた人物が現れる夢が実際に蛇との遭遇を予兆する夢となるのだが、特にその人物が自らに対して攻撃的な態度をとっていると、非常に危険だと考えられる。ほかにも、食べたくない肉を提供する人間が現れる夢もまた、森での蛇との遭遇を予兆する。口にするのがためらわれる食べ物とは、危険な他者による贈りもののイメージである。[*9] これらの夢見は、幸運ではなく不運をもたらす夢で、それを見ると、人々はなるべく外に赴かないようにする。

毒蛇との遭遇に関する夢見は、狩猟の夢見のように性的な誘惑によって特徴づけられているわけではない。ただ、いずれのたぐいの夢も、森での遭遇は親密圏にある家族的関係の外に位置する他者との関わりと同等であることを表現していると理解できる。たとえば、先に見たブタと飼い主や、呪術師と彼が用いる関係においても、食べ物を与えることは二者を関係づけるのに不可欠なものであった。食べ物を与えることは、他者との関係をつくるのにも欠かせないが、その関わりあいは緊張に満ちたもので、毒の入った食べ物が出されるかもしれないという恐れと結びついている（近藤 二〇一六）。

ところで森で出会う動物は、獲物や毒蛇には限らない。樹上にいる鳥を狩猟することはまれだが、これらとは頻繁に森で遭遇する。仮にその姿を視認しなくとも、声をつうじてそのプレゼンスを知ることは珍しくはない。森は多様な種類の動物との出会いに満ちているにもかかわらず、毒蛇か獲物との遭遇だけが特に夢見と結びつくのは、それがほかの遭遇にはない特別な位置を占めているからであろう。このことは別の点にも確認できる。

狩猟に行く前にはセックスを慎まなければならないとされる。セックスすると動物に遭遇するための運が減り、動物が姿を見せず、狩猟が失敗に終わることが多いとされる。一方、毒蛇に咬まれた時、直前にセックスしていると、毒は通常よりも激しく作用し確実に死に至らしめることになる、と考えられている。人間同士の性的な関係は、毒蛇と獲物との遭遇に悪影響を及ぼすこともある。ここにも、森での異なるたぐいの存在との遭遇と性愛の関係の親和性が確認できよう。

ハイとの遭遇においても、誘惑の力が作用している。ハイが、ある個人に対して病気を引き起こすのは、たとえば未来の患者が動物に対して行った非道徳的な振る舞いのためだとは考えられていない。反対に原因は、ハイの側に求められる。霊的な存在であるハイにも性別があり、一般的には異性である人間に惚れてしまう。ハイがある個人にとりつくのも、のちに病気を患うことになる人間に惚れたから、すなわち、誘惑されたためである。ハイにとっては性愛の関係にも近い似た状態であっても、人間にとっては病気でしかない。こうした経験の質的な相違は身体的な差異から生じている。

人間にとってハイや毒蛇の危険とは、情態や力能の束としての身体にこそ由来する。異質な身体の中には極めて危険なものがあり、それらとの遭遇は死や病に結びついてしまうことが多い。同時にそうした遭遇は、誘惑や社交のような、同等の存在同士の関わりとして想像されている。そのように想像される出会いが運とも密接に関連しているのは、人間が出会う相手である動物は自律性を備えているためであろう。誘惑と運の結びつきによって概念化されているのは、出会いの一項でしかない人間には十全に制御しえないものとしての森での遭遇といえよう。

4 動物を殺す状況

狩猟での殺し

森で起こりうる遭遇には人間同士の出会いのように想像される側面がある、と夢見において語られることを理解すると、その遭遇が殺しにまで発展する時、動物に備わる人間性の側面、魂や霊的なものとして想像される人格的な側面はどのように位置づけられているのか、ということが問いとして浮上する。

デスコラによれば、アニミズムの存在論における難問の一つに、カニバリズムに発展せずに動物の肉を消費することがある（Descola 2005）。ファウストによれば、獲物となる動物の肉を食べられるようにすることは、動物の脱主体化の過程として理解可能である。いくつかの社会では、その過程においてシャーマンによる介入が見られる（Fausto 2007）。また、脱主体化の過程はそれ以外のかたちをとることもある。カナマソのもとでは血が魂と結びつく物質だと理解されているが、より厳密には血流が、魂の活動を表している。動物が矢や銃弾によって流血している間は、動物は生きた身体を持っている。だが、流血が止まると、動物は魂をなくし、その身体は遺体になっている状態である。この遺体から皮をはぐことによって、動物の身体は肉になる。皮剥ぎの前に持ち運ぶために身体を切り分けることもあるが、その時に血が流れているのが見られると、解体は中断される（Costa 2010）。トゥカノでも、血は動物の生命力を保持する身体的実質であると考えられており、人は動物の血と自分たちのそれが混じることのないように、十分な注意を向ける（Hugh-Jones 1996）。

これらの点を念頭に、エンベラにおける狩猟での動物殺しについて考えることにしよう。狩猟は動き回る動物を追い詰めながら殺すことになる。時にアグーチなど、樹の穴や土中の穴に逃げ込む動物を殺す場合には山刀《マチェーテ》や先を尖らせその場で作る急ごしらえの槍のようなものを用いることもあるものの、基本的には猟銃が主な武器である。

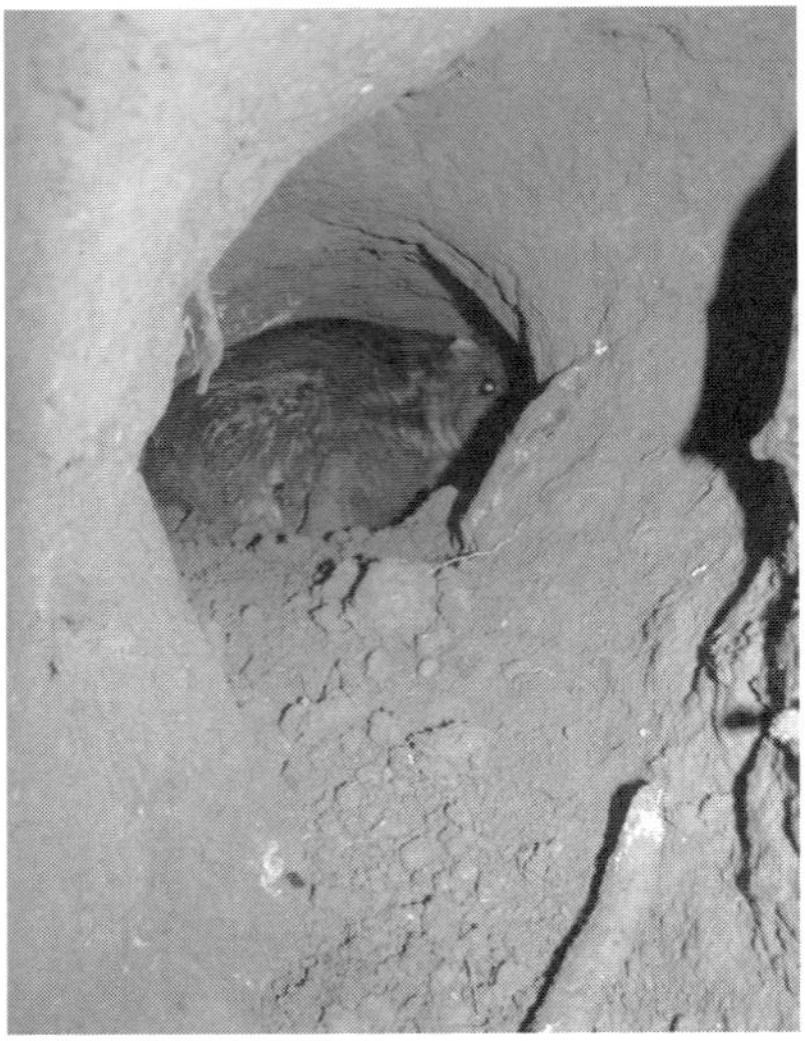

写真 5-3　穴に追いつめられたコネホ

頻繁に狩猟を行う男性、ウィルモはシカを殺した時の様子を次のように振り返る。この時、彼は猟犬とともに狩猟に出ていた。

> イヌが走り出した時は、どの動物を追っているのか、まったく分からなかった。イヌの後を追おうとしたが、イヌは何も応えなかった。しばらくすると、ピーテルとランディ［ウィルモのイヌの名：筆者注］が急に吠えたのでそちらに行った。だが、道を見失ってしまい、通り雨が降ってきた。自分が叫ぶと、ピーテルが現れた。全身濡れていたので、シカを追いかけていたのだと、分かった。すると、すぐそばでランディが吠えながら「ここだ！　ここだ！」と言ってきた。走っていた。シカも走りながら向かってきた。そこで、二発、撃ってやった。二発とも当たった。間をおかず、プラー！　プラー！　と撃ち、当たったのだ。そのあと、シカを縛るための弦を探しながら、川に行ってみると、そこはティグレ川だった。シカもピーテルも、ティグレ川まで行ったのだろう。

この語りにあるように、動いている動物を殺す時に、狙いを合わせ仕留める以上のことをなすのは困難であろう。さらに、穴に隠れた獲物となる動物を捕まえる時であっても、事態は変わらない。狩猟者はまず別の出口がないかを徹底的に調べたのち、時間をかけて穴を広げ、動物を確実に捉える。動物は撲殺や刺殺、あるいは銃で殺される。動物が袋小路にいるので、適切な武器を選ぶ余裕が生まれる。しかしそうした場合でも、アチュアールのアネントに相当する呪文や歌が唱えられることや、儀礼的所作がなされることはない。

また、解体の手続きに際してもなんらかの儀礼的所作が行われることなく、とりたててシャーマンの介入が要請されることはない。解体のプロセスはおおよそ次のようなものである。狩猟が行われるのは集落から離れたところであることが多いため、獲物を殺すことができた時には、長い時間をかけて死んだ動物の身体を運ぶことになる。運ばれる動物の身体は、直接家に運び込まれることはない。その前には解体をしなければならず、動物はいつも川岸に運ばれる。解体は、皮をはぐか、羽毛を処理したのちに、足の部分を切り落とす。その後、腹を裂き、頭部などを切り落とす。一連のプロセスで、動物の血が川に流れていくのだが、そばで川遊びをしている子どもたちもそれを見ている大人も取り立てて注意するような仕草は見られない。

総じて、獲物の殺しにおいて、その人間性や魂という相を意識的に処理するための手続きだと明確に解釈されうるものは確認できず、またそのようなことが表明される語りもない。

反対にエンベラの人たちが語るところによると、「動物の魂とは死んだらそれまで」のものとして、世界にある。死後に動物の魂がどのようになるのかなど誰も知りえない、と語る者もいるが、いずれにしても、動物の魂が死後に向かう先は特定されえない。さらには、人間の魂には起こりうる地下や天上の世界へ移り住む可能性が動物の魂にもあるかを尋ねると、人々は、はっきりとその可能性を否定する。動物の魂の死後の様態が空白状態であるためなのか、殺しの場面において、動物の人間性や霊的な側面はあまり省みられない。種横断的な関わりあいが誘惑から殺しへと変調する中で、その状況においては、動物の魂、あるいは人格的側面は明確な位置づけを失っていくようである。

蛇殺し

毒蛇は森を徘徊する存在の中でも極めて危険な存在である。毒蛇との遭遇が不運であるのもそのためで、人々は仮に咬まれなかったとしても、その遭遇に恐れを抱くことが多い。中には蛇に危うく咬まれそうになった場所に、しばらくのあいだ近づこうとしない者もいる。

蛇の毒は、致死的なものだと考えられている。毒蛇に咬まれた際には、国営の診療所などで管理される血清や伝統的な治療者によって治療がなされる。だが、常に一命が取り留められるわけではない。

SB村では筆者が調査を始めて間もない頃、一人の男性が毒蛇に咬まれ命を落としている。彼は数日、診療所に入院し治療を受けていたが体調は回復せず薬草を用いた治療に切り替えるために集落に戻ってきた。するとその晩に体調が急変し、翌日に死んだ。蛇に咬まれたのはコメを植えた耕作地を除草するために山刀《マチェーテ》を振るっていた時のことだった。毒蛇がそばにいることに気がつかないということは、文字通りに致命的な失態となってしまう。

しかし毒蛇は決まった場所にいるわけではない。耕作地や家屋のそばの草藪、水浴び場や便所、そして森を歩く道など、どこにでもいる。毒蛇はエンベラにとって、日常生活に遍在する潜在的な危険である。いつも現実になるわけではないその危険にいざ出くわすと、人々は強い恐れを抱く。

アレハンドロという若い男の狩猟についていった日のことである。この日、アレハンドロは頻繁に狩猟に向かう河川の上流を猟場に選んだ。一時間ほど歩くと、アレハンドロの猟犬は、狩猟用の小路からそれほど遠くないところにいた動物を追い始めた。その動物ははじめ、小路と交差するようにして大きな円を描きながら逃げていたので、私たちは小路の決まった範囲を何度も往復し、動物に接近しようとした。しかしそうしているうちに、猟犬の声は遠のいていった。動物を追うために、筆者たちはその小路を離れ、森の中を歩いていった。しかし数時間歩いても動物は見つけられず、猟犬が戻ってきたところで筆者たちも集落に戻ることにした。その帰路で、動物を追いかけ始めた時に何度も往復したところに差し掛かった。するとそこには、小路に沿って進む毒蛇がいた。それを見るなりアレハンドロは「人の路で何してやがる！」と怒声を浴びせながら、山刀を蛇に何度も振り下ろした。毒蛇がもはや動かなくなったことを確認し、それを道のわきに放り投げた。その後アレハンドロは、何度も通った道に毒蛇が小路にいたのは、筆者たちを待っていたからだと断定した。

同じようなことは、別の日にもあった。その日筆者は、ウィルモという若い男と一緒に、狩猟のために森に行った。

するとその朝、狩猟用の小路につくまでに六匹もの毒蛇と遭遇し、彼はそれをすべて殺した。結局、動物を一体も狩ることができずに戻る帰路で、ゆうに二メートルをこえる長さをした毒蛇がとぐろを巻いて、朝歩いてきた道にいた。ウィルモはそれを視認するや否や、後方に飛びのき、一息ついてすぐに銃でそれを撃とうとした。だが、慌てていたために弾がうまく装填できなかった。すると「ナイフ！」と筆者が持っていた十徳ナイフを要求し、手を震わせながらそのナイフでなんとか弾を込め直し発砲した。着弾したが、毒蛇はまだ生きていた。そこでもう一発銃弾を浴びせようとしたが、やはり弾が装填できずにいた。そこで、山刀《マチェーテ》ではなく、拾った長い枝で叩き毒蛇にとどめを刺すと、枝で動かなくなった毒蛇を持ち上げ、枝ごと茂みに投げやった。一日で七匹もの毒蛇に出くわしたことを振り返りながら、ウィルモは次のように独り言を言っていた。「朝には六匹も毒蛇がいた。さらに朝にはいなかったのに、あんなに大きな一匹が帰り道にいるなんて、自分を待ち構えていたみたいだろ……。自分はいつも動物を殺しているし……。何かが自分に呪いをかけているのではないか、とかいろいろ考えてしまう」。ウィルモはその帰り道、それ以上このことを喋りはしなかった。

　蛇が人間の歩く小路を歩いていたり、そこでとぐろを巻いていたという異様な事態が起きた時には、その毒蛇やそれを差し向けた何かの意思が想像されていた。そして、毒蛇の意図が向けられているのが、自分たちであるという事態に、明らかに二人は恐れを抱いていた。だが、毒蛇を殺したために蛇の魂が自分に害をもたらすこと、あるいは毒蛇の主と関係性が悪化するようなことに対する恐れが語られることはなかった。

　エンベラが毒蛇を殺す場面を数多く見てきたが、一つの殺しによって、個体としての毒蛇の魂や毒蛇の主との関係性に悪影響が生じると述べる者は誰もいなかった。森で毒蛇に出会ってしまうという時には、制御のしようもない毒蛇の意思や意図が推定される。それにもかかわらず、その直後に続く殺しによって、動物の魂や霊的な主が何らかの行為主体として位置づけられることはない。

　先のウィルリンやアルベルトの語りを思い起こしてみれば、そこで語られていたのは森で毒蛇と遭遇したという事態であり、二人はそれをもし何かささいな間違いがあれば死に直面することになっていたであろう状況として捉えていた。毒蛇に出くわすこととは、潜在的な危険が自らに襲い掛からんとする出来事、危険が現実になろうとしている事態である。[*10]死の危険が突きつけられるという出来事そのものが、人々を恐れさせるのであろう。

5 復讐論再考

復讐の原因としての殺し

獲物であれ、蛇であれ、特定のタイミングで生じる種横断的な遭遇においては、人間同士の出会いのように想像される関わりあいが含まれている。それにもかかわらず、その遭遇に続く殺しの場面では人格的側面との関わりを表現する実践や言説は不在となる。つまり、エンベラにおいて動物殺しは、別の瞬間には想像される、異なる種の間の社交的関係が生じる状況ではないと理解できる。この、殺しの場面における動物の人格的／霊的な側面の不在から、動物殺しの位置づけをどのように捉えることができるだろうか。

南米低地先住民の民族誌において見られる観念が、その手がかりになるだろう。それは病気を動物による復讐とする観念である（Oakdale 2008 ほか）。アマゾニアの先住民社会では広く、病気は狩猟に対する獲物や獲物の主による復讐として理解される、とファウストは指摘する（Fausto 2007）。

ファウストによれば、動物の再生産は同種内の魂のサイクルであり、狩猟を魂の解放により再生産の一助となるものとして捉える北極圏のモデルと対照的に、アマゾニアでは動物と人間の間に広がる魂の行き来が再生産の観念に結びつくという。このサイクルの基調にあるのは、異なるたぐいの存在の間の捕食関係であり、動物と人間はある種の「戦争状態」にある。狩猟行為が人間から動物に加えられる攻撃となる。対して、動物たちも人間に害を及ぼす。[*11]病気のかたちをとるその攻撃は、狩猟への復讐である。「戦争と病気は、単一の出来事に対する異なる観点を表している。

人間にとって病気と現れるものは、動物には戦争として見なされている」(Fausto 2007: 501)。そして狩猟に見られる倫理的な制約は、こうした動物からの反撃を回避するための手続きとして位置づけられることが多い。[*12]

いくつか、具体例を見ていこう。ワリのもとでは、狩猟の対象となる動物は人間と交戦状態にある。時に動物は、人間に不可視の矢を撃ち込み、病気にしたり、魂を身体から切り離して死に至らしめることがある。ほかにも、狩猟した動物を食べた場合、食べられた動物の霊は人間の身体の内部を食べることもあるという。動物の霊が、人間によって自らの肉と一緒に消費された「魔術的な果物」を取り戻そうとするためである。そのため狩猟した獲物の身体からその果物を取り除くように、シャーマンに依頼する必要がある(Conklin 2001: 154-155, 183)。

ボロロでは、ボペ・ウレというカテゴリーに属する動物は美味しい肉を提供する動物だと見なされており、恰好の獲物であるが、これらを殺すには十分な注意が必要になる。その動物のボペの嫉妬から生じた精霊が、人間を殺すからである。特に、狩猟者が攻撃はしたものの、殺すことができなかったり、しかるべき手続きをとって肉にすることができなかった動物からはボペ——再生産や死を引き起こす宇宙の原理、成長や衰退、変身に関わる——が生じてしまう。それゆえ、たとえば、獲物の身体を運ぶことができないためにボロロは一人でいる時にバクを狩ることはない。また、傷を負うと川底の穴に逃げ込んでしまうワニを攻撃することもない。ボペを適切に処理しなかった肉を食べた者は、病気になってしまう。そのために、ボロロのもとでは獲物を肉にする過程では、ボペと対話のできるシャーマンの介入が不可欠となる(Crocker 1985: 142-145)。

ミラーニャのもとでは、動物はにおいを有するものとそうではないものに分類される。狩猟の対象になる動物は基本的に前者であり、それらの動物のにおいによって病気がもたらされる。中でもバクは様々な病気の原因と見なされることが多い。また森にいる動物には霊的な守護者がおり、人間が獲物に対してなすことを監視している。狩猟に際しては、主たちに呪文を捧げることで、主たちが人間のために獲物を解放する。ここでは言葉と獲物が、人間と動物の間で交換されている。また、人間は獲得した獲物を解体する時には、地面に血を流したり、内臓や頭を森に残す。

これは獲物となる動物を見張っている霊的な存在が、新しい個体を再生させるための手続きであり、バクが獲物である場合は常になされる（Karadimas 2005: 196-198, 219-222）。

これらの事例では、病気は狩猟行為に対する報復として位置づけられている。そして、病気が狩猟活動に由来するために、シャーマンの介入や狩猟の道徳的振る舞いは病気を予防する効果が見込まれる。このような人間と動物の間に否定的な相互作用において、狩猟という動物殺しは、復讐としての病気を呼び込む直接的な原因となっている。*13

こうした事例をふまえエンベラの事例を考えると目につくのは、二つの不在である。一つは、先にも記した狩猟活動に関連するシャーマンの介入や狩猟の道徳的振る舞いの不在である。もう一つは、病気を動物からの復讐と位置づけるための行為主体の不在である。これは、エンベラにおいて狩猟という文脈と病気のそれが因果論的には結びついていないことを示唆していよう。

先の諸事例では復讐の行為主体は、動物の魂や霊的な主であった。ところがエンベラの場合、森での動物との遭遇は霊的な主の管理の不在によって可能になっている。そのために、動物殺しにおいて、これら存在を所有・統制しているはずの主たちは、考慮すべき行為主体となることはない。加えて、魂をはじめ動物の個々の霊的な相が、死んだ後に役割を持つこともない。そのためか、動物の魂に配慮するような禁止や奨励と一体になった道徳的規則のようなものも、見られないのである。セックスを慎むことを挙げることができるかもしれないが、それは、病気の回避とは関連しない。つまり、狩猟、すなわち動物殺しは復讐としての病気を呼び込む行為とは位置づけられていないのである。動物殺しと病気の間に因果関係を見込めないことは、病気の原因として措定される霊的な存在、ハイの存在様態からも確かめることができよう。

復讐ではない病気

いくつかのエンベラの民族誌ではハイを「獲物となった動物の霊」と見なしている。そして、それらのハイが人間の魂をさらう、傷つける、あるいは貪ることによって病気がもたらされる、と立論する（Vasco 1985: 141-144; Losonzcy 1986: 164-165; Torrez de Araúz 1966: 118）。ここには先に見た、復讐的病因論といえる霊的存在の理解があるだろう。すなわち、人間と非人間（＝動物と精霊）という、二つに分けられた領域の間で互酬的な暴力が展開しているという見立てである。

これらの議論は野生動物のハウレや魂がハイになる、と仮定していることになる。動物とハイの間に移行可能な関係、変態の可能性が仮定されることによって、動物とハイが、互酬的な枠組みにおいて一つの位置を占めるというわけである。しかしながら、その点について、論理的な想定を補う民族誌的事象は明示されていない。またこうした見立ては先に見たような動物の魂に関して人々が語ること、すなわち動物の魂は肉体的な死後の活動を想定しえない、という考えとの間に齟齬をきたすことになるのは明らかだろう。

加えて、ハイを殺された獲物の霊として同定することには論難もある。なぜ殺される動物種が限定的であるにもかかわらず、それらがハイになる時に多様な種となるのだろうか。このように考えた時、動物とこの霊的存在を一元化することによって、多様性をもってハイを形象化するエンベラの思考の相が見失われているように思われる。

復讐としての病因論が想定するのとは反対に、ハイという病気を引き起こす行為主体は、現実の動物と病気の原因とを分離させる機能を備えていると見ることができよう。ハイの行動は、殺された動物の報復として推定されるものではなく、病気を患うことになる人間に魅力を覚えているためでしかないのは先に見たとおりである。つまり、ハイの振る舞いは、狩猟された動物やそれらの主の意図によるものではない。

動物の魂に対して関連のないハイという病因は、人間が関係する非人間的な行為主体を複数化する。つまり、病気は現実の動物に由来せず、動物とは異なる存在との関係によってもたらされる、とするエンベラの思考は、非人間的な領域を一つの実体として捉えるのではなくそれらを複数化し多様化すること、非人間的な存在に対する関係性が結ばれるチャンネルをまとめるのではなく関係性の結節点を複数化することに、重きをおいているのではないか。

制御不可能な危険としての他者

この複数化をふまえ、動物殺しの位置づけをどのように見定めることができるのだろうか。そのために、エンベラにおいて強調される誘惑と運を復讐から弁別されるものとして考えなければならない。

重要なのは、エンベラのもとで不運は、何らかの原因によって発生するとは考えられていないということである。同じように吉兆を告げる夢はあるが、それを人間のもとにもたらす要因については不可知のままである。つまり、運は、たとえば善行や犠牲によって制御できるものではなく、偶然によるものである、ということである。

そして、こうした幸運が誘惑としても概念化されているのだが、誘惑とはあるハイと患者の間に、また、ある狩猟者と獲物の間に作用し、両者を結びつける。つまり、存在のたぐいを超えて働く引力のようなものとして想像されている。ただし、その関係に入り込む双方がもともとそれ自体の意図によって動く力能を持つことを前提としているとはいえ、[*14]そこで関係づけられる個体／個人より大きな行為主体は想定されていない。運―誘惑的な関係は、個体どうしの関係ではあっても動物界と人間界の関係ではないのである。

自律性のある動きに働きかける作用としての誘惑が運という観念と結びついているのは、その力の作動は道徳的な規則や社会的な規範によって確約されない不確かなものであるためだろう。[*15]つまり、関与する二者の間の関係をあらかじめ想定する論理的枠組みはない。反対に、関係の下図が描かれていない二項の間に生まれる繋がりを捉えるものとして、運と誘惑や餌づけの類縁関係があり、そのような関係として理解される遭遇の先に、殺しが生じる。これは、二項の間の互酬的な暴力の枠組みのうちにおかれる動物殺しとは大きく異なるだろう。

たとえば、先に挙げたカヤビやミラーニャでは動物の霊による復讐として病気が理解されている。その病気にかかる危険があるのは、実際に殺した狩猟者やその子ども、あるいはその肉を消費する者となる（Karadimas 2005; Oakdale 2008）。エンベラの場合、ハイとの身体的な関わりは狩猟活動の有無とは無関係で、誰にでも起こりうる。

運と結びつく誘惑とはこうした異質な身体それぞれの間に、人間が制御しえない仕方で働く力の作用のことであろう。誘惑によって生じる関係は、互酬的な暴力の枠組みを打ち立てることはなく、道徳やシャーマニズムによって人間に対する否定的な作用を回避する可能性を措定することもない。運―誘惑が結びつける毒蛇やハイの身体的異質性には、制御や管理の可能性が見込まれる「リスク」とは峻別される、制御不可能な「危険」が宿っている（ベック二〇一〇）。エンベラのもとでの動物殺しは、二つの界の間に打ち立てられた社会関係の枠組みではなく、出会う相手が「危険」そのものでありうる対面的状況にこそ位置づけられる。[*16] 恐怖をもたらしうる多様な存在の間の身体的な異質性に由来する力の作用は、無化しえないのである。

6 加害者であることと潜在的な被害者であること

エンベラにとって、非人間的な存在との関わりは、人間が人間に相対する力能から構成される人格的な関係の様相を帯びることもある。しかしながら、そうした側面があるという事実は、非人間的な存在の身体が、人間のそれとは決定的に異なるという事実を無化することはない。殺しの場面において、動物の魂や霊的な主が省みられないことも、異なるたぐいの存在の間での人格論的な関係性の限界を示しているためであろう。種横断的な関わりあいに生じるあらゆる問題は、関わるものが皆人間として関係を持つ社会的なやりとりによって解消可能になるわけではない。復讐を呼び込むことのない動物殺しは、行為の向かう先が特定される相互作用の外にある、多様で異質な身体を持つ諸存在のと関わりの中で解消も回避も不可能な事態として位置づけられているといえよう。エンベラの生は、別の身体を持つ存在にとって致死的になることは避けられないが、そうした存在と近接する可能性に満ちた空間において展開するものであるからである。

動物殺しが人格論的な枠組みの外にあるということや、野生動物保護の言説を相対化することによって、エンベラは動物に見られる人格性を軽視しているとだけ評価するのは不十分である。動物を殺してはならないという外来の道徳を受け入れるということは、危険なほどに異質な力に満ちた身体性の領域を軽視することを意味していないだろうか。あるいは、エンベラ自身が措定していないような、異質な身体を統制する力を人間に賦与しなければならない。そのいずれもが不可能であるほどに、自律性を備えた異なる身体を持つ多様な存在との無数の関わりあいが、彼らの生を条件づけている。動物殺しは、無数の関わりあいの一つ一つを構成するが、しかしそれは人間界と動物界として二元化された、二つの領域の関係そのものではない。

異質な身体を持つ諸存在との無数の関わりあいの中で、人間は殺す者の位置だけにいるわけではない。強力な動物や毒蛇の一咬みによって命を落とすこともある。さらに動物とは身体的にも行為主体としても区別されるハイが、人間の身体に備わる被傷性をいっそう増幅する。多様な存在の布置の中で、身体の異なりは、別の身体に対してある時には致死的となる。その関わりの中にある人間の位置は、加害者でもあり潜在的な被害者でもある、緊張状態にこそある。[*17]

動物殺しは、人格間の関係によって解消・調停可能でもなければ、規範を守ることによって無害になることもない。また、人間は常に殺しという行為の主体であり続けるわけではない。その客体にもなりうるのである。殺しをめぐる両義的な緊張状態を自らのもとに産出し続けながら、異なる身体を持つものとの間に自らを位置づけるというのが、危険な存在とともにいるエンベラの思想のあり方であろう。そこには、動物という他者のために殺すことを否定できる野生動物保護とは別の仕方で、異質な身体を持つ諸存在と向きあう姿勢がある。

謝辞

本稿はＪＳＰＳ科研費一五Ｋ一六九〇三（若手研究（Ｂ））、一五八八四〇八〇（研究活動スタート支援）の助成を受けた研究の成果である。記して謝意を表したい。

注

＊1　二〇〇八～一五年の間に計一九ヶ月パナマで現地調査を行った。BY村での調査は二〇〇八年から、PG村、PF村での調査は二〇一五年から進めている。以下で参照する森での会話は集落に戻ってから記した、フィールド・ノートに基づいている。

＊2　南米低地先住民による他者の衣服や動物の身体部位からできた装飾品を身にまとうことは、その者に「なる」という変身・変態の行為として論じられている（ヴィヴェイロス・デ・カストロ 二〇一六：六三―六五、コーン 二〇一六：三七〇―三七三）。コーンは、アヴィラの人々が写真撮影にあたり白人であるコーンの所持品を持っている姿で写真に写ろうとすることを、他者の力能を身にまとう「シャーマニズム」的な行為の萌芽と評価していた。このクペルティーノの振る舞いも、それに通じるところがある。

＊3　なお、ファウストによると、アマゾニアの狩猟者にとって獲物となる動物の再生産は、それほど大きな関心ごとではない（Fausto 2007）。

＊4　このアルマジロは穴の中にいるところを、猟犬に発見された。クペルティーノたちがその姿を視認したのは、穴から引きずり出した後であり、性別を確認する前に逃れようとあがくアルマジロを撲殺しなければならなかった。こうした事実をふまえると、道徳意識をかたちにする性差に応じた対象の選別という方針は、エンベラでの狩猟技法には適していないように思われる。

＊5　なお、デスコラは、九〇年代にアマゾニア先住民社会にも広がっていった動物保護の言説は従来の宇宙論とはあまり関係のないものであると評価している。先住民組織のリーダーたちがそうした言説を取り入れるようになっていたとしても、さらなる政治経済的な破壊から自らを守るための戦略でもあるという事実を理解しておくことの重要性を指摘した（Descola 2005b: 19）。

＊6　この点については、アイザックソンやル・クレジオが指摘している（ル・クレジオ 二〇一〇：六二―六三、Issacson 1993: 67）。

＊7　このほか死と宝くじの当選を予兆する夢見がある。運が夢見と密接に結びついていると理解できる。

＊8　カシナワのもとでも、同様の役割を果たす狩猟における幸運がある。この幸運は、ボアを殺す儀礼によってその霊と接触することで入手できるとされ、男性は蛇の心臓を食う。同様の儀礼では、女性は様々な模様を創造する力を得るが、カシナワのもとではボアは様々模様の主でもある。ボアをとおして入手されるのは、「イメージの流れ」を制御する力であり誘惑の力でもある、とラグロウは論じている（Lagrou 2009: 201-207）。

＊9　蛇との遭遇とは異なる夢見においても、食べたくない食べ物が現れる夢見がある。それは死者、とりわけ近親者の死後に見ら

れる夢であり、死者となった近親者は食べ物を与えようとする。しかし夢を見るものはそれを決して口にしてはならない。なぜなら、それを食べるということは自らを死者と同じ存在にすることになるからであり、命を落としてしまうからである（近藤二〇一六）。

＊10　同じように精霊と思われる存在を目にする経験を、人々は恐れる。精霊は通常不可視なのだが、時折、人々はそれを黒い影のような人間の姿などで目にしてしまう。その姿を見ると人は慌てて家に戻ることが多いのだが、中には熱を出し寝込んでしまう者や、外出を控える者もいる。

＊11　たとえばジュルアの場合、ペッカリーの狩猟に際して死んでしまうと、その人物の魂はペッカリーの群れに捕われペッカリーとなる（Lima 1999）。ウラリナでは、動物は狩猟の復讐として様々な病気を引き起こす。動物の主たちが不可視の吹き矢で攻撃すると、人間は病気になる（Walker 2012: 171-173）。

＊12　なお、ファウスト自身が調査したパラカーニャのもとでは、倫理的な意識に基づいた狩猟活動の制約や、シャーマニズム的な手続きを伴う解体の諸実践は見られない（Fausto 2012: 183-184）。

＊13　ほかにもいくつかのアマゾニアの社会では、動物の肉の消費は病因となる。カナマリのもとでは、適切な手続きを経て解体されなかった肉を食べると病気になる危険が増す（Costa 2012: 107）。トゥカノでは、適切な儀礼を行うことによって、肉の消費がもたらす危険を減じることができる（Hugh-Jones 1996）。

＊14　アマゾニアの民族誌においても誘惑の関係については、異なる観点から議論が積み重ねられている。タイラーは狩猟動物の馴致と婚姻の関係性が「他者の親族化」という過程と重なることを指摘する際に、誘惑が獲物に自己を重ね合わせる比喩が女性の視点において用いられるのに対し、男性の視点においては誘惑の力が表明されていると論じている。こうした事実からタイラーは、捕食関係とは、一方向的なものだと指摘する（Taylor 2000: 313-316）。対してコーンは誘惑の働きは、捕食関係に反転可能性を持ち込むところにあると論じる。コーンの取り上げる事例には、女性がオスのシカを誘惑していると理解できる側面がある（コーン 二〇一六：二一四―二二〇）。ラグロウは、誘惑を捕食関係から弁別されるものとして評価している（Lagrou 2009）。またアマゾニアを離れた地域においても、誘惑の関係は議論されている。大村はカナダ・イヌイットのもとでも、狩猟動物と人間の関係には誘惑として理解すべき側面があると指摘する。誘惑は、支配―従属関係において強者の位置にある命令に対置され

る、弱者の技法として位置づけられている（大村二〇一三）。

＊15　ガウらは、アマゾニア地域では、「中国や古代ギリシアに見られるような運の配分に関連する比喩」は見られないことをはじめ、幸運はあまり大きな役割を果たしていないと指摘する。エンベラに隣接する先住民集団、クナのもとでは、シャーマンは病気を診断する際にそれが不運によると指摘するものの、不運をもたらす要因は同定しない（Gow & Margiotti 2012: 46）。これは、たとえば、シベリアのブリヤートとエベンキのもとでの狩猟やチベット仏教系牧畜民に見られるセテル現象に関わる運のあり方とは異なっているように思われる。アマヨンによれば、動物と人間を引き合わせる幸運を高める儀礼などが執り行われる（Hamayon 2012）。シンジルトによると、屠られない家畜であるセテルやそれに類似するものは、幸運に関連するケシゲを呼び寄せることができる（シンジルト二〇一一）。これらの事例では、運が流動的であり何らかのかたちで捕獲できるもの、それ自体が制御の対象として概念化されているといえよう（Da Col 2012）。対してエンベラの運の観念は、ガウらが報告する様態に近いと考えている。

＊16　ヴィヴェイロス・デ・カストロは、アマゾニアの諸社会においては異なるたぐいの存在間の関係は危険と一体であると論じている。森で精霊から呼びかけられることは、たとえ一見社交的な誘いであったとしても、呼びかけられた者を死に至らしめる危険をはらんでいる（ヴィヴェイロス・デ・カストロ二〇一三）。

＊17　コーンは、アマゾニアにおける捕食関係とは反転可能性に開かれており、緊張に満ちたものであると論じている。「捕食には、制御不能で、無秩序で、異常な何かがある。それは、あなたにとり憑こうと回帰する、ある種の権力である」（コーン二〇一六：三四七）。ファウストは、アマゾニアにおける「人格」とは、能動性であるところの捕食者の相と受動性であるところの獲物の相の混成体として理解されるべきであると論じている（Fausto 2007）。

参考文献

ヴィヴェイロス・デ・カストロ、E　二〇一三「内在と恐怖」丹羽充訳、『現代思想』四一（一）：一〇八―一二六。

――　二〇一五a『食人の形而上学』檜垣立哉・山崎吾郎訳、洛北出版。

――　二〇一五b『インディオの気まぐれな魂』近藤宏・里見龍樹訳、水声社。

―― 二〇一六「アメリカ大陸先住民のパースペクティヴィズムと多自然主義」近藤宏訳、『現代思想』四四（五）：四一―七九。

大村敬一 二〇一三「食べ物の分かち合いと社会の成り立ち」根ヶ山光一・外山紀子・川原紀子編『子どもと食――食育を超える』東京大学出版会、一六一―一七七頁。

コーン、E 二〇一六『森は考える――人間的なるものを超える人類学』奥野克巳・近藤宏監訳、近藤祉秋・二文字屋脩訳、亜紀書房。

近藤宏 二〇一一「鳥の声を聞く」『生存学』五：一九六―二〇六。

―― 二〇一六「毒と贈り物――先住民エンベラの社交から見る贈与」岸上伸啓編『贈与論再考――人はなぜ他者に与えるのか』臨川書店、二八―一四二頁。

シンジルト 二〇一一「幸運を呼び寄せる――セテルにみる人畜関係の論理」奥野克己編『人と動物、駆け引きの民族誌』はる書房、一三二―一六五頁。

ベック、U 二〇一〇「世界リスク社会、世界公共性、グローバルなサブ政治」『世界リスク社会論――テロ、戦争、自然破壊』島村賢一訳、ちくま学芸書房。

ル・クレジオ、J 二〇一〇『悪魔祓い』高山鉄男訳、岩波書店。


（英語文献）

Conklin, B. A. 2001. *Consuming Grief: Compassionate Cannibalism in an Amazonian Society*. Austin: University of Texas Press.
Costa, L. 2010. Making Animals into Food among the Kanamari of Western Amazonia. In M. Brightman, V. E. Grotti and O. Ulturgasheva (eds.), *Animism in Rainforest and Tundra: Personhood, Animals, Plants and Things in Contemporary Amazonia and Siberia*. New York: Berghahn Book, pp. 96-112.
Crocker, J. C. 1985. *Vital Souls: Bororo Cosmology, Natural Symbolism and Shamanism*. Tucson: University of Arizona Press.
Da Col, G. 2012 Natural Philosophies of Fortune: Luck, Vitality and Uncontrolled Relatedness. *Social Analysis* 56(1): 1-23.
Descola, P. 1996. *The Spears of Twilight: Life and Death in the Amazon Jungle*. New York: The New Press.
Fausto, C. 2007. Feasting on People: Eating Animals and Humans in Amazonia. *Current Anthropology* 48(4): 497-530.

—— 2012. *Warfare and Shamanism in Amazonia.* Cambridge: Cambridge University Press.

Gow, P. 2001. *An Amazonian Myth and its History.* Oxford: Oxford University Press.

Gow, P. and M. Margiotti 2012. Is There Fortune in Greater Amazonia? *Social Analysis* 56(1): 43-56.

Hamayon, R. 2012. The Three Duties of Good Fortune:"Luck"as a Relational Process among Hunting Peoples of the Siberian Forest in Pre-Soviet Times. *Social Analysis* 56(1): 96-116.

Issacson, S. E. 1993. *Transformation of Eternity.* Ph. D. Thesis Department of Anthropology, University of Goteborg.

Lagrou, E. 2009 The Crystallized Memory of Artifacts: A Reflection on Agency and Alterity in Cashinahua Image-Making. In F. Santos-Granero (ed.), *The Occult Life of Things: Native America Theories of Materiality and Personhood.* Tucson: The University of Arizona Press, pp. 192-213.

Lima, T. S. 1999. The Two and Its Many: Reflections on Perspectivism in a Tupi Cosmology. *Ethnos* 64(1): 107-131.

Oakdale, S. 2008. The Animals'Revenge. In S. Beckerman and P. Valentine (eds.) , *Revenge in the Cultures of Lowland South America.* Gainesville: University of Florida Press, pp. 233-241.

Walker, H. 2012. *Under a Watchful Eye: Self, Power, and Intimacy in Amazonia.* Berkeley: University of California Press.

(その他の外国語文献)

Descola, P. 2005a. *Par-delá nature et culture.* Paris: Gallimard.

—— 2005b. Des pries bienveillantes: Le traitement du gibier dans la chasse amazonienne. en F. Héritier (org.), *De la Violance.* Paris: Editions Odile Jacob, pp. 19-44.

Hernández, C. A., C. Martha and D. C. Hernán 1995. *Ideas y prácticas ambiental del pueblo embera de Chocó.* Bogota: Colcultura.

Hugh-Jones, S. 1996. Bonne raisons ou mauvaise conscience? *Terrain* 26: 123-148.

Karadimas, D. 2005. *La raison du corps: Idéologie du corps et représentations de l'environnement chez les Miraña d'amazonnie colombienne.* Paris: Éditions Peeters.

Losonzy, A. M. 1986. Le destin des guerriérs: agression chamanique et agression guerriérs chez les Embera du Chocó. *Journal de la société des américanistes* 72: 157-183.

Rivièrè, P. 2001. A predação, A reciprocidade e o caso das guianas. *Mana* 7(1): 31-53.

Taylor, A. C. 2000 Le sexe de la proie: Représentaions jivaro du lien de parenté. *L'homme* 154-155: 309-334.

Torrez de Araúz, R. 1966 *Estudio Etnologico e historico de la cultura Chocó*. Panamá: Centro de Investigaciones Antropológicas de la Universidad de Panamá.

Vasco, L. G. 1985. *Jaibanás los verdaderos hombres*. Bogota: Biblioteca banco popular Textos universitarios.

第6章 森と楽園
ブラガの森のプナンによる動物殺しの民族誌

奥野克巳

1 人間の野生動物に対する非連続性

東南アジア島嶼部・ボルネオ島の中央部から流れるブラガ川（マレーシア・サラワク州）上流域の熱帯雨林に住む狩猟民プナン（西プナン）は、神話や口頭伝承の中で、動物たちを、人間性を持ち、人間と同様の振る舞いをする存在として生き生きと描きだす（図6‐1）。また、人間の不実な態度に怒った野生動物（の魂）が、天上界にいるカミに告げ口をして、雷雨や大雨や突風などの天候の異変につながることが極度に恐れられ、そのため、狩られて持ち帰られた動物を苛んではならないという禁忌を発達させてきた。狩られた動物の名前は発してはならないとされ、動物の種名は、人間の死者の名前が死後に替えられるのと同じように、特定の「忌み名」へと替えられる。[*1]プナンは、このように、様々な場面で、野生動物を人間との連続線上にある存在として捉えるが、その一方で、一般に、森の中で野生動物を見かけたり、その存在を感じたりした場合には、とりわけ男たちは、ハンター精神をむくむくと擡げて、殺害の機を逃さないように努める。彼らは、吹矢、槍、銃などの、決して動物の死にゆく情態が直接伝わらない道具を

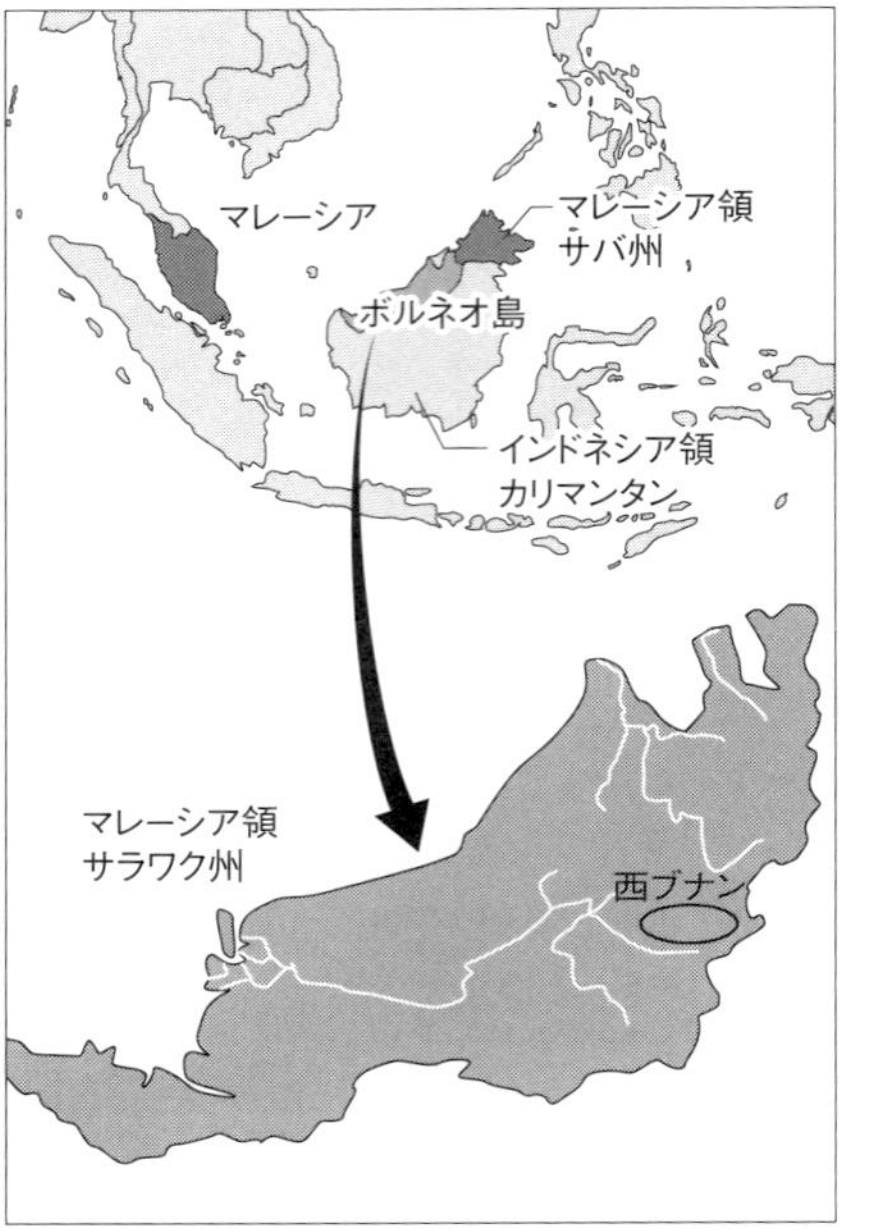

図 6-1　マレーシア・サラワク州と
西プナンの居住地

用いて、あらゆる野生動物を戸惑うことなく、即刻死に至らしめる。野生動物は発見され次第、殺しの標的となる。

プナンにあっては、連続性と非連続性という、野生動物に対するこうした二つの相反する関係のあり方が、矛盾なくひとところに納まっている。野生動物に対するプナンの態度や振る舞いに関しては、すでにこれまでに拙論において取り上げてきたので（奥野 二〇一〇、奥野 二〇一一、Okuno 2012）、ここではこれ以上議論を重ねない。

本章で取り組んでみたいのは、野生動物に対する非連続的な態度の上に築かれる、プナンの動物殺しの民族誌である。本章では、動物殺しをまずは、周囲の自然環境を含む条件との関わりの中で捉えてみようと思う。狩猟は、人間だけが行う特有の行動ではなくて、人間以外の他の動物も似たような捕食行動をする点で、「汎動物的」な行動である。そのように眺めれば、狩猟に関しては、人間は他の動物と連続する部分があるのと同時に、人間特有のやり方もあることが見えてくる。

以下、第二節では、東南アジアの熱帯雨林の生態学的な特性を概観した上で、ボルネオ島に見られる一斉開花・一斉結実現象を記述検討する。第三節では、プナンが、森の生態に関わりながら、どのように狩猟活動を組織しているのかを記述考察する。第四節では、実りをもたらし、人間を含めた狩猟・捕食行動に影響を及ぼす「鳥」に焦点を当てる。鳥こそが、森に食べ物が溢れる楽園の到来を告げる。第五節では、社会経済的な要因による近年の周囲の自然環境の変化に対して、プナンがいかに狩猟行動を再組織しているのかを記述検討する。

2 森の生態

熱帯雨林とは何か

今から八〇〇〇万年ほど前の白亜紀の中期は、地球の気温がこれまでで最も温暖だったとされる。動物に花粉や種子を運んでもらうよう進化した被子植物が栄えるようになり、地球上で、生命活動が盛んになった。その後、今から四〇〇〇万年ほど前の第三紀になると、地球は寒冷化へと向かい、かつて地球上に広がっていた被子植物の森は赤道付近だけに限定されるようになった。白亜紀に大陸の分割が始まったとされるが、その結果として現在、熱帯雨林はアフリカ大陸、東南アジア、中南米の一部に引き裂かれたまま残っている。

東南アジア島嶼部には、今日、内陸と呼べるような場所がない。海洋性の湿った空気が循環し、夏にはチベット高原で、冬には西太平洋で暖められた空気が上昇気流を生み、モンスーンとなって雨を降らせ、東南アジアの熱帯雨林を潤す（湯本 一九九九）。植物は、一般に、水分と栄養分を光と土壌から吸収する。しかし、水分と栄養分の絶対量は限られているため、植物の種は資源をめぐって競争することになる。生存をめぐる激しい競争が行われるため、森では少数の種しか生き残ることができないように思われるが、実際には、熱帯雨林では、同じ場所に七〇〇種類もの多様な植物が共存している（井上 二〇〇一：一七〇）。

ボルネオ島の熱帯雨林で最大とされるフタバガキやマメ科の樹木は、高さ七〇メートルにも達するものがある。そこでは、一ヘクタールに四〇〇種以上の樹木が生育し、様々な地形と土壌を含む五〇ヘクタールでは、一二〇〇種を超える樹種が確認されている。熱帯雨林におけるそうした樹種の多さは、多様性の点で地球上の他の森林形態を圧倒する。

熱帯雨林が見られるのは、月の平均気温が摂氏一八度以上で、一日のうちで気温は変化するが、同時刻の気温は年

写真 6-1　ブラガ川上流のフタバガキ混交林

間をつうじてほとんど変化せず、常に雨が多いせいで、蒸発量が降水量を上回る月がないような気候の条件下においてである（百瀬 二〇〇三：一六）。そのうち、ボルネオ島の標高六〇〇メートルくらいまでの低地に分布するのが、混交フタバガキ林である（写真6-1）。それは、林床の数メートルの高さの草本層、数メートルの高さで花を咲かせる低木層、一〇メートル以上に成長する亜高木層、林冠を形成する高木層および樹高六〇～七〇メートルに達する突出木層から構成される（百瀬 二〇〇三：二三）。フタバガキ科の植物はアフリカ起源であるが、その分布の中心は今日、東南アジアにある。混交フタバガキ林では、前述したように、一種だけが優占するのではなく、多くの種が共存している。

生命活動が低温や乾燥という気候条件の制約を受けることがない、季節性のない東南アジア島嶼部の混交フタバガキ林では、次節で詳述するように、平均して数年に一度の割合で、多くの植物が一斉に開花し、一斉に結実する（井上 一九九八、湯本 一九九九、百瀬 二〇〇三）。湯本は、混交フタバガキ林の二五七種のうち、三七％の種が一斉開花型のフェノロジー（生物の季節変化）を示したという。それ以外の開花のパターンとしては、一斉開花期以外にも開花するが、毎年開花するわけではない「超年開花型」、毎年開花する「毎年開花型」、一年に二回以上開花する「副年開花型」がある。湯本の報告によれば、それぞれ一九％、一三％、五％であった。加えて、一九九三～九五年の間に一度も開花しない種が二六％あったという（湯本 一九九九：一五三）。

一斉開花・一斉結実と送粉仮説

一斉開花・一斉結実がなぜ起こるかという問いが、熱帯生態学における重要な課題であった。ヤンツェンらは、動物が一年中活動できる熱帯では、連続的に種子を生産するとすべての種子が捕食されるので、ふだんは種子を作らないで捕食者を飢えさせておいて、時々種子を作って、飽食して食べ残させるという「捕食者飽食仮説」を唱えた。これに対して、井上民二らは、同種の樹木が離れた場所に生育していることが多く、そのため一斉開花することで花粉を運ぶ昆虫や動物を引き寄せて、繁殖効率を高めているとする「送粉仮説」を提唱した（井上 一九九八）。一斉開花・一斉結実というフェノロジーは、動植物を巻き込んだきわめて複雑な現象であり、その全貌はまだ十分には解明し尽くされているとはいえないが、以下では、送粉仮説に沿って、花粉媒介のメカニズムを取り上げて、手短に植物の再生産を含む熱帯雨林の生態を概観してみよう。ここでの目的は、植物の送粉との関係で、動物がいかに行動するのかを探ることで、熱帯雨林の動植物の活動のメカニズムを記述することである。[*2]

混交フタバガキ林の林冠を構成するサラノキ属（*Shorea*）の花弁は完全に開くことがない。そのため、基部に近い部位で、花弁間に隙間ができる。ほかの昆虫が入れないこの隙間に入れるのは、アザミウマ目（*Thysanoptera*）という、体長一ミリ前後の微小昆虫である。サラノキの一種は、数種のアザミウマに送粉を完全に依存しているとされる（井上 二〇〇一：一二〇―一二一）。混交フタバガキ林では、一斉開花期以外には、ハリナシバチが最も重要な花粉媒介者である。形態的に特殊化していない花の花粉は、ほとんどがハリナシバチによって媒介される。他方で、一斉開花直前にオオミツバチは混交フタバガキ林にやってくる。オオミツバチは、盛んに花粉を集めて働き蜂を増やし、新しい巣を作る。一斉開花が終わりに近づくと、オオミツバチは旅立ちに備えて燃料となる蜜を貯め込む（百瀬 二〇〇三：八一）。

このような被子植物の昆虫による送粉に対して、植物は昆虫や動物からの食害にあう。たとえば、ゾウムシは、フタバガキの未熟果実に産卵する。果実に穴を空け、尻にある産卵管を差し込んで、卵を産み込む。こうした類の食害を防ぐために、植物は棘をまとったり、毒を含む被食防衛物質を含むようになった（井上 一九九八：一二〇）。

湯本貴和によれば、「現在の熱帯雨林は、白亜紀中期以降過去一億年の歴史を記した、被子植物や昆虫や脊椎動物との共進化の産物である」（湯本 一九九九：四八）。新生代になって、鳥類や哺乳類が栄え始めると、種子散布を動物に依存する植物が出現するようになった。移動距離のある動物に種子を運んでもらうために、果実は動物にとっておいしく栄養価の高い食べ物となったと考えられる。種子散布には、送粉とともに、「風散布」「水散布」「動物散布」、落ちるだけの「重力散布」、自分ではじける「自発的散布」があるが、熱帯雨林ではこれらのすべての種子散布のパターンが観察される（湯本 一九九九：一二二）。

鳥媒花とは、鳥によって送粉される花のことである。それは、色覚が卓越した視覚によって行動する訪花性の鳥を引きつける（湯本 一九九九：一一八）。そのため、熱帯の珍奇な花は、特殊な送粉者を持つ特殊化した花とされる（湯本 一九九九：一一九）。オオバヤドリギの一種（*Tritecanthera xyphostachys*）に訪れたタイヨウチョウ科のハシナガクモカリドリは、林冠で造網性のクモを捕食する。ハシナガクモカリドリは、長いくちばしを使ってピンセットで挟むようにして獲物を捕まえる。オオバヤドリギは、クモカリドリに花のついていない軸を足場として提供して、吸蜜させる。オオバヤドリギは、クモカリドリ媒だといえる（湯本 一九九九：一四六―一四九）。

鳥が、温帯では動物散布の主な担い手であるが、熱帯域では、鳥に加えてサルなどもまた種子散布を行う（湯本 一九九九：一二二）。ほかの動物では扱うことができないほど大型化し、大型霊長類のオラン・ウータンによって食べられることに特化した果実が、果肉も甘くて多いドリアン（*Durio zibethinus* キワタ科）やチュンペダ（*Artocarpus integtra* クワ科パンノキ属）である。オラン・ウータンが獲り尽くされてしまった地域では、種子は樹木の根元に落ちるだけで、定着できない（井上 二〇〇一：一二五、西田 二〇〇一：六〇）。こうした「吐き出し散布型果実」は、人間にとっても食の価値が高い（百瀬 二〇〇三：一四二）。

霊長類のうちマカク属のカニクイザル（*Macaca fascicularis*）は、ボルネオ島に広く生息する、尾が長いサルである。熟した果実、タケの新芽や木の花など、カニだけでなく昆虫やカエル、カエルの卵、そのほかの無脊椎動物を食べる（安間 一九九一：七四―八二）。もう一種のマカクであるブタオザル（*Macaca nemestrina*）は、ボルネオ島では低地から標高一三〇〇メートルくらいまでの森林に生息する。種子や野生のバナナなどの採食時以外は、地上中心に活動する（安間 一九九一：一六六―一七〇）。ラングール属のリーフモンキー（*Hylobates*）は、樹上で暮らし、主に、木の葉、若い枝や種子をかじったり、果実を食べたりする（安間 一九九一：八〇）。小型の類人猿であるテナガザルは、腕が長い樹上性のサルである。長い手を利用して、小枝をたわめて果実をとったりする。果実を中心として、若い葉、茎、花、時には鳥の卵やひな、昆虫、はちみつなどを食べる（安間 一九九一：一五五―一六六）。これらの霊長類は、果実を食べて、種子を散布させている。

林床で活動する動物たちは、植物にとっては、葉や種子を食べる厄介な存在である一方で、食べた種子を糞として体外排出することで、植物の種子散布のパートナーでもある。鮫島によれば、一斉開花期にはオオミツバチが、一斉結実期にはヒゲイノシシ（*Sus barbatus*）が多数現れ、その豊富な資源を消費し、去っていく（鮫島 二〇一五：一七七）。ヒゲイノシシは、落下した果実、種子、木の根、若い灌木や草、ミミズ、カエル、ヘビなどの小動物を食べる（安間 一九九一：一四九―一五四）。

数年に一度、一ヶ月以上雨が降らない時期が続くと、その一～二ヶ月後には、フタバガキ科や野生のマンゴー、ドリアンの木が次々と開花し、さらに二～五ヶ月後には、大量の果実がなる。一斉結実は二～三ヶ月続き、その間、ヒゲイノシシ、サイチョウ、ネズミ、リスなどの果実食動物の個体数が増加する。一斉結実期には果物だけでなく、動物も増える。ヒゲイノシシは、一斉開花期に交尾し、約七ヶ月後の一斉結実の末期に出産するとされる。ヒゲイノシシの生息密度は、一斉結実直後には通常の一〇倍以上に増加する。一斉結実はまれに数ヶ月や一年という短いサイクルで起こることがあり、この時にはヒゲイノシシが非常に増える（加藤・鮫島 二〇一三：一三四―一三五）。植物が一斉に開花し結実し、動物がそれを目当てにやってくる。この時期、森はさながら野生動物にとって楽園となる。

見てきたように、一斉開花・一斉結実を説明する捕食者飽食仮説にせよ、送粉仮説にせよ、一斉開花・一斉結実をめぐる仮説は、植物が繁栄するために工夫して動物を利用し、動物もまた自らの生存のために動植物を食対象として利用してきたという見取り図の上に考案されてきた。このことから、熱帯雨林では、生態学的に高度な社会システムが築かれてきたと見ることができる。植物と動物の共進化によって作り上げられてきたボルネオ島の森に人間がどのように入り込んできたのだろうか。それが、狩猟民プナンを事例として、次に取り組まれるべき問いである。

3 プナンの狩猟

糧を探しにいく

本章の冒頭で述べたように、プナンの狩猟場面において、野生動物との連続性は、元来そのようなものがなかったかのように、極小化される。他性を帯びた存在と捉えて、容赦なく殺害に及ぶ。そのようにして糧を得なければ、彼らは生きていくことができないのである。

プナンは、朝目覚めると、食べ物が何もない場合がふつうであり、共同体のリーダー[*3]は、ポトック（potok）と呼ばれる朝のミーティングで、メンバーに、昼間に、狩猟や漁撈に出かけるように促す。それに応じて、男たちは、「タエ・ナーウ（tae naau）」する。タエ・ナーウとは、糧を探しに出かけることである。そのように呼ばれることからも分かるように、狩猟だけに特化した行動があるわけではない。タエ・ナーウは、生きるために食べ物を探すこと全般を指す（写真6-2）。

ポトックの際、共同体のメンバーは、タバコを吸ったり、蚊帳を片づけたり、赤ん坊をあやしたりしながら、リーダーの言葉に耳を傾ける。人々は耳を澄まし、自分が知っていることや、その夜に見た夢見の内容をぼそぼそと語る。

よい夢が語られることは稀であるが、悪い夢はメンバー全員に知らされる。ウガップ（霊的存在）が森の方からキャンプにやって来て、火に掛けてあった鍋蓋を空けて覗いていたという夢見の内容を語った男は、夜明け前から体調不良が続いていた。その夢見に現れたのは、地霊であり、凶兆であると解釈され、その日は、タエ・ナーウに出かけないことになっただけでなく、そのキャンプを畳んで、別の場所に移動することになった。また、朝目覚めた時に、夢の中の「靴を脱げ」という音響イメージだけが印象に残っていた狩猟者は、その日は裸足で狩猟に出かけて、ヒゲイノシシを一頭仕留めた。筆者は、その夢語りを事後的に本人から聞いた（奥野 二〇一一）。

狩猟キャンプでは、その前日に森の中でヒゲイノシシが目撃されたことは、たいていすでにメンバーに知れ渡っている。そのような場合、ポトックにおいて追跡のしかたが吟味され、最終的にいかに追跡すればいいのかが判断される。残された足跡を辿りながら、三人の狩猟者が分かれて追跡し、前日に目撃された二頭のヒゲイノシシを仕留めたことがあった。

森の中を歩き回る狩猟

ポトックでは、意見や情報の交換とその共有が行われる。メンバーの間で共有された情報に基づいて、その日の糧探しの行動が組み立てられる。そのようにして組織されるタエ・ナーウは、いったいいかに行われるのだろうか。タエ・ナーウのやり方は、大きく分けて二つある。一つは、野生動物が出没すると予想される森の中を歩き回るものである。*4 狩猟者は、実がなる果樹へと近づいたり、塩場やヌタ場に

写真 6-2　吹き矢で獲物を狙う狩猟者

立ち寄ったりしながら、森の中を歩き回る。もう一つは、一定の場所を定めて待ち伏せするものである。ここでは、菅原和孝が、カラハリのグイ・ブッシュマンの狩りを記述する際に用いた「虚環境」というアイデアを援用しながら（菅原 二〇一五：一九―二二）、必ずしも明瞭に分けることはできず、交差する部分もあるが、この二つの主要なプナンのタエ・ナーウを、狩猟に照準を当てながら考えてみたい。虚環境とは、過去語りに見られるように、主体のある身構えによって立ち現れる「今ここ」の環境とは異なる領野のことである。

グイの狩猟者は、「今ここ」の環境において直接的に知覚する事柄に基づいて事象を同一性指定する「直示的認知」とは別に、虚環境を思い浮かべるという。虚環境の典型は、動物、人間たちが闊歩する神話空間であり、狩猟者は虚環境がモザイク状に噛みあわさったその境界を歩く。「今ここ」から見える風景の一点を指し示し、「あのぐらいの所に……」と言いながら、虚環境における自分と獲物との間の距離感を再現する。菅原は、虚環境は様々なかたちと程度で環境に滲透するという（菅原 二〇一五：一九―二二）。

目の前の風景の中に動物を探す身体＝精神的経験をいかに捉えるのかを考える上で、虚環境という理論枠組みは示唆的である。筆者は、菅原が取り上げた神話空間に加えて、足跡、物陰、音、声、匂いなどの指標記号を虚環境の要素として考えたい。物理的実在を視認して、殺害を企てる行動を語るのを可能にするあらゆる指標記号がつくりだすものを虚環境としたい。プナンの狩猟者にとっては、虚環境の要素としては、神話空間ではなく、指標記号の方が優位だと思われるからである。

ブラガの森（ブラガ川上流域の森のこと）には獰猛な大型獣は存在しないが、ヒゲイノシシをはじめ中小の動物を相手に、狩猟は必ずしも人間の優位を確保した上で行われるわけではない。狩猟者は吹き矢や槍、山刀などの武器をつねに磨き上げ、毒矢を持ち運び、猟犬を同行させる。近年では、手製のライフル銃が用いられることが多い。動物の習性を知り尽くした上で、人間の体臭が漂わないように食事を控えて猟に出かけ、風下に位置取りをし、できるだけ目立たないような色を選んで着衣を工夫する。プナンの狩猟者たちは、森の中を歩き回って、環境と虚環境の重ね合わせの先に野生動物に遭遇するのである。これが、森の中を歩き回る狩猟行動である。*5

待ち伏せ猟

プナンにとってもう一つの重要な狩猟のやり方が、待ち伏せ（mavang）である。待ち伏せ猟は、歩き回る狩猟のように、環境と虚環境を重ね合わせるのではなくて、虚環境が現れ出ると予想される場所を選んで、環境すなわち獲物の出現をひたすら待つことによって行われる狩猟である（写真6-3）。それは、森の中を、時には猟犬とともに歩き回って行う狩猟と同じくらい、あるいは第五節で述べるように、それ以上の頻度で行われる。

写真6-3　待ち伏せ猟

待ち伏せ猟を考える上で、エドゥアルド・コーンの議論が示唆に富んでいる。コーンは、『森は考える』の中で、言語による表象が及ばない人間的なるものを超えた領域を射程に入れるために、「形式」という概念を持ち出して、エクアドルの先住民ルナの狩猟行動を読み解いている（コーン二〇一六）。コーンによれば、自己相似的に地理的に広がる果樹の分布があり、果実を食べるために動物たちが集まり、そうした植生と動物の行動の相よりも高位に人間が位置する。狩猟とは、そのような形式を利用して行われるのだと、コーンはいう。「狩猟者はたいてい、動物を直接狩猟はしない。動物を魅了する形式を活用する」（コーン二〇一六：二九三）。ルナは、森で獲物を探すよりも、果樹のそばで身を隠して待ち伏せする狩猟を好んで行うとされる。狩猟者は、植物相の形式を利用する（コーン二〇一六：四二四）。

季節性のないボルネオ島の森では、ある地域で一斉結実があったとしても、その近くの森でさえ、実が結んでいないことがある。動物たちは果実を食べにやってくる。人間は、果樹を見つけて、あるいは、落下している果実を見つけて、そこに動物がやってくるのを待ち、動物を仕留める。これは、コーンのいう形式を利用した狩猟にほかならない。人間は、植生と動物による捕食の関係を捉えて、その形式を利用して待ち伏せるのである。

クレイグ・スタンフォードは、今から約一一万年前のヨーロッパの考古学的証拠から、人類の祖先が、腐肉食から大型動物を待ち伏せして狩猟するハンターへと変貌を遂げたと見ている（スタンフォード 二〇〇一：一三七―一三八）。興味深い指摘であるが、ここで考えてみたいのは、人間以外の動物の狩猟行動についてである。こうした待ち伏せ猟はまた、人間以外の動物たちによっても行われてきたという事実である。よく知られているのが、ナイルワニの待ち伏せ猟である。ワニは、ガゼル、ヌー、シマウマ、ヒヒ、オナガザルが川に水を飲みに来るのを知っていて、川面に目と鼻を出して待ち続ける。やがて獲物がやってくると、その動きを注意深く見極めながら、襲いかかって噛みつき、窒息させる（今泉 一九九五：六七―六九）。同じように、ホッキョクグマは、アザラシの呼吸孔の近くで待ち伏せ猟をして獲物をつかまえる（今泉 一九九五：七〇―七一）。アンコウの類は、深海の砂利や砂泥に擬態して待ち伏せをし、背鰭の第一棘を疑似餌として小魚をおびき寄せて、すばやく捕食する（今泉 一九九五：七四―七五）。そもそも、そうした待ち伏せ猟、ひいては、形式を活用した狩猟は、人間だけでなく、人間以外の動物によっても行われてきている。[*6]それは、人間特有の狩猟ではない。

人間による待ち伏せ猟は、動物の狩猟行動におけるそれと緩やかにつながっている。プナン語で「マヴァン・ヌアン（mavang nuan）」は、獲物が通ると予測される道の脇で待ち伏せることである。「マヴァン・スンガン（mavang sungan）」とは、乾季に、ヒゲイノシシ、ホエジカ、リーフモンキーなどがやってくるのを、塩場の脇の茂みなどに身を隠して待つことである。「マヴァン・トン・オニェ・カユ（mavang tong onye kayeu）」は、果実の季節に、サイチョウなどの鳥が果実を食べに来るのを、樹上で待ち伏せる。鳥が木の実をついばんでいるところを、槍や吹き矢を使ってとどめを刺す。これらのうち前二者では、息を殺して、人が獲物から見えないようにして、人の匂いが風に乗って獲物に流れないことを気にしながら獲物を狙う。*7

第五節を先取りして述べれば、二〇〇〇年代以降、夜間に油ヤシの実を食べに来るヒゲイノシシを待ち伏せて捕まえる、油ヤシ・プランテーションでの猟が行われるようになった。狩猟者は夜の闇に溶け込んで待ち伏せる。このように見れば、動物と直接対峙しそれを殺害することは、狩猟の一面であることがよく分かる。狩猟行動は形式を活用しながら組み立てられている。その最たるものが待ち伏せ猟である。プナンによる狩猟は、果実を求める動物行動を把握しているために可能になる。*8

ところで、待ち伏せ猟には、「待つ」ことが深く組み込まれている。「待つ」とは、鷲田によれば、実現していないがある意味ですでに知っているある事態をゆるやかに「待つ」ことにほかならない。既知の何かは、すでにあるかたどりを得ている。「待つ」とは、したがって、待った後をあらかじめ思い描いている未来完了形の「待つ」ことなのである（鷲田 二〇〇六：二七―二八）。

それは、狩猟者が対象である動物に挑みかかるという振る舞いによって主体的に組織される狩猟とは逆方向の主体経験のあり方なのではないだろうか（木田・竹内 二〇一四）。鷲田が述べるように、「待つ」ことは、人類の意識が成熟して付加的に獲得した能力ではない。はじめから、意識を可能にする最も基礎的な位相としてあった「待つ」ことから未来は生まれ、意識は始動したのである（鷲田 二〇〇六：一八八―一八九）。

プナンは、果実を求めて到来する野生動物を待ち伏せる。森の中で行われるヒゲイノシシの捕食活動を活用して、ヒゲイノシシを捕えようとする。狩猟において獲物を待ち伏せすることの中には、未来に対する意識がある。虚環境を予想させる場所を選んで、森と一体化し、（第五節で見るように、夜には）闇の中に溶け込むことで、ひたすら獲物を待つことをつうじて、環境すなわち獲物の出現を期する。

前項で見た森の中を歩き回る狩猟が、実がなる果樹に近づいたり、塩場やヌタ場に立ち寄ったりすることにより組み立てられているのだとすれば、本項で見た二つの狩猟の様式には、本質的な差はないのだといえる。森の中を歩き回る際にも、狩猟者は形式を活用するからである。

そのようなプナンの狩猟行動は、人間でもなく獲物でもない、それらとは別の変数である要素（ときには獲物となる場合もある）によって影響を受ける。果実を啄み、人間の近くまでやってきて囀る鳥こそが、森の楽園をつくりだし、人間の幸を左右する。次に記述検討するのは、鳥を中心とした森の生命活動である。

4 鳥がもたらす楽園

果実の季節を告げる鳥たち

季節性のないボルネオ島の一斉結実を特徴とする植生と先住民シハンの狩猟行動との関わりについては、加藤裕美が報告している（加藤・鮫島二〇一三）。それによると、シハンは、一斉結実を含めて、ヒゲイノシシの生態について認識している。一斉結実の時期にまず実をつけるのは、ランブータン、プラサン、イヴォウである。その後、ドリアンが結実し、一斉結実が終わる頃には、野生のドリアンが実をつけるという。どの果実が実をつけているのかによって、一斉結実のどの時期に当たるのかを判断すると同時に、ヒゲイノシシの到来や脂肪の厚さによってもシハンは一斉結実の時期を知る。

シハンはまた、一斉結実の時期に遠くから到来するヒゲイノシシを「バブイ・トゥン（遊動性のヒゲイノシシ）」と呼び、一斉結実に関係なく、周辺に定住するヒゲイノシシ、「バブイ・ニュブフン（定住型のヒゲイノシシ）」から区別する。遊動性のヒゲイノシシとは、さらに、時には一〇頭以上で一ヶ所に大量に出没する「バブイ・ポプン」、一斉結実が始まった頃の、脂がのり始めた「バブイ・ダバ」、一斉結実が終わり、脂が薄くなり始め、別の地へ移動していく「バブイ・ウリ」のことである。一斉結実とは関係ない、定住性のヒゲイノシシもまた、脂ののり方や捕食対象によって四つのカテゴリーに分けられる。またシハンは、一斉結実の季節には狩猟に打ち込むという。その時期、人々は果実に恵まれるだけでなく、ヒゲイノシシの肉にも恵まれ、豊かな季節を迎える（加藤・鮫島 二〇一三：一四〇—一四三）。

これに対して、プナンは一斉開花・一斉結実に関して、ヒゲイノシシを三種に分けて、その到来や食感などに言及する。①「一斉開花の時期にやってくるヒゲイノシシ（mabui menyerang busak）」には、脂身はない。②「キュウカンチョウのヒゲイノシシ（mabui kiyon）」は、一斉結実の季節にやってくるキュウカンチョウの落とした実を食べる。これらの二種のヒゲイノシシは、ブラガの森近くに住むヒゲイノシシである。③それらとは別に遠くから大勢でやってくるのが、「ミツバチのヒゲイノシシ（mabui layuk）」である。一斉開花期にミツバチが飛んでくると、プナンは毒を集め大量の毒矢をつくる準備を始める。その現象が、次に起こる一斉結実期の前兆だからである。ミツバチのヒゲイノシシは、その後、「歩き回るヒゲイノシシ（mabui tuun）」に生成変化する。一斉開花後に交尾をしたヒゲイノシシが一斉結実直前に出産し、実を食べてたっぷりと太るからである。ミツバチのヒゲイノシシ、歩き回るヒゲイノシシともに、脂肪が厚いとされる。

このように、プナンにとっても、フェノロジーを見極めることは重要な関心事である。鳥の活動が重要なのは、一斉開花・一斉結実を含めて、果実の到来と動物たちの行動を知ることに関わっているからである。鳥の囀りは、超越世界からのメッセージとして聞かれる[*9]（卜田 一九九六：八六—九一）。

プナン名でカンカプット（kangkaput 学名：不明）という鳥がいる。それは、果実の季節を告げにくるとされる。しかし、その鳥を間近で見たとか、捕獲したことがあるプナン人はいない。それは、上空の高い所で鳴くため、見たり、捕まえたりすることができないともいわれる。カンカプットは、カッコウの一種だという説もあるが、その生態は、その存在を含めて謎である。以下、カンカプットの囀りの由来をめぐる動物譚の要約である。

「カンカプットが鳴いて、果実の季節を告げにやってきた。カンカプットが訪れると、人も動物もみな果実を食べた。カンカプットは木の枝に止まって、来る日も来る日も「カンカプット、カンカプット」と鳴いた。ある日、木の下の川の中に住む、生まれたてのブレンという名のサカナが、そのやかましい鳴き声によって、耳が聞こえなくなってしまった。そのことに怒ったサカナの親はカンカプットの足に噛みつき、それを折ってしまった。カンカプットはそのことを恥じて、海を渡って飛んで行ってしまった。カンカプットがいなくなったため、それ以来動物たちには、食べ物がなくなってしまったのである。カンカプットが果実の季節を告げに来なくなったからである。誰も、いかに鳴けばいいのかを知らなかった。そのため、人も動物もみな飢えで苦しんだ。困りはてたものたちが集まって、カンカプットに帰ってもらうことにした。サイチョウや他の鳥たちがカンカプットに会うために飛んでいったが、辿り着くことができなかった。みなが困り果てていた時、チョウがカンカプット探しに挑むことになった。チョウは昼夜休まず、海を超えた長旅の後、ようやくカンカプットのいる所に達したのである。チョウは、カンカプットに帰るように説得したが、カンカプットは頑なに拒んだ。カンカプットが言ったのは、あちらに卵を残してきているので、それをハトに孵させて、若いカンカプットが鳴いて、木に実をつけさせることができるということだった。その後、チョウは帰ってそのことをみなに伝えて、そのとおりにした。だから、今でも、カンカプットが果実の季節を告げにやってくるのである。ブレンには、罰として、その後、果実を食べるのが禁じられた」(Jayl Langub 2001: 18-27)。

カンカプットが訪れないと、果実の季節はやってこない。逆にいえば、カンカプットが果実の季節を告げて回るのである。

カンカプットが登場する動物譚はたくさんある。筆者が蒐集したものの一つは、カンカプットの鳴き声を聞いて、花の匂いを嗅いだヒゲイノシシが果実をたらふく食べて太る。その後、オジロウチワキジがヒゲイノシシについていくと、実がたくさん成っている場所に辿り着くというものである。オジロウチワキジは地上性のキジで、川に沿って遡ってくると考えられている。その話では、動物たちが果樹にやってくる順番が示される。また、カンカプットが登場する動物譚はどれも、それが果実の季節を人間や動物たちに知らせることに関わっている。

その意味で、カンカプットとは、「果実の季節の到来を告げて回る鳥の総体」のことかもしれない。木々に果実が実る。最初に、鳥がその実を啄みに来る。次に、樹上性の動物がやってくる。続いて、落下した実を食べに、地上の動物たちがやってくる。それらの動物をめがけて、人が森に猟に行く。いずれにせよ、プナンの狩猟者は、第三節で示したように、こうした形式を利用しながら、狩猟行動を組織するのだといえる。プナンは、その因果についてよく知っている。他方で、そのような森の生命現象の開始を、プナンは、カンカプットという架空の鳥に仮託して語り始めるのである。

果実の季節は、人々が食べることができる喜びの季節でもある。プナンがよく言うように、一斉に花が咲くと、ヒゲイノシシが落ちた果実を求めて樹下に集う。オスもメスもやってきて、そこで交尾をする。その後、果実の季節には、一斉にあちこちで子連れのメスのヒゲイノシシに出会う。さらに、子ヒゲイノシシの肉は、柔らかくゼラチン質で、美味であるとして好まれる。一斉開花から一斉結実期にかけて、森は果実と肉が満ちた楽園となる。

プナンにとって、滑空する鳥は、カンカプットのように、人間を含めたこの地上世界に何かをもたらしてくれる存在である。何らかの拍子にふと聞こえてくる鳥の鳴き声は意味を運んでくる。それは、すでに述べたように、超越世界からカミの言葉を運ぶともいわれる。「プナンの場合、鳥の声をカミの声として、プナン語で聞くことが少なくない」（卜田 一九九六：八七）。しかし、実は、鳥の囀りは、人間だけに意味をもたらすのではない。

ソッピティ（プナン名：sok pitih 学名：未同定、サイホウチョウの一種）は、pitih（「暑さ」）を sok（「開く」）と名づけられているように、暑さを告げる鳥である。ソッピティ、ソッピティと囀って、雨が上がって晴れ間が訪れることを告げる。キヨン（キュウカンチョウ）は、キヨン、キヨンと鳴いて、果実があることを告げて回る。プナンは、そうした鳴き声は、人間だけに届くのではないという。それは、人間以外の動物たちにもまた等しく届けられる。鳥の声は、その意味で、あらゆる生き物にとっての共通言語のようなものである。

プナンにとって、囀る鳥は、果樹のありかを知らせ、動物をおびき寄せる点で、人間を含めたあらゆる生き物にとって、ひときわ重要な存在である。その意味で、鳥はプナンの狩猟行動に影響を及ぼすことになる。

動物の命を助ける鳥たち

地上性のボルネオハシリカッコウ（プナン名:butji 学名:*Carpoccyx radiates*）は、ヒゲイノシシが木の下で果実を齧っていると、その傍にやってきて、うるさくがなり立てるとされる。落下した果実にありつこうとするためである。うるさくて落ち着いて実を食べることができなくなったヒゲイノシシは、その場から逃げ去ってしまう。そのため、ヒゲイノシシは、森の中で大きく反響する、果実を齧る音を聞きつけてやってくる人間の捕食から逃れることになる。逆に、狩猟者は、ヒゲイノシシを逃してしまう。卜田隆嗣は、一九八〇年代のプナンの調査に基づいて、ハシリカッコウに関して、以下のように記述している。

「獲物の存在を告げるとされる鳴き声のうち、アオハシリカッコウだけは、村や森の中のキャンプにいる時に声を聞いても人びとは動かない。人の居住地の近くでは猪が『逃げろ、逃げろ』と知らせるふりをしているのであって、実際には猪はいないとされる。それに対して、森の中で狩猟活動をしている最中にこの鳥がこのように鳴くと、男たちはいっせいにその声の方向へと駆け出す。カミは、万全の態勢で森の中を移動している猟師や犬たちと猪が出合わないようにしゃべらせているのだが、同時にそれは人間に猪の存在を知らせるものである。カミは常に中立的で、どちらか一方だけを完全に支持しているわけではない」（卜田 一九九六：八八）。

卜田によれば、基本的には、カミがハシリカッコウをつうじて、ヒゲイノシシの味方をしている。しかし、カミは、あくまでも平等であって、人間がヒゲイノシシを捕まえることを拒んでいるわけではない。いずれにせよ、鳥の鳴き声は、人間の狩猟行動を左右する。

プナンのカミ（バルイ）とは、魂から神までを包括的に含むような多種多様な存在のことである。いつも狩猟に成功する男には「狩猟のカミ」がついているとされる。「咳のカミ」がいると人は咳き込み、「くしゃみのカミ」がついているとくしゃみが出る。カミはまた天上界にもいる。天高きところには、動物に対する人の粗野な振る舞いに怒って、雷雨や洪水などの天候激変を引き起こす「雷のカミ」、稲妻を起こす「稲光のカミ」、長雨をもたらす「長雨のカミ」などがいる[*10]（奥野 二〇一四：八六―八七）。

ハシリカッコウがカミの使いとして、ヒゲイノシシの捕食者である人間が近づいていることを知らせるという語りに似た構造を持つ鳥をめぐる語りがある。プナンは、ハイガシラアゴカンムリヒヨドリを、「ジュイト・バンガット（プナン名：juit bangat 学名：*Pycnotus goiavier*）」と呼ぶ。和訳すれば、「リーフモンキー鳥」である。頭部は灰色、腹面が黄色い。リーフモンキー鳥が飛んでいるのに出くわすと、その傍には、リーフモンキー（プナン名：bangat 学名：*Prebytis hosei*）がいるといわれる。そのため、リーフモンキー鳥という名前がつけられていると考えられるかもしれない。しかし、プナンは、そうではないと言う。リーフモンキー鳥という名は、それが、リーフモンキーを助けるために、人間の近くを飛ぶことから来ているのだという。

リーフモンキーが、リーフモンキー鳥の囀りを聞いたとする。リーフモンキーにとって、リーフモンキー鳥は、人間が傍にいることを知らせるために鳴いていることを示している。リーフモンキーは、リーフモンキー鳥の鳴き声を聞くと、捕食者である人間がいることに気づいて、人間とは反対方向に逃げ去る。リーフモンキーは、リーフモンキー鳥の囀りによって命拾いをする。

「テナガザル鳥（プナン名:juit kelavet 学名:*Pycnotus flavescens*）」と名づけられた鳥もいる。プナン名は「ジュイト・クラブット」。和名は「カオジロヒヨドリ」である。プナンによれば、それは、テナガザル（プナン名：kelavet 学名：

Hylobates muelleri）を助ける。リーフモンキー鳥にせよ、テナガザル鳥にせよ、上空飛行し、囀って、捕食者である人間がいることをサルたちに伝えて、野生動物の命を助ける。鳥の鳴き声は、人間だけが聞くものではなく、すべての動物が聞くことができることを、プナンは強調する。

リーフモンキーとテナガザルは、ブラガの森に棲息する五種の霊長類のうち、両方とも樹上性である。リーフモンキーは、樹上性の葉食の霊長類で、長い尾と長い腕を持ち、木の枝を駆け上り、駆け抜ける。テナガザルは、樹冠のみに住む類人猿で、腕を伸ばして、細い枝先にある実や葉を食べる。そうした生態は、ヒヨドリたちの捕食行動と交差する。霊長類は林冠の動物バイオマスの大きな割合を占めており、リーフモンキーを含むコロブス亜科は多くの種子を食べて破壊するとされる（コレット 二〇一三：一〇〇）。それに対して、テナガザルは、大量の果実を消費し、ほとんどの種子を丸飲みし、広い範囲で無傷の種子を排泄する、哺乳類の中でも最も効率的な種子散布者である（コレット 二〇一三：一〇一）。他方、ヒヨドリ類は、鳥類のうちでも最も重要な小型果実の種子散布者である（コレット 二〇一三：九九）。人間側から見ると、ヒヨドリたちがそこにいることが、それらのサルの存在を示すと同時に、サルがけたたましく鳴くヒヨドリに驚いて逃げてしまうということを言い当てているのかもしれない。

筆者が調べた範囲では、プナンにとって、人間を積極的に助ける鳥はいなかった。[*11] 鳥は、動物の味方をする傾向にある。その意味で、リーフモンキー鳥が囀る時、近くにリーフモンキーがいることが指差されるが、同時に、人間はリーフモンキーを捕まえることができないということもまた、指差されるのである。したがって、ハイガシラアゴカンムリヒヨドリ（リーフモンキー鳥）の「聞きなし」とは、リーフモンキーが近くにいるが、それは逃げて獲れないだろうという「ある事実の指差」となる。聞きなしとは、その意味では、よくいわれるような、民俗的な信仰の類ではない。ここでは、きわめて合理的に、出来事の因果を示すものになっている。

鳥のパースペクティヴ主義

聞きなしにより、プナンは、鳥の囀りの中に「パースペクティヴ」を積極的に読んでいるのだといえる。いいかえれば、人間は、鳥の行動を持ち出して、狩猟行動に影響を及ぼす人間よりも高位の、空の上から起きている出来事を一望できる高みへと接近している。そのことは、エドゥアルド・ヴィヴェイロス・デ・カストロによって提起された「パースペクティヴ主義（perspectivism）」でもある（Viveiros de Castro 1998）。

パースペクティヴ主義を理解するためには、コーンを手がかりとして（コーン 二〇一六）、不可知論を超えて、「知ること」がいかなることであるのかについて述べておかなければならない。C・S・パースの記号論をベースにすれば、人間だけでなく、非人間を含むあらゆる有機体を含む「自己」にとって、あらゆる経験と思考は、記号によって媒介されている。そのため、人間同士の間主観性も、種＝横断的な意思疎通も、質的には同じである。それらは、すべて記号過程だからである。イヌたちが捕食者に襲われる前に何を考えていたのかだけでなく、コウモリになることはいかなることなのかについても、私たちは知ることができる。思考が関わりあうプロセスに、人間と非人間を含むあらゆる記号論的自己が関与するからである。

ルナは、トウモロコシ畑からインコを追い払うために、板の上に猛禽類の顔を彫り、目を描いて、案山子（カラス嚇し）を製作する。それは、毎年、たくさんのインコを追い払うことに成功する。人間によって製作される案山子は、インコであることがいかなることであるのかについて知ることの一つの例証である。インコに対する効果をつうじて、インコの考えをめぐる人間の推量が当たっているかどうかを知ることができるからである。案山子とは、作物を食べにやってくるインコのパースペクティヴから、猛禽類がどのように見えるのかを想像する試みなのだといえる。

人間が作物を荒らすインコを撃退するために猛禽類のイメージの案山子を用いる時、人間は他者であるインコのパースペクティヴを捉えることを企図している。パースペクティヴ主義の決定的な重要性は、捕食—餌食の関係の編の目の中で自己が他者のパースペクティヴを取ることなのだと、コーンは唱える。

いいかえれば、世界の中の捕食―餌食の関係の編の目において、パースペクティヴ主義をつうじて、自己（主体）はつねに他者の観点に立って世界のあり方をイメージし、自己の生と関わり続けている。その意味で、プナンもまた、他者のパースペクティヴを自己に取り込むことによって、ブラガの森の生命活動に関わり続けている。

プナンのパースペクティヴ主義では、リーフモンキーには、捕食者（人間）そのものが見えていない。捕食者（人間）と餌食（リーフモンキー）の両方が見えているのは、リーフモンキー鳥である。リーフモンキーは、リーフモンキー鳥による注意喚起である囀りによって、捕食者である人間の存在を知る。そこに、捕食―餌食の編の目の中で命のやりとりに関わるパースペクティヴ主義のあり方の一つが見出せる。それは、人間側から鳥や動物を一方的に客体として見るのではない、両者の深い関わりの結果として生み落とされた世界なのである。

リーフモンキー鳥は、〈私〉のパースペクティヴを持つ主体として描き出され、人間よりも高位に位置している。上空から出来事を一望する高みにいるリーフモンキー鳥を介して、人間はリーフモンキーのパースペクティヴにも接近する。リーフモンキー鳥は、コーンが取り上げる以下の神話の中のルナの英雄の視点に近い。

英雄が草ぶき屋根の修理をしていると、人喰いジャガーが近づいてくる。英雄は親しげにジャガーに声をかけ、屋根の上からは分からないので、家の中に入って、内側から光が漏れている場所を棒で突き刺して知らせてほしいと頼む。それに応じて、ジャガーが家の中に入った途端、英雄は扉を閉めてジャガーを幽閉することに成功する。

この神話では、英雄の振る舞いによって、より高位のパースペクティヴが生起して、屋敷の内側と外側が一直線につながる。英雄は、あの世とこの世の両方を同時に見渡すことによって、より高位の相を手に入れるシャーマニズムの具現化と捉えることもできよう。パースペクティヴ主義は、このように、自他を超えたより高位の視点を可能にすることに関わっている。コーンがそのことを指して「シャーマニックなパースペクティヴ的美学」であると述べるように、類似を認識し、差異を比較することによって獲得されたより高位の相こそが、リーフモンキー鳥のパースペクティヴにほかならない。リーフモンキー鳥は、その意味で、人間と動物より高位に位置するカミのパースペクティヴの具現化としてのシャーマニックなパースペクティヴを持っている。

第三節ですでに述べたように、プナンの狩猟とは、ブラガの森の中の動物と植生の分布よりも高位の水準に立って、捕食活動をすることであった。鳥は、人間の狩猟行動に大きく影響を及ぼすとともに、その成否を「占う」。鳥は、出来事を一望する人間よりも高位の階層にいる。つまり、鳥は、植物の位相と動物の関わりを見渡すことができる人間よりも高位の相にいて、カミの意志を汲んで、人間と動物の駆け引きを左右する存在なのである。鳥は、プナンにとって、果実の季節を告げ、森を楽園に変える。鳥は人間を含めたあらゆる動物に果物と肉などの糧をもたらす、高位、つまり上空の存在者なのである。

楽園たる森は、しかしながら二〇世紀後半の大規模な開発によって著しい変化をこうむってきた。そうした中、プナンの動物殺しもまた変化したのだろうか。

5 変わりゆく狩猟と変わらない狩猟

油ヤシ・プランテーションにおける狩猟

一九六〇年代前半に、フィリピンの熱帯雨林における商業的森林伐採が本格化した。その後、商業的森林伐採は、カリマンタン（インドネシア領ボルネオ）やサバ（マレーシア領ボルネオ）へと広がっていった。一九九〇年代以降になると、森林からプランテーションへの利用転換が行われるようになった。主に油ヤシとアカシアが植栽され、一九九〇年代後半からその面積が急激に拡大した。マレー半島やインドネシア各地において開発可能な土地が相対的に減少する中、ボルネオ島は東南アジア島嶼部における最後の開発のフロンティアとしても注目されるようになった。これらのプランテーションは基本的には、既存の森林を皆伐して造成されてきた。従来の択伐形式の商業伐採よりも、著しい景観変化をもたらしているプランテーション開発は、拡大の一途をたどっている（市川・祖田二〇一三：一一三）。

サラワク州政府は、そうした森林開発の前段階として、一九五八年一月一日より前に先住民が原生林を切り拓いた場合に限り、その範囲において彼らの利用権を認めていた。先住民の一定の権利を認めながら、州政府はその範囲以外の場所にはここ数十年、木材伐採やプランテーション開発を許可してきたのである（市川・祖田二〇一三：七）。森の遊動民を定住させることは、森林開発に向けた土地整理の先駆けであった。

今日ブラガの森の近くに住むプナンは、サラワク州政府による先住民の定住化政策に応じて、それまでの森の中の遊動生活を次第に放棄して、一九八〇年代になるとブラガ川上流域に移り住み、州政府や近隣の焼畑民の助けを借りて、生業のための焼畑稲作を開始した。ところが、今日に至るまで、プナンの稲作の知識と技能は高くない。米の収穫がある年もあれば、管理不足で鳥獣害などによって、収穫がない年もある。ブラガ川上流域のプナンには、二〇〇六年と二〇〇七年にはほとんど収穫がなかったが、二〇〇八年と二〇〇九年には十分とはいえないが収穫があった。その後、二〇一五年までは比較的安定的に稲の収穫が続いている。彼らの生存経済は、木材産業や油ヤシ・プランテーション企業から支払われる賠償金とともに、今日でも、周辺地での狩猟と採集に大きく依存している。彼らは、狩猟によって得た獣肉を自家消費するとともに、木材伐採キャンプや近隣の焼畑民たちに販売することで現金を手に入れる。

他方、一九八〇年代以降、ブラガの森の樹木は、サラワク州政府よりコンセッションを与えられた木材伐採会社によって伐採されるようになった。木々は切り倒され、森は裸にされ、一九八〇年代末から一九九〇年代にかけて、ブラガの森のプナンは、周辺地で狩猟をすることができなくなった（Jayl Langub 2009）。今日、プナンは、狩猟するためには遠くの森に出かけなければならなかったと、当時のことを回想する。

ところが、丸裸にされた土地に油ヤシが一九九七年頃から植林され、二〇〇〇年代に入ってから実をつけるようになると、夕方から朝方にかけて、ヒゲイノシシやヤマアラシなどの動物が油ヤシの実を食べに来るようになった。プナンは、そのことにすぐに気づくようになった。そのようにして、夕方から、油ヤシのプランテーションで、ヒゲイノシシがやってくるのを待ち伏せるタイプの狩猟が行われるようになったのである。プナンがタエ・ナーウに出かけるのは、油ヤシ・プランテーション導入以前は昼間だけであったが、油ヤシ・プランテーション化以降、夜にも糧を探しに出かけるようになった。

プナンは、今日、ヒゲイノシシが、油ヤシ・プランテーションにどういった周期でやってくるのかについてほとんど知らない。その「二次的自然」は、旧来の天然林に新たに加えられたものだからである。油ヤシ・プランテーションにおける夜の狩猟は、待ち伏せだけに特化した狩猟行動である。それは主にライフル銃を用いて行われる。

プナンは、仕事を終えてロギング・ロードを走ってキャンプに戻るプランテーション会社の車の荷台に便乗し、従業員からヒゲイノシシを見かけた場所などの情報を仕入れながら、日が暮れる前に、プランテーションの一区画に降り立つ。油ヤシ・プランテーションに入るとすぐ彼らは、ヒゲイノシシの足跡を確認する。それらの足跡が古いものか新しいものかを見きわめて、その前夜かその日の朝についたと思われる真新しい足跡がある場所を探し出して、油ヤシの実を食べに来ると予想される通り道に、待ち伏せの場所を設ける。時には、樹上で、場合によっては地面の上で、その後暗闇の中でまんじりともせず、藪の中から現われるヒゲイノシシをひたすら待つ。ヒゲイノシシが近づく物陰、物音、鳴き声などの指標記号としての虚環境を捉え損なわないようにしながら、他方で、ヒゲイノシシが逃げてしまわないように、できるだけ物音を立てないようにし、さらには、人の匂いが漂わないように細心の注意を払う。

この種の狩猟もまた、第三節で述べたように、森林伐採後に裸になった土地で、油ヤシがかつてのロギング・ロード沿いに植栽され、広がっている形式を利用しているのだといえる。首尾よく獲物が獲れた場合には、プランテーションからロギング・ロード脇へとそれを担ぎ出し、獲物を車の荷台に載せてもらって、プラテーション会社の売店などに売りに行くか居住地に持ち帰るかする。いずれにせよ、ブラガの森の中で、植物と動物が紡ぎ出すネットワークを活用する既存の狩猟と同じように、油ヤシの実を食べに来るヒゲイノシシを狙う形式を活用した狩猟が行われている。

筆者の記録によれば、この形式を利用して、二〇〇六年一〇月一日から一一月二四日の五四日間に、ブラガ川上流域の三キロ四方の油ヤシ・プランテーションでは、一つの共同体のメンバーで、計一一回の猟が行われ、九頭のヒゲイノシシが仕留められた。猪肉は、頭と内臓肉を除いて、キロ当たり四~一〇リンギ（一リンギ＝約三〇円）で、木材伐採キャンプに持ち込まれて売られるか、近隣の焼畑民クニャーの雑貨店に売られるかして、現金に換えられた。現金はつねに狩猟に参加したメンバーで均分される。筆者が知る限り、森の中で獲れても、油ヤシ・プランテーションで獲れても、味に違いはないとプナンは考えている。

ヤマアラシの胃石

二〇一三年の三月、ブラガ川上流のプナン人たちを訪ねた時に一つの発見があった。プナンの男性の一人が、二〇一二年のクリスマスの直前に、油ヤシのプラテーションでの夜の狩猟で仕留めたヤマアラシの胃袋の中に「石」を見つけ、その直後、それを売ったお金を頭金にして、翌二〇一三年の一月に、ローン払いで、四輪駆動車（Toyota Hilux）を購入していたのである。彼はかつて木材伐採現場で雇われていた時に重機の運転をした経験があるが、無免許で、油ヤシ・プランテーションのスモール・ホールダーであるクニャーから仕事を請け負ったりして、その車でプナンの送り迎えや資材の運搬に従事していた。ヤマアラシの胃石は、狩猟という日常の営みの中で、たまたま獲得されるという偶発性に支配されている。ヤマアラシの胃石は、プナンに突如僥倖をもたらしたかのようであった。

その後、同じように、ヤマアラシの胃石を手に入れて、それを売って大金を手にしたプナンやクニャーが、ほかにも何人かいることが分かってきた。ヤマアラシの胃石を売って大金を得るという現象は、ブラガ川の上流域では、二〇〇〇年代に入ってからの、比較的新しい現象であることもまた分かってきた。プナンには、リーフモンキーの胃石などの、いわゆる「ベゾアール・ストーン（Bezoar Stone）」だけでなく、その他の森林産物を、焼畑稲作民や華人たちと交換してきた、長い歴史がある（Hoffman 1986）。

プナンやその他の先住民によるヤマアラシの胃石の取引が増えたのは、その地域一帯に油ヤシ・プランテーションが張り巡らされ、ヒゲイノシシとヤマアラシがその果実を食べにやってくるところを夜中に待ち伏せして捕まえるという、新たな狩猟が始められるようになった、二〇〇〇年代以降のことでもある。

アジアやアフリカに生息するヤマアラシは、針を立てて、相手を威嚇する、夜行性の動物である。ボルネオ島に生息するヤマアラシは、鬱蒼と樹木の茂る森林の地下に穴を掘って、数頭で暮している。外敵に襲われたりすると、太い針のような毛を総立ちにさせて身を守り、毛を相手に突き刺すことがある。切歯が丈夫で、落下した果実、根や茎のほか、他の動物では歯が立たないインドネシアテツボクやヤシの実も齧って中身を食べる（安間 一九九一：二〇三―二〇四）。油ヤシの堅い実を食べに来るのは、ヒゲイノシシとヤマアラシだけである。

写真 6-4　ヤマアラシの胃石を元手に購入された四輪駆動車

ボルネオ島には三種類のヤマアラシがいる。尾の毛がストローのように空洞になっている「マレーヤマアラシ（*Hystrix brachyuran*）」と、毛が細長く房状になっている「ボルネオヤマアラシ（*Thecurus crassispinis*）」の二種は、マレー語でランダック（Landak）と呼ばれている。他方で、アンキス（Angkis）と呼ばれる「ネズミヤマアラシ（*Trichys fasciculate*）」は刺毛が短く、尾が長く鱗状になっており、尾の先端は房状で、大きなネズミのようである（安間 一九九一：二〇四、Payne and Francis 2005: 118-119）。この三種のヤマアラシから取り出される胃石は、東南アジアの華人社会で漢方として重宝され、マレーシアやシンガポールでは、サラワク州の先住民が売る価格の三～四倍の高値で取り引きされている[*12]（奥野・市川 二〇一五）。

先述した、ヤマアラシの胃石を売って四輪駆動車を購入した男性は、二〇一二年のクリスマスの前に、油ヤシ・プランテーションでヤマアラシを捕獲し、その胃の中に石があるのを見つけた。それを二万一〇〇〇リンギで、華人商人に売ったという。そのうち、七〇〇〇リンギを頭金にして、翌月には七万八〇〇〇リンギの四輪駆動車を購入し、五年間のローン支払いで、毎月一三〇〇リンギずつ支払っているという（写真6-4）。

雑貨店を開いているクニャーの男性は、四輪駆動車を一台持ち、頻繁に、ビントゥルやミリなどの南シナ海に面した都市部に出かけている。彼は、これまで四回、ヤマアラシの胃石を見つけて、売ったことがあると筆者に語った。それぞれ、一万八〇〇〇リンギ、一万二〇〇〇リンギ、一万リンギ、一万五〇〇〇リンギで、ミリ市の華人に売ったのだという。彼は、油ヤシ・プランテーションでよく、ヒゲイノシシだけでなく、ヤマアラシがやってくるのを狙って猟をするという。ヤマアラシを獲って、家族でその肉を食べ続けていると語った。その中から胃石を見つけるのは骨の折れることだと語った。

ブラガ川のプナンに婚入した別の河川流域のプナン男性は、猟が得意なことで広く知られている。二〇一三年五月に、油ヤシ・プランテーションの猟でヤマアラシを捕まえて、胃の中に石を見つけて、一万一〇〇〇リンギでミリ市の商人に売ったという。彼は、同じ月に、センザンコウも生け捕りにし、近くの木材キャンプで、キロ当たり七〇リンギで売ったという。彼は、そうした動物資源によって儲けた金は、ほとんど銀行預金していると述べた。[*13]

ブラガ川流域ではなく、サラワク州のバラム川中流域の先住民・カヤンもまた、森の中でヤマアラシを狩猟してきた。あるカヤン男性は、昔からヤマアラシやリーフモンキーの胃石を手に入れて、華人商人に売ってきたと語った。だが一九七〇年代に商業的森林伐採が始まるとリーフモンキーが、ついで、ヤマアラシもいなくなった。二〇〇五年頃から、油ヤシが植栽され、その後、油ヤシ・プランテーションにヤマアラシが出没するようになり、今日では、巨額の富をもたらすヤマアラシを目当てに、油ヤシ・プランテーションで狩猟が行われている。そこではまた、罠猟も行われている。プランテーションの中に檻罠を仕掛け、その内側に油ヤシの実を置き、夜間に実を食べに来たヤマアラシを捕まえるのである。ある男性は、罠猟で捕まえたヤマアラシの胃石を五〇〇〇リンギで売ったことがあるという。

また、バラム川中流域では、ヤマアラシを生け捕りにして村に持ち帰り、檻の中で飼育するというやり方も行われている。ある男性によれば、二〇一三年に二頭のヤマアラシを捕まえ、うち一頭を二〇一四年まで飼養した後に殺して調べてみたところ、できかけの胃石があったという。もう一頭は二〇一四年三月の時点ではまだ飼育中であり、餌として果物や野菜のほかに、油ヤシの実が与えられていた。ヤマアラシの胃石には多くの場合、油ヤシの繊維が含まれているため、生け捕りにしたヤマアラシにも油ヤシの実を食べさせれば、運がよければ胃石が取れるとのことであった。このように油ヤシ・プランテーションでヤマアラシを狩猟し胃石を得るだけでなく、生け捕りにしたヤマアラシを油ヤシの実で飼養した後に殺して胃石を取り出すことも試みられている（奥野・市川 二〇一五）。サラワク州の一部では、莫大な富を生むヤマアラシの胃石探しに特化した特有の実践が行われている。

ブラガ川流域では、そのような先進的な試みは行われていない。プナンは、あくまで偶有性に賭ける。油ヤシの実を食べにやってくるヒゲイノシシとヤマアラシを狙って待ち伏せることで、油ヤシ・プランテーションでの狩猟を行っている。

今日、油ヤシ・プランテーションの拡大によって、ヒゲイノシシとヤマアラシに特化した待ち伏せ猟がますます盛んになりつつある。そのことにより、プナンはますます夜の闇の中に溶け込み、森と混然一体化する。動物を仕留めるためには、人間は、森の動植物の活動の布置を一望することができる位置に立って、形式を利用して狩猟を行う。その意味で、近年の周囲の自然環境の劇的な変化は、今のところプナンの狩猟行動を変化させることにはなっていない。

動物殺しには、ある「むずかしさ」が伴っている。現代社会では、そのむずかしさはとても複雑である。現代日本において、いかなるかたちであれ動物と関わる時、私たち自身が何らかの境界によって分断されると、菅原は述べている。野生的動物保護者は、山村の農夫である私が、「イノシシなんて根絶してしまえ！」と叫ぶことに共感しない。狩猟民と動物との濃密な関わりを示すことは、人類学者と一般市民との間の境界をますます固定化する。狩猟民の経験世界において人間と動物との境界は容易に揺らぐと明言したとたん、周辺に生きる「かれら」は産業社会に生きる「私たち」から分断され、「アニミズム」的に前近代化へと疎外される。現代日本では、動物殺しをめぐって、こうした対立と矛盾を私たちは生きている（菅原 二〇一五：五五―五七）。

現代日本人はいつのまにか、動物殺しに絡めとられてしまっているのではないか。現代人の、いや狩猟民以外の生き方は、シェパードがいうように、「野性に接することが少ないか、まったくそれを避けるようにできている」（シェパード 一九七五：一六〇）。そうした生き方の中にどっぷりと浸りきって、私たちは、動物殺しに対する情動が、人類に普遍的だと思い込んではいないだろうか。

一九五〇年代、殺害時に、弾が腹に当たり、獣が死ぬ前に跳びはね、脚を蹴り上げた、スプリングボックの苦悶を見て、カラハリの原野のグイが笑い転げたというエピソードを、菅原は取り上げている。民俗心理学者マリー・トーマスは、グイの態度を評して、こうした同情の欠如した反応は、ブッシュマンの文化が動物への情動的な同一化を欠いていることの表れであると記している。しかし、本当にそうなのだろうか。

グイはトビウサギ、レイヨウ、イヌの動きを笑う。巨大なソーセージのようなヤスデを驚かせて糞をさせる。そのような一見くだらない遊びにこそ、動物に対するグイの身構えの核心が凝縮されている、と菅原はいう。私たちは、人間からきわめて縁遠い多足類とコミュニケーションする可能性などはなから思いつきさえしない。しかし、グイはこうした動物に対してさえ、コミュニケーション期待を投げかける（菅原 二〇一五：一二二―一二八）。グイの事例は、私たちに一つの教訓を示している。私たちは、動物殺しを考える時、私たち自身の動物に対する身構えや情動から出発することには慎重でなければならない。このあたりまえの事実を忘れてはなるまい。

私たち人間は、動物的な存在として、食べることを運命づけられている。食べないと生き続けることができない（奥野 二〇一五）。その点に立ち戻れば、動物殺しという、現代特有の「むずかしさ」を含む、おぞましいテーマを見つめ直すことができる位置に立つことができる。いいかえれば、現代にまとわりつく動物殺しの「悪魔的な」イメージを補正することに向けて、一歩を踏み出すことができるのではないか。本章で、ボルネオ島の狩猟民プナンの動物殺しの民族誌を描いたのは、そうした意図があったからである。

プナンは、ヒゲイノシシやそのほかの野生動物を手に入れるために、植生の変化につねに気を配る。季節性のないボルネオ島では、あるとき一斉に花が咲き、それに続いて一斉に実が成る。プナンにとって、森のフェノロジーを印づけると考えられているのが、鳥の鳴き声であった。鳥は、人間だけでなく、あらゆる生き物に実りを告げて回る。鳥たちがあちこちで囀るようになると、やがてヒゲイノシシが数多く現れ、その肉には脂がのってくるようになる。猪肉は、果物とともにプナンの食卓を豊かなものにする。鳥の囀りは、森を楽園に変えるのだ。

プナンは、森の中であろうと油ヤシ・プランテーションであろうと、「今ここ」の環境と虚環境を相互に滲浸させ、また形式を活用しながら、狩猟行動を組織する。このことにより、動物殺しの舞台は整うことになる。残るのは、獲物を仕留める技術だけである。動物殺しの場面では、他性を帯びた動物とぶつかりあうものの、直接的に手によるのではなく、吹き矢やライフル銃などの道具を介して一気に殺害に至る。獲物の肉は、プナンの生活空間を華やぎで満たし、物質的にも精神的にも、そこにいる人々を幸福にする。そのことは、肉を頬張り、食べる喜びに酔い痴れる私たちとて同じことではないだろうか。

注

＊1　死者の名前は決して呼んではならないとされる。ブラガ川上流域では、死者に言及する必要がある場合には、土葬する時に入れられた棺が作られた木の名を用いて、「赤い沙羅の木の女」とか「ドゥリアンの木の男」などと呼ばれる（奥野 二〇一二）。

＊2　一斉開花を引き起こすキューについては、不規則に起こる乾燥であるという説が有力である。一斉開花の規模と乾燥の厳しさの相関はなく、むしろ前回の開花以降の資源の蓄積期間に依存しているとされる（コレット 二〇一三：五七）。

＊3　寛大な振る舞いをする男性には、人が自然と集まってくる。そのような男性がリーダーとなる。逆に、リーダーが寛大でなくなったり、共同体で諍いが起きたりすると、人々はその共同体を離れる傾向が見られる。

＊4　こうした歩き回る狩猟の中に「ポクウォ（pekewe）」と呼ばれる狩猟実践がある。ポクウォは、動物を真似て、動物を誑かす行動である。狩猟者は林冠の上を悠然と飛ぶ鳥を発見すると、その場に立ち止まって、おびき寄せるために、鳥の鳴き真似をする。サイチョウ（belengang）やオナガサイチョウ（tevaun）に対して、ポクウォが行われる。また、森の中で物音がした場合、それがホエジカ（telauu）のものであると察知すると、草笛を使ってホエジカの鳴き声を真似ることがある。物悲しい草笛の音を仲間のものだと聞き間違えて近寄ってきたところを仕留める。また、シカに対しては竹笛を使う。それらは「モゴンピッ・テラウ／パヤウ（mengenpit telauu/payau）」（「ホエジカ／シカを呼び寄せる」）と呼ばれる。

＊5　オルテガ・イ・ガセーが『狩猟の哲学』で述べている狩猟者の油断なき態度は示唆に富んでいる。「チャンスがどこから到来するか、そんなことが前もって分かるなどとは狩猟者は信じていない。獲物はそこから来るだろうとあらかじめ確信した上、心静かに特定の方向へ眼を注いでいるなどということはない。狩猟者は、これから何が起ころうとしているのか、それが自分には分からないということが分かっている。そしてこれこそは、彼らの仕事における、最も大きな蠱惑の一つなのである。ここからして一つのもっと別の、もっとすぐれた流儀での気のつけ方をとりあえず整えることが必要になってくる。この気のつけ方は、すでにこうと臆断したことに釘づけになることにあるのではなく、『無辺際』なる気のつけ方で、いかなる一点にも編みこまれず、あらゆるものの中に身を置こうとすることにほかならない。それを名づけるのに私たちは生き生きと切迫した趣をなお悉く保持している素晴らしい言葉をもっている。すなわち、油断なきこと。狩猟者とは油断なき人である」（イ・ガセー 二〇〇一：一六五―一六六）。

＊6　人間が狩猟方法を動物から学んだとする星野道夫の指摘は興味深い。「モリで射止めるエスキモーの猟は、モリが前足になるだけでシロクマのアザラシ猟と何も変わらない。もしかすると、はるか昔、エスキモーがシロクマから学んだのかもしれない」（星野 二〇〇三：二六七）。

＊7　登山家・服部文祥は、狩猟において、獲物のことが優先される状況を以下のように描いている。「一一月とはいえ、明け方は氷点下に冷え込むだろう。どのような装備で待つか、登山と違って、待ち伏せ単独忍び猟は、止まっている時間が長い。ぶるぶる震えて待つのはよくない。……食料は凍りにくいうえに噛むときに音がでないパンをメインにした。小便の回数を減らすためにできるだけ水分は控える。これは身体の代謝にとってはよくないが、まずは獲物が優先だ……」（服部 二〇〇九：八三）。

＊8　待ち伏せ猟とともに、プナンにとって、形式を活用した狩猟行動として挙げられるのが、はね罠猟である。第四節で述べるように、果実の季節に川を遡ってくるオジロウチワキジや、地上性のコシアカキジなどが出没する時期に、プナンは罠を仕掛ける。

＊9　山田仁史が述べるように、「鳥の飛行は、媒介者としての役割を鳥に担わせるのに寄与した。天と地、この世とあの世、生者と死者、今いる場所と遥かなる異界――そうした間をつなぐ媒介者として、鳥類ほど適任な存在はいなかった」（山田 二〇一三：二二）。平林章仁によれば、「鳥霊信仰とは、鳥を神の使いと見たり、あるいは神や霊魂が鳥に乗って天上界や異界へ自由に移動できると考え、さらには神や霊魂そのものが鳥形で顕現すると信じ、鳥をことさらに神聖視し、崇敬することをいう」（平林 二〇一一：一一四）。

＊10　こうしたカミに対して、プナンは、人の持つ魂は、死後、地上にとどまって、ウガップ（霊）となって、人に厄災をもたらすと考える。「大地の霊」は、お湯を沸かしている時に、人が「沸かす」という言葉を発しただけで、いたずら心を発して水をそのままにしておく。森の中を歩いていて、人が誰かの声がするのを手がかりにそちらに行くと、今度は別の場所から声が聞こえる。そのようにしているうちに、人は道に迷ってしまう。

＊11　アフリカからも、鳥の囀りが猟を助けたり、逆に、動物を助けたりすることに関して、同じような事例が報告されている。アフリカ中央部のイトゥリの森に住むエフェ・ピグミーの調査をした寺嶋によれば、「方名 aloo（サイチョウの一種）もアカオザルやブルーモンキーと一緒に行動し、サルに近づくものがあれば鳴いて知らせる。アフリカヒヨドリ（akpupole）は、キノボリセンザンコウを見つけると鳴いて知らせることもある。このように、動物と関連づけられている鳥はそれらの場所を人に教える

こともあれば、動物に人の接近を教えることもある」(寺嶋 二〇〇二：二八)。鳥は鳴いて、人にサルの居場所を教えるだけでなく、サルに人間の接近を教える。菅原も、グイの調査から、以下のように報告している。「人間にライオンの接近を知らせてくれるツォエン（キクスズメ）の声は、ゲムズボックが狩人の接近に気づくことをも助けるのである」(菅原 二〇一五：二七一)。キクスズメが、ゲムズボックに対して、人間の接近を知らせる。アフリカでも、鳥たちは、動物に人の接近を教えて、動物たちの命を救うことがある。

＊12 ヤマアラシは、中国では、長江流域および南方の各省、北方は陝西省まで広く生息し、「豪猪」や「箭猪」と記載され、刺毛や内容物を含む胃、筋肉などが、漢方において用いられてきた（上海科学技術出版社 一九八五：一四七一、原色中国本草図鑑編集委員会 一九八五：三七二）。中国本土の中医の中に、ヤマアラシの胃石に関する記述を発見するのは難しい。他方で、東南アジアの華人社会では、ヤマアラシの胃石は今日、一般に「箭猪棗」として知られている。英語表記としては porcupine date あるいは porcupine stone である。

＊13 直接、ヤマアラシの胃石を捕獲して売ったことがある人物としてインタヴューできたのは、この三人であったが、それ以外にも、いくつかの関連情報を得た。あるプナン男性は、かつては、リーフモンキーや赤毛リーフモンキーから胃石が取れたと述べた。彼自身も一九九〇年代初めに、リーフモンキーの胃石を見つけて、近隣のクニャーに六〇〇リンギで売ったことがあると語った。別の男性によれば、そうした動物資源は、商人との間で物品と交換されたり、商人に売られたりしたという。その時代、ヤマアラシの胃石は、あったとしても捨てていた。しかし、いま高値で売れるのは、ヤマアラシの胃石であり、それらは数万リンギの価値がある一方で、リーフモンキーの胃石は、せいぜい数千リンギであると語った。興味深いのは、胃石といえば、かつてはリーフモンキーであったが、今日ではヤマアラシに代わったという点である。プナン女性と婚姻関係を結んだインドネシア人男性は、これまで二回、ヤマアラシの胃石を取って売ったことがあると、何人かのプナンから伝え聞いた。そのうちの一つは八〇〇〇リンギで売ったらしい。また、サラワク州内のシングー川沿いには、犬猟でヤマアラシを捕まえたプナンがいて、ミリの華人に二万二〇〇〇リンギで売ったという情報を得た。

参考文献

イ・ガセー、オルテガ　二〇〇一『狩猟の哲学』西澤龍生訳、吉夏社。

市川昌広・祖田亮次　二〇一三「ボルネオの里と先住民の知」市川昌広・祖田亮次・内藤大輔編『ボルネオの〈里〉の環境学――変貌する熱帯林と先住民の知』昭和堂、一―二四頁。

井上民二　一九九八『生命の宝庫・熱帯雨林』日本放送出版協会。

――　二〇〇一『熱帯雨林の生態学――生物多様性の世界を探る』八坂書房。

今泉忠明　一九九五『動物の狩りの百科』データハウス。

奥野克巳　二〇一〇「ボルネオ島プナンの『雷複合』の民族誌――動物と人間の近接の禁止とその関係性」中野麻衣子・深田淳太郎編『人＝間の人類学――内的な関心の発展と誤読』はる書房、一二五―一四二頁。

――　二〇一一「密林の交渉譜――ボルネオ島プナンの人、動物、カミの駆け引き」奥野克巳編『人と動物、駆け引きの民族誌』はる書房、二五―五五頁。

――　二〇一二「名前と存在――ボルネオ島プナンにおける人、神霊、動物の連続性」『文化人類学』七六（四）：四一七―四三八。

――　二〇一四「超越者と他界」内堀基光・奥野克巳編『改訂新版　文化人類学』放送大学教育振興会、七七―八九頁。

――　二〇一五「飢え、食べ、排泄する――狩猟採集民の食行動をめぐる民族誌」『社会人類学年報』四一：一―二五。

奥野克巳・市川哲　二〇一五「ベゾアール・ストーンの現在――ヤマアラシの胃石と先住民・ミドルマン・華人社会」鮫島弘光・中根英紀編『熱帯バイオマス社会』日本学術振興会科学研究費補助金基盤研究（S）「東南アジア熱帯域におけるプランテーション型バイオマス社会の総合的研究」（二〇一〇～一四年）論集、一三六―一四五頁。

加藤裕美・鮫島弘光　二〇一三「動物をめぐる知――変わりゆく熱帯林の下で」市川昌広・祖田亮次・内藤大輔編『ボルネオの〈里〉の環境学――変貌する熱帯林と先住民の知』昭和堂、一二七―一六三頁。

木田元・竹内敏晴　二〇一四『新版　待つしかない、か』春風社。

原色中国本草図鑑編集委員会編　一九八五『中国本草図鑑七』雄渾社。

コレット、リチャード・T　二〇一三『アジアの熱帯生態学』長田典之・松林尚志・沼田真也・安田雅俊共訳、東海大学出版会。

コーン、エドゥアルド　二〇一六『森は考える――人間的なるものを超えた人類学』奥野克巳・近藤宏監訳、近藤祉秋・二文字屋脩共訳、亜紀書房。
鮫島弘光　二〇一五「Kemena/Tatau 水系の一斉開花・一斉結実」鮫島弘光・中根英紀編『熱帯バイオマス社会』日本学術振興会科学研究費補助金基盤研究（S）「東南アジア熱帯域におけるプランテーション型バイオマス社会の総合的研究」（二〇一〇～一四年）論集、一七七頁。
シェパード、ポール　一九七五『狩猟人の系譜――反農耕文明論への人間学的アプローチ』小原秀雄・根津真幸共訳、蒼樹書房。
卜田隆嗣　一九九六『声の力――ボルネオ島プナンのうたと出すことの美学』弘文堂。
上海科学技術出版社編　一九八五『中薬大辞典　第二巻』小学館。
菅原和孝　二〇一五『狩り狩られる経験の現象学――ブッシュマンの感応と変身』京都大学学術出版会。
スタンフォード、クレイグ・B　二〇〇一『狩りをするサル――肉食行動からヒト化を考える』瀬戸口恵美子・瀬戸口烈司訳、青土社。
寺嶋秀明　二〇〇二「イトゥリの鳥とピグミーたち」『人間文化』一七―三一。
西田利貞　二〇〇一『動物の「食」に学ぶ』女子栄養大学出版部。
服部文祥　二〇〇九『狩猟サバイバル』みすず書房。
平林章仁　二〇一一『鹿と鳥の文化史――古代日本の儀礼と呪術』白水社。
星野道夫　二〇〇三「はるかなる氷原――『北極の王』シロクマの親子を追う」『星野道夫著作集五』新潮社、二六五―二六八頁。
百瀬邦康　二〇〇三『熱帯雨林を観る』講談社選書メチエ。
安間繁樹　一九九一『熱帯雨林の動物たち――ボルネオにその生態を追う』菊地書館出版社。
山田仁史　二〇一三「媒介者としての鳥――その神話とシンボリズム」『ビオストーリー』二〇：一二一。
湯本貴和　一九九九『熱帯雨林』岩波新書。
鷲田清一　二〇〇六『「待つ」ということ』角川選書。
Hoffman, Carl 1986. *The Punan: Hunters and Gatherers of Borneo*. Iowa State Press.

Jayl Langub 2001. *Suket: Penan Folk Tales*. Universiti Malaysia Sarawak.

Jayl Langub 2009. Failed Hunting Trip, Lightning, Thunder, and Epidemic. Paper Presented at the Seminar on"the Perceptions of Natural Disasters among the Peoples of Sarawak,"IEAS, UNIMAS.

Okuno, Katsumi 2012. Natural Disaster, Men and Animals among the Penan: Beyond 'Thunder Complex'『マレーシア研究』一：五九—七三。

Payne, Junaidi and Charles M. Francis 2005. *A Field Guide to the MAMMALS of BORNEO*. The Sabah Society.

Viveiros de Castro, Eduardo 1998. Cosmological Deixis an Amerindian Perspectivism. *Journal of the Royal Anthropological Institute*, n.s. 4(3): 469-488.

第Ⅲ部

動物殺しの系譜学

第7章　供犠と供犠論
動物殺しの言説史

山田仁史

1　供犠は幻想か

動物殺しは人類史上、非常にしばしば宗教的儀礼の枠内で行われてきた。そうした行為を「供犠」と呼ぶ。ただし「供犠」とつづって「くぎ」と読ませる、この語は日常用語ではない。また漢字文化圏におけるその語誌や概念史も、少なくとも筆者には、明らかでない。ただ学術用語としては定着し、宗教学や民族学、民俗学、人類学、歴史学などで広く受容されている。

一方で批判も起きている。それも痛烈な批判である。たとえばベルギー生まれの古典学者マルセル・ドゥティエンヌ（一九三五生）は一九七九年、著作の中で次のように述べた。

「今日、［中略］〈供犠〉概念とはトーテミスム概念――先頃レヴィ＝ストロースが暴きだしたように――と同じく、恣意的に考案された過去の思考カテゴリーに外ならない、というのが肝要と思われる。それにより、あちこちから採りだした諸要素で人工的にこしらえられた類型を、諸社会の象徴内へ配置しなおし、また同時に、相も変わらず併呑主義のキリスト教が、自ら新しい科学を発明したと信じているあの歴史学者や社会学者たちの思考に、ひそかに及ぼし続けている驚くべき影響力を、明らかにするためである」(Detienne 1979: 34-35)。

すなわちドゥティエンヌによれば、供犠という概念はキリスト教圏の学者たちが人工的にこしらえた、過去に属する思考カテゴリーである。それはちょうど、レヴィ＝ストロース（一九〇八生～二〇〇九没）が『今日のトーテミスム』(Lévi-Strauss 1962; レヴィ＝ストロース 一九七〇) で糾弾したトーテミスムと同様に、恣意的なものであり、もはや用済みだというわけだ。[*1]

これを受け、さらに過激な批判を展開したのはドイツの民族学者ドレクスラー（一九五七生）だった。[*2] その博士論文『供犠幻想』は、タイトルからしてレヴィ＝ストロースの第一章「トーテム幻想」を意識したものだろうし、その冒頭は、「あらゆる供犠理論は、供犠の実体を前にしては役に立たない」と始まる。続けて、従来提出されてきた様々な供犠の定義が羅列され（表7-1）、「いったい供犠とは何なのかについて合意が存在しないことは、上に引いた定義や概念規定の試みから明らかである」と言う (Drexler 1993: 1)。あとはさながら戦場である。供犠を論じてきた学者たちが次々に引き出され、騎士ドレクスラーの剣にかかって、快刀乱麻と言わんばかりに、斬り倒されてゆくのである（表7-2）。

供犠論の混乱ぶりは、米国の宗教学者ジェフリー・カーターが編んだリーディングス (Carter ed. 2003) にも見てとれる。そこには二五人の研究者による著作の抜粋が収められ（うち一四人はドレクスラーと重複）、カーターによる個々の学説の要約も付されてはいるものの、供犠とは何かについての共通理解が欠けていることが、皮肉にも一目瞭然となっているのだ（表7-3）。

いったい供犠とは本当に、もはや放棄すべき過去の概念なのだろうか。それなら宗教学の大事典に「供犠」が相変

表 7-1　ドレクスラーがまとめた供犠の諸定義

供犠の定義	典拠
買収用の贈り物	Tylor 1913
トーテミズム的・秘蹟的な聖体拝領	Robertson Smith 1889, Durkheim 1960
父殺しの祭儀	Freud 1973
象徴的な父殺し	Money-Kyrle 1930＊1, Desmonde 1973＊2
聖と俗の世界が交流する通過儀礼	Hubert & Mauss 1968
呪術的な〈力〉の行使	van der Leeuw 1921
呪術的な力の供給	Bertholet 1942＊3
〈マナ〉の操作	Gusdorf 1948＊4
食タブーを解く祭宴	Bammel 1943＊5
超人的な力に対し、（主観的な）高位価値を放棄し委譲する行為	Schmidt 1922, 1942, 1948, Haekel 1956, Thiel 1984, Vorbichler 1956
聖なるもののために献身し放棄すること	Heiler 1961
放棄の行為および完全性への渇望	Götz 1933＊6
達成した成果の儀礼的自己破壊	Lanternari 1959
〈生産〉する世界へのアンチテーゼにおける〈蕩尽〉および死との遭遇	Bataille 1985
祖先に対する〈罪責〉の完遂	Nietzsche 1977a, b
人間と神々の間における一体化の「示現」	Feuerbach 1982
定期的再生と呪術的蘇生の儀礼	Frazer 1922, Eliade 1986
層位的には初期栽培民文化における「あの古い儀礼的殺害」が堕落し「空虚となった残存物」	Jensen 1960
儀礼的屠殺	Meuli 1946
暴力の神聖化	Burkert 1972
浄化の暴力、集合体を基礎づける殺害の模倣	Girard 1972
供犠物の食事	Detienne & Vernant 1979, Vincent 1976＊7, de Heusch 1985
供物を捧げることによる象徴的交流（対人型の交流）または宇宙との同一化による象徴的交流（同一化による交流）で、主体であるとともに宇宙の一部でもある人間の弁証法的基本条件に拠っている	van Baal 1976
犠牲獣肉の取り分による地位の差異化	Baudy 1983＊8

出典）Drexler 1993: 1.

引用者注＊1）ロジャー・マニー＝カール（1898 生～ 1980 没）、英国の精神分析学者。

＊2）ウィリアム・デズモンド、詳細は不明。論文に「宗教儀礼としての闘牛」(1952)、「動物供犠における貨幣の起源」(1973) など。

＊3）アルフレート・ベルトレ（1868 生～ 1951 没）、スイスの宗教学者。

＊4）ジョルジュ・ギュスドルフ（1912 生～ 2000 没）、フランスの哲学者。

＊5）フリッツ・バンメル（1888 生～ 1974 没）、ドイツのカトリック司祭。ボン大学で博士号取得。学位論文は『諸民族・諸時代の信仰における聖餐と人間存在』(1943)。

＊6）ベルント・ゲッツ（1891 生～ 1941 没？）、ドイツのユダヤ系精神科医。ベルリンで同志とともに性科学研究所を設立したが、ナチスの迫害に遭い、1934 年パレスチナに亡命。その後の消息はよく分かっていない。

＊7）ジャンヌ＝フランソワーズ・ヴァンサン（1935 生～ 2012 没）、フランスの女性民族学者、アフリカニスト。

＊8）ゲルハルト・バウディ（1950 生）、ドイツの古典学者、コンスタンツ大学教授、2016 年定年退職。

表 7-2　ドレクスラー『供犠幻想』(Drexler 1993) の目次
および主に扱われている供犠理論家たち

章節の題名	主に扱われている供犠理論家
1.「解釈と評価」――供犠の諸相	
2. 異なる観念世界？	
3. 理論の迷宮	
・進化論的	タイラー、フレイザー
・社会学的	R・スミス、ユベール／モース、デュルケーム、マリノフスキー (Malinowski 1974)、ラドクリフ＝ブラウン (Radcliffe-Brown 1964)
・精神分析	フロイト
・宗教現象学	ファン＝デル＝レーウ
・民族心理学	ゲッツ
・文化史的	シュミット、モイリ、イェンゼン
・神学的	ジラール
・動物行動学・精神分析・心理学・先史学・機能論的	ブルケルト
・社会人類学	ターナー (Turner 1977)
・構造論的	ドゥティエンヌ／ヴェルナン、ヴァンサン、ド・ウーシュ
・動物行動学	バウディ
4. 供犠という幻想	
5. エピローグ	

表 7-3　カーター編の供犠論リーディングス (Carter ed. 2003) の構成

各章で扱われる研究者と著作 (* を付したのはドレクスラーも採り上げた人物)	カーターによる学説の要約
*1. Edward Burnett Tylor (1874 [1871])	"gift-theory"
2. Herbert Spencer (1882 [1877])	"fear theory"
*3. William Robertson Smith (1894 [1889])	"communion theory"
*4. James G. Frazer (1922 [1890])	"magic theory"
*5. Henri Hubert & Marcel Mauss (1964 [1899])	"sacrificial schema"
6. Edward A. Westermarck (1912 [1906–08])	"exchange theory"
*7. Emile Durkheim (1965 [1912])	both a communion and a gift
*8. Sigmund Freud (1950 [1913])	"guilt theory"
*9. Gerardus van der Leeuw (1986 [1933])	[combination of] gift-theory with communion theory
*10. Georges Bataille (1991 [1949])	"consumption theory"
*11. Adolf E. Jensen (1963 [1951])	"commemoration theory"
12. Edward E. Evans-Pritchard (1954)	"substitution"
*13. Walter Burkert (1983 [1972])	"hunting theory"
*14. Ren? Girard (1977 [1972])	"scapegoat theory"
*15. Jan van Baal (1976)	"communication theory"
*16. Victor Turner (1977)	"transformation theory"
*17. Luc de Heusch (1985)	"structuralist theory" (or "relations theory")
18. Valerio Valeri (1985)	"representational theory"
19. Jonathan Z. Smith (1987)	"elaboration theory" ("domestication theory")
20. Robert J. Daly (1990)	a theological understanding of sacrifice
21. Bruce Lincoln (1991)	"ideology theory"
22. Nancy Jay (1992)	"descent theory"
23. William Beers (1992)	"narcissism theory"
24. Maurice Bloch (1992)	"violence theory"
25. Jon D. Levenson (1993)	"obligation theory"

わらず立項され（Henninger 2005; Drexler 2006）、世界諸地域の供犠的行為についての論集が編まれ続けている現状を（Baumgarten ed. 2002; Berner u. a. Hrsg. 2005）、いかに把握すればよいのだろうか。

以下では、供犠論の系譜を学史としてたどり直すことにより、この問いに答えたい。学史記述には、およそ三つのレベルがありえよう。第一に個人史、つまり研究者個人の生い立ちや私生活に着目するレベル。第二に思想史、つまり学問的系統や典拠とした資料などを重視するレベル。第三として社会史、すなわち時代の社会状況や取り巻く環境の動向の中で、学説や理論を捉えるレベルである。本章で最も重きをおくのは、このうち第二の思想史であるが、他の二つのレベルも場合により利用してゆくことにしたい。

2 供犠の語源と定義

語源

まず気をつけないといけないのは、欧米における「供犠」の原語、およびそれらの語源である。英語ではサクリファイス（sacrifice）で、ラテン語のサクリフィチウム（sacrificium）すなわちサケル（sacer）「神聖」にファケレ（facere）「する」、に由来する。同じ英語でもオファリング（offering）の語には「聖なる」ニュアンスがなく、サクリファイスより意味が広い語感がある。そして、これら両者にほぼ対応するのがフランス語のサクリフィス（sacrifice）とオフランド（offrande）である。

他方、ドイツ語でふつう「供犠」のことはオプファー（Opfer）と称する。[*3] これの語源には二説あり、いずれもラテン語にさかのぼる点では変わらないが、一説ではオッフェレ（offerre）由来（Grimm & Grimm 1854-1961 XIII: 1305）、一説ではオペラーリ（operari）由来（Drosdowski 1997: 500）とされる（cf. Meuli 1975: 907; Drexler 1993: 10）。もし前者が正しいとすれば、英仏語のオファリングやオフランドと同語源となる。

ここで考慮すべきは、こうした原語の持つ語感が、個々の研究者の「供犠」イメージを根底で規定している可能性である。つまり、英仏語を母語とする人であれば、「供犠」には「神聖」イメージを無意識に付与しているかもしれない。[*4] そしてドイツ語の用法には、英仏語のそれと捩れが生じていることにも、留意すべきなのである。

定義

さて次に定義である。ドレクスラーやカーターが述べたように、供犠の定義は数多く与えられてきたし、その系譜をたどるのが本章の目的なのだから、ここで定義を設定してしまうのは、本末転倒に見えるかもしれない。しかし、これから論を進めていくためにも、語句の用法に一定の規準を設けておくのは、無駄ではあるまい。

幸いにも、オランダの人類学者ヤン・ファン・バール（一九〇九生〜九二没）が基本的な整理をしてくれた。彼はオファリングの語を「超自然的存在に対して何かをささげる行為」と、他方サクリファイスについては「オファリングの対象物を儀礼的に殺害することを伴うようなオファリング」と定義した（van Baal 1976: 161）。すなわち前者は後者より広い意味を持ち、前者のうちで儀礼的殺害を伴うものだけをサクリファイスと呼んだのである。

筆者も一応、単純明快なこの定義に従いたい。つまりサクリファイスを狭義の「供犠」とし、それより広いオファリングについては、事物としては「供物《くもつ》」、行為としては「献供《けんく》」という訳語を、さしあたり当てておきたいと思う。なお以前論じたように、「人身供犠」やそれと密接に関わる「首狩」については別個の扱いを要する（山田二〇一五a、b）。また以下ではアフリカ、オセアニアおよび南北アメリカの扱いが手薄にならざるをえないことも、あらかじめ断っておく。

3 供犠論の二大前提

次節に見るように、供犠が学術的に採り上げられたのは、一九世紀後半からである。その背景には、二つの前提が横たわっていた。一つは、ヨーロッパのユダヤ＝キリスト教圏における旧約聖書の知識。もう一つは、サンスクリット文献に基づく古代インド祭式の情報の増加である。いずれにも、動物供犠についての事細かな文書資料が残っている。これらをもとにして、供犠論は成立することとなる。

本節では、旧約聖書とヴェーダに描かれた供犠がいかなるものか、概要を記す。そうすることが、手続きとして逆なのは承知している。以下に示すような古代イスラエルとインドの動物供犠は、供犠論の成立以後、学者たちのたゆまぬ探究の成果として、いま我々が知ることのできる像であり、その形成過程を追うことこそが、本章の一つの目的だからだ。しかしその原形をなす知識は、すでに一九世紀の学者たちも有していた。

旧約聖書*5

旧約（ヘブライ語）聖書のうちモーセ五書と総称される創世記、出エジプト記、レビ記、民数記、申命記は、本来一続きの文書として成立し、やがて適当な箇所で区切る必要から、現在のような五書の形をとることになった。よって、そこにおいて祭儀規定が記されているのは、出エジプト記二五章一節からレビ記をへて、民数記一〇章一〇節までというふうに、三つの書物にまたがっている（山我訳 二〇〇〇a、b、二〇〇一）。そして供犠についても非常に詳しい。

山我（二〇〇〇：四三〇）によれば、「牧畜的な文化を背景とする多くの宗教において、供物、特に動物を屠って献げる供犠は、神と人間の間の重要なコミュニケーションの形式であった」。よって、古代イスラエルにおける聖所

（幕屋《まくや》と中庭）（図7-1、2）の第一の意義は、犠牲が献げられる場所という点に存した。

供犠には主に五種の区別があった。

（一）全焼の供犠（オーラー ʿōlāh）。ギリシャ語「ホラカウトーマ」すなわち「ホロコースト」。「燔祭《はんさい》」とも訳す。最も重要・厳粛な供犠で、犠牲獣は牛・羊・山羊の雄に限られたが、貧者は山鳩・子鳩で代替できた。剥いだ皮を除き、犠牲獣全体が祭壇で焼き尽くされ、骨と灰しか残らない。灰は宿営外に棄て、皮は祭司のものとなり、血は祭壇

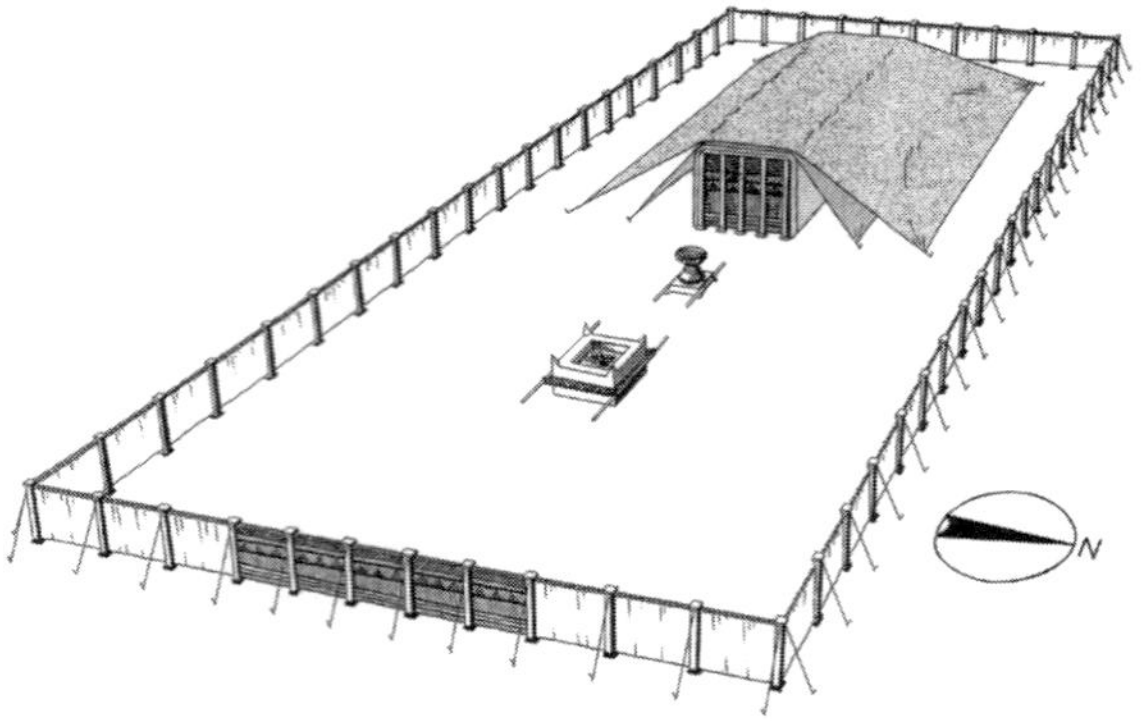

図 7-1　古代イスラエルにおける聖所の全景

出典）木幡／山我訳 2000: 151, 313。

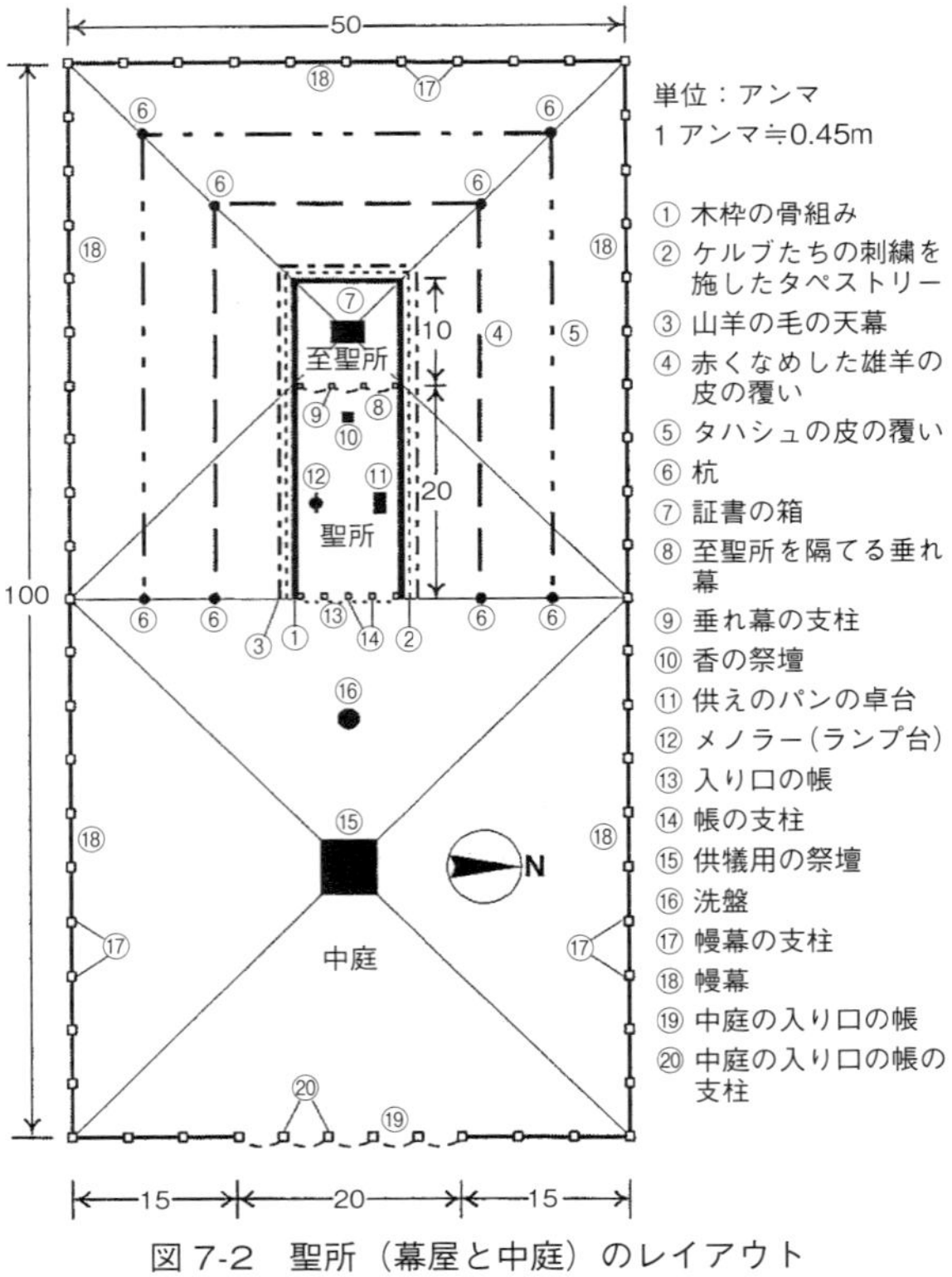

図 7-2　聖所（幕屋と中庭）のレイアウト

出典）木幡／山我訳 2000: 138。

周囲に打ちかけられた。
（二）穀物の供物（ミンハー minḥāh）。「素祭」とも訳され、パンなど植物系の献げ物で、血を含まない。動物の犠牲に添えて献げられたほか、独立した供物として単独でも献げられた。
（三）和解の供犠（シェラーミーム šĕlāmîm）。「酬恩祭」とも訳す。平信徒の奉献者がその肉に与ることのできる唯一の供犠。血が祭壇の周囲に打ちかけられ、特定の内臓や脂肪の部分が切り取られて、祭壇で焼いて献げられた後に、肉は奉献者やその家族、友人に振舞われた。肉のうち特定部分（胸部と右の大腿部）は祭司の取り分となった。
（四）浄罪の供犠（ハッタート ḥaṭṭāʾt）。「罪祭」とも訳され、罪責や穢れを取り除くための供犠で、犠牲獣の血が聖所の祭具に塗りつけられたり振りかけられたりした。場合により異なるが、牛・山羊・羊（貧者は鳩や穀物で代替可能）が用いられ、脂肪・内臓は祭壇で焼き、肉は祭司が食すか焼き捨てるかされた。
（五）償いの供犠（アーシャーム ʾāšām）。「愆祭《けんさい》」とも訳し、神や他人への損害賠償とともに献げる供犠。犠牲獣は雄牛に限定され、貧者もこの供犠だけは他のものに代替できない。脂肪・内臓が祭壇で焼かれた後、肉は祭司により食べられた。

以上が古代イスラエルの供犠・供物の概要であるが、これらは現在、オリエント世界（メソポタミア、ヒッタイト、カナン＝フェニキア、エジプト）における供犠・供物との比較研究が進められているという。注意しておきたいのは、山我が述べたとおり、こうした旧約聖書の供犠が、牧畜文化を背景に持っていたことである。

ヴェーダ祭式[*6]

インド学では、犠牲獣を用いるか否かにかかわらず、「祭式（sacrifice, Opfer）」の語が用いられ、その原語はサンスクリットの「ヤジュニャ（yajñá-）」である。古代インドのヴェーダ文献に記されたヴェーダ祭式は、祭主ないしその代理である祭官が神々と対等の立場に立ち、讃歌と供物で呼び招いた神々を饗応し、ギブ・アンド・テイクの関係で祭主の意図を達成する、という性格を持つ。

重要なことに、こうした「祭式成立の規範となった社会生活のあり方は、遊牧と掠奪とに、定住期を交えたものであ」り、定住期には大麦の耕作も行われたらしい（後藤 二〇〇八：八六）。つまり、旧約聖書の供犠と同様、牧畜文化を根底に持つのである。

さて、紀元前一二〇〇年頃まで遡るとされるヴェーダ文献は、バラモン教の聖典であり、四種に区別される。（一）神々を祭場に招き、讃歌によって神々をたたえるリグ・ヴェーダ（Ṛgveda）、（二）リグ・ヴェーダに含まれる詩節を一定旋律にのせて歌うサーマ・ヴェーダ（Sāmaveda）、（三）祭司の実務に関わり、供物を調理して神々に献げるヤジュル・ヴェーダ*7（Yajurveda）、（四）災禍を払って福利を招き、仇敵を調伏するなど呪法に関わるアタルヴァ・ヴェーダ（Atharvaveda）である。

さらに各ヴェーダを構成する要素は、便宜上、次の四部門に分類される。（一）サンヒター（Saṃhitā 本集）と呼ばれる基本的部分で、マントラすなわち讃歌・歌詞・祭詞・呪文の集録、（二）ブラーフマナ（Brāhmaṇa 梵書）と呼ばれ、第一部門に付随する散文文献、（三）アーラニアカ（Āraṇyaka 森林書）といい、秘密の祭式や神秘的教義を載せるため、人里離れた森林中で伝授されるべき部分、（四）ウパニシャッド（Upaniṣad 奥義書）という、宇宙万有の一元を宣示する哲学書、である。

これらに加えヴェーダ補助学として、祭式の仕方を規定したカルパ・スートラと呼ばれる一群の文献があり、これにも、シュラウタ・スートラ（Śrautasūtra 祭式綱要書）、グリヒア・スートラ（Gṛhyasūtra 家庭儀典綱要書）、ダルマ・スートラ（Dharmasūtra 法制綱要書）、シュルヴァ・スートラ（Śulvasūtra 測量綱要書）という四種の別がある（以上、辻（一九六七）参照）。祭式の記述はこれらの文献に現れるが、動物犠牲祭（paśubandhá-）については、とりわけヤジュル・ヴェーダのサンヒターおよびシュラウタ・スートラにくわしい。

犠牲獣には一般に山羊、羊、牛、特別な場合に馬などが用いられ、人を加えて五種という場合もあったほか、大麦や米など穀物と併用されることもあったらしい。動物犠牲祭の三部に分かれる式次第について、ユリウス・シュヴァープ（Schwab 1886）および後藤敏文（二〇〇八：八八―九〇）に基づき、概要を記せば次のようである。

第一部として、祭柱（yūpa-）にする樹木の選定と伐採、祭場設営、祭火の配置など。

第二部には、儀礼的手洗いをし、祭具に水をかけるなどした後、祭柱を建立し、犠牲獣（páśu-）を用意する。祭火を鑽《き》り出し、犠牲獣に水をかけ、縛って祭柱に結びつける。神々を招待し、二度のバター献供の後、犠牲獣にバターを塗る。

第三部で、犠牲獣に「同意させる」、すなわち屠殺が行われる。祭柱から放して職人に渡し、祭場の北で「納得・同意」（窒息）させられたのである。その後、犠牲獣の縄を解き、腸間膜（大網）を取り出し、これを火中に献供、続けて体の他の部分も献供。さらに、神格たちに献げる部分（親指の一関節大の切片）を火中に献供し、「栄養」の部分（つまり頭部など残余の部分）を祭官たちが食した。

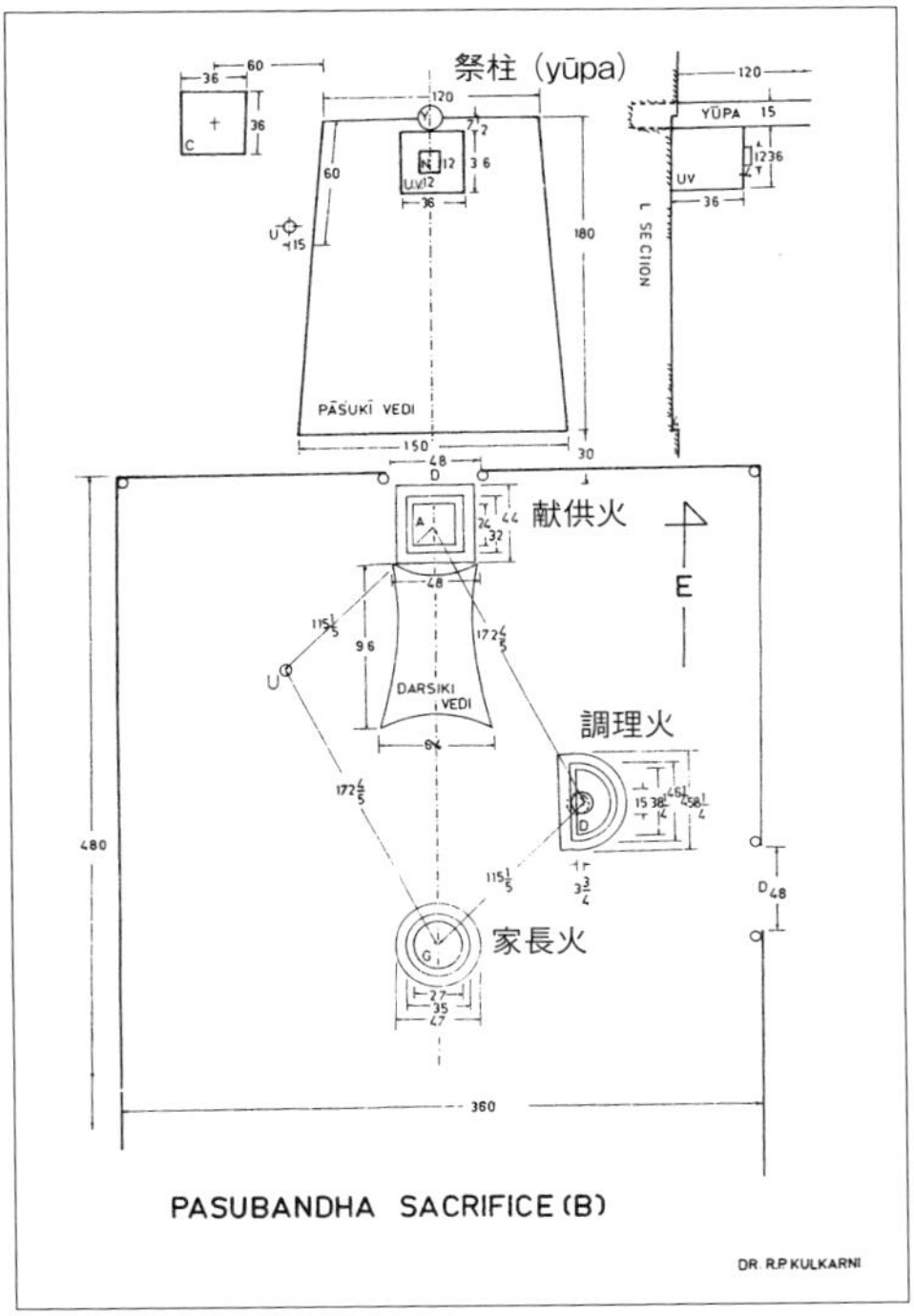

図 7-3　古代インドにおける動物犠牲祭の祭場図

出典）Kulkarni 1997: 36; 後藤 2008: 80。

注目すべき点として、血は役割を演じないこと、祭場以外の出来事にはいっさい触れられず、共食・宴会は暗示さえされないこと、などが指摘される（後藤 二〇〇八：九〇）。

なお、動物犠牲祭の祭場図が復元されて

いる（上方が東）（図7‐3）。単位はアングラ（aṅgula）で、一アングラは一・九センチメートル。下部の四角は小屋で、その中に献供火・調理火・家長火が置かれ、その中央にヴェーディ（védi-）が掘られる。これ（darsiki védi）は地表より低く掘られた四角い空間（動物の胴体部分の皮革を拡げたような形）で、その上に草が敷き詰められ、ここが本来、神々の座であったらしい。小屋の外（東側）にはもう一つ、地表より低く掘られた台形のヴェーディ（pāśukī védi）が設けられ、その東端に祭壇と、犠牲獣を結びつける祭柱が建てられている。祭柱の北側（図では左側）にはもう一つ、正方形の掘り込み（cātvāla）があり、犠牲獣の窒息死はこの付近で行われたようである（Kulkarni 1997: 35-41; 後藤二〇〇八：七一、八〇）。

4 供犠論の起源と成立

ユダヤとインドの供犠には、いくつも共通点がある。第一に、どちらも牧畜文化・社会を背景に持つこと、第二に、いずれも古代文明において高度に制度化され、その内容が文書の形で残されていること、第三として、動物以外に植物の献供も行われていたこと、などである。

こうした事実は一九世紀ヨーロッパの学者たちの視野に、少しずつ入ってきていた。旧約聖書の文献学的研究が進み、ヴェーダ文献の解読も推進されていったのである。興味深いことに、これらの二大前提は、セムとアーリヤという二大「人種」に対応している（cf. Lincoln 2012: 16）。当時の欧州知識人はある意味、引き裂かれた自我の葛藤に苦しんでいたといえるかもしれない。すなわち、ユダヤ＝キリスト教という彼らの宗教上の祖先であるセム人と、インド＝ヨーロッパ語族という言語上の祖先であるアーリヤ人との折り合いを、どうつければ良いのか。聖書とサンスクリットの研究が進めば進むほど、両者の関係を比較しつつ、どう納得すれば良いのかが、難題として浮かび上がってきたのではないか。

供犠という問題に限定すれば、そうした比較をなしとげたのが、後述するユベールとモースの「供犠の本質と機能に関する試論」（一八九九年）であり、これが供犠論の本格的な出発点と見なしうる。しかし、それにも前史があった。

近代的な旧約学の祖であるユリウス・ヴェルハウゼン（一八四四生〜一九一八没）は、旧約聖書を正しく理解するために、セム系諸民族の信仰や習俗を知る必要があると考えていた。しかし、そのための資料は限られている。そこで彼は、中世アラビア語で記された詩文や歴史書、地理書、旅行記などを丹念に読み解き、『アラブ異教の痕跡』を刊行した。本書では、イスラーム以前のアラブ人における宗教世界が再構成され、供犠についても紙幅が割かれている（Wellhausen 1887: 110-128）。

これに大きな影響を受けたのが、英国のロバートソン＝スミス（一八四六生〜九四没）だった。すでに彼は『ブリタニカ百科事典』第九版に「供犠」の項目を寄稿し、ヘブライとギリシャ・ローマを中心に論じた上で、その起源をトーテミズム的な聖餐にあると考えていた（Robertson Smith 1886）。そして今や、ヴェルハウゼンから新たな刺激を受けた彼は『セム族の宗教』（一八八九年初版、九四年二版）を著し、全一一章のうち第六章以降をすべて「供犠」の記述と考察とに費やした。彼によれば、本来遊牧民であったすべてのセム系民族において、動物供犠こそは最も重要なものであり、その目的は神との共食にあったのである（Robertson Smith 1894: 222, 245; スミス 一九四三：一六―一七、四一）。

『セム族の宗教』は多方面に大きなインパクトを与えたが、これを読んで供犠に関心を抱いた一人が、フランスのエミール・デュルケーム（一八五八生〜一九一七没）だった。デュルケームは甥かつ弟子であるマルセル・モース（一八七二生〜一九五〇没）と、モースの盟友アンリ・ユベール（一八七二生〜一九二七没）とにその研究を勧め、結果として一八九九年刊の『社会学年報』誌に掲載されたのが、ユベールとモースの共著になる「供犠の本質と機能に関する試論」（Hubert & Mauss 1968）であった。[*8]

このように、ユベールとモースにとって最大の刺激となったのはロバートソン＝スミスとそのセム系供犠の研究だったが、この時期は他地域の供犠についても、基礎的研究が出そろいつつあった。まず古代インドに関しては、先に挙げたシュヴァープの動物供犠研究（Schwab 1886）のほか、モースの師であるシルヴァン・レヴィ著『ブラーフマナにおける供犠の教説』（Lévi 1898）が出ており、モースはここから多大な感化を受けたと告白している（山崎二〇〇九：八〇）。

さらにまた、古代ギリシャの供犠についても、二つの方面から研究が進んでいた。第一にドイツのパウル・シュテンゲル（一八五一生～一九二九没）はブーフォニア（牡牛殺し祭）に関する論文のほか、記念碑的名著『ギリシャの古代祭儀』（一八九〇年初版、九八年二版、一九二〇年三版）を出した[*9]（Stengel 1897, 1898）。第二に、エドワード・タイラー（一八三二生～一九一七没）やヴィルヘルム・マンハルト（一八三一生～八〇没）による民族学・民俗学的成果が（Tylor 1871; Mannhardt 1875-77）、古代研究にも応用され始めていた。こうした中で、フレイザー（一八五四生～一九四一没）は『金枝篇』初版を（Frazer 1890）、ついでパウサニアス『ギリシア記』への浩瀚な注釈書を出し（Frazer 1898）、供犠にもしばしば言及したのである。

かくて、機は熟していた。一八九八年に出されたレヴィ、シュテンゲル、フレイザーの諸著が、翌年刊のユベールとモースの供犠論中には、幾度も引用されているのである。

では「試論」において、二人の著者は何を行ったのだろうか。まず、中心的に扱われている資料は、前節で見たサンスクリット文献と旧約聖書とである。それに補足的に言及されるのが、ギリシャ・ローマだ。私見によれば、この「試論」の意義は三つある。第一に、「供犠（sacrifice）」と「献供（offrande）」を区別し、供物の破壊を伴う場合のみを「供犠」としたこと（Hubert & Mauss 1968: 203-204; モース／ユベール 一九九〇：一五―一六）。第二に、植物や液体（乳や酒など）の献供も考察に含めたこと（Hubert & Mauss 1968: 204-205; モース／ユベール 一九九〇：一六―一七）。第三に、そして最も重要なことに、供犠の図式を抽出したこと。それは、聖なる時空間に入り、供犠獣の破壊で頂点を迎える儀礼を行い、最後に再び脱聖化をへて俗界に戻るという三段階へと抽象化された（Hubert & Mauss 1968:

212-255; モース／ユベール 一九九〇：二四―五六)。

これらの意義について、三点だけ注意をうながしておきたい。まず、ユベールとモースが植物や液体（乳や酒など）の献供も採り上げているのは評価できるが、植物もそれが破壊される場合には「供犠」と呼ぶ（Hubert & Mauss 1968: 204; モース／ユベール 一九九〇：一六)、というのは、先述した本章の定義とは合わない。二つめに、ここで示された図式は、デュルケームの聖・俗理論と深く関係していると同時に、フランス語「サクリフィス」の語源「神聖にする」に過度に依拠している。そして最後に、供犠の図式はその後ファン・ヘネップ（二〇一二）がさらに推し進めた「通過儀礼」論の先駆と見なすことができる。

ともあれ、こうして一九世紀末に成立した供犠論は、その発祥から、牧畜社会を背景とする旧約聖書とヴェーダ祭式に基づいていた。ただしタイラーやマンハルトからフレイザーに繋がる供犠論には、それとは異なる農耕的要素の重視が顕著であり、このことがその後の供犠論に対し、不幸な混乱をもたらす一因となっていくのである。*10

5　一九七二年までの供犠論

ユベールとモースの論文は事実上、供犠論の出発点といってよい。次に画期が訪れたのは一九七二年のことであるが、それまでの系譜を二つに分けて追ってみよう。

民族学における系譜

民族学的な供犠論において太い流れを形成したのは、いわゆるヴィーン学派である。「文化史学派（Kulturhistorische Schule)」ないし「文化圏説（Kulturkreislehre)」とも称されるこの学統は、領袖たるヴィルヘルム・シュミット（一八六八生～一九五四没）による極端な「原始一神教説」や、過度の図式化傾向により、一九五〇年代には崩壊した。ドレクスラー『供犠幻想』が、ヴィーン学派の供犠論をわずか一頁で片づけているのは（Drexler 1993: 73）、そうして捺された負の烙印と関係している。[*11] とはいえ、彼らの供犠研究・理論にも見るべき点はあり、それは後述するカール・モイリのすぐれた研究にも部分的・批判的に継承されている。

シュミットが供犠を主題として初めて公にした論文は、「神学的供犠論への民族学的コメント」（Schmidt 1922）である。ここで彼は、タイラー、ロバートソン＝スミス、フレイザー、ユベールとモースらの供犠理論に批判を加えた後、自身の文化圏図式を提示、多くの民族誌資料に基づき、「初物供犠（Primitialopfer）」は狩猟採集民段階ですでに存在し、それは常に食料を神にささげる行為であった、と論じた。

シュミットおよびドイツ語圏民族学における供犠論の、その後の展開に大きな影響を与えたのは、彼のもとで学んだクロアチア出身のアレクサンダー・ガース（一八九一生～一九六二没）である。ガースは「アルタイ系牧畜民における流血供犠と無血供犠」（Gahs 1926）、および「トナカイ飼養民における頭部・頭骨・長骨の供犠」（Gahs 1928）という二編の論文において、およそ次のような考えを述べた。アルタイ系牧畜民には、天を至高存在（das Höchste Wesen）と見る観念が広まっており、これに対する供犠には流血・無血の二種類がある。一方の流血供犠では、馬の舌を引き抜いた後で殺すなど（アルタイ＝タタール）、いたぶっての殺害もしばしばである。他方の無血供犠はモンゴルとヤクート（サハ）に見られ、馬を殺さず聖別（Weihe）することと、馬乳酒の献供（Libation）を特徴とする。[*12] そして、北アジア・北アメリカの諸民族においては、「猟運を授ける者」ないし「至高存在」に対して、動物の頭部・頭骨・長骨をささげる供犠が存在する。[*13] そして、一九一七年から二三年にかけてスイスのドラッヘンロッホ（竜洞）で行われた発掘調査の結果、エミール・ベヒラー（一八六八生～一九五〇没）により発見された熊の骨も、こうした文脈で理解すべきだと主張した。

ガースの論文を受け、シュミットは「内陸アジア馬匹飼養民における天への供犠」（Schmidt 1942）において、至高存在への供犠は狩猟民から牧畜民へ継承されたと論じ、「原文化における初物供犠[*14]」（Schmidt 1948）でも同様の主張を繰り返した。

ヴィーン学派の供犠論としてはこれらの他、以下が言及に値する。まずシュミットの同僚だったヴィルヘルム・コッパース（一八八六生〜一九六一没）は、印欧語族の馬供犠・馬信仰を極北狩猟民における骨の扱い、内陸アジア牧畜民の供犠、南方の農耕的要素の混淆と考え（Koppers 1936）、アロイス・クロス（一八九三生〜一九八四没）は水中に沈めたり溺死させたりする「沈めの供犠」について、人身供犠もふくめその世界的分布を追究し、狩猟民・牧畜民には稀で、農耕民における水と豊穣の関係が背景にあると論じた[*15]（Cloß 1952）。最後に、シュミットのもとで学んだアントーン・フォアビヒラー（一九二一生〜九九没）の博士論文『供犠』は、主にヴィーン学派の供犠論をまとめつつ、師に対しては、初物供犠は食物というより、むしろ生命原理そのものではないか、と控え目な批判を向けている。筆者の私見では、フォアビヒラーはすでにシュミット理論に対し高まっていた批判を十分に承知していたのではないか。それで、シュミットの流れをくむ自説についても「純粋に臆断的な考察」（Vorbichler 1956: 188）と述べ、また本書の後はアフリカ諸言語の記述的・実証的研究へとテーマを変えたのではなかろうか。シュミットに献呈された本書は、師から受けた学恩への返礼だったようにも思われる。

ヴィーン学派の供犠論には、たしかに限界が存在する。とりわけ、シュミットら神言会（SVD: Societas Verbi Divini）の神父たちが主導していたため、人類史最古の段階において、すでに至高存在（神）がいたという、「原始一神教説（Urmonotheismus）」から逃れがたかった。またイエス・キリストの磔刑を供犠の完成形と見るキリスト教的供犠観からも、必ずしも自由ではなかった（Schmidt 1922: 59-67）。けれども、狩猟民における猟獣の扱いと牧畜民における動物供犠の間に、連続性を見出した功績は大きいと、筆者には思われる。そして、ヴィーン学派の弱点を乗り越えつつ、今述べた功績を救い出したのが、カール・モイリだったのである。

古典学・民俗学・民族学の幅広い学識を有していたカール・モイリ（一八九一生〜一九六八没）は、バーゼル大学教授を務めた。つまり『母権制』のバッハオーフェン（一八一五生〜八七没）、『イタリア・ルネサンスの文化』や『ギリシア文化史』のブルクハルト（一八一八生～九七没）らによる独特な学問伝統を、この地で継承したのがモイリであり、彼はバッハオーフェン全集の編者でもある。その論文「ギリシャの供犠習俗」は初め一九四六年に発表され、死後に刊行された著作集所収版には、モイリ自身による手書きの補遺が相当量収録されている（Meuli 1975）。ここでモイリは、狩猟儀礼と家畜供犠の間に関連を認めながらも、狩猟民における儀礼の対象は「至高存在」というより「動物の主（Herr der Tiere）」であったと考えた（Meuli 1975: 976-977）。そしてギリシャにおける供犠儀礼もまた、ユーラシア北部の狩猟儀礼と多くの類似点を示し、究極的な源泉はそこに求められる、と論じたのである。

ただしモイリは、デンマークの研究者アーダ・トムセンによる論文「プロメテウスの騙し」（Thomsen 1909）の着想を、自分は発展させたにすぎない、と謙遜気味に述べ（Meuli 1975: 910）、彼女の先見の明を繰り返し称えている。そのトムセンの出発点は、ヘシオドス（前八世紀）『神統記』に見られる、次の一節（五三五～五四一、および五五三～五五七行）であった。

「それは、神々と死すべき人間とがメコネにて、取り決めを
しようとした時のこと。プロメテウスは熱意をこめて、大きな牡牛を
切り分かち、ゼウスの心を騙してやろうと、前に並べた。
すなわち一方に、脂肪に富んだ肉と内臓を、
牛の胃袋でくるんで皮の上に置き、
他方に、牡牛の白い骨を、騙しの術で
盛りつけて、艶やかな脂肪でくるんで置いた」（中務《なかつかさ》訳 二〇一三：一二五―一二六）。

ゼウスは企みを見抜いた。しかし、

「彼は両の手で白い脂肪を取り上げたが、
騙しの術による牡牛の白い骨を見るや、
腸《はらわた》が煮えくり返り、怒り心頭に発した。
これ以来、地上にある人類は神々のために、
香煙けぶる祭壇で、白い骨を焼いている」（中務訳 二〇一三：一二六―一二七）。

トムセンによれば、ここに描かれた神への供犠（神は骨・脂肪・血を、人は肉・皮・内臓を得る）は、狩猟民における猟獣の扱いにまで遡るとされ、モイリはこの説を受け容れた。そして一例証として、ブーフォニア祭（雄牛殺し）を挙げている。この奇妙な祭は、パウサニアス（後一一五頃生～一八〇頃没）『ギリシア記』（一・二四・四および一・二八・一〇）に、

「雄牛を一頭、供犠用に準備して、これに注意していると、牛が祭壇の方へ行って麦粒に触れる。すると、祭司の一人「屠牛役」が（牛を殺して）その場に両刃斧を投げ――これが作法である――逃げ去る。残りの祭司たちは、誰が牛を殺したかを知らないかのように、斧を裁きにかける」（飯尾訳 一九九一：四八）。

「エレクテウスがアテナイ王だった頃、屠牛役が『都城鎮護のゼウス』の祭壇上で、はじめて雄牛を殺した。屠牛役は、その場に両刃斧を残したまま、この地方から逃げ去り、斧はすぐさま裁きを経て放免された。今日でも毎年斧の裁きが行われる」（飯尾訳 一九九一：五八）。

と見えている。何とも不思議な所作である。供犠用の雄牛を屠殺した者がその場から逃げ、両刃斧が下手人として裁きにかけられる、というのだから。しかしモイリによれば、これは狩猟習俗から説明できる。すなわち狩猟民においては、自らの殺害行為に対する猟獣からの復讐を恐れるあまり、いったんその場から逃走したり、殺害の罪を武器に転嫁したりすることがしばしばあった（山田 二〇一五a：四三―四四も参照）。ブーフォニアの逃走劇は、その名残だというのである（Meuli 1975: 1004-1008）。

モイリ説は、後述するようにブルケルトに継承された。そして近年ではフリッツ・グラーフ（一九四四生）のように、モイリの仮説を高く評価する古典学者も現れている*16（Graf 2012: 48-49）。民族学における供犠論を建設的に発展する道は、この辺りに示されているといえよう。

文学的・思弁的な系譜

人類史における供犠の位置と意義とを解明しようという、以上のような系譜と別に、民族誌資料も用いてはいるものの、思弁的としか言いようのない系譜もあって、しかも両者はしばしば同列の文脈で扱われる。供犠論の混迷の最大の要因はここに存する。

後者の系譜に属するのは、フロイト（一八五六生～一九三九没）『トーテムとタブー』（Freud 1973［一九一三年初版］）、バタイユ（一八九七生～一九六二没）『呪われた部分』（バタイユ 二〇〇三参照［一九四九年刊］）、ジラール（一九二三生～二〇一五没）『暴力と聖なるもの』（Girard 1998［一九七二年初版］）である。

しかしこれらには、すでに多くの批判が出ている。代表的なものだけ挙げよう。『トーテムとタブー』は、人類学者クローバー（一八七六生～一九六〇没）が「秩序なき激情の書で、根拠づけは厳格というより難解であり、確証のない議論に満ちている」と酷評し（Kroeber 1965a: 51, cf. 1965b）、バタイユ（とその同志カイヨワ）に対しては宗教学者リンカーン（一九四八生）が「古典学者や宗教学者など、まともな学者は、両名とも一次データの証拠に当たって自分の空想をチェックしたためしはなかったと、指摘せざるをえない」と述べ（Lincoln 2012: 24）、ジラールについてはベルギーの民族学者・映画監督リュック・ド・ウーシュ（一九二七生～二〇一二没）が、「独断的な偏見」で「恣意的な心理学的概念に従って、人類学的な差異をすべて破棄する」理論だと一蹴した（ド・ウーシュ 一九九八：二一）。

筆者には、これ以上付け加える言葉はない。これらの書は確かに文学的インスピレーションを与えてくれるかもしれないが、人類史における供犠の事実を解明しようという努力とは、峻別されねばならない。

6 地中海世界とイスラーム圏

ギリシャとローマ

いま批判した『暴力と聖なるもの』はしかし、同年に出たブルケルト『ホモ・ネカーンス』と相まって、各方面に多大なインパクトを及ぼした。それには当然、学生運動やベトナム戦争といった時代の雰囲気も関係していただろう（Drexler 1993: 95; Graf 2012: 41）。いずれにせよ、一九七二年をもって供犠論はあらたな画期を迎えたのである。

古典学者ヴァルター・ブルケルト（一九三一生～二〇一五没）の著書『ホモ・ネカーンス』すなわち『殺すヒト』原著は「古代ギリシャの供犠儀礼と神話の諸解釈」という副題を持ち（ブルケルト 二〇〇八）、二つの刺激を受けることによって成立した。一つは先に述べたモイリのギリシャ供犠論、そしてもう一つは、動物行動学者コンラート・ローレンツ（一九〇三生～八九没）による『いわゆる悪』（邦題は『攻撃』［ローレンツ 一九七〇］）である。それに対応して、同書の主張は大胆なほど明快である。すなわち、古代ギリシャの供犠は狩猟社会の殺害にさかのぼり、さらにその根底には、生物としての攻撃衝動が潜んでいる、というのだ。

七年後、今度はドゥティエンヌとその師ジャン＝ピエール・ヴェルナン（一九一四生～二〇〇七没）らが『ギリシャにおける供犠の食事』を刊行（Detienne & Vernant éds. 1979）、供犠における獣肉の食事という側面に注目した。これ以来、ギリシャの供犠研究は長らく三人（ブルケルト、ドゥティエンヌ、ヴェルナン）の影響下にあったが、二一世紀に入り、ようやく変化のきざしが見えている。

ことに重要なのは、従来資料の不足していた古代ギリシャの供犠研究に、動物考古学という新たな手法が登場したことだ。たとえばフレッド・ネイデンは、出土した獣骨と文献資料を突き合わせることで、供犠における獣肉は、多くの人々に食事を供し、満足させるほどの量はなく、むしろ供犠は社会的ヒエラルキーを再構築する場だった、と論じている（Naiden 2012）。

ローマについても従来、資料の不足は否めなかった。状況を変えたのはルクセンブルク生まれで、二〇〇一年以来コレージュ・ド・フランス教授を務める歴史学者ジョン・シャイト（一九四六生）である。一九七〇年代から蓄積されてきた彼の研究成果は、二〇〇五年刊の『行為の時こそ信仰の時』（Scheid 2011）により、広く世に知られることとなった。本書では、供犠を掌る役目を負ったアルヴァル兄弟団（Fratres Arvales）、供犠の献げられる機会となった世紀競技祭（Ludi Saeculares）、大カトー（前二三四生～前一四九没）の『農書』、および葬礼供犠などの文書史料をもとに、古代ローマの供犠に新たな光を当てた（cf. Scheid 2012）。しかしこれにも、動物考古学からの批判がある。つまりシャイトは供犠獣は家畜に限られたとしたが、ローマの供犠の原形とも見なされるエトルスキの供犠では、家畜に加えて鹿などの野生動物も利用されたことが、出土遺骨から判明しているのである（Rask 2014: 291）。

地中海世界における供犠研究の高まりは（Knust & Várhelyi eds. 2011; Faraone & Naiden eds. 2012）、キリスト教にも及んでいる。たとえばダニエル・ウルッチによると、紀元後一～三世紀の初期キリスト教は、動物供犠をきっぱり拒絶したのではなく、むしろ供犠をどのように行うべきか、という議論が中心だったという（Ullucci 2012; cf. McClymond 2015）。しかし、やがて時を経るうちに、イエス・キリストの死が供犠の完成形と見なされるように、神学者たちの議論は展開をとげた（Negel 2005）。

さらに野心的な試みもある。宗教学者のキャスリン・マクリモンドは、著書『聖なる暴力を超えて――供犠の比較研究』においてヴェーダ祭式と旧約聖書の供犠を俎上に載せ、供犠では暴力的殺害を伴わない、穀物や液体の献供も重要であったと強調した（McClymond 2008）。しかしこうした事実は、少なくとも専門家の間では以前から知られていた。「マクリモンドはせいぜいのところ、ユベールとモースによるイスラエルの供犠とバラモンの供犠の比較を、アップデートしたにすぎない」（Naiden 2011: 431）というネイデンからの批判は、故なきものではないのである。

イスラーム圏

イスラーム圏の供犠を、大塚和夫は次のようにまとめている。

「聖なる存在に対して儀礼的に家畜を屠る行為。イスラームの場合、羊、山羊、牛、ラクダなどがよく用いられる。基本的に、ビスミッラー、アッラーフ・アクバルと唱えた後に動物の頸動脈を切断し、血を大地に流してから皮を剥ぎ、その肉や内臓などを食べる。供犠を実施した者たちで食べ切れない場合は、貧者たちに施しとして与えることが多い。これが実施されるのは、まず犠牲祭、さらに出生儀礼であるアキーカ、男子割礼、結婚などの人生儀礼の宴の折である。さらに、賓客を迎えた宴用にも家畜を屠ることがある。また、聖者への願かけが成就した際の返礼として供犠を捧げたり、商店や事務所などの新規開設の際に行われることもある。なお、これらの儀礼や宴の時だけでなく、ムスリムは通常の食事の際でも原則的には、上記の手続きを経たハラール肉を食べるものとされている。それは、鶏や鳩などの場合でも同様である。その意味で、ムスリムの食卓にのぼる肉は、儀礼的に浄化されたものということができる」（大塚二〇〇二：三二七）。

このように、供犠は様々な機会に行われるが、犠牲祭におけるそれは、旧約聖書におけるアブラハムとイサクの物語（創世記二二・一〜一九）に対応する、イブラーヒームとイスマーイール父子の伝承に由来する。すなわち、イブラーヒームが息子イスマーイールを犠牲に捧げるよう夢の中で神アッラーに命じられ、葛藤を乗り越えて実行しようとする場面を、クルアーン（コーラン、三七・一〇三―一一一）は次のように描く。

「さていよいよ二人が（アッラーの）仰せに順うことになって、あれが（子ども）を地上に俯《うつぶ》せにころがした正にその時、我ら（アッラー）は声かけて、『やれ待てイブラーヒーム、かの夢にたいする汝の誠実《まこと》はすでに見えた。これは善行にいそしむ人々に我らが褒美をとらす方便であるぞ。これこそ明らかな試練《こころみ》であった』と告げ知らせ、素晴しい犠牲《いけにえ》であの子を贖ってやったその上に、後世の人々の間にまで、末永くあれのために（祝福の言葉）を留めてやった。曰く『イブラーヒームに平安あれ』と。常に我らはこのように、善功を積む人々には褒美をとらせることにしておる。それにしても、彼はほんと《ママ》に信仰ぶかい男であった」（井筒訳 一九六四、中：四一―四二）。

いずれにしても、イスラームにおける供犠は遊牧民文化・牧民思想をよく反映しているとされ（堀内 二〇〇七：三四二―三四三）、セム系諸民族に共通する点も少なくない。その研究は、先述したヴェルハウゼンやロバートソン＝スミスまで遡るが、それをドイツ語圏で受け継いだのはヨーゼフ・ヘンニンガー（一九〇六生～九一没）で主著『アラビカ・サクラ』（Henninger 1981）に集大成され、フランス語圏ではジョゼフ・シェロー（Chelhod 1955）を経て、人類学者のピエール・ボント（一九四二生～二〇一三没）らが、イスラーム圏各地における供犠の多様性と共通性をまとめている（Bonte, Brisebarre & Gokalp éds. 1999）。

7 東南アジアと東アジア

見てきたように、ヨーロッパの学者たちによる供犠論においては、ヴェーダ祭式と旧約聖書が二本の柱をなし、それに地中海世界とイスラーム圏が付随する構造をとってきた。それ以外の地域は、いわば蚊帳の外におかれた格好だが、やや例外的なのは東南アジアである。

東南アジア

すなわち東南アジアの供犠、とりわけ水牛供犠は注目を集めてきた（図7‐4、5）（cf. Lévy 1943, Archaimbault 1991 など）。

レフラー『東南アジアにおける祖先崇拝・収穫祭・社会的祭儀に対する水牛・ガヤル牛の聖なる意義』やクレーメ

図 7-4　ベトナム南部ジャライ族における水牛供犠

出典）Bernatzik 1961: 272; ベルナツィーク 1968: 270。

図 7-5　ボルネオ島ダヤク族における水牛供犠

出典）Schwaner 1854: 30-31.

ル『水牛──インドネシア諸島の諸民族にとってのその意義』が述べたように、東南アジア大陸部・島嶼部ではミタン牛や水牛が広く飼養され、供犠に用いられてきた。しかも、これらの牛は飼いにくく、危険を伴うにもかかわらずである。供犠には歌舞が行われ、いたぶった上で殺す場合も少なくない。たとえば膝の腱を切るなどの手段であり、これは狩猟法とも重複する。いたぶることで、供犠獣の死を長引かせることもあった。水牛屠殺の契機は様々だったが、方式は同様であり、水牛を結わえつける供犠柱の存在が重要だった。殺された水牛の血は、塗ったり振りかけたりし、生命力の強化が図られた。そして、供犠獣は豚や鶏で代替することもあった一方、人身供犠が水牛供犠によりおきかえられた場合もある（Löffler 1954: 187-234; Kreemer 1956: 222-254）。

興味深いのは、少なくとも以下の三点だ。第一に、供犠獣の代替可能性。大まかに、人、牛（水牛）、豚、鶏という序列が成り立ちそうである。第二に、インドからの影響という可能性。アッサムのアンガミ・ナガでも、ボルネオ東南部のクテイでも、供犠柱のことをユーパと呼んでいたが（Heine-Geldern 1928: 284-284; Kreemer 1956: 243）、これはヴェーダ祭式における祭柱のサンスクリット名と同一である。第三として、ことに手鍬農耕民においては、水牛は供犠という目的のためだけに、飼育してきた地域が多いことである（Kreemer 1956: 222, 232）。

この三点目は、経済民族学者エドゥアルト・ハーン（一八五六生〜一九二八没）の古典的仮説を想起させる。すなわち彼によれば、牛はその角の三日月形から月を連想させ、月女神への供犠獣として飼育が開始されたという（Hahn 1896: 89-93）。なお東南アジアで家禽化が達成されたと推測される鶏についても、そのプロセスについては様々な動機が想定されている（秋篠宮編 二〇〇〇：六六―七〇）。

東アジア

東南アジアの農耕民と、内陸アジアの牧畜民の間に位置するのが、中国・朝鮮・日本を初めとする東アジアである。中国の供犠に双方からの影響が見られることは、大林太良（一九二九生〜二〇〇一没）がその博士論文『中国と東南アジアにおける豚』で詳論していたが（Obayashi 1959: 240-272）、考古学と文献史料を組み合わせつつ、詳細が明らかになったのは近年のことであり（岡村 二〇〇五）、この点、地中海世界と事情が似ている。

日本の動物供犠については、民俗学の中山太郎（一八七六生～一九四七没）が一九二五年に発表した「動物犠牲考」（中山 一九七六）、古代史学の佐伯有清（一九二五生～二〇〇五没）著『牛と古代人の生活——近代につながる牛殺しの習俗』（佐伯 一九六七）といった例外を除けば、研究は不振だった。

ようやく近年、歴史学の原田信男（一九四九生）の手によって、その全容が明らかにされた。彼は狩猟のための縄文的祭祀、農耕のために野獣と豚を用いる弥生的供犠、そして牛馬を用いる大陸・半島的供犠という三つの類型を区別し、それぞれの系譜を追っている（原田 二〇一二、二〇一四）。興味深いことの一つは、雨乞のために牛馬を殺した事例が多数にのぼることであり、これは世界的に見ると、旧大陸の農耕民とりわけ穀物栽培民の間で、雨乞のための動物供犠が盛行した大勢（大林 一九九九：九〇—九二）と合致している。

8 供犠の現在、動物殺しの未来

以上、かぎられた紙幅で、供犠論の系譜について概観した。成果を要約してみよう。まず、欧米の学者による供犠論は、旧約聖書（セム）とヴェーダ祭式（アーリヤ）の研究を二大前提として、一九世紀末に開始された。つまり、牧畜社会を背景とし、古代文明において高度に制度化され、文書化された供犠儀礼が主な分析の対象となった。その後、一九七二年までの民族学における供犠論は、狩猟民・牧畜民における儀礼の連続性に目を向けた。他方でこの時期、文学的・思弁的な供犠論も登場した。また、地中海世界（特にギリシャ・ローマ）やイスラーム圏の供犠も、欧米学者の主要な研究対象となり、前者では近年、動物考古学の知見が重要度を増している。これ以外の地域では、東南アジアの水牛供犠に一定の着目がなされてきたが、東アジアについてはようやく最近、供犠の展開過程が明らかにされている段階である。

このように括ってはみたものの、本章で扱えなかった地域や問題は数多い。先に断ったように、アフリカ、オセアニア、南北アメリカについては、欧米における供犠論の主流から外れていたためもあり、非常に手薄である。また、本章では儀礼的殺害を伴う献供（オファリング）を供犠（サクリファイス）と定義したが、この場合、動植物間の連続性をいかに捉えるか、といった問題が残る。たとえば、雌牛の代用として行われた有名なヌエル族のキュウリ供犠などが（Evans-Pritchard 1956: 202-204; エヴァンズ＝プリチャード 一九九五下：五四—五五）、この定義ではうまく把捉しきれない。とはいえ、ひとまず冒頭の問いに戻ってみよう。すなわち供犠という概念は、その学史と対象を考慮するなら、幻想として棄て去ることなく、今後も有用な学術用語として生かし続けられるに違いない。

ただし、供犠論ならぬ供犠そのものは現在、厳しい立場におかれている。たとえばネパール・カトマンズのガディマイ祭は、多数の動物が殺されるというので、動物愛護の見地から、禁止される瀬戸際にある（AFP in Kathmandu 2015; Geenberg 2015）。また別の理由、たとえば経済的理由から、イランでは新車購入時の魔除けの供犠として、羊が買えずに鶏で代用する人が増えていると報じられた（神田 二〇一三）。イスラームの犠牲祭も「残酷」だと風当たりは強くなっているが、ルポライターの内澤旬子は、日本や西洋諸国で出る莫大な残飯も、同様に「残酷」な浪費ではないか、と指摘する（内澤 二〇一一：二一七）。世界各地で動物殺しの現場に立ち会ってきた彼女の言葉に、*17 生きること、殺すこと、そして食べることという営みに関する、一つの真実が宿っているように、筆者には思われる。

そもそも人類は狩猟採集の時代から、動物を殺して食わねば生きてゆけない、という現実と向き合ってきた。そうした動物殺しの行為を宗教的文脈においていわば様式化し、儀礼化したのが本章で見てきた供犠である。他方、世俗的社会において高度にシステム化されているのが、現代における屠畜であろう。しかしその現場はますます一般人の目からかくされ、不可視の領域へ追いやられている。結果として、メディアで報じられる動物殺しの生々しさに、過剰に反応する人たちも出てくる。

けれど、実際に屠畜場を訪れてみれば、そこには宗教的敬虔ともいうべき雰囲気が漂っていることに気づく。内澤とともに訪れた日本国内の屠畜場では、社是の第一に「動物の命への感謝」が掲げられていたし、筆者もまたこの訪問をつうじて、ふだん意識することの少ない「命をいただく」という食の本質を想い起こさせられた。

アニマル・ライツはこの先どこまで行くのだろう。ペット・家畜・野生動物といった様々な動物との関わり、そしてそれらを殺すという営みについての議論は、人間の感情を本能的にゆすぶってくる。しかし感情に流されるのではなく、過度に理詰めで人間の倫理を動植物へと拡張するのでもなく、人類史と動物殺しの言説史を冷静に見つめ直すことから、バランスある未来が開けるよう期待したい。

付記

ミュンヘン大学留学の真最中だった一九九九〜二〇〇〇年の冬学期、指導教授、故・ハンス＝ヨアヒム・パプロート（Hans-Joachim Paproth）先生のゼミのテーマが「供犠儀礼」だった。欧州におけるムスリム移民の増加を反映してか、イスラームの供犠を採り上げた学生の口頭発表が多かった。筆者自身は発表はしなかったが、基本的な文献や供犠論の多様性は、ここで学んだ。

帰国後、故・中村生雄先生の主宰されていた供犠論研究会に参加、たくさんの研究者と知り合い、雲南や台湾などでの調査をつうじて、動物殺しの現場に触れることができた。

一方、二〇〇五年以降は宗教学研究室に奉職し、インド学や旧約学、古典古代の宗教、あるいは宗教学の言説史などの研究者と、接触することが増え、直接・間接にご教示をいただいた。

二〇一二〜一五年にかけて、国立民族学博物館における共同研究「肉食行為の研究」（代表・野林厚志先生）では、多分野・多地域の研究者から生々しい獣肉食の体験談を聞かせていただき、屠畜場見学という得難い機会もいただいた。

そして、本書のもととなった奥野克巳先生の科研プロジェクトでも、動物殺しという問題について様々な刺激と情報をいただき、何より本章を執筆する直接のきっかけを与えられた。

本章はこうした背景から、現時点での筆者の考えを形にしてみたものである。ここまでお世話になってきた方々に、改めて御礼申し上げたい。

注

＊1　供犠概念がキリスト教的観念から強く規定されていることは、すでにカール・モイリも一九四六年時点で指摘していた（Meuli 1975: 907）。なおレヴィ＝ストロース『今日のトーテミスム』のドイツ語訳は、『トーテミズムの終焉』（*Das Ende des Totemismus*）と題されている。

＊2　ヨーゼフ・ドレクスラーはバイエルン州のパッサウ生まれ。テュービンゲン大学で古典学・哲学・宗教学・文化学・民族学・修辞学を、次いでミュンヘン大学で民族学・民俗学・スペイン語学文学を専攻。修士論文は『ブラジル・ウンバンダ宗教におけるエフ信仰』（一九八七年）。一九九二年に学位を得た。本書はその学位論文。現在はミュンヘン大学民族学研究所で私講師（Privatdozent）を務める。著作に、『ドイツのスキンヘッドたち——インタビュー集』（一九八七年）、『コロンビア・カリブ海沿岸のゼヌ族——宗教＝世界像概念』（一九九七年）、『エコ・コスモロジー——インディオアメリカの多声的矛盾性』（二〇〇九年）などがある。

＊3　ドイツ語にもサクリフィツィウム（Sakrifizium）「犠牲」という語があるが、これはカトリックの文脈にほぼ限定して用いられる。

＊4　後述するように、ユベールとモース（Hubert & Mauss 1968）においてはこの傾向が顕著である。

＊5　本項は、山我哲雄によるレビ記解説（山我 二〇〇〇）に大幅に依拠している。

＊6　この項は、後藤敏文による古代インドの祭式概観（後藤 二〇〇八）に大幅に依拠している。

＊7　黒ヤジュル・ヴェーダと白ヤジュル・ヴェーダに分かれ、「文献史の見地からいえば、後者の編纂が前者のそれより新しいことはたしかである」（辻 一九六七：三）。

＊8　ユベールとモースの供犠論については、イヴァン・ストレンスキによる社会史的見地からの考察もある。それによれば、一九世紀末フランスでカトリックが力を強めていたのに対する、反神学的なデュルケーム派——デュルケームとモースはユダヤ系——からの政治的プロジェクトだったというのである（Strenski 2002, 2003）。ただし、山﨑亮《やまざきまこと》（二〇〇九：八〇）はこうした「過剰

なコンテクスト化」の弊害を批判している。

＊9　シュテンゲルは、後に『ギリシャ人の供犠習俗』（Stengel 1910）を著すこととなる。

＊10　宗教民族学の宇野円空（一八八五生～一九四九没）も、これと近い指摘を行った。すなわち「供犠（sacrifice）」には動物の犠牲が好んで用いられ、「共進（offerre）」と「屠宰（immolatio）」と「饗宴」とが事実上結合して現れるのは、「動物が聖体となる場合に最も多く、特に牧畜民族の儀礼に於て顕著なのであつて、欧洲学者の供犠理論は実は大多数この種の実例に基いて導かれたものである。しかるにこれを農耕儀礼の事実について見ると、たとひ動物の屠宰は相当多く行はれても神霊への共進や饗宴には一方で農作物が屢々用ひられるので、三者の結合は必ずしも予想される程多くはないのである」（宇野 一九四〇：七八五）。

＊11　筆者は一九九八年六月から九月の四ヶ月間、フライブルクのゲーテ・インスティトゥートで語学研修を受けた後、同年一〇月から二〇〇三年二月にかけてミュンヘン大学に留学し、民族学を主専攻としたが、最初の入門の授業で「ヴィーン学派はもはやタブーとなっている（tabuisiert）」と断言されたことが、今も忘れられない。

＊12　この場合の無血供犠は、本章における供犠の定義からは外れるが、馬を殺さず聖別する無血供犠は、新疆北部におけるチベット仏教系の牧畜地域で今なお行われている、売られも屠られもしないセテルという家畜を思わせる（シンジルト 二〇一一）。なお、サハにおける馬乳酒祭については、ヨヘルソン（Jochelson 1933）を参照。

＊13　長骨（Langknochen）とは、動物の前肢・後肢の骨のこと（パプロート教授からの個人的ご教示による）。

＊14　この論文は、ドラッヘンロッホ調査の指揮をとったベヒラーの八〇歳を祝う記念論文集に掲載されている。なおここでシュミットは、二年前に発表されていたモイリの論文「ギリシャの供犠習俗」（Meuli 1975）に対し、一貫して再反論を試みている。

＊15　クロスは本論文において、岡正雄や石田英一郎の研究にも言及し、前者の博士論文における日本の供犠の記述を紹介する一方、牛形の水怪を河童の原形と見なす石田の仮説には異議を表明している（Cloß 1952: 88-90）。

＊16　グラーフはチューリヒ大学においてブルケルトのもとで学位を得、バーゼル大学教授を務めた後、現在は米国で研究活動を続けている。彼のブルケルトに対するアンビバレントな態度とモイリへの明らかなシンパシーは、こうした背景によるものかもしれない。

＊17　筆者は研究グループの一員として、内澤氏とともに屠畜場を見学するという貴重な機会に恵まれた。改めて深謝の意を表する。

参考文献

（筆者未見で、ドレクスラー［Drexler 1993 本章表7‐1、2］に引用された文献・版には＊を、同じくカーター［Carter ed. 2003 本章7‐3］に引用された文献・版には†を、それぞれ付した）
秋篠宮文仁編　二〇〇〇『鶏と人――民族生物学の視点から』小学館。
飯尾都人訳・編　一九九一『パウサニアス　ギリシア記』全二巻、龍溪書舎。
井筒俊彦訳　一九六四『コーラン』上中下、改版、岩波文庫、岩波書店。
内澤旬子　二〇一一『世界屠畜紀行』角川書店。
宇野円空　一九四〇「供犠論の整理」『宗教研究』一〇六：七八三―七八七。
エヴァンズ＝プリチャード、E・E　一九九五『ヌアー族の宗教』上下、向井元子訳、平凡社。
エリアーデ　一九六三『永遠回帰の神話――祖型と反復』堀一郎訳、未来社。
大塚和夫　二〇〇二「供犠」大塚和夫・小杉泰・小松久男・東長靖・羽田正・山内昌之編『岩波イスラーム辞典』岩波書店、三二七頁。
大林太良　一九九九「人類文化史上の雨乞い」にひなめ研究会編『稲作文化と祭祀』新嘗の研究四、第一書房、八五―一〇七頁。
岡村秀典　二〇〇五『中国古代王権と祭祀』学生社。
神田大介　二〇一三「ヒツジも買えない――テヘラン（特派員メモ）」『朝日新聞』二〇一三年一二月三日。
後藤敏文　二〇〇八「古代インドの祭式概観――形式・構成・原理」中谷英明他編『総合人間学叢書』三、東京外国語大学アジア・アフリカ言語文化研究所、共同研究プロジェクト「総合人間学の構築」、五七―一〇二頁。
木幡藤子・山我哲雄訳　二〇〇〇『出エジプト記　レビ記』旧訳聖書二、岩波書店。
佐伯有清　一九六七『牛と古代人の生活――近代につながる牛殺しの習俗』至文堂。
ジラール　一九八二『暴力と聖なるもの』叢書ウニベルシタス、古田幸男訳、法政大学出版局。
シンジルト　二〇一一「幸運を呼び寄せる――セテルにみる人畜関係の論理」奥野克巳編『人と動物、駆け引きの民族誌』はる書房、一三一―一六五頁。

スミス、W・R　一九四一―四三『セム族の宗教』前・後編、永橋卓介訳、岩波書店。

タイラー、E・B　一九六二『原始文化』比屋根安定訳、誠信書房。

辻直四郎　一九六七『インド文明の曙――ヴェーダとウパニシャッド』岩波書店。

デュルケーム、E　二〇一四『宗教生活の基本形態――オーストラリアにおけるトーテム体系』上下、山崎亮訳、筑摩書房。

ド・ウーシュ、L　一九九八『アフリカの供犠』浜本満・浜本まり子訳、みすず書房。

中務哲郎訳　二〇一三『ヘシオドス　全作品』西洋古典叢書、京都大学学術出版会。

中山太郎　一九七六「動物犠牲考」中山『神事篇』日本民俗学一、大和書房、二七三―二九六頁。

ニーチェ、F　二〇〇九『道徳の系譜学』中山元訳、光文社。

――　二〇一二『喜ばしき知恵』村井則夫訳、河出書房新社。

バタイユ、G　二〇〇三『呪われた部分――有用性の限界』中山元訳、筑摩書房。

原田信男　二〇一二『なぜ生命は捧げられるか――日本の動物供犠』御茶の水書房。

――　二〇一四『神と肉――日本の動物供犠』平凡社。

ファン・ヘネップ、A　二〇一二『通過儀礼』綾部恒雄・綾部裕子訳、岩波書店。

フォイエルバッハ、L　一九三一「犠牲の秘密或は人間は食物次第だ」『フォイエルバッハ著作集』三、関根悦郎・国五一訳、共生閣。

ブルケルト、W　二〇〇八『ホモ・ネカーンス――古代ギリシアの犠牲儀礼と神話』前野佳彦訳、法政大学出版局。

フレイザー、J・G　一九六六―六七『金枝篇』全五冊、永橋卓介訳、岩波書店。

――　二〇〇三『初版　金枝篇』上下、吉川信訳、筑摩書房。

フロイト、S　二〇〇九「トーテムとタブー」フロイト全集一二、須藤訓任・門脇健訳、岩波書店。

ベルナツィーク、H　一九六八『黄色い葉の精霊――インドシナ山岳民族誌』大林太良訳、平凡社。

堀内勝　二〇〇七「イスラムの犠牲祭と供犠獣」中村生雄・三浦佑之・赤坂憲雄編『狩猟と供犠の文化誌』叢書文化学の越境一四、森話社、三二五―三五七頁。

マリノフスキー、B　一九九七『呪術・科学・宗教・神話』宮武公夫・高橋巌根訳、人文書院。

モース／ユベール　一九九〇『供犠』初版第三版、叢書ウニベルシタス一一九、小関藤一郎訳、法政大学出版局。

山我哲雄　二〇〇〇「レビ記　解説」木幡藤子・山我哲雄訳、『出エジプト記　レビ記』旧訳聖書二、岩波書店、四二一―四五九頁。

――訳　二〇〇〇a「出エジプト記」二五―三一章、木幡藤子・山我哲雄訳『出エジプト記　レビ記』旧訳聖書二、岩波書店、一一六―一六八頁。

――訳　二〇〇〇b「レビ記」木幡藤子・山我哲雄訳『出エジプト記　レビ記』旧訳聖書二、岩波書店、二一七―三九一頁。

――訳　二〇〇一「民数記」山我哲雄・鈴木佳秀訳『民数記　申命記』旧訳聖書三、岩波書店、一―二四〇頁。

山﨑亮　二〇〇九「ユベール・モース『供犠の本質と機能に関する試論』の生成――社会学年報学派の宗教学思想」一、『社会文化論集――島根大学法文学部紀要社会文化学科編』五：六三―八四。

山田仁史　二〇一五a『首狩の宗教民族学』筑摩書房。

――　二〇一五b「人身供犠は供犠なのか？」『ビオストーリー』二三：三二―三九。

ヨヘルソン、W　一九七二「ヤクート族の馬乳酒祭り」田中克彦訳、大林太良編『儀礼』現代のエスプリ六〇、至文堂、八九―九六頁。

ラドクリフ＝ブラウン、A・R　一九七五『未開社会における構造と機能』青柳まちこ訳、新泉社。

レヴィ、P　一九七二「ヴィエンチャンにおける水牛供犠と天候占い」内堀基光訳、大林太良編『儀礼』現代のエスプリ六〇、至文堂、六六―八一頁。

レヴィ＝ストロース、C　一九七〇『今日のトーテミスム』中澤紀雄訳、みすず書房。

ローレンツ、K　一九七〇『攻撃――悪の自然誌』日高敏隆・久保和彦訳、みすず書房。


（外国語文献）

AFP in Kathmandu. 2015. Nepal temple bans mass animal slaughter at festival. *The Guardian* 28 July 2015.
Archaimbault, C. 1991. *Le sacrifice du buffle à S'ieng Khwang* (*Laos*). (Publications de l'École Française d'Extrême-Orient; 164). Paris: École Française d'Extrême-Orient.
van Baal, J. 1976. Offering, Sacrifice and Gift. *Numen* 23 (3): 161-178.

*Bammel, F. 1943. *Heiliges Mahl und menschliche Existenz im Glauben der Völker und Zeiten: Eine religionsphänomenologische Untersuchung*. Dissertation Bonn.

*Bataille, G. 1985. *Die Aufhebung der Ökonomie*. Hrsg. von Gerd Bergfleth. München: Beck.

†—— 1991. *The Accursed Share: An Essay on General Economy*, Vol. 1. Translated by Robert Hurley. New York: Zone Books.

*Baudy, G. 1983. Hierarchie oder: Die Verteilung des Fleisches. Eine ethologische Studie über die Tischordnung als Wurzel sozialer Organisation, mit besonderer Berücksichtigung der altgriechischen Gesellschaft. In B. Gladigow & H. G. Kippenberg (Hrsg.), *Neue Ansätze in der Religionswissenschaft*. München: Kösel, S. 131-174.

Baumgarten, A. I. (ed.) 2002. *Sacrifice in Religious Experience*. (Studies in the History of Religions; 93). Leiden: Brill.

† Beers, W. 1992. *Women and Sacrifice: Male Narcissism and the Psychology of Religion*. Detroit: Wayne State University Press.

Bernatzik, H. A. 1961. *Die Geister der gelben Blätter: Forschungsreisen in Hinterindien*, 4. Aufl. Rheda-Wiedenbrück: Bertelsmann Lesering.

Berner, U., C. Bochinger & R. Flasche (Hrsg.) 2005. *Opfer und Gebet in den Religionen*. (Veröffentlichungen der Wissenschaftlichen Gesellschaft für Theologie; 26). Gütersloh: Gütersloher Verlagshaus.

*Bertholet, A. 1942. *Der Sinn des kultischen Opfers*. (Abhandlungen der Preussischen Akademie der Wissenschaften, Philosophisch-historische Klasse; Jg. 1942, Nr. 2). Berlin: Akademie der Wissenschaften.

† Bloch, M. 1992. *Prey into Hunter: The Politics of Religious Experience*. Cambridge: Cambridge University Press.

Bonte, P., A.-M. Brisebarre & A. Gokalp (éds.) 1999. *Sacrifices en islam: Espaces et temps d'un rituel*. (CNRS Anthropologie). Paris: CNRS Éditions.

*Burkert, W. 1972. *Homo necans: Interpretationen altgriechischer Opferriten und Mythen*. (Religionsgeschichtliche Versuche und Vorarbeiten; Bd. 32). Berlin: Walter de Gruyter.

†—— 1983. *Homo Necans: The Anthropology of Ancient Greek Sacrificial Ritual and Myth*. Translated by P. Bing. Berkeley, Calif.: University of California Press.

Carter, J. (ed.) 2003. *Understanding Religious Sacrifice: A Reader.* (Controversies in the Study of Religion). London: Continuum.

Chelhod, J. 1955. *Le Sacrifice chez les Arabes: Recherches sur l'évolution, la nature et les fonctions des rites sacrificiels en Arabie occidentale.* Paris: Presses Universitaires de France.

Cloß, A. 1952. Das Versenkungsopfer. In W. Koppers, R. Heine-Geldern & J. Haekel (Hrsg.), *Kultur und Sprache.* (Wiener Beiträge zur Kulturgeschichte und Linguistik; 9). Wien: Herold, S. 66-107.

+ Daly, R. J. 1990. The Power of Sacrifice in Ancient Judaism and Christianity. *Journal of Ritual Studies* 4: 181-198.

*Desmonde, W. H. 1973. Der Ursprung des Geldes im Tieropfer. In E. Bornemann (Hrsg.), *Zur Psychoanalyse des Geldes.* Frankfurt a.M.: Suhrkamp, S. 143-151.

Detienne, M. 1979. Pratiques culinaires et esprit de sacrifice. In M. Detienne & J.-P. Vernant (éds.), *La cuisine du sacrifice en pays grec.* (Bibliothèque des histoires). Paris: Gallimard, pp. 7-35.

Detienne, M. & J.-P. Vernant (éds.) 1979. *La cuisine du sacrifice en pays grec.* (Bibliothèque des histoires). Paris: Gallimard.

Drexler, J. 1993. *Die Illusion des Opfers: Ein wissenschaftlicher Überblick über die wichtigsten Opfertheorien ausgehend vom deleuzianischen Polyperspektivismusmodell.* (Münchener ethnologische Abhandlungen; 12). München: Akademischer Verlag.

—— 2006. Sacrifice. In K. von Stuckrad (ed.), *The Brill Dictionary of Religion* Vol. 4., Leiden: Brill, pp. 1657-1666.

Drosdowski, G. 1997. *Duden Etymologie: Das Herkunftswörterbuch der deutschen Sprache.* (Der Duden; Bd. 7). Mannheim: Dudenverlag.

*Durkheim, É. 1960. *Les formes élémentaires de la vie religieuse: Le système totémique en Australie,* 4e éd. Paris: Presses Universitaire de France.

+—— 1965. *The Elementary Forms of the Religious Life.* Translated by J. W. Swain. New York: Free Press.

*Eliade, M. 1986. *Kosmos und Geschichte: Der Mythos der ewigen Wiederkehr.* Frankfurt a. M.: Suhrkamp.

+ Evans-Pritchard, E. E. 1954. The Meaning of Sacrifice among the Nuer. *Journal of the Royal Anthropological Institute* 84: 21-33.

—— 1956. *Nuer Religion.* Oxford: Clarendon Press.

Faraone, C. A. & F. S. Naiden (eds.) 2012. *Greek and Roman Animal Sacrifice: Ancient Victims, Modern Observers*. Cambridge: Cambridge University Press.

*Feuerbach, L. 1982. Das Geheimnis des Opfers oder der Mensch ist, was er ißt. In W. Schuffenhauer (Hrsg.), *Ludwig Feuerbachs Gesammelte Werke*, II. Berlin: Akademie-Verlag, S. 26-52.

Frazer, J. G. 1890. *The Golden Bough: A Study in Comparative Religion*, 2 Vols. London: Macmillan.

—— 1898. *Pausanias's Description of Greece*, 6 Vols. London: Macmillan.

—— 1922. *The Golden Bough: A Study in Magic and Religion*. Abridged ed. London: Macmillan.

‡ Freud, S. 1950. *Totem and Taboo: Some Points of Agreement between the Mental Lives of Savages and Neurotics*. Translated by J. Strachey. New York: W. W. Norton & Co.

—— 1973. *Totem und Tabu: Einige Übereinstimmungen im Seelenleben der Wilden und der Neurotiker*. (Bücher des Wissens; 6053). Frankfurt a.M.: Fischer Taschenbuch Verlag.

Gahs, A. 1926. Blutige und unblutige Opfer bei den altaischen Hirtenvölkern. *Internationale Woche für Religionsethnologie* 4: 217-232.

—— 1928. Kopf-, Schädel- und Langknochenopfer bei Rentiervölkern. In W. Koppers (Hrsg.), *Festschrift P. W. Schmidt: 76 sprachwissenschaftliche, ethnologische, religionswissenschaftliche, prähistorische und andere Studien*. Wien: Mechitharisten-Congregations-Buchdruckerei, S. 231-268.

*Girard, R. 1972. *La violence et le sacré*. Paris: Bernard Grasset.

‡—— 1977. *The Violence and the Sacred*. Translated by P. Gregory. Baltimore: Johns Hopkins University Press.

—— 1998. *La violence et le sacré*. (Collection Pluriel; 897). Paris: Hachette.

*Götz, B. 1933. *Die Bedeutung des Opfers bei den Völkern*. Leipzig: Hirschfeld.

Graf, F. 2012. One generation after Burkert and Girard: where are the great theories? In C. A. Faraone & F. S. Naiden (eds.), *Greek and Roman Animal Sacrifice: Ancient Victims, Modern Observers*. Cambridge: Cambridge University Press, pp. 32-51.

Greenberg, A. 2015. Half a Million Animals Saved as Nepal Nixes the World's Largest Slaughter Festival. *Time*, July 29, 2015.

Grimm, J. & W. Grimm 1854-1961. *Deutsches Wörterbuch*, 16 Bde. Leipzig: S. Hirzel.

*Gusdorf, G. 1948. *L'expérience humaine du sacrifice*. Paris: Presses Universitaires de France.

*Haekel, J. 1956. Opfer. In F. König (Hrsg.), *Religionswissenschaftliches Wörterbuch: Die Grundbegriffe*. Freiburg i.Br.: Herder, S. 607-618.

Hahn, E. 1896. *Die Haustiere und ihre Beziehungen zur Wirtschaft des Menschen: Eine geographische Studie*. Leipzig: Duncker & Humblot.

*Heiler, F. 1961. *Erscheinungsformen und Wesen der Religion*. (Die Religionen der Menschheit; Bd. 1). Stuttgart: W. Kohlhammer.

Heine-Geldern, R. 1928. Die Megalithen Südostasiens und ihre Bedeutung für die Klärung der Megalithenfrage in Europa und Polynesien. *Anthropos* 23: 276-315.

Henninger, J. 1981. *Arabica Sacra: Aufsätze zur Religionsgeschichte Arabiens und seiner Randgebiete*. (Orbis biblicus et orientalis; 40). Freiburg, Schweiz: Universitätsverlag.

—— 2005. Sacrifice. In L. Jones (ed.), *Encyclopedia of Religion*, 2nd ed., Vol. 12. Detroit: Thomson Gale, pp. 7997-8008.

*† de Heusch, L. 1985. *Sacrifice in Africa: A Structuralist Approach*. Translated by L. O'Brien & A. Morton. Manchester: Manchester University Press.

† Hubert, H. & M. Mauss. 1964. *Sacrifice: Its Nature and Function*. Translated by W. D. Halls. Chicago: University of Chicago Press.

—— 1968. Essai sur la nature et la fonction du sacrifice. In V. Karady (éd.), *Les fonctions sociales du sacré*. (Marcel Mauss, Œuvres; tome 1). Paris: Minuit, pp. 193-307.

† Jay, N. 1992. *Throughout Your Generations Forever: Sacrifice, Religion, and Paternity*. Chicago: University of Chicago Press.

Jensen, A. E. 1960. *Mythos und Kult bei Naturvölkern*, 2. Aufl. (Studien zur Kulturkunde; 10). Wiesbaden: Franz Steiner Verlag.

—— 1963. *Myth and Cult among Primitive Peoples*. Translated by M. T. Choldin and W. Weissleder. Chicago: The University of

Chicago Press.

Jochelson, W. I. 1933. *The Yakut.* (Anthropological Papers of the American Museum of Natural History; Vol. 33, Pt. 2). New York: The American Museum of Natural History.

Knust, J. W. & Z. Várhelyi (eds.) 2011. *Ancient Mediterranean Sacrifice.* Oxford: Oxford University Press.

Koppers, W. 1936. Pferdeopfer und Pferdekult der Indogermanen: Eine ethnologisch-religionswissenschaftliche Studie. In W. Koppers (Hrsg.), *Die Indogermanen und Germanenfrage: Neue Wege zu ihrer Lösung.* (Wiener Beiträge zur Kulturgeschichte und Linguistik; 4). Wien: A. Pustet, S. 279-411.

Kreemer, J. 1956. *De karbouw. Zijn betekenis voor de volken van de Indonesische Archipel.* 's-Gravenhage: N. V. Uitgeverij W. van Hoeve.

Kroeber, A. L. 1965a. Totem and Taboo: An Ethnologic Psychoanalysis. In W. A. Lessa & E. Z. Vogt (eds.), *Reader in Comparative Religion: An Anthropological Approach,* 2nd ed. New York: Harper & Row, pp. 48-53.

—— 1965b. Totem and Taboo in Retrospect. In W. A. Lessa & E. Z. Vogt (eds.), *Reader in Comparative Religion: An Anthropological Approach,* 2nd ed. New York: Harper & Row, pp. 53-56.

Kulkarni, R. P. 1997. *Layout for Different Sacrifices according to Different Śrauta Sūtras.* Ujjain: Maharshi Sandipani Rashtriya Veda Vidya Pratishthan.

*Lanternari, V. 1959. *La Grande Festa. Storia del Capodanno nelle civiltà primitive.* Milano: Il Saggiatore.

van der Leeuw, G. 1921. Die *do-ut-des*-Formel in der Opfertheorie. *Archiv für Religionswissenschaft* 20: 241-253.

—— 1986. *Religion in Essence and Manifestation: A Study in Phenomenology.* Princeton: Princeton University Press.

+ Levenson, J. D. 1993. *The Death and Resurrection of the Beloved Son: The Transformation of Child Sacrifice in Judaism and Christianity.* New Haven: Yale University Press.

Lévi, S. 1898. *La doctrine du sacrifice dans les Brâmaṇas.* Paris: Ernest Leroux.

Lévi-Strauss, C. 1962. *Le totémisme aujourd'hui.* (Mythes et religions). Paris: Presses Universitaires de France.

Lévy, P. 1943. Le sacrifice du buffle et la prédiction du temps à Vientiane (avec études sur le sacrifice du buffle en Indochine). *Institut Indochinois pour l'Étude de l'Homme, Bulletin et travaux* 6: 301-331.

Lincoln, B. 1991. *Death, War, and Sacrifice: Studies in Ideology and Practice*. Chicago: University of Chicago Press.

—— 2012. From Bergaigne to Meuli: How Animal Sacrifice Became a Hot Topic. In C. A. Faraone & F. S. Naiden (eds.), *Greek and Roman Animal Sacrifice: Ancient Victims, Modern Observers*. Cambridge: Cambridge University Press, pp. 13-31.

Löffler, L. G. 1954. *Zur sakralen Bedeutung des Büffels und Gayals für Ahnenkult, Ernteriten und soziale Feste im Gebiet Südostasiens*. Dissertation Mainz.

Malinowski, B. 1974. *Magic, Science and Religion, and Other Essays*. London: Souvenir Press.

Mannhardt, W. 1875-77. *Wald- und Feldkulte*, 2 Bde. Berlin: Gebrüder Borntraeger.

McClymond, K. 2008. *Beyond Sacred Violence: A Comparative Study of Sacrifice*. Baltimore: Johns Hopkins University Press.

—— 2015. (Review of) Ullucci, Daniel, The Christian Rejection of Animal Sacrifice. *The Journal of Religion* 95 (1) : 132-134.

*Meuli, K. 1946. Griechische Opferbräuche. In O. Gigon, K. Meuli, W. Theiler, F. Wehrli & B. Wyss, *'Phyllobolia' für Peter von der Mühll zum 60. Geburtstag am 1. August 1945*. Basel: Schwabe & Co., S. 185-288.

—— 1975. Griechische Opferbräuche. In T. Gelzer (Hrsg.), *Karl Meuli Gesammelte Schriften*, 2. Bd. Basel: Schwabe & Co., S. 907-1012.

*Money-Kyrle, R. E. 1930. *The Meaning of Sacrifice*. London: Hogarth Press.

Naiden, F. S. 2011. (Review of) Beyond Sacred Violence. By Kathryn McClymond. *History of Religions* 50 (4) : 431-432.

—— 2012. Blessèd are the parasites. In C. A. Faraone & F. S. Naiden (eds.), *Greek and Roman Animal Sacrifice: Ancient Victims, Modern Observers*. Cambridge: Cambridge University Press, pp. 55-83.

Negel, J. 2005. *Ambivalentes Opfer: Studien zur Symbolik, Dialektik und Aporetik eines theologischen Fundamentalbegriffs*. Paderborn: Ferdinand Schöningh.

Nietzsche, F. 1977. Die fröhliche Wissenschaft. In K. Schlechta (Hrsg.), *Friedrich Nietzsches Werke in drei Bänden*, 2. Bd.

München: Hanser Verlag, S. 7-274.
—— 1977. Zur Genealogie der Moral: Eine Streitschrift. In K. Schlechta (Hrsg.), *Friedrich Nietzsches Werke in drei Bänden*, 2. Bd. München: Hanser Verlag, S. 761-900.
Obayashi, T. 1959. *Das Schwein in China und Südostasien: Beiträge zur Urgeschichte, Linguistik, Sinologie und Völkerkunde*. Dissertation Wien.
Radcliffe-Brown, A. R. 1964. *Structure and Function in Primitive Society*. New York: Free Press.
Rask, K. A. 2014. Etruscan Animal Bones and Their Implications for Sacrificial Studies. *History of Religions* 53 (3) : 269-312.
Robertson Smith, W. 1886. Sacrifice. In *The Encyclopaedia Britannica*, 9th ed., Vol. 21. Edinburgh: Adam & Charles Black, pp. 132-138.
*—— 1889. *Lectures on the Religion of the Semites: The Fundamental Institutions*. London: A. & C. Black.
—— 1894. *Lectures on the Religion of the Semites: The Fundamental Institutions*, 2nd ed. London: A. & C. Black.
Scheid, J. 2011. *Quand faire, c'est croire. Les rites sacrificiels des Romains.* (Collection historique). Paris: Aubier.
—— 2012. Roman Animal Sacrifice and the System of Being. In C. A. Faraone & F. S. Naiden (eds.), *Greek and Roman Animal Sacrifice: Ancient Victims, Modern Observers*. Cambridge: Cambridge University Press, pp. 84-95.
Schmidt, W. 1922. Ethnologische Bemerkungen zu theologischen Opfertheorien. *Jahrbuch des Missionshauses St. Gabriel* 1: 1-67.
—— 1942. Das Himmelsopfer bei den innerasiatischen Pferdezüchtervölkern. *Ethnos* 7 (4) : 127-148.
—— 1948. Die Primitialopfer in der Urkultur. In E. Egli (Hrsg.), *Corona Amicorum: Emil Bächler zum 80. Geburtstag 10. Februar 1948*. St. Gallen: Tschudy-Verlag, S. 81-92.
Schwab, J. 1886. *Das altindische Thieropfer: Mit Benützung handschriftlicher Quellen*. Erlangen: Verlag von Andreas Deichert.
Schwaner, C. A. L. M. 1854. *Borneo: Beschrijving van het stroomgebied van den Barito en reizen langs eenige voorname rivieren van het zuid-oostelijk gedeelte van dat eiland*, 2e deel. Amsterdam: P. N. van Kampen.
+ Smith, J. Z. 1987. The Domestication of Sacrifice. In R. G. Hamerton-Kelly (ed.), *Violent Origins: Ritual Killing and Cultural*

Formation. Stanford: Stanford University Press, pp. 191-205.

+ Spencer, H. 1882. *The Principles of Sociology*, Vol. 1. New York: D. Appleton & Co.

Stengel, P. 1897. Buphonien. *Rheinisches Museum für Philologie*, N. F., 52: 399-411.

—— 1898. *Die griechischen Kultusaltertümer*, 2. vermehrte und verbesserte Aufl. (Handbuch der klassischen Altertums-Wissenschaft; 5. Bd., 3. Abt.). München: C. H. Beck.

—— 1910. *Opferbräuche der Griechen*. Leipzig: Teubner.

Strenski, I. 2002. *Contesting Sacrifice: Religion, Nationalism, and Social Thought in France*. Chicago: University of Chicago Press.

—— 2003. *Theology and the First Theory of Sacrifice*. (Studies in the History of Religions; 98). Leiden: Brill.

Thiel, F. J. 1984. *Religionsethnologie: Grundbegriffe der Religionen schriftloser Völker*. (Collectanea Instituti Anthropos; 33). Berlin: Dietrich Reimer.

Thomsen, A. 1909. Der Trug des Prometheus. *Archiv für Religionswissenschaft* 12: 460-490.

+ Turner, V. 1977. Sacrifice as Quintessential Process: Prophylaxis or Abandonment? *History of Religions* 16 (3) : 208-215.

Tylor, E. B. 1871. *Primitive Culture: Researches into the Development of Mythology, Philosophy, Religion, Art, and Custom*, 2 Vols. London: John Murray.

+—— 1874. *Primitive Culture: Researches into the Development of Mythology, Philosophy, Religion, Language, Art, and Custom*, 1st American, from the 2nd English ed., 2 Vols. New York: Henry Holt & Co.

*—— 1913. *Primitive Culture: Researches into the Development of Mythology, Philosophy, Religion, Language, Art, and Custom*, 5th ed., 2 Vols. London: John Murray.

Ullucci, D. C. 2012. *The Christian Rejection of Animal Sacrifice*. Oxford: Oxford University Press.

+ Valerio, V. 1985. *Kingship and Sacrifice: Ritual and Society in Ancient Hawaii*. Chicago: University of Chicago Press.

*Vincent, J.-F. 1976. Conception et déroulement du sacrifice chez les Mofu. In L. de Heusch (éd.), *Systèmes de pensée en Afrique noire, cahier 2, Le sacrifice*, I. Ivry: C. N. R. S., pp. 177-203.

Vorbichler, A. 1956. *Das Opfer auf den uns heute noch erreichbaren ältesten Stufen der Menschheitsgeschichte. Eine Begriffsstudie.* (St.-Gabrieller-Studien; 15. Bd.) Mödling bei Wien: St.-Gabriel-Verlag.

Wellhausen, J. 1887. *Reste arabischen Heidentumes. Gesammelt und erläutert.* (Skizzen und Vorarbeiten; 3. Heft). Berlin: Georg Reimer.

Westermarck, E. 1912. *The Origin and Development of the Moral Ideas*, 2nd ed., Vol. 1. London: Macmillan.

第8章 狩猟・漁撈教育と過去回帰

内陸アラスカにおける生業の再活性化運動

近藤祉秋

1 「白人の食べもの」が来なくなる日

白夜のため、いまだ明るい午後八時、筆者は、内陸アラスカの村で老夫婦とともにヘラジカのスープをすすっていた。「ディニィジ・タズゥラ・リニッシュ（＝ヘラジカのスープは美味しいですね）」と片言のアサバスカ語で話しかけると、老猟師のP氏（故人）は英語で「もし、君が私たちの『伝統的な食べもの』が嫌いだったら、ここには呼んでいないよ」と答えた。筆者がスープを飲むさなか、彼は何かを思案している様子であったが、しばらくして口を開いた。「君はどう思う？ 俺は『白人の食べもの』がいつか村に来なくなると思うんだ。もし、そうなったら、生き残れるのは俺みたいな老人だけだな」。P氏の家は、村の中でも保守派であり、カナダヅル（*Grus canadensis* 初出のみ学名表記）やカナダオオヤマネコ（*Lynx canadensis*）といった、他の村人があまり食べなくなった動物も食卓に上る。確かに村の物価は都市部の二〜三倍と高く、個人商店の品ぞろえも悪い。しかし、そのような家でも、パン、米、シリアル、鶏卵、ベーコン、乾燥玉ねぎなど、様々な食品を村内の個人商店で購入している。現在、アンカレジや近隣のハブであるマグラス村から、物資を運ぶ飛行機が週四日は村に来ていた。本当に「白人の食べもの」が来なくなる日など来るのだろうか?

「いつか、『白人の食べもの』が手に入らなくなる時が来て、昔ながらの生活に戻る日が来るだろう」。筆者が通うニコライ村の人々に限らず、アラスカ先住民は異口同音にそう語る。古老たちは、若い世代が狩猟や漁撈に関する知識・技能を彼らの親や祖父母の世代と比べて有していないことに懸念を抱く。「生き残れるのは俺みたいな老人だけだな」というP氏の冗談めいた語りは、内陸アラスカの北方樹林の中で狩猟と漁撈を続けてきた生き方への誇りと、その生き方が将来的には消滅してしまうかもしれないという怖れを内包させている。

このような懸念を反映して、アラスカ先住民諸社会では、一九八〇年代頃から、時に「文化キャンプ」と呼ばれる、若者に狩猟や漁撈の技術を教えることを目的とした集まりが開催されるようになってきた。「文化キャンプ」は、村内の先住民の意志を代表する村評議会や学校が主催することが多く、内陸アラスカの場合、ドーヨン有限会社のようなアラスカ先住民地域会社[*1]が資金援助を行っている。たとえば、二〇一三年夏、ニコライ村でも、「コミュニティ捕魚車プロジェクト」(詳しくは後述)が行われた。その指導者となった古老いわく、このような活動を企画するのは、狩猟採集生活の中で「生き残る方法を知っていなければならなかった昔のような日々が戻ってくるだろう」と言われてきたからである。

本章では、アメリカ合衆国アラスカ州ニコライ村の事例に基づき、現在、アラスカ先住民諸社会において盛んな「文化キャンプ」や関連する狩猟・漁撈教育の取り組みに関する民族誌的な調査の結果を報告する。さらに、そのような活動の背景にある、自給自足的な狩猟採集生活への回帰にまつわる予言的言説(以下、過去回帰言説とする)を取り上げ、再活性化運動論の立場から分析していく。論集全体とのからみでいえば、「文化キャンプ」は、「動物殺し」をなりわいとしてきた人々が強大な国家に包摂される過程において大きな変化を経験する際に、集団としての自律性を保とうとする試みの一つであると考えることができる。

また、本論に入る前に「動物殺し」に関して、一言述べておきたい。カナダ・イヌイット社会では、もともと、狩猟を「殺し」として表現しておらず、「動物殺し」に当たる現地語が伝統的にはなかったという研究者の見解がある（スチュアート、ヘンリ　私信）。北方狩猟民社会では、動物が神話的時代には人としての生活を送っていたという考えが広く見られることとも関連して、狩猟を「動物殺し」として表現するのは、「人殺し」を連想させるため、避けられていた可能性も考慮されなければならない。だが、ニコライ村で使用されているクスコクィム川上流域アサバスカ語においては、この点は当てはまらない。ある古老は、「（動物、鳥、魚を）殺す」「捕まえる」「収穫する」を同じ動詞（一人称過去形は izisdlanh）で表現できると教えてくれた（近藤 二〇一四b：五〇）。本稿では、「動物殺し」という表現を引き続き使用するが、今後、クスコクィム川上流域アサバスカ語の精査を行っていく必要がある。

2「文化キャンプ」の先行研究

教育学的アプローチ

アラスカ先住民諸社会における「文化キャンプ」や類似する活動を扱った研究は、教育学的アプローチと文化人類学的アプローチの二種類に大別することができる。教育学者は、「文化キャンプ」のような狩猟採集活動を児童生徒に教える活動を地域に根ざした教育、および環境教育の観点から分析してきた。たとえば、高野孝子（二〇〇九、二〇一〇）は、アラスカ州コディアック島およびロシアン・ミッション村の事例から、「科学キャンプ」や「サブシステンス・プログラム」のような取り組みをつうじて、狩猟採集活動を学校教育に取り入れることでアラスカ先住民児童生徒のアイデンティティ構築を助けようとする教師の試みを論じている。高野の研究は、先行する玉井康之らのアラスカ先住民諸社会における学校教育の研究（玉井 一九九七、田辺・高嶋 一九九七）と同じく、生業活動と先住民アイデンティティの関連を追究する点で近年の北方狩猟民を対象とする文化人類学的研究（e.g. Ohmagari 1996; 大曲二〇〇七、立川二〇〇九、Ikuta 2011; 大村二〇一三、岸上二〇一四）とも通底する部分がある。

同様に、ブリー・マーフィ（Murphy 2010）は、環境教育学の立場から、デナイナ人が住むセルドヴィア村における「文化キャンプ」の事例をもとに、アザラシの解体に際して生態学者と古老が「肩をよせあって」子どもたちを教える状況に象徴されるように、「伝統」と「科学」が混じりあい、両者の境目が分からなくなるような事態が生じていることを指摘した。「伝統」と「科学」の融合を可能とする教育カリキュラムの開発は、レイ・バーンハート、オスカー・カワグレー、ジェリー・リプカといったアラスカ大学関連の教育人類学者が一貫して追究していた主題である（Barnhardt 1981; Kawagley 1995; 1999; Barnhardt and Kawagley 2005; 2010; Lipka 1991; 2005）。彼らの試みは、先住民文化への理解を有する学校教師を育成し、そのような配慮のもとにカリキュラムを開発することで、非‐先住民の世界観や実践の強制として否定的な側面を持っていた学校教育をより現地の文脈にあわせたものとしようとするものであるといえる。

文化人類学的アプローチ

教育学的アプローチによる「文化キャンプ」研究は、教育実践の評価・紹介という側面を持つため、教師、保護者、児童生徒、地域住民などの多様なアクターへの聞き取りを行っている一方で、文化人類学的アプローチは、このような取り組みが行われるようになった現地社会自体への興味から、主導的な役割を担う古老に議論を焦点化させる傾向がある。アン・フィネップ＝リオルダン（Fienup-Riordan 2001: 177）は、カリスタ古老会議の主催による「ウムクミウト文化キャンプ」の事例を分析する際に、「州による福祉予算の大規模カットがあったら、昔ながらの生活に戻らなければならない」というユピック・エスキモーの指導者ポール・ジョンの言葉を引き合いに出している。

ここで考えなければいけないのは、フィネップ＝リオルダンが「文化主義」という言葉で表現しているように、現在のアラスカ先住民諸社会において、「文化」はすでに先住民自身が用いる現地概念となっており、保護され、振興される必要があるものとして、「科学」「近代」「西洋」と対置される形で彼らの語彙の一部となっていることだ（Fienup-Riordan 2001: 174）。しかし、さらに重要なことには、アラスカ先住民がこれらの概念を使う際には、一般的に想像される意味とは少しずれている部分がある。ニコライ村では、二〇世紀初頭のゴールドラッシュの際に持ちこまれた捕魚車が現地の「文化」の一部と認識されている。捕魚車は、川の流れを動力源として、軸受けにとりつけられた二つのカゴがまわることによって水中の魚を捕まえる装置である（写真８－１）。「コミュニティ捕魚車プロジェクト」の活動では、村の古老が若者たちに捕魚車の作り方を教え、完成した捕魚車をひと夏稼働させた（近藤二〇一四ａ）。一般的にアラスカ先住民の「文化」といえば、非―先住民との接触前の生活が想像されるが、ニコライ村では、その来歴にかかわらず、野外での自給自足に近い生活を営む上で必要となる技能・知識が「文化」とされる。[*2]

写真 8-1　捕魚車作りの様子（2013 年 6 月撮影）

　そのように考えれば、「文化キャンプ」をめぐる先住民と非・先住民の間にある微細なずれを検出することができるだろう。学校教師の側は、狩猟採集活動に代表されるアラスカ先住民の「文化」をカリキュラムに組み込むことで地域と学校の関係を良好なものとして、児童生徒の学習意欲を引き出すことをねらいとしている。それは、現在のアラスカ先住民を取り巻く政治経済的状況の中で、いかにして、先住民児童生徒の学力向上と村で生きるために必要な技能の習得を両立させるかという問いから生まれたものであった。

　他方で、先住民の側は、学校教師側のねらいには賛同しながらも、現在の政治経済的状況が激変する可能性を予見した上で、なんらかの要因によって国家による包摂が弱体化した、いわば「白人以降の世界」を語ってきた。コユコン人の友人は、母から頻繁に「いずれ昔の生活に戻る時が来る」と聞かされてきた。だからこそ、彼女が言うように、『文化』を学ぶことはゲームの一手先を行くこと」になるのだ。「文化」をめぐる両者の間にある微細なずれは、過去回帰言説によってもたらされていると言うことができるだろう。本稿の意義は、「文化キャンプ」を扱う先行研究の中で言及されてきてはいたが、詳しく分析されることがなかった過去回帰言説を主題とすることで、現代のアラスカ先住民諸社会において、狩猟や漁撈をめぐる再活性化運動が盛んな理由をこれまでと違う視点から明らかにしようとするところにある。

本章では、「動物殺し」の技芸をいかに次世代に継承していくかという課題に対するアラスカ先住民諸社会の対応を事例として、北方狩猟民の末裔たちが近代世界システムの内側にありながら、そのゲームが終わりを告げた一手先を想像＝創造することの現代的意味を考えたい。このことによって、大きな社会変動の中で、アラスカ先住民が変化に応答しながら「動物殺し」の系譜学を紡ぎ続けてきたさまが浮き彫りとなるだろう。

3 調査地における生業と混合経済への適応

ニコライ村は、アラスカ州南西部を流れるクスコクィム川の上流域にあり、ディチナニク人[*3]と呼ばれる北方アサバスカンの一集団が居住してきた。この集団はクスコクィム川上流域アサバスカ語（Upper Kuskokwim Athabascan）を話し、他にも「クスコクィム川上流域アサバスカン」「マグラス・インガリク」「コルチャン」などの名称で呼ばれることもあった。現在、一〇〇人ほどが住むニコライ村には、クスコクィム川中流域出身のユピック・エスキモーやヨーロッパ系アメリカ人も婚入している。本章で用いられる民族誌データは、二〇一二年七月から二〇一五年八月にかけて、ニコライ村を中心としたクスコクィム川上流域、および、アラスカ州の都市部（アンカレジ、フェアバンクスなど）で実施された合計一四ヶ月間の民族誌調査で得られたものである。

表8-1　ニコライ村における生業暦

		4	5	6	7	8	9	10	11	12	1	2	3
					解氷期						結氷期		
行事（学校と村評議会）			春キャンプ	夏の活動	文化キャンプ	夏の活動	秋キャンプ						氷下漁
ヘラジカ				少ない			多い(猟期)				少ない		
カリブー							少ない						
クロクマ				少ない			多い	少ない				少ない	
ビーバー				少ない			多い					多い	
ヤマアラシ				少ない			多い						
ドールシープ							少ない					少ない	
マスクラット					少ない								
カンジキウサギ		少ない					少ない						
クロテン											多い		
ミンク													
カワウソ													
キツネ											少ない		
オオカミ													
クズリ													
オオヤマネコ													
水鳥		多い					多い						
ライチョウ								多い			少ない		
サケ	マスノスケ			多い									
	シロサケ				少	多い	少						
	ギンザケ					少	多い	少					
その他魚類	ホワイトフィッシュ		少ない		多い			少ない					
	シーフィッシュ												
	キタカワカマス				少ない						少ない		
	キタカワヒメマス										少ない		
漿果類	サーモンベリー			多い									
	ブルーベリー				多い								

現在のニコライ村における季節ごとの生業を表8‐1にまとめた。春は水鳥猟の季節であり、散弾銃を用いて、マガモ（*Anas platyrhynchos*）、アメリカコガモ（*Anas crecca carolinensis*）、ホオジロガモ（*Bucephala clangula*）、オナガガモ（*Anas acuta*）、アメリカヒドリ（*Anas americana*）、マガン（*Anser albifrons frontalis*）、カナダガン（*Branta canadensis*）、ナキハクチョウ（*Cygnus buccinator*）、カナダヅルなどの水鳥を狩る。狩猟方法としては、小川や湖での待ち伏せ猟、ボートでの移動中や散歩中に見かけた鳥を撃つ場合がある。この時期、小川や湖では、マスクラットを見かけることもあり、現在でも猟師によっては野営中の食料とする場合もある。以前には、小型ライフルにてマスクラット（*Ondatra zibethicus*）を大量に捕獲し、その毛皮を売却していた。

川の氷が融けた晩春からは、網漁が始まる。マスノスケ（*Oncorhynchus tshawytscha*）（六～七月）、シロザケ（*Oncorhynchus keta*）（七～八月）、ギンザケ（*Oncorhynchus kisutsh*）（八～九月）などのサケ類のほか、ホワイトフィッシュ（*Coregonus* spp.）、ラウンドホワイトフィッシュ（*Prosopium cylindraceum*）、シーフィッシュ（*Stendous leucichthys nelma*）、キタカワカマス（*Esox lucius*）などが重要視されている。マスノスケ、ホワイトフィッシュ、シーフィッシュは主にヒトの食用とされるが、その他の魚類は、イヌの食用とされることも多い。また、夏はベリー摘みの季節であり、サーモンベリー（*Rubus chamaemorus*）（六月）、ブルーベリー（*Vaccinium* spp.）（七～八月）、クランベリー（*Vaccinium vitis idaea*）（九月）を採集する。特にブルーベリーが重要であり、ベリー摘みの際に遭遇したアメリカグマ（クロクマ）*Ursus americanus*）の狩猟が行われる場合もある。村の近辺（徒歩もしくはボートで六〇分以内）で、日帰りの漁撈行・採集行をすることも多いが、熱心な村人は一週間ほどの漁撈行を繰り返すこともある。

九月は現在の狩猟規則におけるヘラジカ（*Alces alces*）の猟期であり、ほとんどの村人がクスコクィム川流域にある狩猟キャンプと村を往復して過ごす。ヘラジカの予備猟期は二月にもあり、秋にヘラジカを獲らなかったものはこの時期に狩猟することが可能であるし、九月と二月の猟期以外にも、葬式での共食用など必要に応じてヘラジカを狩ることができる。秋の狩猟では、ヘラジカ以外にも、水鳥、アメリカビーバー（*Castor canadensis*）、アメリカグマ、カナダヤマアラシ（*Erethizon dorsatum*）、ハリモミライチョウ（*Falcipennis canadensis*）などを見つけ次第、狩猟を行う。そのため、村人たちは、秋の猟期には大型獣用の大口径ライフル、ビーバー用の〇・二二口径ライフル、水鳥用の散弾銃（おもに四一〇番、二〇番、一二番）を持っていっている。この時期、ある一家族だけはアラスカ山脈に近い狩猟キャンプに行き、狩猟ガイド業に携わりながら、顧客のためにヘラジカ、アメリカグマ、ドールシープ（*Ovis dalli dalli*）、カリブー（野生トナカイ）（*Rangifer tarandus granti*）などを狩る手伝いをしながら、獲物の肉を村に持ち帰ってきている。現在、カリブーとドールシープを狩猟しているのは、狩猟ガイド業をいとなむ一家族のみである。以前には、カリブーはヘラジカにかわる重要な獲物であり、複数のバンドが協力して、カリブー柵を利用した追い込み猟で獲得されていた。しかし、一九三〇年代以降、カリブーの頭数は村人の生活を支えることが可能なほどではない。

晩秋には、サケの遡上地でハイイログマ（ヒグマ）（*Ursus arctos horribilis*）やアメリカグマを狩る。冬には、川が凍結し、人の体重を支えることができる厚さになった頃から、キタカワヒメマス（*Thymallus arcticus*）などを対象とした氷下漁が始まる。一一月から三月にかけては、ビーバー、タイリクオオカミ（*Canis lupus*）、アメリカクズリ（*Gulo gulo*）、カナダオオヤマネコ、カンジキウサギ（*Lepus americanus*）などを対象とした罠猟の季節となっている。この中で、ビーバー、カナダオオヤマネコ、カンジキウサギは、食べることができる。毛皮の売却価格が下落した現在でも、ビーバーの氷下くくり罠猟は、冬季に新鮮な獣肉を得る機会を与えてくれるため人気が高い。

上に概略を示した生業活動を行う際、様々な物品・消耗品を購入しなければならない。ライフル、散弾銃を使うためには、薬莢が要る。村外での移動手段としては、船外機付きボート、バギー（ATV）、スノーモービル、犬ぞり（一家族のみ）が用いられており、前三者を利用する際にはガソリン（村内では一ガロン当たり八米ドル。一米ドル＝一二〇円換算で、一リットル当たり二五〇円強）が必要となる。犬ぞりで野営地に向かう場合、一〇頭以上のそり犬を用いることが一般的であり、市販のドッグフードや残飯のみでまかなうことができないため、シロサケ、ホワイトフィッシュ、ヘラジカ（くず肉）、ハイイログマ、アメリカグマが餌用として利用されている。ガソリンを消費しない犬ぞりを利用する際にも、冬季に入る前に多くの食料を入手する必要があり、犬ぞり愛好家は狩猟や漁撈に時間を割くことが求められている。そのため、結果として、そり犬のチームを維持するために大量のガソリンを消費している。

冒頭のP氏の語りから推測されるように、近年では、外来食品が利用される頻度が増えてきた。村には個人商店が三つあるほか、八〇キロほど離れたところにあり、ボート、飛行機、スノーモービルでアクセスすることができるマグラス村には、小規模なスーパーマーケットと酒場がある。二〇一四年まで、週に一度、航空機で食料品を売りにくるパイロットがいたが、今では引退してしまった。ニコライ村には村外に出るための舗装道路が整備されていないため、州の経済的な中心であるアンカレジに向かうためには、個人経営の航空会社が運航するプロペラ機の定期便、もしくはチャーター便を利用する。村人たちは、アンカレジやフェアバンクスといった都市部に出かける際に、コストコ、ウォルマートなどの大型スーパーマーケットで大量に食料品・嗜好品を買い込んで帰宅する。

生業にまつわる経費を捻出したり、外来の食料品・嗜好品を購入したりする上で、現金収入を得る必要が生じる。職業としては、学校での補助教員・整備係・給食調理師、村評議会（先住民の行政組織）での事務職、村役場（村全体の行政組織）での事務職・整備係があり、夏と初秋には森林火災消防、トレイル整備、近隣の鉱山、狩猟ガイド、家屋修繕の仕事も重要となる。全体の傾向として、女性が学校や村評議会での常勤職に就き、ほとんどの男性は臨時の仕事で現金収入を得ながら、狩猟や漁撈、罠かけに赴くという形で性別に基づく分業が行われている。村人が得ることができる不労所得には、アラスカ先住民地域会社とアラスカ恒久基金による配当金、生活保護による食料配給券（ポイント制）がある。

このように、白人社会との接触以降、ディチナニク人社会では、何らかの手段で得た現金で生業活動に必要な物資を調達し、それらを用いて、生存に必要な獣肉や魚類、（現在では価格はかなり低いが）商品となる毛皮を獲得するような経済体制が徐々に生じた。このような経済のあり方は、生存経済と現金経済が混じり合っているという意味合いにおいて「混合経済」と呼ばれており、過去回帰言説が予言するのは、まさしくこの混合経済体制の崩壊である。

表8-2　狩猟・漁撈教育の概要

名称	主催機関	時期	日程	場所	活動内容	参加者数	備考
春のキャンプ	村学校	5月	4泊5日	N氏漁撈キャンプの対岸	水鳥猟、網漁、カバノアナタケ採集、ビーズ細工作り	30名	
捕魚車プロジェクト	村評議会	6月	10日間	ニコライ村河岸	捕魚車の作成、設置（その後、漁撈を行う）	3～20名	2013年のみ
文化キャンプ	村評議会	7月	6泊7日	サーモン川の漁撈キャンプ	マスノスケ漁、ヘラジカ漁、解体・調理	20～35名	2014年は開催されず
秋のキャンプ	村学校	9月	2泊3日	N氏漁撈キャンプ	ヘラジカ猟・解体の見学、水鳥猟、調理	20～30名	
氷下漁	村学校	3月	日帰り	村付近の湖	氷下漁	10名	

表8‐1から分かるように、学校や村評議会における狩猟・漁撈教育の取り組みは、春から秋にかけての解氷期に集中している。とりわけ、村評議会の活動は村外の寄宿舎制高校に通う生徒も参加できる長期夏季休暇中に、学校による主要な活動は学年初頭の九月と学年末の五月に実施される。「秋のキャンプ」（九月）は、新任もしくは夏季休暇を経て再び赴任した村外出身の正教員が保護者や児童生徒と親睦を深める場としても機能しており、「春のキャンプ」（五月）は送別会、もしくは学年末の慰労会としての役割を担う。解氷期に活動が集中するのには、防寒対策や物資運搬の都合上、解氷期に開催する方が容易であり、春から秋にかけては食料獲得のために重要な時期であることが理由として考えられるが、アメリカ合衆国内の学校暦にあわせて調整されてもいる。

ニコライ村における狩猟・漁撈教育の取り組みに関して、表8‐2に概要をまとめた。表8‐1と表8‐2から分かることは、狩猟・漁撈教育の取り組みが、村人が実施する生業活動と不可分であることだ。過去回帰言説と矛盾するようではあるが、ある意味では、狩猟・漁撈教育の取り組みは、混合経済における生業活動の延長線上にあるといっても言い過ぎではない。捕魚車のように、現在、利用されていない技術を伝達する場合でも、現在の古老が詳しく実演することができる知識・技能であることが前提であり、ニコライ村の場合、現在の古老がやり方を知らない、非‐先住民社会との接触前や接触早期に利用されていた生業技術を復興させることに関する関心は比較的うすい。

たとえば、ニコライ村では、二〇世紀初頭まで利用されていたと考えられるカリブー柵や弓矢を使った狩猟方法を学ぶ機会が設けられたことはなかったようである。また、重要なマスノスケの漁撈拠点であるサーモン川では、漁業規制の影響で一九六〇年代後半以降、簗漁が行われなくなり、かわりに釣竿を用いるようになった。二〇一三年に実施された「サーモン川文化キャンプ」では、簗漁を若者の時に体験したことがある古老が指導役となって、簗の模型を作る実習が予定されていた。だが、マスノスケの漁獲量が思わしくないため、参加者はぎりぎりまで漁撈を続け、この実習は中止となった。ニコライ村における狩猟・漁撈教育は、途絶えてしまった生業技術の復興ではなく、現在における生業技術の継続を保証することに重きがおかれている。

さらに踏み込んでいえば、狩猟・漁撈教育の取り組みは、混合経済下における生業活動への現代的な適応方法とさえ考えることができる。指導役の年長者、および熱心に参加する児童生徒は、狩猟具、装備をすでに所持しており、キャンプ用品としては学校に備えつけのものがあるため、野営地に寝泊まりするタイプの教育活動を実施する際に発生する費用の多くは、皮肉なことに燃料費と食費である。そして、狩猟・漁撈教育の取り組みで得られた獣肉や魚類はそのまま、村に持ち帰られて、自家消費されたり、近隣に贈与されたりする。つまり、狩猟・漁撈教育の取り組みは、それ自体が現代的な事情にあわせて組織化された生業活動の一形式である。

「サーモン川文化キャンプ」（二〇一三年、一五年）や「コミュニティ捕魚車プロジェクト」（二〇一三年）の実施に当たって、内陸アラスカの先住民地域会社であるドーヨン有限会社が傘下の村評議会やその他団体から公募する「ダーガ・アワード」によって費用がまかなわれた。また、不採択であったが、二〇一五年には、「文化キャンプ」の内容を充実させることを目指して、国際機関が応募する助成金への申請がなされた。筆者は、臨時グラントライターとして雇われた村の若者から、「サーモン川文化キャンプ」の助成申請書を見せてもらったことがあるが、活動内容の意義・

目的、期待される効果、詳しい予算、重複応募の有無など、研究助成の申請書ともつうじるような記載内容であった（cf. Brenneis 2006）。学校や村評議会の予算以外に「文化キャンプ」用の外部資金を得ようと思えば、指導役となる男性の生業技術だけでなく、事務方を担う女性が持つ高度な事務処理能力が必須である。

また、「文化キャンプ」という名で村評議会の公式行事とすることで、教育目的のための特別狩猟許可を申請することができ、猟期以外の時期に狩猟を行うことが可能となる。夏にサーモン川流域で野営する際には、狭い川幅を利用して、川筋をさかのぼりながら、水を飲むために茂みから出てきたヘラジカを狩ることも重要な活動の一つであった（写真８‐２）。これは現行の狩猟規則では猟期外の狩猟であるため、発見されれば、野生生物警察から「密猟」と見なされてしまう。だが、教育目的であることを説明した書類を事前にアラスカ州の狩猟・漁撈局に提出すれば、狩猟を合法的に行うことができる。

写真 8-2　文化キャンプで獲られたヘラジカの肉を運ぶ生徒（2015 年 7 月撮影）

　これらの事情をふまえると、意地悪な見方をすれば、混合経済の来たるべき崩壊を説く村人は、外部資金や学校予算を利用したり、野生生物警察の取り締まりを回避するための手続きを踏んだりすることで、「文化キャンプ」の名のもとに混合経済下の生業活動をしたたかに続けているともいえる。だが、村人たちは、外部者から見て矛盾にも見えかねないこの点を矛盾だとは考えていないだろう。実際、このような活動で学べる技能の中には、獲物の見つけ方、良い猟場（漁場）の位置、解体方法、調理方法など、完全に外部と切り離された生活を送る上でも役に立つものが多く含まれているのはいうまでもない。また、アラスカ先住民地域会社は、このような活動内容に価値を認めているからこそ、資金を提供するのである。

4 ナイフを手に「文化」を学ぶこと

それでは、「文化キャンプ」では実際に何がどのように教えられるのであろうか。筆者は、ニコライ村の「文化キャンプ」やそれに類する活動に参加する中で、普段古老たちが村の中でめったに話さなくなってしまった神話（「遠い昔の物語」）に基づく儀礼的処置をキャンプの中で実践したり、たまには短い神話じたいを語ったりすることに気づいた。しかも、それはキャンプ中に遭遇した生きものにまつわる神話に限られていた。たとえば、二〇一四年五月のニコライ村学校による「春のキャンプ」では、ある古老が小屋を建て、狩猟や漁撈の拠点としている場所の対岸に学校の児童生徒とその父兄、親族、教師（外来の白人）、現地雇用の補助教員が一週間弱ほど野営して、水鳥猟や網漁を行った（写真8 - 3）。ある日、網の中にヌメリゴイ（*Catostomus catostomus*）がかかっていたのを見た古老は、それをさばいて、ゆではじめた。ちょうど、その日には同じく網にかかっていたキタカワカマスを使って、ムニエルを作っており、普段の生活では食べる機会が減ってきた、「骨が多い」魚の調理法を紹介する日となった。ヌメリゴイがゆであがった時、古老はおもむろに魚の骨をいじくり始めた。その古老は、ある骨を見つけると、それを周囲に見せながら、周りにいた数名にヌメリゴイにまつわる短い神話を語った。

すべての生きものが人間であった時代、〈ヌメリゴイ〉[*4]は盗人であった。彼は野営地の中で櫛、ヘラジカの角、流木を盗んだ。そのせいで、彼は現在の魚の姿になった時、盗んだものが体内にとどまって、骨となった。いま見ている骨は、もともと〈ヌメリゴイ〉が盗んだヘラジカの角であった。（ニック・アレクシア・シニア、二〇一四年五月一四日）

現在の古老たちが幼少時代を送った一九五〇〜六〇年代には、この神話は、子どもたちに他人の物をとってはいけないことを教えるために語られていた。狩猟採集民社会における技術と知識の伝達に関して、（言語を介した）詳細な注釈に基づく教示が最小限であるかわりに、周辺的参加者が熟練者の実演を観察して、それを模倣・反復しながら学んでいくことが指摘されてきた[*5]（原 一九八九：三三九—三四〇、亀井 二〇一〇：一二三—一二四）。古老が神話語りを単独でするのではなく、あくまでも捕獲、解体、調理の実演に組み込んでいることに着目したい。

ここで、北方狩猟民社会における「動物殺しの循環」[*6]とでも呼べるものに触れる必要があるだろう（Nelson 1983: 煎本 一九九六、ナダスディ 二〇一二、山口 二〇一四、近藤 二〇一四b、cf.菅 二〇一二）。北方狩猟民社会では、猟師は状況が許すかぎり、発見した獲物を殺すべきだと考えられており、獲物に敬意を払う者に対して動物がみずから身を捧げるという考え方を表明する社会もある（しかし、ラネ・ヴィレッスレヴの議論（Willerslev 2007: 102-104）を見よ）。そして、禁忌（ニコライ村では「フッァニ」）を守りながら、できるかぎり、殺した獲物を無駄なく利用し、その遺骸をそれぞれの種にあわせたやり方で処理することがその動物への敬意を示すことに繋がるため、次の猟果がもたらされるとされる。

写真 8-3　水鳥の解体（2014 年 5 月撮影）

以下では、ニコライ村における動物殺しに関係する現地概念を簡単に報告しておこう。まず、すべての生きもの（動植物）は「イージャッ（-yeja'）」を有するとされる。この概念は「魂」「力」「息」などと多様に訳される。獲物となる動物にもそうでない動物にも、敬意を表する必要があるという現地人の見解は、この概念によるものといえるだろう。それに加えて、「ツァンザ（tsanza'）」は、アメリカグマ、ハイイログマ、クズリ、タイリクオオカミのみが持つとされる非常に強力な「魂」のことを指し、これを有する動物は特に注意を払って接することが求められたという。「ツァンザ」を持つ動物を解体する際には、遺骸の風下に立つことをできるかぎり避けるべきであり、それを怠ると、動物の「ツァンザ」が人の体内に入り込んで悪影響をもたらす可能性がある。

動物が持つ「魂」は、人の意志や働きかけに応じて（対抗して）、動物が振る舞いを調整する状況にたちあらわれる。二〇一四年秋、筆者は、サケの遡上地におけるクマ猟に向かう準備をしていた。出発が二度延期になり、そのたびに村内の共同サウナで「今日も上流にボートを乗りに行く予定であったが、キャンセルになってしまった」と周囲に話していた。その後、クマ猟におもむくことができたが、新鮮な足跡は見つからず、その狩猟行は失敗に終わった。後日、ある猟師は「君がクマ猟について周りに話していたから、狩猟パーティの運をまるつぶしにしてしまった」と忠告した。[*7] その猟師いわく、「動物は人が話しているのを聞いて、逃げ出す。なぜなら、それは魂をもっているからだ」。狩猟民社会において、動物が猟師の存在を感じて逃げ出すことと動物が魂を持つことを関連させる語りがなされることはすでに報告されている（奥野 二〇一一：四五）。

北方狩猟民社会の研究者は、動物に霊魂を認め、敬意を持った取扱いが必要であるとする考え方の根底には、神話の時代に動物が人間性を有していたことを示す「初原的同一性」があると指摘してきた（煎本 一九九六）。「文化キャンプ」でも、ヘラジカ猟と解体方法の教授がなされる場合に、近くの木にヘラジカの肉垂をかけておくことが正しい処置であることが述べられるが、それは〈ヘラジカ〉が人間であった時代には、首からナイフとその鞘をさげていたことが由来であるとされる（写真８‐４）。〈ヌメリゴイ〉が野営地で盗んだ「ヘラジカの角」と同じく、ヘラジカの肉垂は〈ヘラジカ〉が「ナイフ鞘」を持っていた時代の痕跡なのだ。「文化キャンプ」で学ばれる「文化」とは、発見、殺害、利用、処理が一体となった「動物殺しの循環」を意味している。

獲物であるヘラジカの事例とは対照的に、「動物殺しの循環」は、獲物ではない動物を殺すことを控えるようにも作用する。ヌメリゴイに関する神話が語られたのと同じ日、学校の補助教員を務める女性がハクガン（*Anser caerulescens hyperboreus*）を数匹捕獲し、白人の教員とともに解体していた。その様子を見て、ある古老が「私はそんなのは食べない！」と声をあげた。補助教員がその理由をいぶかっていると、別の古老が〈ハクガン〉は昔、人を食べていたという神話があるから、「先住民」はこの鳥を食べないのだと説明した。

ニコライ村では、現地語で「フゾッシュ」と呼ばれる神話が語られている時に居眠りをする子どもは長生きできないといわれていた（cf. Cruikshank 1990）。これは、神話が生きものの成り立ちを説明するのみならず、どのように生きものと接するべきかを説くものも含んでいることと無関係ではないだろう。神話に耳を傾けない者が早死にするのは、神話を聞き逃すことが「動物殺しの循環」の中でうまく立ち回っていくための術を学ぶ機会の一つを失うことに繋がるからだ。

写真 8-4　ヘラジカの肉垂を枝にかける生徒（2013 年 9 月撮影）

北方における宗教再活性化運動においては、儀礼の復興が盛んに報告されているが（Amoss 1987; 煎本 二〇〇七、山田 二〇〇七）、生業活動に関わる技術の教授を目的とする「文化キャンプ」は、一見、それらとは関わらないようにも思える。しかし、生業活動じたいが神話に基づく「儀礼」的処置をふくみ、その遵守が豊猟をもたらすと考えられている点において、「文化キャンプ」は宗教再活性化運動としての側面も持ちあわせている。再活性化運動に関しては、最終節で詳しく論じることとしたい。

先に触れたヘラジカやヌメリゴイの神話から分かるように、神話で語られる内容の中には、その対象となる生き物を実際に解体したり、利用したりすることでその意味が納得できるものもある。ジュール・ジェッテ神父が記録したコユコン人の神話には、〈クマ〉が樹上で中傷を繰り返す〈ヤマアラシ〉を襲おうとするが、かわりに尻尾で反撃されて、ついには逆に殺害されてしまうという筋書きがある（Jette 1908: 357-358）。ヤマアラシには敵から身を守るために尻尾を振り回す習性があり、筆者自身もたまたま見かけたヤマアラシを狩猟しようとした時に[*8]、挑発に耐えかねて、こちらに向かってきたヤマアラシが尻尾を振り回していたのをはっきりと記憶している（近藤 二〇一六a）。また、その尻尾を食べると意地悪な人間になるといわれており、この部分のみ基本的に食用と見なされない。これも、尻尾は、ヤマアラシが身を守るために用いる武器であることにちなんでいる。

菅原和孝は、ブッシュマンの鳥類神話を検討する中で、自然誌的観察と神話的想像力が相互補強関係にあることを指摘した。「習性への正確無比な観察がある物語（表象）を生みだし、しかも、『今ここ』である行動を目の当たりにすることが、すでに蓄積されていた表象を喚起し更新するのである」（菅原 二〇一五：二七三）。「文化キャンプ」では、ヌメリゴイの解体調理のように、古老が一連の過程を実践する中で、その魚にまつわる神話を語り、学習者がその解剖学的な特徴に着目できるようになっているといえる。

5 捕魚車とヘラジカ

狩猟・漁撈教育における神話語りは、ニコライ村での取り組みにおいて、あくまでも一世紀前ほどに成立したと考えられる生活様式を教えていることとあわせて考える必要があるだろう。先行研究（Hosley 1966: 89-96; 1977; Collins 2000: 12）によれば、ニコライ村の人々の祖先たちは、もともと、高地に住むカリブーの狩猟をおもな生業として、それを上流域の支流にある水の透明な川における漁撈で補完することで生活を成り立たせていた。氷河から来るシルトにより水の濁ったクスコクィム川本流が通る低地部を利用することは頻繁ではなく、低地部を中心とした現在の生活とは生活領域が異なっていたとされる。しかし、二〇世紀初頭のゴールドラッシュにともない、ライフルの普及、カリブー生息数の大幅な減少(一九二〇〜三〇年代)[*9]、捕魚車の導入、疫病の流行が生じた。これによって、高地から離れて低地での生活を基盤とする集団が徐々に増えてきた。彼らは、カリブーの空白を埋めるようにして、クスコクィム川上流域の低地部にも住みつくようになったヘラジカの狩猟と、捕魚車を利用した濁った川でのサケ漁撈を中心とする生活をするようになり、現在のニコライ村の基盤となる集団ができあがったと考えられている(Hosley 1966: 168-176, 204-205; cf.近藤 二〇一六b:八二—八四)。

この点を考慮にいれると、「文化キャンプ」で言及された二つの神話が成立したのもここ一〇〇年ほどのことであるかもしれない。一九世紀末にヘラジカを初めて見た人々にとっては、それが食べてもよい動物かどうかさえ定かではなく、おそるおそる口にしたという口碑さえ残っている(Collins 2000: 132-133)。二〇世紀初頭に導入された捕魚車と同じく、〈ヘラジカ〉が持つ「ナイフ鞘」や〈ヌメリゴイ〉が「ヘラジカの角」を盗んだという筋書きは、接触以降に生じた低地部における生活への適応の一部として考えることができる。

「文化キャンプ」は、現実に生じる「動物殺しの循環」を介して、狩猟を学ぶ若者たちの身体に神話の選択的な記憶を刻印する装置である。「選択的な記憶」という時、それは人間集団による記憶の積極的管理の側面をふくみながらも、むしろ、人と動物の継続的関わりあいが基盤となった記憶の継承であることにその本意をおいている。これまでの議論の中でいくつかの事例を示してきたが、古老たちは動植物を目の前にした時に、神話を語り出すことがあった。しかも、夜に親から神話を聞くことが日常的であった古老の幼少時代と比べて、現在では古老たちは子どもたちに日常の文脈ではほとんど神話を語らない。つまり、とりわけ、現在の状況においては、生活の中で遭遇することの少ない動植物に関しては、「神話=歴史」における結果的忘却が生じているともいえる。

ニコライ村における「神話」記憶の構成は、生存の基盤を支える動物種がカリブーからヘラジカへ移ったことに大きな影響を受けている。現在でも、カリブーは伝統的な猟場であったアラスカ山脈のふもとに以前ほどの規模ではないが生息しており、P氏の家族が経営する狩猟ガイドキャンプでは時たま狩猟されることがある。しかし、P氏の家族以外、アラスカ山脈のふもとを猟場とする家族はもういないし、筆者も他のニコライ村の猟師たちと狩猟におもむく中でカリブーを見かけたことはなかった。多くの北方アサバスカン集団と同じく、ディチナニク人の祖先たちは、カリブー柵を使って、集団でカリブーを捕獲していた。だが、前述したように、クスコクィム川上流域では一九世紀末から二〇世紀初頭の変化に伴って、カリブーは人々の生存を支えるほどの重要性を失ってしまった。ニコライ村の人々とカリブーを繋いでいた「動物殺しの循環」は、今やほとんど機能していない。

二〇一五年、ユーコン川流域にあるアラスカ北部のアークティック・ビレッジでは、ニコライ村の状況とは対照的に、村人の有志が集まってカリブー柵を復元する試みを行った（Fairbanks Daily News Miner 2015）。この村は、「カリブーの民」を自認するグィッチン人が住む地域の中でもカリブーがよく獲れる猟場を有することで知られている。一九七〇年代から始まった石油開発をめぐる議論では、グィッチンの人々が依存するポーキュパイン・カリブー群が開発によって影響を受けるかどうかが焦点となり、グィッチンの人々は生存の基盤を守るために石油会社や州政府との間で戦いを続けてきた（井上 二〇〇七）。今では、ライフルと四輪バギーを使った個人猟が一般的であるが、石油開発反対を訴える会議において神話的時代におけるグィッチン人とカリブーとの間の連続性が語られるように、カリブーへの経済的かつ霊的な依存は続いている。

ニコライ村ではカリブー柵を復元するかわりに捕魚車の復元が行われ、アークティック・ビレッジではカリブー柵の復元が行われるのは、現実としてのカリブーをめぐる「動物殺しの循環」が続いているかどうかによるものと考えられる。ある時、ニコライ村のP氏の息子D氏は、「ミジッシュ・フターナ」という言葉の意味を知っているかと聞いてきた。この言葉は、クスコクィム川上流域アサバスカ語で「カリブーの人々」という意味であり、一九世紀末頃までは機能していたと考えられる三分クランの名前の一つでもあった。D氏はこれをグィッチン人のことであると述べて、三分クランのことには言及しなかった。現代のニコライ村の人々にとって、「カリブーの人々」は他者なのだ。

クスコクィム川上流域における合同村会社であるMTNT社のシンボルは、ヘラジカをかたどったものであり、タナナ首長会議の際に掲げられるニコライ村の旗もヘラジカとロシア正教会をあしらっている。

「遠い昔」に起きた出来事としての神話は、狩猟や漁撈をとおした日々の暮らしの中でその痕跡を目の当たりにすることで「今ここ」に召喚されるべきものであり、時間性を凍結された神話のあり方は、「今ここ」に呼び戻される回路を失うことで忘却される憂き目にあることを意味している。そして、そのように忘却された神話は、「遠い昔」と「近代」の中間にあり、いつか皆が回帰することになる「伝統」的生活からも忘却されてしまう。「文化キャンプ」は、そのような忘却に向かう流れに抗する試みである。少なくともニコライ村の人々にとって、来たるべき「昔の日々」における生活として想定されているのは、現在の古老たちが幼少時代に親しんだ生活様式のことであり、この時点ですでに高地における人とカリブーとの関係が弱体化してしまっている以上、実演と模倣を重視する内陸アラスカの再活性化運動の対象として選ばれるのは、今も関係が続くヘラジカなのだ。

「神話が忘却される」と書くと、それはどこかネガティブな響きを持っている。しかし、口承に重きをおく社会において、神話は新陳代謝されてしかるべきものだったはずだ。むしろ、そのような淘汰を経たものであるからこそ、「今ここ」で語り継ぐ価値があり、「フゾッシュの時間に途中で寝る子どもは長生きできない」とまで言われるものであったのだろう。その意味では、過去回帰言説も、神話も同じ論理に基づいて、聴衆の実践を引き出そうとしている。「生き残れるのは俺みたいな老人だけだな」とP氏が言う時、それは「生き延びたかったら、私の言葉に耳を傾けよ。それに従わなかった時、生きるのは私で、死ぬのは君であるから」という意味である。P氏はもういない。あとは、生き延びることで、誰の言葉を語り継ぐ「証人／目撃者（witness）」になるのか、みずからの手で決めればよい。どこか飄々としたところがあるP氏であれば、きっとそう言うのではないだろうか。

6 過去を待ち、今を生きる

アラスカの再活性化運動

ここまで、ニコライ村の事例に大方、基づきながら、過去回帰言説が語られる内陸アラスカにおける狩猟・漁撈教育の実態を描いてきた。結論部となる本節では、再活性化運動論に引きつけながら、考察を進めていきたい。本節では、アンソニー・ウォレスによる「より満足できる文化を築くために、ある社会の成員によって、計画的に、かつ、意識的に行われる組織化された努力」(Wallace 1956: 265) という再活性化運動の定義を用いることとするが、「文化キャンプ」はこの定義に当てはまるだろう。

じつは、アラスカ先住民が「白人以降の世界」を思い浮かべ始めるようになったのはつい最近のことではない。アラスカ南部に住むデナイナ人の有名な古老シェム・ピートは、呪術師であった彼のおじが一八八〇年代になした予言を様々な機会に語っているが、その予言とピートの解釈によれば、大きな戦争（第一次世界大戦に比定されている）のあと、疫病がやってくる。疫病によってほぼ壊滅した世界にグゥルグゥルグゥルグゥル、ウーウーウーウーウーという騒音が響きわたるが、それはピートによれば、飛行機と列車の登場を意味していたのだという。極限の生活の中で、「狩猟の仕方を知らない」ヨーロッパ系アメリカ人たちは、蚊のように辺りを飛び回る飛行機に乗って、南に帰ってしまう。呪術師は、人々に「白人の食いものを食べすぎてはならない」と忠告する。予言によれば、彼らのいなくなったあと、先住民は、間髪をいれず、少量の干し魚を持って、デナイナ人が住む地域の北西、ニコライ村から見れば南西に当たるレイニー峠の辺りに向かうことになっていた。呪術師いわく、そこには「カリブーがいっぱい、獲物がいっぱい、ドールシープがいっぱい」いるのだという (Kari and Fall 2003: 96-97)。

ウォレス (Wallace 1956: 276) は、北米インディアンの宗教再活性化運動が過去への回帰を強調する傾向があることを指摘した。[*10] たとえば、一九世紀末にアメリカ合衆国西部の先住民諸社会で流行したゴースト・ダンスは、特別な踊りを続けることで、死者が甦り、幸福な原初の生活が戻ってくる日が来るという信仰に基づいていた。具体的にどのような出来事が起こり、白人はどのような末路をたどり、インディアンはどのような生活を送るようになるかという細部については、集団ごとに異なっているが、カリフォルニア州北東部のパイユート人の例では、「ビッグマン」と呼ばれる精霊の到来後、世界は彼が連れてきた獲物で満ちあふれ、死者は甦り、老人は若返る。インディアンたちが山に登っていたら、大きな洪水が起き、白人をすべて葬りさってしまう。そして、生き残った者たちは獲物あふれる平和な世を享受することができるのだという（ムーニー 一九八九：六四―六五）。アラスカ・デナイナ人の事例と比較すると、ダンスの有無、受難と福音のどちらを強調するか、人類に降りかかる災厄の種類など、大きな違いはあるが、獲物あふれる山の世界で狩猟生活を続けるのがインディアンの正統な生活と解されているところは非常に近い。

その後、アラスカ北部でも、興味深い運動が起こる。一八八〇年代に生まれたグィッチン人のアルバート・E・トリットは、アークティック・ビレッジの呪術師であり、フォート・ユーコン村への交易行の際に宣教師が子どもたちに読み書きを教えていることを知った。彼は、白人の力の源が読み書きとキリスト教であると考え、アークティック・ビレッジに聖書や賛美歌を持ち帰る。一九一〇年代以降、彼は呪術師であることをやめ、熱狂的な伝道者として村人を動員して、教会を建てさせるなどの活動を行う。しかし、白人のやり方を村に導入してきた彼は、ライフルの普及以降、すでに時代遅れのものとなっていた長大なカリブー柵を村人に作らせ、人々が先祖伝来の狩猟技術を忘れないようにするべきだとも説いていた。つまり、トリットによる改革運動は、再活性化運動としての側面も有しているのだ（McKennan 1965: 86-88）。

呪術師や教会長が語り継いできたこの予言は、現在のアラスカ先住民諸社会におけるリーダーたちが語る言葉の中に生きている。前述したように、ユピック・エスキモーのリーダーであるポール・ジョンは、福祉関係の予算が途切れる可能性を挙げて、生活保護を受けられなくなった時、人々は自給自足的な生活に戻るだろうと説く。タナナ川下流域人で内陸アラスカ先住民社会のリーダーであるホワード・ルーク（Luke 1998: 90）は、若い世代に「文化」やサバイバル技術を教える活動に熱心に取り組む理由を説明する文脈において、銃や罠が法律により禁止されたり、厳しい増税政策がとられたりすることによって、現在の混合経済が崩壊する可能性に触れている。現在では、謎の飛行機が白人を運び去ってしまうというような白人の消滅を強調する語りは影をひそめ、かわりにアラスカにおける先住民と非‐先住民の関係が激変し、アラスカ先住民社会は白人の世界とは切り離されたものとして存在するようになるという意味あいにおいて、「白人以降の世界」が示唆されるようになってきた。現在の村人が語る過去回帰言説は、彼ら自身の解釈によれば、地元で昔から語られてきたものでもあり、アラスカ先住民のリーダーが語る政治言説でもある。

ウォレス（Wallace 1956: 277）は、カリスマ的指導者の幻視（vision）から始まった宗教復興運動が世俗化して、政治的運動になる場合があることを論じた。この論点を敷衍すると、一九世紀末に呪術師の予言として語られてきた「来たるべき苦難の日々とそれに対する備えの必要性」は、現在も、先住民会社の資金提供を受けて、村評議会が主催する「文化キャンプ」の取り組みや、人々が語る過去回帰言説の形で脈々と受け継がれているといえる。しかし、石森大知（二〇一一：三二四―三二七）がメラネシアのカーゴカルト論を批判的に検討する中で正しく指摘するように、再活性化運動を神秘主義的な「信仰」から世俗的な「開発」への単線的な変化における過渡的現象と見なすことはできない。これまでの議論で論じてきたように、「文化キャンプ」は、土着の神話が語られる機会となっており、一見、即物的な生業技術の継承のみを行っているように見える際にも神話的言説やそれに基づく実践があわせて教授されている。

予言がもたらしたもの

予言といえば、ニコライ村では呪術師の息子であったＰ氏は、過去回帰言説をよく他の村人に話すだけでなく、〈月〉

の物語を家族に語っていた。すべての存在が人間であった時代、〈月〉は兄弟を殺してしまう。その罪を恥じた〈月〉は兄弟の死体を抱えたまま天空へと上がり、今の月となった。月を長い時間にわたって注視することは、彼を辱めることになるため、失礼なことであるといわれていた。P氏の娘によれば、「人々はいずれ月に住むだろう」という昔の人がなした予言があり、しかし、そうすることは月を刺激する不吉なことなのであるという。P氏の家が丘の上に建てられているのは、人の非礼に怒った月が洪水を引き起こすかもしれないと考えているからであり、特に人類が月に降り立って以降、その危険性は増している。*11 P氏の娘は、クスコクィム川上流域のある場所に土地を所有しているが、そこが小高い丘になっているのはこの物語を聞いたためであるという。

ここで重要なのは、予言がそれにしたがう人々をたばね、ある一定の方向に向かわせる力を持つことだ。月人間の物語にまつわる洪水の予言が、それを語り継ぐP氏の家族に対して、小高い丘の土地を好んで住むように働きかけるのと同じく、デナイナ人の呪術師やP氏が語る過去回帰言説も、「白人の食べもの」に対する依存を避け、狩猟や漁撈の腕を磨き続け、干し肉や干し魚を蓄えて、いつか来る厳しい昔ながらの生活に対する備えを聴衆に説くものである。予言は、それを奉ずる者たちの日々の実践を方向づけるという意味合いにおいて、結果的に「社会」を創造＝想像する潜在力を有している。他方で、ピエール・クラストル（一九八七：二六六―二六八）は、一六世紀・南アメリカ低地部のトゥピ＝グアラニ社会において、「悪なき大地」を求める予言者たちの言葉に国家とそれに付随する中央集権的な権力の誕生を拒否する声を聞いた。また、二〇世紀初頭からたびたび起こったカナダ・イヌイットにおけるキリスト再来運動においては、世界の終りを説き、人々に救済への確信を求めた予言者（預言者）が、ナイフや銃を手に人々に衣服、食料、飼いイヌを捨てるように、つまり、現世での生活をあきらめるように脅迫した（Blaisel, Laugrand and Oosten 1999: 378, 383-384）。予言には、「社会」を内側から破壊する力もある。

少なくとも白人との接触前には「王なき社会」であった三社会をめぐる分析は、予言の創造的側面を強調するか、それともその破壊的側面に着目するかに関して、二分されているかのように見える。しかし、これらは共通して、平等主義的な社会における自律性と社会組織の問題と関わっている。換言すれば、それは、これらの社会において、権力が強制ではなく、自主的で一時的な服従によってのみ効力を発揮し、時に権力が立ち現れるのは別の権力に対抗し、足をひっぱりあうためであることを意味している。クラストルは、中央集権的な権力が発生するのを打ち崩す予言者の言葉じたいが権力の萌芽を含んでいることを述べているが、「歴史なき人々の歴史は、彼らの国家に抗する闘いの歴史だ」という彼の言葉は、イヌイットのキリスト再来運動にも当てはまる。在来の野営集団における秩序に対して、キリスト教という新来の象徴装置を借りて異議申し立てを行っていた予言者は、予言を語るのみであるうちは程度の差はあれ支持者を集めるが、野営集団の成員が自律的な生存を維持するために必要なものを捨てるように脅迫することをとおして、彼らの生殺与奪の権を握る「王」たろうとした時、彼は同胞の手により殺される。

その観点から考えれば、過去回帰言説は、白人がもたらした混合経済に基づく現在の秩序が終焉を迎えることを説き、その後に到来することになっている、自給自足の狩猟採集生活に基づく古くて新しい秩序（「昔ながらの生活」）への自発的な参画準備を求めるものだ。その意味で、人々は、北アメリカ主流社会における都市的生活様式を理想として生きることもできるし、過去回帰言説を受け入れて、狩猟採集生活に戻る準備を欠かさないようにすることもできる。

白人の社会に依存する現状への異議申し立ては、内陸アラスカにおいては一九一四年の第一回タナナ首長会議を経て、一九六〇年代にふたたび組織化されており、生業権や土地権に対する白人の介入への抵抗拠点として現在でも存続している。アラスカ先住民権益請求解決法（一九七一年）の施行以降、ドーヨン有限会社も加わる形で内陸アラスカ先住民をたばねる組織体制ができあがっていった。クスコクウィム川上流域の人々も、この会議に一九六四年から参加し、一九八〇年代に隣町のマグラス村に支部ができてからは特に政治的繋がりを強めてきた。タナナ首長会議は、一九九〇年代にクスコクウィム川上流域で問題となったヘラジカ減少問題、二〇一〇年頃からアラスカ州全体で問題となっているサケ減少問題（近藤 二〇一六b）に対して、内陸アラスカにある四二ヶ村に住む人々の利益を代表して、州政府との交渉、ロビー活動を行っている。そのような組織体制が今なお続いているのは、それがアメリカ合衆国における政治の顚末（北極海における原油発見）によって影響を受けた面もあるが、それ以上に彼らの異議申し立てがまだ必要とされる状況であると人々が認知するからだ。

「文化キャンプ」に投資するドーヨン有限会社やそれと深い繋がりを持つタナナ首長会議は、過去回帰言説が現実のものとなった時代には発展的に解消するか、もしくは影響力を大幅に弱めるであろう。「白人の食べもの」がアラスカ先住民の手に入らなくなるほど、現金経済から隔離された状態が到来した場合、現在のような形で人口や物資の量で非―先住民が先住民を圧倒することもできないので、生業権や土地権への侵略もほとんど生じないと考えられる。そもそも、完全に自給的な狩猟採集生活に（再）適応する上では、タナナ首長会議やドーヨン有限会社がフェアバンクスの中心地に有するオフィスも不必要であろう。もし、実際にタナナ首長会議が来たるべき自給的な狩猟・漁撈生活への（再）適応過程で発展的に消滅すれば、それは、内陸アラスカ先住民にとって、ある種のユートピア再来ともいえる。ただ、その際、「先住民」であっても、狩猟・漁撈を学ばなかった者は、生存を続けることができない。過去回帰言説は、先住民組織への登録や血統とは別に、狩猟・漁撈への習熟度によって「先住民らしさ」を定義しようとする広く共有された感覚に基づいている。

いわば、内陸アラスカの森が（血統ではなく、狩猟・漁撈者としての）「民族純化」を行う（ことになっている）のであり、そこに選民と艱難にまつわる旧約聖書的な思想の狩猟民的一変奏を読み込むことも不可能ではないかもしれない。詳しくは別の機会に譲ることにしたいが、ニコライ村のディチナニク人をはじめとする内陸アラスカ先住民諸社会では、カトリック、聖公会、ペンテコスタ派、ロシア正教が様々な時期に宣教を行っており、少なくとも名目上、村人は皆キリスト教徒である。名前が示唆するように、ニコライ村はロシア正教徒になったディチナニク人が作った村であり、一九八〇年代まで村の「チーフ」はロシア正教会長であった。カリブー柵を作らせたグィッチン人伝道者アルバート・トリットの事例も考えあわせると、過去回帰言説は内陸アラスカのキリスト教化と関係する可能性も捨てきれない。

キリスト教的イデオロギーの土着化が過去回帰言説を産み出したかどうかはさておき、重要なのは、狩猟・漁撈にまつわる再活性化運動の背後に過去回帰言説があり、それが人々を動かす原動力となって、非常に錯綜した形で、土地権益請求以降における内陸アラスカ先住民諸社会の生活をすこしずつ改変していることだ。化石燃料がない時代に備えるために、若い女はパソコンを前に申請書書きに頭を悩ませ、村人たちはタンク一杯のガソリンを村評議会の名義で買う。最近、村評議会では、「文化キャンプ」や「春のキャンプ」などの村全体が関わる行事で使うために、村を去った白人が所有していた大型の船外機付きボートを購入した。そして、例年であれば、夏の間、一家族しか寝泊まりしていない野営地に「村」ができる。野営地では、燻製のための煙が立ちのぼり、マスノスケの頭が入った大きな鍋がぐつぐつと音を立てて、スープのできあがりを知らせている。古老は昔の思い出を語り、女たちは釣果をさばくのに余念がない。子どもたちは、ｉｐｏｄの電池残量を時に気にしながら、嬉々としてヘラジカ猟に出かけ、マスノスケ漁に興じる。

たとえ、原油経済がもたらしたものであったとしても、一風変わった「昔ながらの生活」は、「文化キャンプ」においてすでに生じている。ただし、それは、ニコライ村の教会長を長く務めたM氏が往時語っていた「終わらない冬」や、Ｐ氏が懸念を抱いていた「白人の食べものが来ない時」がついに実現したというわけではない。ディチナニク人をはじめとする内陸アラスカ先住民諸社会の人々は、「近代」の中にどっぷりと浸かり、その中でうまく生き抜くために様々な資源・機会を利用しながら、狩猟と漁撈の生活を続けてきた。そして、その頭の片隅には、自給自足的な生活が持つ、文字通りの「自足性」への憧憬とそれが失われた現在への危機感がある（cf.林 二〇一四）。過去回帰という後ろむきの語りは、生存の問題に直結しているがゆえに常に「文化」を現在と未来に接続していくのだ。

注

＊1　アラスカ先住民地域会社（Alaska Native Regional Corporations 以下、地域会社と表記する）とは、一九七一年に施行された「アラスカ先住民権益請求解決法（Alaska Native Claims Settlement Act）」によって誕生した一三の営利企業を指す。アラスカ先住民の文化的区分および当時の先住民政治組織をもとに区分された一二社は、土地の所有権を放棄するかわりに資金を配分された。残りの一社は、州外に居住する先住民のためのものとされた。先住民の人々はそれぞれの居住地にある地域会社の株主となり、利益の配当を受けることになった。

＊2　北方先住民社会の研究者は、デンマーク人によって導入されたグリーンランドにおける牧羊や、機械化が進んだクワクワカワクゥ人による商業漁業でさえも、当事者たちは「伝統」として認識していることを報告している（立川 二〇〇九、林 二〇一四）。

＊3　民族名に関する詳細は、近藤（二〇一四b：注一）を参照。本章では、「ディチナニク・フタ－ナ」という自称から日本語での民族表記を考案した。

＊4　神話における登場人物は、山形括弧に入れて表記する。

＊5　「文化キャンプ」の現場でも、指導役がやりはじめたことを子どもたちが興味に応じて観察・模倣する形で解体方法の学習がなされている。

＊6　「循環」という表現は、北米インディアンの世界観を「環境にやさしい」ものとして賞賛する議論において用いられることがあったが、いわゆる「エコなインディアン」言説に対して、多くの疑念が提出されている（Krech 2000; Nadasdy 2005）。筆者は「動物殺しの循環」が現地社会において、動物の正しい取り扱い方を教える倫理として理解できるとともに、ある特定の目的を果たすために積極的に破られることも指摘したい。たとえば、ネルソン（Nelson 1983: 153）は、罠にかかった獲物をクズリに荒らされるのを防ぐために、あえて「クズリを捕まえたら、こん棒で殺す」という自慢話をして、クズリの霊を侮辱したコユコン人の猟師の事例を挙げている。

＊7　クマ猟について周りに話してはいけないという禁忌があるため、筆者は現地でよく使われる表現にならって、狩猟のかわりに「ボートに乗る」という婉曲表現を用いた。しかし、その猟師いわく、「上流にボートで向かう」というのは、「クマ猟」のことを意味するため、その表現でも良くないとのことである。

＊8　北方狩猟民の研究者は、ラポール構築、および、食料確保を兼ねて、調査地での生活において現地人の狩猟採集活動を観察するだけではなく、みずから参与・実践してきた（Nelson 1983; 原 一九八九、煎本 一九九六、McKennan, Mishler and Simeone 2006; Willerslev 2007、ナダスディ 二〇一二、山口 二〇一四、近藤 二〇一六ａ）。特に、小規模な狩猟集団（罠かけの場合、二名）に同行して、参与観察を行う際には、純粋な観察者としての役割にとどまることはほぼ不可能である。

＊9　ホスリー（Hosley 1966: 204）は、連発ライフルの普及によって、クスコクィム川上流域の人々がカリブーを必要以上に獲りすぎたことによってカリブー生息数の大幅な減少が生じたと主張している。だが、その論拠として、現地人の語り以外に直接的な証拠は挙げられておらず、疑問が残る。

＊10　チュコトカ半島に住むトナカイ飼育チュクチ人の若者は、「ツンドラへの回帰」をよく口にするという（クルプニク／ヴァフチン 二〇〇九：二一七）。しかし、チュコトカ半島では、自発的な回帰による文化の再獲得がいわれているのに対して、内陸アラスカでは、非‐自発的な試練としての過去回帰が語られているという違いがある。

＊11　月に関する似たような考え方は、カナダとアラスカの国境付近に住む人々の間でも報告されている。タナナ川上流域人のある古老は、アメリカ航空宇宙局のアポロ計画による月面着陸成功を知って、月に対する無礼な行為として激怒したといわれている（Youatt 2012: 122-123）。

参考文献

石森大知　二〇一一『生ける神の創造力――ソロモン諸島クリスチャン・フェローシップ教会の民族誌』世界思想社。

井上敏昭　二〇〇七「『我々はカリブーの民である』――アラスカ・カナダ先住民のアイデンティティと開発運動」煎本孝・山田孝子編『北の民の人類学――強国に生きる民族性と帰属性』京都大学学術出版会、九五―一二二頁。

煎本孝　一九九六『文化の自然誌』東京大学出版会。

――　二〇〇七「アイヌ文化における死の儀礼の復興をめぐる葛藤と帰属性」煎本孝・山田孝子編『北の民の人類学――強国に生きる民族性と帰属性』京都大学学術出版会、九―三六頁。

大曲佳代　二〇〇七「アイデンティティ構築におけるブッシュ・フードおよびブッシュの役割――オマシュケゴ・クリーの事例から」

煎本孝・山田孝子編『北の民の人類学――強国に生きる民族性と帰属性』京都大学学術出版会、一二三―一四五頁。
大村敬一　二〇一三『カナダ・イヌイトの民族誌――日常的実践のダイナミクス』大阪大学出版会。
奥野克巳　二〇一一「密林の交渉譜――ボルネオ島プナンの人、動物、カミの駆け引き」奥野克巳編『人と動物、駆け引きの民族誌』はる書房、二六一―五五頁。
亀井伸孝　二〇一〇『森の小さな〈ハンター〉たち――狩猟採集民の子どもの民族誌』京都大学学術出版会。
岸上伸啓　二〇一四『クジラとともに生きる――アラスカ先住民の現在』臨川書店。
クラストル、P　一九八七『国家に抗する社会――政治人類学研究』渡辺公三訳、水声社。
クルプニク、I／N・ヴァフチン　二〇〇九「記憶と忘却――ポスト・ジェサップ期のチュコトカにおける文化変容と土着的知識」谷本一之・井上紘一編『渡鴉（ワタリガラス）のアーチ』国立民族学博物館調査報告八二、一〇九―一三二頁。
近藤祉秋　二〇一四a「内陸アラスカにおける文化継承の試み――ニコライ村を事例として」『早稲田大学文学学術院文化人類学年報』九：三七―四八。
――　二〇一四b「北方樹林の愛鳥家――内陸アラスカにおける動物を殺す／生かすこと」『文化人類学』七九（一）：四八―六〇。
――　二〇一六a「ラッキー・アニマルと森の博徒たち――内陸アラスカと南九州をつなぐ狩猟・カミ・動物部位」シンジルト編『狩猟の民族誌――南九州における生業・社会・文化』熊本大学文学部シンジルト研究室、二〇五―二一七頁。
――　二〇一六b「アラスカ・サケ減少問題における知識生産の民族誌――研究者はいかに資源管理に関わるべきか」『年報人類学研究』六：七八―一〇三。
菅豊　二〇一二「反・供養論――動物を『殺す』ことは罪か？」秋道智彌編『日本の環境思想の基層』岩波書店、二二五―二四八頁。
菅原和孝　二〇一五『狩り狩られる経験の現象学――ブッシュマンの感応と変身』京都大学学術出版会。
高野孝子　二〇〇九「大地とのつながりを求めて（一）――アラスカ州コディアック島での教育プログラムとアイデンティティの構築」『北海道立北方民族博物館研究紀要』一八：二九―五八。
――　二〇一〇「大地とのつながりを求めて（二）――アラスカ州ロシアンミッション村、地域文化と伝統を織り込んだ教育課程」『北海道立北方民族博物館研究紀要』一九：一五―四二。

立川陽仁　二〇〇九『カナダ先住民と近代産業の民族誌――北西海岸におけるサケ漁業と先住民漁師による技術適応』御茶の水書房。

田辺恵祥・高嶋幸男　一九九七「アラスカ州セントローレンス島の先住民族ユピック・エスキモーの学校（ガンベル校）はどう運営されているか――教育方針と学校運営」『釧路論集』二九別冊：二一九―二四四。

玉井康之　一九九七『現代アラスカの学校改革――開かれた学校づくりと生涯教育』高文堂出版。

ナダスディ、P　二〇一二「動物にひそむ贈与――人と動物の社会性と狩猟の存在論」近藤祉秋訳、奥野克巳・山口未花子・近藤祉秋編『人と動物の人類学』春風社、二九一―三六〇頁。

林直孝　二〇一四「羊をめぐる展望――グリーンランドの先住民性の構築」『文化人類学』七九（二）：一四三―一六三。

原ひろ子　一九八九『ヘヤー・インディアンとその世界』平凡社。

ムーニー、J　一九八九『ゴースト・ダンス――アメリカ・インディアンの宗教運動と叛乱』荒井芳廣訳、紀伊國屋書店。

山口未花子　二〇一四『ヘラジカの贈り物――北方狩猟民カスカと動物の自然誌』春風社。

山田孝子　二〇〇七「自然との共生――サハのエスニシティとアイデンティティ再構築へのメッセージ」煎本孝・山田孝子編『北の民の人類学――強国に生きる民族性と帰属性』京都大学学術出版会、六一―九四頁。

レヴィ＝ストロース、C　二〇〇〇『今日のトーテミスム』仲沢紀雄訳、みすず書房。

Amoss, P. T. 1987. The Fish God Gave Us: The First Salmon Ceremony Revived. *Arctic Anthropology* 24 (1) : 56-66.

Barnhardt, R. 1981. *Culture, Community and the Curriculum*. Fairbanks: Center for Cross Cutural Studies, University of Alaska Fairbanks.

Barnhardt, R. and A. O. Kawagley 2005. Indigenous Knowledge Systems and Alaska Native Ways of Knowing. *Anthropology and Education Quarterly* 36 (1) : 8-23.

—— 2010 *Alaska Native Education: Views from Within*. Chicago: University of Chicago Press.

Blaisel, X., F. Laugrand and J. Oosten 1999. Shamans and Leaders: Parousial Movements among the Inuit of Northeast Canada. *Numen* 46: 370-411.

Brenneis, D. 2006. Reforming Promise. In A. Riles (ed.), *Documents: Artifacts of Modern Knowledge*. Ann Arbor: The University of Michigan Press, pp. 41-70.

Collins, R. L. 2000. *Dichinanek' Hwt'ana: A History of the People of the Upper Kuskokwim Who Live in Nikolai and Telida, Alaska.* McGrath: National Park Service.

Cruikshank, J. 1990. *Life Lived Like a Story: Life Stories of Three Yukon Native Elders.* University of Nebraska Press.

Fairbanks Daily News Miner 2015. Tradition Revived: Group builds Gwich'in Athabascan caribou fence. (http: //www.newsminer.com/features/outdoors/group-builds-gwich-in-athabascan-caribou-fence/article_2eff0324-3caa-11e5-adbd-471cb74055ed.html 二〇一五年一二月一八日閲覧)

Fienup-Riordan, A. 2001."We Talk to You Because We Love You": Learning from Elders at Culture Camp. *Anthropology and Humanism* 26 (2) : 173-187.

Hosley, E. H. 1966. *Factionalism and Acculturation in an Alaskan Athapaskan Community.* Ph.D. Dissertation, University of California Los Angels.

Ikuta, H. 2011. Embodied Knowledge, Relations with the Environment, and Political Negotiation: St. Lawrence Island Yupik and Iñupiaq Dance in Alaska. *Arctic Anthropology* 48 (1) : 54-65.

Kari J. and J. Fall 2003. *Shem Pete's Alaska.* Fairbanks: University of Alaska Press.

Kawagley, A. O. 1995. *A Yupiaq Worldview: A Pathway to Ecology and Spirit.* Prospect Heights: Waveland Press.

—— 1999 Alaska Native Education: History and Adaptation in the New Millenium. *Journal of American Indian Education* 39 (1): 31-51.

Krech, S. III 2000. *Ecological Indian: Myth and History.* W. W. Norton and Company.

Lipka, J. 1991. Toward a Culturally Based Pedagogy: A Case Study of One Yup'ik Eskimo Teacher. *Anthropology and Education Quarterly* 22 (3) : 203-223.

—— 2005. The Relevance of Culturally Based Curriculum and Instruction: The Case of Nancy Sharp. *Journal of American Indian Education* 44 (3) : 31-54.

Luke, H. 1998. *My Own Trail*. Fairbanks: Alaska Native Knowledge Network.

McKennan, R. A. 1965. *The Chandalar Kutchin*. The Arctic Institute of North America.

McKennan, R. A., C. Mishler and W. E. Simeone 2006. *Tanana and Chandalar: The Alaska Field Journals of Robert A. McKennan*. Fairbanks: University of Alaska Press.

Murphy, B. C. 2010. Culture Camp: Examining Teaching and Learning at the Convergence of Traditional Knowledge and Western Science. M. A. Thesis, University of California, Davis.

Nadasdy, P. 2005. Transcending the Debate over the Ecologically Noble Indian: Indigenous Peoples and Environmentalism. *Ethnohistory* 52 (2) : 291-331.

Nelson, R. K. 1983. *Make Prayers to the Raven: A Koyukon View of the Northern Forest*. Chicago: University Of Chicago Press.

Ohmagari, K. 1996. *Social Change and Transmission of Knowledge and Bush Skills among Omushkegowuk Cree Women*. Ph. D. Dissertation, Winnipeg: University of Manitoba.

Wallace, A. 1956. Revitalization Movement. *American Anthropologist* N. S. 58 (2) : 264-281.

Willerslev, R. 2007. *Soul Hunters: Hunting, Animism, and Personhood among Siberian Yukhagirs*. Berkeley: University of California Press.

Youatt, E. 2012. Becoming Native Again: Practicing Contemporary Culture in the Yukon-Alaska Borderlands. *Alaska Journal of Anthropology* 10 (nos.) (1-2) : 115-127.

第9章

優しさと美味しさ

オイラト社会における屠畜の民族誌

シンジルト

1 美味しさの歴史

屠畜の持つ意味

本章は、中国西部に暮らす牧畜民オイラト人の経験を民族誌的に描くことをつうじて、彼らにとっての屠畜の意味を考察するものである。牧畜民にとって、家畜を「屠る」という行為の目的は一般にその肉を「食べる」ことである。よって、彼らにとっての屠畜の意味を考える際に、「屠る」という行為の様式が家畜にとって優しいかどうか、その肉を「食べる」時に人々が美味しいと感じるかどうかといった問いは、避けて通れない問題となる。優しいか否かは倫理の問題であり、美味しいか否かは味覚の問題である。人類に共通の屠畜方法と美味しさの基準がない限り、これらの問題は最初から文化に関わる問題であろう。

文化としての屠畜の意味を考える際に、その「機能」と「構造」や「象徴」的な側面に焦点を当てると、我々は次のような仮説をたてることができよう。すなわち、牧畜を生業の基本におくが故に牧畜民の食生活は肉食中心であり、肉食中心であるが故に肉の味に対するこだわりが強く、肉の味に対するこだわりが強いが故に屠り方に敏感である。屠り方に敏感であるのは食欲を満たすだけではなく、他者との差異化を図り自らの集団的アイデンティティを確立するためでもある、と。*1

こうした仮説には当然一定の合理性が認められよう。だが、本章で取り上げるオイラト人たちの実践を見ていくと、上記仮説に収まらないものも多くあることに気づく。確かに、彼らは肉食中心であり、肉の味に対するこだわりが強い。しかし、だからといって、屠畜という人畜関係から集団的アイデンティティという人間関係が読み取れるのだ、という判断をただちに下すのは、明らかに一種の飛躍であり、本人たちのリアリティから乖離してしまう。もし、家畜の屠り方や肉の味に対して強いこだわりを持つ牧畜民オイラトの諸実践から、我々が何か学べるものがあるとすれば、それは屠畜方法と肉の味との関係そのものを再考することであろう。

本章では、まず、一地域社会における肉をめぐる歴史的な出来事、人畜関係も律する慣習法的な背景をふまえつつ、牧畜民オイラト人たちの間に見られる三つの屠畜方法を取り上げ、その屠畜方法と彼らの集団的アイデンティティの関わりあいを検証する。それから、屠畜方法が多様であるにもかかわらず、みな共通に自分たちの方法こそ家畜に優しく、そこで得られた肉の方こそ美味しいと確信している点に着目し、その論理の構成を青海チベット高原に暮らすオイラト人たちの文脈において明らかにする。さらには、新しい屠畜規範が入り混じる中で、伝統的な屠畜方法が家畜に優しいだけではなく、肉の美味しさそのものだと見なす地域住民が、肉の美味しさを永続させるため、いかなる創意工夫を凝らしているかを考察し、そこで見られる「優しさ」と「美味しさ」の相関関係を解明する。

仔羊肉と大移動

オイラト人は数百年にわたってユーラシア草原において牧畜生活を営んできた。家畜は、牧畜民である彼らを生存と実存の両面から支えてきた重要な存在である。とりわけ、家畜の肉の美味しさは、特定の地理空間における民族集団の分布を決定してしまうほど、牧畜民にとって意味深いものである。

現在、オイラト人は、トルキスタン、青海チベット高原、モンゴル高原、中央アジア、東ヨーロッパに分布している（図9-1参照）。中国（地図中のA〜E地域）やモンゴル国（F）ではモンゴル民族の一下位集団として、ロシア（G）では「ヨーロッパ唯一の仏教国」カルムィク共和国の基幹民族として、キルギス（クルグズ）共和国（H）ではイスラーム教を信仰するサルト＝カルマク人*2として暮らしてい

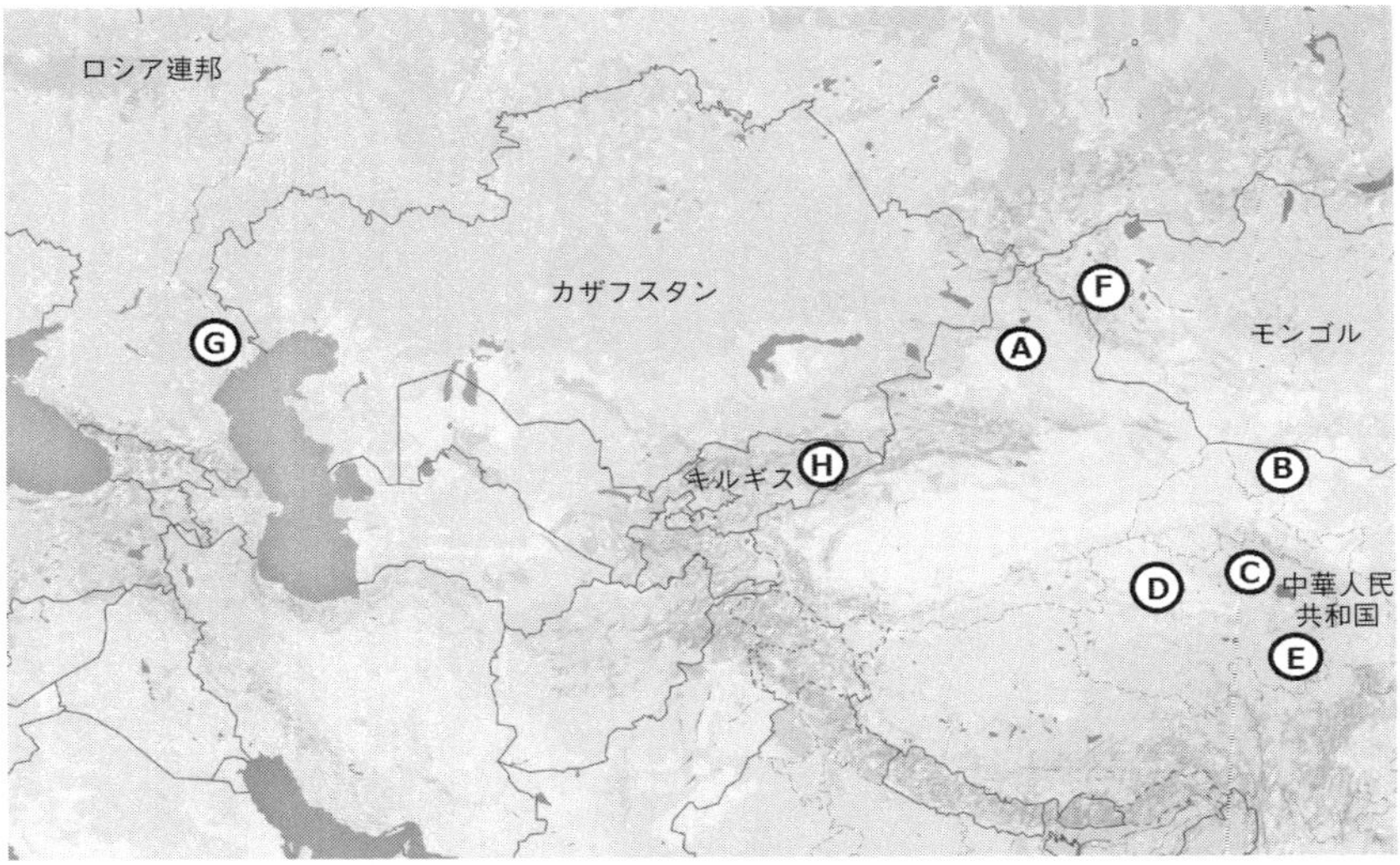

A　中国新疆ウイグル自治区イリ＝カザフ自治州、
　 ボルタラ＝モンゴル自治州、バヤンゴル＝モンゴル自治州
B　中国内モンゴル自治区アラシャ盟
C　中国青海省海北チベット族自治州
D　中国青海省海西モンゴル族チベット族自治州
E　中国青海省黄南チベット族自治州河南モンゴル族自治県
F　モンゴル国西部ホブド県、オブス県、バヤンウルギー県
H　キルギス共和国イシク・クル地域
G　ロシア連邦カルムィク共和国

図9-1　ユーラシア草原におけるオイラト諸社会

る（Alymbaeva 2013; Nanzatov 2014）。本章においては、現代中国の公定民族の文脈に登場するオイラト人のことを「モンゴル族」とも呼ぶ。

こうした地理空間的な広がりをもたらしたのは、一七世紀におけるオイラト人の大移動である。当時オイラト人は根拠地の天山北部（A地域）から西はボルガ川を含む東ヨーロッパへ、東は青海チベット高原へと移住した。青海チベット高原へ移住したのはオイラトの中のホショド部族だった。その末裔は現在、チベット自治区北部や甘粛省北部そして内モンゴル自治区西部（B）に少数暮らしており、その大多数は青海省領内の黄河以北の海西モンゴル族チベット族自治州（D）と海北チベット族自治州（C）、そして、黄河以南の黄南チベット族自治州河南モンゴル族自治県（以下、河南蒙旗。E地域）に分布する。

一二五三年、フビライが大理を侵攻する際、後方支援と安全を確保するためにモンゴル高原からトメト部族を中心とするモンゴル軍を派遣し、現在の甘粛省南部と河南蒙旗を含む黄河湾曲地域において軍需馬牧場を建設した。これが河南蒙旗におけるモンゴル人の最初の活動とされ、その兵隊が現河南蒙旗一部の住民の先祖であるとされる。一四世紀末から一五世紀初頭にかけて、ツォン・カパの宗教改革によってゲルク派が形成され、モンゴル社会での影響力も空前の勢いを見せた。他教派の圧迫を受けたゲルク派の軍事援助の要請を受け、一六三〇年代、天山山脈北部で遊牧生活を営んでいたホショド部族はチベット地域に進軍しチベット各部落を統一した（シンジルト 二〇〇三：八六）。

ホショド部族は青海チベット高原に進軍したばかりの頃は、主に黄河北部で放牧していた。黄河南部は人口が少なく、主な住民は、上述のトメト部族だった。トメト部族の首長たちはホショド部族を慰安すべく、一六五一年、「脂肪の厚さが指一本くらいもある」、丸々と太った、「柔らかくてジューシーな仔羊肉」を持って、ホショド部族のところに赴き、その首長ダルジャ・ボショクトのために盛大な宴会を開いた。宴会に参加した者たちは仔羊の巨大さに驚かされた。その理由を聞かれたトメトの首長たちは、「我が草原は肥沃で、テントの数（人口）が希薄だからだ」と説明した。この出来事を機に、ダルジャ・ボショクトは部族を黄河南部に移すことを決心し、その翌年の一六五二年からホショド部族の大移動が始まった（Vangčinǰab 1997: 181-183; 仲優・昂青嘉布 二〇〇八：一三〇―一三一）。

一六五二年から一六六九年にかけて、ダルジャ・ボショクトは、約一万五〇〇〇世帯を率いて、黄河以南の地域に移り住んだ。これが、河南蒙旗を含む広大な黄河南部におけるオイラト人の歴史の始まりであった。「柔らかくてジューシーな仔羊肉」が首長ダルジャ・ボショクトの移住決心の決め手となった事実は、河南蒙旗の親王府の秘書が一九世紀に執筆した『先祖言教（先祖の教え）』という歴史書に書かれている（Vangčinǰab 1997; 仲優・昂青嘉布 二〇〇八）。ダルジャ・ボショクトたちは、きっと仔羊の大きさから、その仔羊を育てた草原の豊かさを読み取ったに違いない。何よりも脂乗りが良い仔羊肉の美味しさに、ダルジャ・ボショクトたちは心を奪われたであろう。もしその仔羊肉の脂の乗りが悪く、味もさほど良くなかったら、この地域における民族の分布は、まったく違ったものになっていたかもしれない。

残念ながら、当時のトメト部族の屠畜方法がどのようなものであったかという記述は文献には見られなかった。そのため、彼らの社会における肉の味と屠り方との関係は、確認できない。しかしながら、地域の歴史が、肉の美味しさに突き動かされた、とでもいうべき上記の出来事から、我々は、牧畜社会の歴史において、家畜が果たす役割の重要性をあらためて確認できよう。

2 慣習法に見る人畜関係

上述のように、牧畜社会における家畜と人間との関係がどうあるべきかは重要なテーマで、常に問われてきた。この問いは、時として法律の領域にまで及び、様々な規制を受けるようになる。

チンギス・ハーンの大ジャサ

オイラトを含む多くの牧畜民族は一三世紀、モンゴル帝国の支配下にあった。一二〇六年に制定された「チンギス・ハーンの大ジャサ」は、モンゴル帝国の支配下の人々に影響を与えたと考えられる慣習法である。ジャサ（ジャサク）とは、違反者に対する制裁や懲罰を意味する（チョクト 二〇一〇）。この法は、その厳格さで知られている。たとえば、その第一条（条文の番号はリヤザノフスキー（一九三五、一九四三）による）には、「姦通したる者は、姦夫の有婦無婦を論ぜず死刑に処す」とあり、第二条には「獣姦（リヤザノフスキー（一九三五、一九四三）では「鶏姦」）をなしたる者は死刑に処す」とある。第二条に関しては、モンゴル法研究の第一人者であるウエ・ア・リヤザノフスキー（リヤザノフスキイ）は、「動物との性的関係は牧畜民の一般的犯罪であり、蒙古人以外の民族、例へばユダヤ人の間においても見られる」（リヤザノフスキー 一九四三：一八九―一九〇）と解説する。許されざる性的関係に対する制裁においては、人間と人間の場合も、人間と動物の場合も同じであることが、これらの規定から理解できる。

さらに、第八条には屠畜方法に関する規定がある。「獣を食せんと欲するときは、四肢を縛り、腹を剖き、獣の死する迄手もてその心臓を絞めつくべし。回教徒の屠殺するが如く、獣を斬首して屠る者は又かくの如くにして屠らるべし」（リヤザノフスキー 一九三五：九）。この規定について、リヤザノフスキーは「回教徒風に獣を殺したものに対する死刑は異教寛容と併存する或る程度の宗教上の狂信及び迷信を示している」とコメントする（リヤザノフスキー 一九三五：一九）。リヤザノフスキーがイスラーム式屠畜方法を禁止するこの規定に違和感を覚えたのは、恐らく第一一条において「あらゆる宗教を無差別に尊崇すべし」という宗教の自由を同時に提唱する内容があったからであろう（リヤザノフスキー 一九三五：一〇）。ややアンビバレントな条文であるが、モンゴル法の中で、おそらく唯一、屠畜方法に触れたものとなる。

しかし、この法の位置づけについて専門家の間では議論が分かれている。たとえば、リヤザノフスキーによると、「チンギス・ハーンの大ジャサ」はモンゴルの最初の法典であるが、「遊牧を事とする蒙古諸部族の生活の全面を規律したものではなく、主として、ジンギスカンの国家を構成する蒙古諸部族の同盟関係を円滑にし、諸部族の慣習を共通法中に一般化して連帯性を強化することを目的としたものであって、部族内の慣習法には広汎な支配の余地を残していたものである」という（リヤザノフスキー 一九三五：八）。

リヤザノフスキーと違って、歴史学者のチョクトは、「チンギス・ハーンの大ジャサ」は、チンギス・ハーンが定めた法律であり、それを成文化したものが「大ジャサ」という名の法典だ、というよく見られる解釈を強く批判している（チョクト 二〇一〇：一五一）。チョクトは「チンギス・ハーンの大ジャサ」は成文法として本当に存在したか否か、すなわち、法典としての存在そのものについて、大きな疑問を提示した。

オイラト法典

オイラト人の生活一般に直接的に関わってきた法典は、一六四〇年、オイラトの根拠地であるジューンガル盆地で制定され、かつ、オイラトのトド文字で書かれた「オイラト法典」であろう。満洲とロシアの脅威を排除するため、それまで対立してきたオイラト人とモンゴル人は同盟を結成し、この法典を制定した。そのため「モンゴル・オイラト法典」ともいわれる。法典の制定に関わったのは、モンゴル側は、ハルハ部族（現在のモンゴル国のマジョリティ）だけであったが、オイラト側は、トルキスタン、青海チベット高原、東ヨーロッパに分布するすべての部族であった。

リヤザノフスキーはこの法典を、チンギス・ハーンの大ジャサ以後、「土俗民の手で編纂された最も一般的な蒙古法典だったのである」と位置づける（リヤザノフスキー 一九三五：四七）。しかし、チンギス・ハーンの大ジャサはオイラト法典の「直接的な法源たり得ない」という。つまり、両法典の法源はいずれも慣習法であるという（リヤザノフスキー 一九三五：四七―四九）。「オイラト法典」においても、人間と家畜をはじめとする動物との関係に関する条文が多い。そして、それらの規定は、チンギス・ハーンの大ジャサより細かい。人から家畜への行為に関する規定だけではなく、家畜から家畜、野生動物から家畜、家畜から人間への行為も想定され、行為の性質が評価され、処罰措置が詳しく規定されている。

たとえば、第三四条（条文の番号は（田山 二〇〇一）による）においては「家畜が他人の家畜を殺傷した時は、これに対する賠償を請求することはできない」と、第五七条には「野獣などに殺された家畜を届けずに食えば、七頭を取れ」と、第五八条には「獣欲にかられて他人の家畜をおかした者は、罰として家畜五頭を所有者に与え、かつ汚された家畜を引き取らねばならぬ」と、第七八条には「戯れて（即ち、遊びで）殺された家畜は、数で（即ち、殺されただけ）賠償されねばならない。又その上に（殺された家畜の）所有者は彼の（殺した者の）馬を取れ。このさいに取り調べによって、それが戯れであったか否かを確かめねばならない」とある（田山 二〇〇一、Buyanöljei & baoge 2000; Батбаяр 2008）。

だが、チンギス・ハーンの大ジャサと異なって、法典前文は仏と僧侶とに対する尊崇の念に満たされており、宗教的権威の下に制定された法典だったことが分かる。また、チンギス・ハーンの大ジャサと異なって、この法典においては屠畜方法そのものを規定する条文は見られない。

屠畜方法そのものに言及しないというのは、オイラト法典に限ったことではない。たとえば、オイラト法典を共同制定したハルハ部族において、一七〇九年に「ハルハ・ジルム」という法典が編纂された。その第一〇条では寺院近くでの狩猟禁止に関する「禁猟区」、第一一条では「動物殺傷の禁止日[*3]」、第一二条では「殺傷の禁止の動物[*4]」について細かく規定されている（田山 二〇〇一：二六二）。それにもかかわらず、ここにおいても、屠畜方法に関する言及はいっさい見られない。

本節では、オイラトの歴史と深い関係を持つ、いくつかの牧畜民の慣習法を見た。そのいずれにおいても、人間と家畜をはじめとする動物とのあるべき関係が仔細に規定されている。しかしながら、チンギス・ハーンの大ジャサというその位置づけがやや曖昧な慣習法以外、ほとんどの慣習法においては、牧畜民の屠畜方法に関する規定は見られなかった。

3 三種の屠畜方法

屠畜方法にほとんど無関心な上記の諸慣習法との関係は定かではないが、実生活において、オイラト人はその暮らす地域によって、異なった屠畜方法を採用している。それらは三つに大別できる。内モンゴル自治区西部のオイラト人は、いわゆる伝統的なモンゴル式屠畜方法である。他方、新疆ウイグル自治区に暮らすオイラト人たちは、地域的マジョリティのムスリムとほとんど変わらない屠畜方法をとっている。これらに対して、青海チベット高原に暮らす多くのオイラト人の屠畜方法は、地域的マジョリティのチベット人と同様である。*5

モンゴル式屠畜方法

内モンゴル西部アラシャ盟を中心に暮らすオイラト人は、内モンゴルやモンゴル国、いわば、「モンゴル本土」のモンゴル人と同じく、家畜を仰向けに寝かせ、小さいナイフで、家畜の腹部を小さく切り裂き、そこから手を入れ、横隔膜の高い位置を破って、指で心臓の肺動脈を掻き切って屠るという方法を採用している。これは先述のチンギス・ハーンの大ジャサで推奨された方法とほぼ一致する。

「腹割き法」とでもいうべきこの方法は、モンゴルの伝統的な屠畜方法ともいわれる（小長谷 一九九六）。そのプロセスを再現してもらい、綿密に観察した詳細な報告もある（山口 二〇〇二）。ナイフで腹部を縦に十数センチメートル切開し、切開した穴へすぐに手を突っ込み、心臓付近の動脈を指で切断する（写真9・1）（山口 二〇〇二：九一—一三）。「腹割き法」はモンゴル語で「ウルチラフ」といわれる。ウルチラフの語幹ウルチは「隔膜」あるいはその意味の広がりである「胸腔」「懐」を指す名詞である。やや硬い表現である「ウルチラフ」以外に、家畜を殺すことを表現する動詞は複数あり、地域や文脈によって、言葉があってもその使用をあえて避けるケースも見られる。

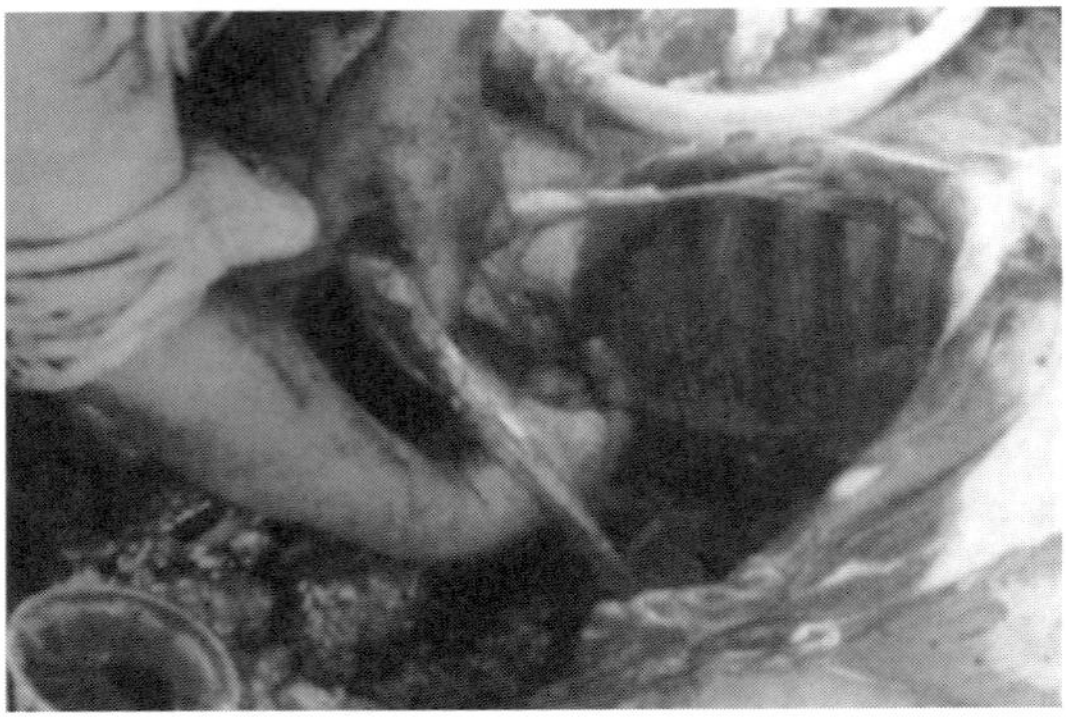

写真 9-1　モンゴル式屠畜方法（指で動脈を切る動作を再演）（山口 2002: 13）

最もよく使われる動詞はジャルフである。言葉の使用頻度から考えると、ジャルフは、まず、用いる、消費する、売ることを指し、それから屠ることを指す。ジャルフ以外には、「出す」ことを意味するガルガフ（マラ・ガルガフ、シュル・ガルガフ）、「準備する」ことを意味するベルデフ（シュグス・ベルデフ）、「屠る」や「屠殺する」ことを意味するニドラフなどの動詞もある。

人殺しといった行為も含む動詞「殺す」に直接該当するのは、アラフという語である。これは口にしてはいけない言葉ではないが、牧畜社会の日常生活においては忌まれる。だが、牧畜生活から離れ都市で暮らすモンゴル人や農耕生活をするモンゴル人のモンゴル語においてアラフはよく登場する。

屠畜をめぐる記述はモンゴルの風俗に関する書物においては「飲食」あるいは「儀礼」といった食文化にまつわる項目の中に間接的にしか登場しない。分量もわずか数行程度の場合が多い。たとえば、一九九〇年に内モンゴル人民出版社で刊行されてから版を重ねた、モンゴル系九つの大部族の習慣を紹介した全九巻シリーズの『モンゴル風俗誌』においては、屠畜についてはまったく言及しない巻もあった。この現象は、前節で紹介した諸慣習法における、屠畜方法に関する規定の不在と図らずも類似している。

モンゴル本土では、このモンゴル式屠畜方法が、ほかの方法と対比されたり、モンゴルの民族性と関連づけて語られたりすることは、ほとんどない。そのように屠れば、肉が美味しい。血が多く含まれるが故に、この肉でとったスープは濃厚で美味しいという。「ウルチラフ」という屠畜方法は、あくまで肉の味から支持されている。定住化や都市化に伴い、モンゴル式屠畜方法の方は手間がかかるという合理的な理由から、首を切るという最も簡単素朴な漢式屠畜方法に従う者も一時期に現れた。しかし近年、漢人の店の中に病気や事故で死んだ家畜の肉を売る店が現れたため、そこで食事することを避けたり、漢式屠畜方法で得られた肉を敬遠したりするようになっている。その反動として、なるべくモンゴル人にモンゴル式屠畜方法で家畜を屠ってもらいたいという需要が高まる。そのため、地方都市を中心に、ワゴン車を屠畜小屋に改造し機動性に富んだ屠畜業者が現れている。食の安全を確保するという文脈において、屠畜方法のいわば伝統回帰が見られる。

イスラーム式屠畜方法

新疆北部が地理学的にジューンガル盆地といわれるように、歴史的には新疆はジューンガル部族を中心とするオイラト人の故郷である。だが、ジューンガル帝国崩壊以来、新疆は、ウイグルやカザフなど、イスラーム系諸民族が優勢を占める社会となった（写真9‐2）。

写真9-2　メッカの方向に羊の頭を向けて羊を屠るムスリムの新疆タタール人

新疆のオイラト人は、日常的には、羊や山羊など小型家畜の場合は主に首を切り殺す（オグトロジュ・アラフ）。牛やヤクなど大型家畜の場合は首を切り殺す（ケルチジュ・アラフ）あるいは脊髄を両断し殺す（ヌグスラジュ・アラフ）。馬の首を絞め殺す習慣もある。オボー祭や結婚式などのため羊を屠る場合は、胸部を開く（ウルチラフ）という方法をとる（Na basang 1994）。それ以外はマジョリティのカザフ族とほぼ同じである。カザフ族などが採用しているイスラーム式の屠畜方法は、知覚のある間に、脊髄を切断せず、気管、食道、頸動静脈を一気に切断する「放血法」というものである。このような方法を採用している理由については、彼らはこの

写真9-3　ある晩夏の夕方、山羊を屠る新疆のオイラト人

地域はムスリムが多いから、彼らのやり方に合わせる必要があるという。

ほぼイスラーム式になっているものの、違いもある。まず、「アッラーフ・アクバル」などのような唱え言はしない。もう一つの違いは、対象家畜の最期の顔の向きである。メッカの方向である西方ではないといけない、というのがイスラームの教えである。オイラト人の場合は、それとは逆に日の出の方向である。ただ、これは必ずしもイスラームの教えと意図的に差異化を図るためとは断言できない。彼らの間では日の出の方向を上位や理想的な方向とする。テントの入り口の向きも日の出の方向である。彼らは日の出の方向を東方とは表現せず、前方（つまり南方）という。彼らのいうところの西方は、一般に南方（正午の太陽が位置する方向）と理解される方向に、北方は西方に、東方は北方に該当する。一般でいう東西南北とは常に九〇度のずれがある。このずれは、内モンゴルや青海省のオイラト人の中でも見られる。

そして、もう一つの違いは、血の扱い方である。ムスリムは血をまったく使用せず捨てるが、新疆のオイラト人は放血はするものの、それを捨てずに腸詰などに使う。こうしたこともあるためか、その屠畜の方法がいくらイスラーム式になっているといっても、カザフ族などムスリムは決して、オイラト人の屠った家畜の肉を食べないようである。とりわけ、近年イスラーム教の影響が強まるにつれ、この傾向が顕著となっている（写真9-3）。

さらには、日常生活における屠畜方法と違って、山の神を祀る、いわゆるオボー祭り（新疆ではデール・ムルグフという）など儀礼の際は、家畜をいわゆるモンゴル式方法で屠っている。その家畜はいわゆる供犠獣となる。儀礼の際に食べる肉の味と日常的に食べている肉の味は明らかに異なることを多くの人は知っている。血が抜かれた肉の味は、そうではない肉に比べて味が薄いことを本人たちも認める。それでも彼らは、放血した肉の方が、見た目で、血抜きしないものよりきれいだという。味は、濃い方が良いとされながら、視覚的な美しさという文脈で、モンゴル式屠畜方法ウルチラフよりもイスラーム式屠畜方法が望ましいとされる（写真9－4）。

多くのモンゴル人地域おいては、五種の家畜の中で、馬だけは屠らないのである。しかし、新疆オイラト地域では馬肉は食される。彼らは「モンゴル人は本来馬肉を食べないのだ」と言いつつ、客をもてなす最高のごちそうとして馬肉を宴会に出していた。そして、馬肉を食べるようになったのは「カザフ人の影響だ」と言う。他方、カザフ人の場合は、馬肉だけではなく、仔馬の肉、とりわけメスの仔馬の肉を好むのだが、我々は仔馬の肉を食べない、とカザフ人との差異化も図る。筆者が最初に新疆に赴いた二〇〇五年頃とは異なり、それから一〇年以上過ぎた現在、新疆オイラトの人たちが馬肉を食べる場面は減った。ほとんど馬肉を食べない内モンゴルのマス・メディアの影響があったと思われる。それと同時に、日常生活におけるイスラーム教が強化されるカザフ人社会との距離がこれまで以上に広がり、カザフ人の影響によるものだとされる馬肉食から意識的に離れているように推測できる。

写真9-4　供犠獣となった羊の頭部と四肢がオボーに吊るされている

このように、細部において差異はあるものの、イスラーム教が優勢を占める新疆では、オイラト人たちの屠畜方法は、基本的にイスラーム式となっている。たとえ近年のように、当のムスリムとの距離が生じるようになっていても、それは大きく変わらない。

チベット式屠畜方法

天山山脈北部に暮らしていたオイラト人が、一七世紀に、チベット仏教ゲルク派の要請を受けて、青海チベット高原へと進軍し、グーシ・ハーン王朝を創った。それから、四世紀近く経った現在、青海チベット高原に暮らすオイラト人（二〇一一年現在、約一〇万人）の食習慣は、上述の新疆オイラト人とは大きく異なる。

青海省オイラト人の事例を主な研究対象にし、青海省のオイラト人ネイティブ研究者によって書かれた『モンゴル羊の肉食文化に関する研究』という本は、筆者の知る限りでは、モンゴルの（羊）肉食に関する初めての専門書である（Čüngkürja 2014）。著者のチュンクルジャは、青海モンゴル族の屠畜方法を大きく三つに分類した。

チュンクルジャが、まず最も一般的な屠畜方法として挙げたのが、上記の内モンゴルなどで見られるモンゴル式屠畜方法「ウルチラフ」である。その次に挙げたのは、上記新疆などで見られる「首切り」という方法であり、これは病気の家畜を殺処分する時に用いられる方法であり、その肉はまずく、モンゴル人は嫌うものであると説明が加えられている。最後に挙げたのは、「窒息」という方法である。チュンクルジャは、これをチベット式屠畜方法として位置づけ、この方法はチベットの影響を受けているモンゴル人の間で用いられているという（Čüngkürja 2014: 32-40）（写真9-5）。

いいかえると、オイラト全体に見られる三つの屠畜方法は、青海オイラト社会でも見られるというわけである。しかし、筆者の知る限り、チュンクルジャのいう「ウルチラフ」という屠畜方法は、海西モンゴル族・チベット族自治州の一部のオイラト人地域では見られるが、青海省全体においてはむしろマイナーである。海北チベット族自治州のオイラト人は、地域的なマジョリティの一つである回族に対する配慮からイスラーム式屠畜方法を採用している。

さらには、青海オイラト（モンゴル族）総人口の四割が住む河南蒙旗では、チベット式屠畜方法しか採用されていない。河南蒙旗は、アムド・チベット語を母語とするオイラト人社会である。彼らはモンゴルを意味するチベット語で「ソッゴ」と自称する。この地域は自然豊かな牧畜地域であり、中国の「三大馬種」の一つ「河曲馬（Hequ horse）」、チベット系綿羊の一種「欧拉羊（Oula sheep）」の主な産地である。牧畜民の日常生活も肉食中心で、食されるのは主に羊肉と牛（ヤク）肉である。

　河南蒙旗のオイラト人にとって地域的なマジョリティであるチベット人は最大の「民族的他者」となる。「チベット化」した河南蒙旗のオイラト人たちは、周囲のチベット族から自らを弁別するためのシンボリックなものを多く持っている。その一つが、ソッゴの名で呼ばれる家畜である。一九五〇年代、専門機関によって命名された、上記の「河曲馬」や「欧拉羊」は、河南蒙旗ではソグ・ダ（モンゴル馬）、ソグ・レゲ（モンゴル羊）とチベット語で「ソッゴ」と関連づけられて呼ばれる。他のモンゴル地域にも一般に「モンゴル羊」と呼ばれる品種があるが、筆者の見る限りでは、ソグ・レゲはそれらと外形を異にする。むしろ周辺チベット地域と同じである。これら「ソッゴ家畜」は、ソッゴという集団と周囲のチベット人集団との差異化を図るため、人為的に起用されたエスニック・マーカーである（シンジルト二〇〇三、二〇一二）。

写真9-5　羊を窒息させるチベット式屠畜方法

　このように、オイラト人たちは、日常的に三つの屠り方を展開している。このような屠畜方法における違いだけを強調すると、オイラト人として彼らは共通のアイデンティティを持っておらず、むしろばらばらに分裂した三つの破片のように映る。しかし実際は、屠畜方法が違うからといって、同じオイラト人として自称できないというような、「ネガティブな」ものとは考えられていない。その違いは、むしろ、異なる地域のオイラト人同士が、宴会の席などで仲良く、互いをからかう時にしばしば持ち出すネタの一つになっているくらい「ポジティブな」ものである。そこでは、どこのオイラト人も、我々の地域の屠り方こそ家畜に優しい、肉も美味しいと一様に自慢する。

4 優しさの基準

窒息という方法

本章冒頭で紹介したように、今のオイラト人の先祖たちが黄河南部に入ってきたきっかけの一つは、この地域の仔羊肉の美味しさであった。[*6] 河南蒙旗に住む筆者の知りあいの中には、肉の過剰摂取のため病気にかかる人もいるほど、この地域では大量の肉が消費されている。今現在、地域の人たちの肉の摂取量を統計したデータこそないが、乳製品を多く摂る夏季を除き、年間のほとんどは肉食である。たとえば、四人構成の核家族でいえば、年間、羊四匹、ヤク二頭を屠るのが一般的である。大量屠畜は、旧暦の九月（西暦では、おおよそ一〇月）から始まるが、そこで得られた肉は次の年の乳製品ができる旧暦六月までには食される。

筆者が長年居候をさせてもらったA氏（男性、七〇代）は、河南蒙旗の中心地ユルガンニン鎮に住む退職幹部である。若い頃は狩猟の名人でもあったが、今は狩猟することが禁止されている。七〇代になった現在も、彼は自宅の庭において自力で屠畜している。一日三食はほとんど羊肉か牛肉である。にもかかわらず、彼はこれまでは、一度もユルガンニン鎮の市場で肉を買ったことがなかった。なぜなら、市場で売っているのはすべてイスラーム式屠畜方法で得られた肉だからだ。その方法で得られた肉は保存期間が長く、見た目も良い。しかしながら、肉スープには味も栄養もないのだという。同様な理由で、自分たちの伝統的な屠畜方法で得られた肉しか食べない人は中年以上に多い。

自然環境の要素を排除するわけではないものの、多くの住民にとって、肉の美味しさを保証するのは、その屠り方である。それは、ナイフで腹部を切り開き、指で心臓の肺動脈を掻き切って屠るという、いわゆるモンゴル式の「腹割き法」でもなく、新疆オイラトのような「放血法」でもなく、むしろ、周囲のチベット人と同様の「窒息法」である。彼らはその屠畜方法をチベット的だとはほとんど意識していない。また、周囲のチベット人との差異化を図るため、屠畜方法に何らかの差異を見出そうともしない。

羊の場合はヤクの毛や羊毛で編んだ縄や皮製のベルトでその口を縛りつけ、気絶するまで五分から一〇分くらい時間をかけて窒息させる。気絶後、胸骨の下部をナイフで一〇センチほど切り込み、手を入れて心臓（ショグ・ツァ）の肺動脈を切り、それから内臓を出し、胴体を解体する（写真9‐6）。

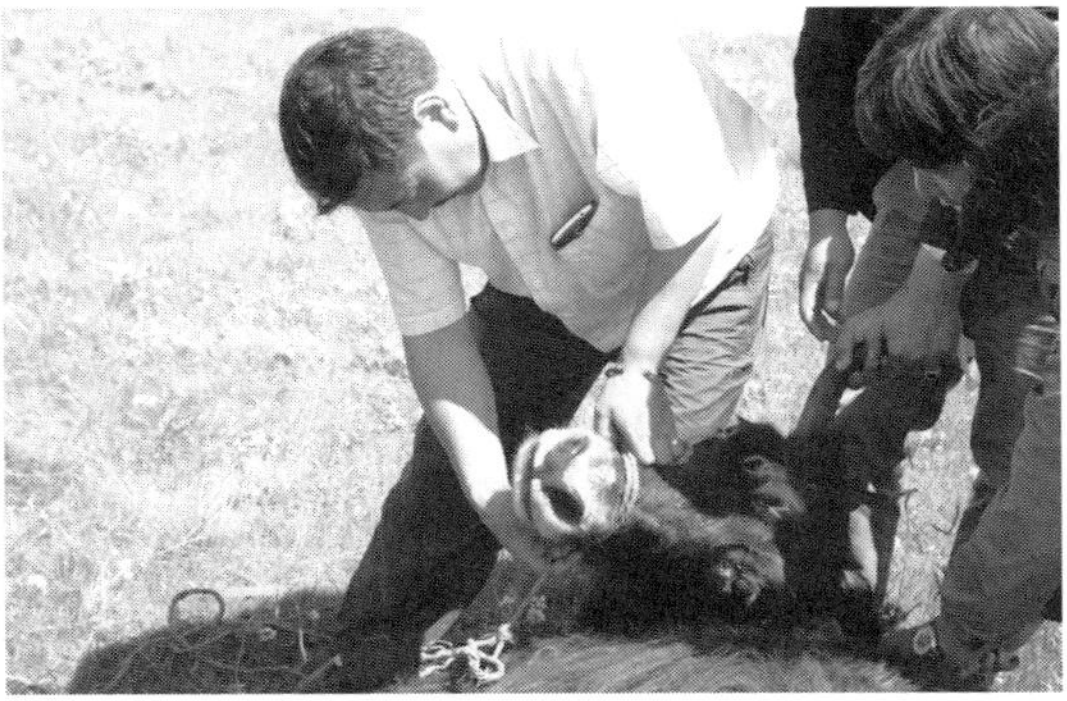
写真9-6　ヤクを窒息させるチベット式屠畜方法

牛も基本的に同じだが、牛の場合は心臓の肺動脈に加えて、背骨（ガル・ツァ）近くの脈も切断する必要があるとされる。かなり深いところにあるので見つかりにくく、経験の浅い者は失敗しやすい。いったん失敗すると、その脈がますます太くなり、人間の指では切れなくなることもある。そのため、牛の場合は、気絶するまで二〇分から三〇分はかかるという。これが、いわゆる河南蒙旗の伝統的な屠畜方法である。このような方法で得られた肉こそ、美味しい（シムゲ）のである。[*7]

筆者が河南蒙旗でこの屠り方を初めて見たのは、一九九六年夏、A氏宅の庭であった。一〇〇キロくらいの巨体を持つ彼は、ひじで羊の首を押さえ、それから徐々に体重をひじに乗せていく。羊はほとんど抵抗もできず三分も経たないうちに動かなくなる。静かに眠りに入ったような様子であった。五分ほど経つと動きが完全に消えた。そこで初めて、彼は、事前に用意していたナイフを静かに取り出した。これまで見たことのないこの五分間の作業内容に筆者は驚き、やや動揺の色を隠せていなかったのかもしれない。A氏は筆者に「怖いのかい」と聞く。そこで筆者が少しうなずくと、次のような言葉が返ってきた。

屠畜に関しては、この世の中で、家畜にとって気持ちの良い方法はない。人間の中には、屠畜が怖い人もいるだろう。でも、河南蒙旗の人間にとっては、屠畜は何も怖くない。特に仏教を信仰しない私のような人にとっては。怖いというよりむしろ皆、ニコニコしながらやっているくらいだ。

そこで、筆者は、短時間で対象家畜を絶命させる自分の故郷、内モンゴルの屠り方を念頭におきながら、どのタイミングで心臓の肺動脈を切るのかと聞くと、A氏は、はっきりした口調で言った。

我々は羊が死んだ後に心臓の脈を切るのだ。君たちのモンゴルとは違って、生きている間には、心臓の脈を切らない。こちらは、死んだ後に、心臓を掘り出す。その時、血液は心臓の周りに溜まっている。血液の重さは一・五キロくらいになる。腸詰の時に使われる。もし、アバ・ヒヒたち(イスラーム教徒の回族のこと)のような首を切る方法だったら、残念ながら、美味しい肉(ハ・シムボ)も、美味しい血のソーセージもできないのだ。

話の前半においては、いわゆるモンゴル式屠畜方法との比較が行われている。窒息させず、知覚のある間、すなわち生きている間には、心臓の脈を切ることは自分たちにはできない。窒息は知覚を喪失させ、痛みを軽減するための措置であるという。話の後半においては、イスラーム式屠畜方法との比較が行われている。肉の美味しさの源は血液にあるという論理である。

肉の美味しさという文脈でいうと、河南蒙旗では、野生動物の肉が美味しいとか、オオカミに噛まれた羊の肉が美味しいとか、崖からの転落など事故で亡くなった家畜の肉が美味しいといった言い方もある。上記、味覚に関するいずれのケースにおいても、血液の存在が彼らのいう美味しさの必然的な前提となっている。

共産党員でもあるA氏は、常に自分は仏教を信仰しない無神論者と自認する。実際、河南蒙旗においては、屠畜のことを「マニ・シユェー・トン」とユーモラスに表現することもある。これは、直接的には、マニ[*8]を読みながら屠る行為そのものを指すが、間接的には、不殺生を重んじるべき仏教徒のはずの人たちが実は動物を殺すのに何の障害も感じない、その態度を皮肉った言い方になっている。

このように、新疆や青海に暮らすオイラト人たちは、「放血法」や「窒息法」といった屠畜方法を用いているため、いわゆる伝統的なモンゴル式屠畜方法である「腹割き法」を基準にして見た場合、伝統離れしていることになる。だが、当の人々の視点から見た場合、「腹割き法」の方がむしろ恐ろしく映る。それとの比較において自分たちの屠畜方法は優しい。

このように見ていくと、イスラーム教が優勢を占める新疆の状況を除けば、屠畜方法はオイラト人としての集団的アイデンティティとの関連が希薄である。様々な地域的な特徴が見られるものの、共通していえるのは、みな自分たちの屠畜方法こそ家畜に優しく、その肉の味こそ最高だという確信の存在である。この確信からは、まず、美味しさという味覚に関わるものはその屠り方によって形作られていること、そして、屠り方の良し悪しをめぐる倫理的評価はしばしば特定の人たちに共有された味覚によって左右されていることが考察できよう。つまり、屠畜をめぐって、多種多様な地域的な基準こそあったものの、それらを凌駕する規範はなかった。

人道的な方法

二一世紀に入り、こうした在来の屠畜方法の良し悪しを測る超越的な規範が現れた。動物福祉の思想に基づく規範である。この規範は、有機農業という経済政策の一環として欧米から導入されたものである。導入背景に、国際的には欧米の農産物輸入基準をクリアするため、国内的には東部内地の近代集約農業の一部門である家禽業がもたらした食の安全問題を克服するため、有機農業を推進させていくとの事情があった。

河南蒙旗は青海省で最も模範的な有機牧畜県といわれる。有機牧畜業の導入の前提は、在来の牧畜が無機だったわけでも、家畜を養う草原が悪化したわけでもない。導入すること自体が前提だったわけである。有機牧畜業に携わる牧畜民の仕事は、有機畜産品企業に家畜を提供することだ。病気治療や疫病予防のための家畜への投薬などは禁止される。

有機牧畜業における屠畜方法は、基本的に家畜に苦痛を与えないとされる電撃（electrical stunning）によるものである。前頭部を電撃し失神させてから、動脈を切断し放血するという方法である。交流電流を用いて対象家畜の「意識の消失」および「心室細動」を誘発することが重要視される。自治県の有機牧畜業の関連規定に、電撃を受け昏迷状態にある家畜をすぐには致死させず、三〇秒以内に速やかに放血しはじめ、それを五分以上継続せねばならぬとの規範が示されている（河南県有機畜牧業開発中心 二〇〇九）。電撃そして短時間で作業を済ますことが、対象動物に対する思いやりとなっている。

コストの問題や技術的な制約もあって、自治県の有機畜産品企業において電撃による屠畜は必ずしも徹底されていないものの、その実施は不可避とされる。電撃による屠畜が「人道的」である故に、実施は、自治県内外の獣医をはじめとする専門家たちによって強く促されている。彼らは有機牧畜推進のため、人道的な屠畜方法と伝統的な屠畜方法を対置させて、後者の後進性を科学的に証明しようとする。

自治県の獣医検疫所の逯は、有機的な肉食製品の必要性を論じる文脈で、自治県の屠畜状況全体を否定し、とりわけ牧畜民による屠畜方法は「劣っている（差）」と断じた（逯 二〇〇八）。青海省の獣医の吉先加も、自治県での現地調査に基づき、有機牧畜業の問題と対策を論じる文脈で、自治県の自然環境をおおいに肯定した上で、「問題」として取り上げたのが、有機牧畜業に関する牧畜民の意識の「欠如」であり、動物福祉に関する知識の「欠如」であった（吉先加 二〇一二）。

青海大学・牧畜獣医科学院・動物栄養研究室の研究者、郝らは、動物福祉を社会進歩の必然的な帰着であると同時に有機牧畜業の核心でもあると位置づけ、電撃による人道的な屠畜方法による肉製品と、そうでない方法による肉製品の違いを科学的に論証する。人道的な屠畜の場合、動物は恐怖と苦痛を感じないため、その肉の質は高い。他方、牧畜民が日常的に行っている「粗野」な屠畜の場合、動物に与えるストレスが大きいため、その肉の質は低い（郝他二〇〇八）。

専門家たちは、肉の質の問題に止まらず、動物福祉という人類普遍的な倫理観を共有しないため、伝統的な屠畜方法が粗野で劣っていると結論している。ところが、彼らの論考においては、彼らが弾糾しようとする当の屠畜方法の内容や背後にある倫理と論理についての言及はいっさい見られない。この事実は、粗野で劣っているという判断は、その研究の結果というより、むしろ出発点であったことを物語る。

窒息させるわけ

上記のように、屠畜方法の善し悪しを論じる際に人々が依拠する最も一般的な基準は、その屠り方が対象に与える苦痛の程度である。屠る時間の長さと苦痛の大きさが比例関係にあるとされるが故に、苦痛を減らすための配慮として時間の短縮が重んじられる。この基準からすれば、長く時間をかけて対象を窒息させ、徐々に絶命させていくチベット式屠畜方法は、悪しきものになろう。他方、本人たちは他の屠畜方法との比較では自分たちの方法は確かに時間がかかることを認める。それにもかかわらず、屠る以上はこの方法しかないとも確信し、自分たちのやり方にこだわる。

実際、河南蒙旗の人々が自分たちと違う屠畜方法として意識するのは、イスラーム式屠畜方法である。ほとんどの牧畜民たちは、家畜を売るため自治県の中心地に位置するイスラーム式の屠場を訪れている。そこで「放血法」による屠畜シーンを自らの眼で確認することになる。脊髄を切断せず、気管、食道、頸動静脈を一気に切断する「放血法」に比べて、自分たちのやり方は確かに時間がかかることを認めている。しかし、自分たちの「窒息法」に比べて「放血法」の方が、痛々しく（ツァ）恐い（ジェグジズ）と感じる人は多い。比較の結果、自分たちの「窒息法」はジェグジズ・マリイ（恐くない、残酷ではない）ということになる。この文脈においては、ジェグジズ・マリイに最も近い日本語は「優しい」であろう。時間はかかるが家畜に優しいというわけだ。さらに、血抜きの肉はゴムのようで不味く、放血しないからこそ自分たちの屠った肉が濃厚で美味しいと、倫理と味覚との両面において彼らは窒息という方法にこだわる。

死にゆく時間をあえて延ばし、家畜の苦痛（デゲゲレ）を加重しているようにも見える、この窒息法にこだわるのはなぜか。牧畜民の説明によると、家畜はナイフで自らの身体が切られることに苦痛を感じる。そう感じさせないため、窒息は不可欠で、屠畜の第一段階になるという。窒息はカル・ダム（口をふさぐ）と表現される。カル・ダムの目的は家畜の知覚を消失させることにある。知覚の消失は、家畜の目が人間の指の動きなど外部刺激に反応しないことを基準に確認される。知覚が消失したら、当の家畜の外なる命（シエ・ショグ）がなくなったと理解される（写真9-7）。

屠畜の第二段階となる、動脈を切断するという行為は、チェグ・ショグである。[*9] その目的は、脈動など家畜のあらゆる肉体的な反応を消失させることにある。この目的が達成されれば、当の家畜の内なる命（ナン・ショグ）がなくなったと理解される。家畜の命は、「ふさぐ」「切る」という二つの行為によって、外から内へと段階的になくなる。そこで、いわゆる「死」が成立する。死んだということを、人々は「ヒェタ」あるいは「ヒェソン」と表現する。だが、上記の段階における二つの行為のいずれも「屠畜」ではない（写真9-8）。

というのも、彼らは、屠畜の第三段階ともいうべき「腹部を切開する」ことを意味するシユェー（開く）という語をもって、屠畜行為を総称するからである。腹部を切開してからは、内臓が取り出され、胴体が解体されていくといった作業が行われる。シユェー以降の作業には、屠畜に携わらないとされる女性たちも参加できる。このことからも、屠畜作業は、シユェーという段階で初めて完了することが分かる。

「ふさぐ」「切る」という行為は、彼らがいう家畜の外と内の命の終焉を決定しているにもかかわらず、屠畜の総称には、家畜の絶命に直結しない「シユェー」という語を当てる。[*10] この言葉の用い方は、家畜は屠って食べられる存在であると同時に配慮される存在であるが故に、それを屠ることも婉曲に表わさなければいけない行為であるという彼らの屠畜倫理を表している（写真9 - 9）。

自治県において、人間や野生動物、そして家畜であっても食べてはいけない馬、さらに大事な犬を殺してしまうなど忌避された殺す行為が生じた場合、それらの行為は「ソル」という語で表される。シユェーと異なり、ソルの範囲には「ふさぐ」という行為は含まれない。「ふさぐ」という行為を伴わない殺しは、忌避される殺しである。「ふさぐ」

写真 9-7　ヤクの眼が指の動きに反応するかを確認する男

写真 9-8　ヤクの動脈を探し切断している男

写真 9-9　ヤクの腹部を切開している男たち

という行為は、許される殺し、すなわち、屠畜そのものの特徴になる。ここで、彼らの屠畜の論理の一面が見られる。既述のように、現代畜産業の基準から見た場合、伝統的な屠畜方法は粗野なものになる。だが、河南蒙旗の伝統的な屠畜方法における「ふさぐ」という行為は、動物福祉の文脈における知覚の消失を可能にする「電撃」と同質の行為であった。科学的に提唱される人道的な屠畜のポイントが「電撃」による家畜の昏迷状態ということにあるとすれば、電撃は、窒息による屠畜を凌駕し、動物福祉を実現するための特権的な形態となる。

5 美味しさの行方

美味しさのための優しさ

上述のチベット式屠畜方法はチベット仏教徒の実践である限り、その屠畜方法をめぐる彼らの解釈も、仏教の文脈で理解すべきであろう。しかし、彼らの上述のような解釈に対するチベット仏教僧侶やチベット伝統医学医師たちの反応は必ずしも肯定的なものではない。

たとえば、チベット医学にも造詣の深い僧侶B氏（七〇代）は、「窒息は外の命を、腹を切るのは内の命をいかすためだ、という牧畜民の解釈」については、その妥当性を疑う。彼は、チベット仏教の教えに基づいて、命（ショグ）は、受精卵と五大元素（土「サ」、水「ツェ」、火「メ」、風「ルン」、空「ナムカ」）と魂（ナムシ）で構成されるという。さらに、ナムシの中は六つの種類のナムシ（メゲ・ナムシ・ワ「眼識」、ナヴィ・ナムシ・ワ「耳識」、ニ・ナムシ・ワ「鼻識」、ジ・ナムシ・ワ「舌識」、リジ・ナムシ・ワ「身識」、イリジ・ナムシ・ワ「意識」）が存在しているが、時間と共にそれらは徐々に消えていき、六種類が全部なくなると、外なる命がなくなる。外なる命がなくなっても、睡眠状態における感覚のような、ニルデグボというものがまだある可能性がある。もしニルデグボもなくなれば、内なる命もなくなる。彼は、牧畜民は必ずしもこうしたことを分かった上で家畜を屠っているわけではないと言う。

B氏は、内外の命の存在こそ否定しないものの、外なる命の消失をもたらすカル・ダムという行為は、家畜の痛みを軽減するためだという牧畜民の説明に対しては否定的である。彼によると、牧畜民は必ずしも自分たちが言っている言葉の意味を理解した上で、屠畜しているわけではない。窒息法という屠畜方法は「あくまでも、血を出さず、栄養を保つためである」と言う。また、医師C氏（男性、五〇代）は、内外の命という分類そのものを否定した上で、チベット式屠畜方法こそ残忍だと言う。「カル・ダムというやり方は残忍だ。動物に優しいというのは、人間が一方的に作った言い分け」。実のところ人々は「単に味にこだわっているだけである。窒息すると血液を胸部に溜めることができ、味が濃くなるからだ。それだけである」と言う。

この点では、僧侶や医師の説明と仏教をまったく信仰しない無神論者と自認するA氏の説明とが図らずも一致している。三者とは異なって、窒息という方法は、対象家畜に優しいと一般の牧畜民たちは見ている。このように、社会内部においては伝統的な屠畜方法が家畜に優しいか否かについては、認識が分かれる。しかし、美味しさについて、四者ともに一致している。一般の牧畜民たちはもとより、A氏も自分たちの屠った肉こそ美味しいという。さらに医師も僧侶もチベット式屠畜方法は美味しく食べるためのものであることを認めている。ここでは、「美味しさ」は強調され絶対化されており、優しいと自称する屠畜方法も、結局のところは美味しく食べるための言い訳にすぎないと見られているという意味で、「美味しさ」は目的化され、「美味しさ」が「優しさ」を決定している。

優しさのための美味しさ

もし人々にとって、肉の「美味しさ」が追い求められるべき目的であり、屠畜方法はその目的を追求するための手段に過ぎないとすれば、特に時間を要する非合理的に見えるチベット式の「窒息法」は、いつでもほかの方法にとって代わられるだろうと予測できる。しかし実際は、こうした予測に反するのだ。

これまで、家畜の生体しか市場に提供してこなかった河南蒙旗の牧畜民は、二〇一五年九月一日には組合を組織し、衛生環境の優れた、かつ伝統的な屠畜方法を特徴とする食肉の生産販売の株式会社を設立した。会社の名は「河南県旺佳民族伝統飲食有限責任公司」である。「河南県」は、河南モンゴル族自治県の略称だが、「旺佳《ワンジャ》」はトイエマという郷（自治県の下位行政名）の旧名にちなんだものである（写真9‐10）。

この会社は、トイエマ郷の六つの牧民の組合（専業合作社）が共同で出資し設立したもので、自治県で最大規模を誇る企業の一つである。具体的には、会社の共同株主となるのは、一〇三六世帯四六〇九人の牧畜民である。これらの牧畜民の所有する家畜の頭数は八万二四〇〇頭である（河南県托叶瑪郷政府 二〇一六）。原則として、会社で使われている羊は、トイエマあるいはトイエマ以外の河南蒙旗各地から調達されている。もしその肉に問題があれば、その飼い主もほぼ特定できる。今現在、死んだ家畜の肉や何らかの問題で処分された家畜の肉を市場に導入する事件が、中国本土だけではなく、青海省のような西部少数民族地域でも見られる。こうした背景を視野に入れると、河南蒙旗で設立されたこの会社は、いわば安心して食べられる肉を市場に提供できる良心的な会社として社会的な価値が高い（写真9‐11）。

この会社は、アムド・チベット地域で、そしておそらくチベット高原でも、最初のチベット式屠畜方法を用いた食肉専門会社となった。会社は、自分たちの屠畜方法の特徴は「蔵式做法」であり、この方法によって、チベット系綿羊の本来あるべき純正の味を顧客に楽しんでもらうことを、社是として前面に押し出している。「蔵式做法」とは、チベット様式という意味であり、窒息による屠畜方法の婉曲な表現である。会社の壁に掲げられているパネルにおいては、会社の屠畜方法の独自性を次のようにストレートにアピールする。

「羊を屠る際、我が社は、『窒息殺（窒息宰殺）』という独特な屠畜方法を採用している。この方法によって、羊肉が血液中の栄養成分を充分に吸収し、肉質のきめ細かさと美味しさが保証される。人体はその血液中の栄養成分をより吸収しやすくなり、羊肉の栄養価値が最大限に発揮されることになる。」

さらに、この「独特な屠畜方法」と題するパネルにおいて、血のソーセージ、羊の内臓や頭など、会社の商品を紹介する際にも、それらの美味しさを保証するのは「窒息殺」という屠畜方法であると強調する（写真9－12）。

会社の設立によって、地域における家畜の「繁殖—飼育—屠畜—加工—流通」の一体化が実現され、産業化に伴い、伝統的な屠畜方法は、市場経済にも認められつつある。自治県の役所も、会社の規模拡大を目指すべく、九千平方メートルあまりの土地を無償で提供してくれた。伝統的な屠畜方法を特徴とする食肉専門会社が誕生したため、それまで

写真9-10　モンゴル・漢・チベットの三種の文字で書かれた会社の看板

写真9-11　会社スタッフたちの作業服

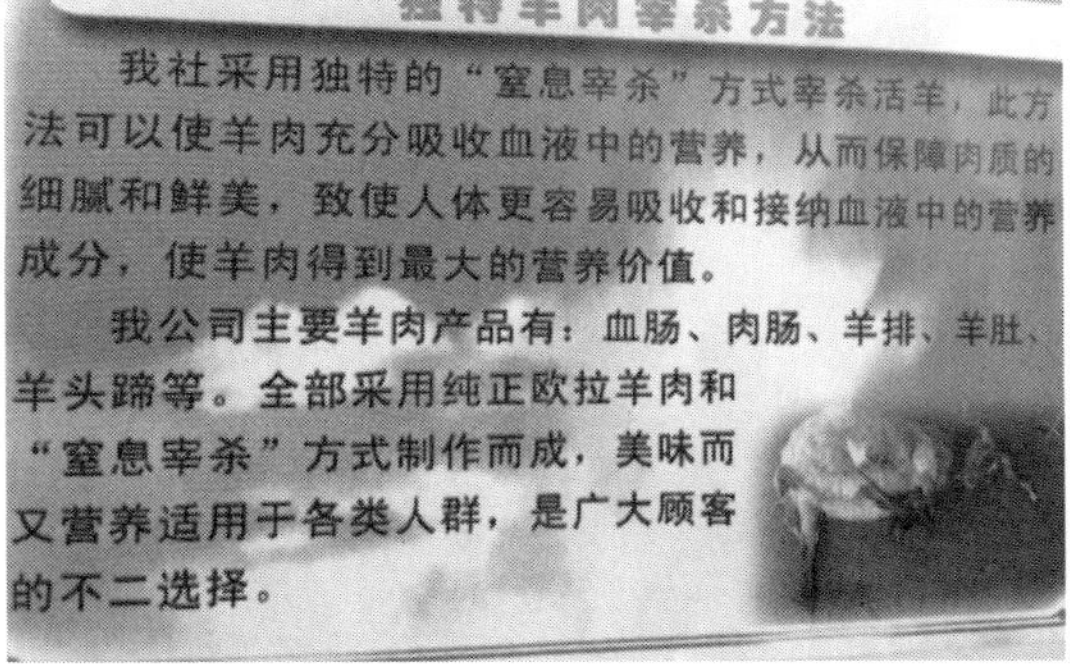

写真9-12　会社の壁に掲げられているパネル（2016年、ジョバジャ〔角巴加〕撮影）

いっさい市場で肉を買ったことのなかった前述のA氏が、初めて外で肉を買ったのが、この会社だったという。かつ、彼は、その美味しさが故に、同じくユルガンニン鎮に住む友人たちにも薦めているようである。彼の友人はほとんどが高齢で、自ら屠畜するのが困難となっているが、肉の味に対するこだわりは相変わらず強い。彼らにも、この会社の肉の味は認められ、肉がなくなると必ずここで買うことになっているそうだ。

定住化が進む現在、ユルガンニン鎮で暮らすようになった牧畜民がますます増えている。これまでにはハラールの店でしか肉が購入できなかった彼らの間でも、この会社は大変な人気を博している。人々は、親しみを込めて、会社のことを地名で「トイエマ」と略称したり、あるいは「トイエマの肉屋さん」を意味するチベット語で「トイエマ・ゲ・ハ・ニョン・サ」と呼んだりする。また、この会社の肉製品は、すべて一言で、「トイエマの肉」を意味するチベット語で「トイエマ・ゲ・ハ」と呼ばれている。

当然、自治県の中心地ユルガンニン鎮を訪れる一般の牧畜民にとっても、「トイエマの肉屋さん」で生産販売されている美味しい肉は、親戚や友人に贈るプレゼントの候補として魅力的である。また、自治県の各公的機関も外部からの訪問客をもてなすため、定期的に「トイエマの肉屋さん」で「トイエマ・ゲ・ハ」を購入する。他方においては、こうした旺盛な需要に対して、「トイエマの肉屋さん」の供給が必ずしも追いつかないというのが、現状である。挙げられるべき主な理由は、次の二点である。一つは、作業員総計二一人しかおらず（そのうち四人は、内臓処理や製品包装を主に担当する女性作業員）、解体作業の速度が必ずしも迅速ではない点である。もう一つは、カル・ダムとシユェーという二つの工程を流れ作業として複数の作業員が別々に行うことは、会社において過剰殺生と見なされ、基本的に禁止されているため、供給の効率がさらに「悪く」なっている点である。

実際、屠畜作業そのもの、すなわち、カル・ダムとシユェーという二つの作業を同時に担当している解体作業員は、男性一人である。夏季と秋季は屠畜する者にとって最も忙しい時期になる。逆に春季と冬季は家畜が痩せているため、ほとんど屠畜することがなく、このような時期において食べられるのは冷凍した備蓄肉である。よって、季節や日によってはばらつきがあるものの、大きく見積もって、一人の解体従業員は一日に屠る羊は平均五匹となっている。この数値は、彼らにとって大きい。これまでの日常生活においては、おそらく一生の時間をかけて屠っていくだろう数の羊を、会社ではわずか一ヶ月で屠ってしまうことになる。仕事だと分かっていても、その親戚や長老たちは、本人のことを、「過剰殺生」になっていないかとしばしば心配する。この心配が本人のプレッシャーに繋がる。解体作業員の給料は、他の作業員より四倍くらい高くなっている。その心の負担、そして関係者の心配を軽減すべく、会社や自治体は、資金を出しあって、寺院の僧侶たちに、彼のために定期的に読経してもらっている。

こうした要素もあり、「トイエマの肉」の値段は、ハラール肉の値段より、一キロ当たり四元から六元（一元は約一五円）ほど高くなっている。高くても「トイエマの肉屋さん」で肉を買いたいと、オイラト系の地元牧畜民やユルガンニン鎮の住民はもちろん、漢族などのオイラト系以外の人間も思っている。他の店では、売っている肉の産地は必ずしも明確ではなく、場合によっては、病気で死んだ家畜の肉を扱っている可能性もある。オイラト人の「トイエマの肉屋さん」はまずそのようなことをしないと河南蒙旗の誰もが信頼しているため、ほかより高くても喜んで買われるのである。二〇一六年六月現在、河南蒙旗における肉の相場は、普通なら羊肉は一キロ当たり四八元、牛肉は五四元となっている。それに対して、「トイエマの肉屋さん」では、羊肉は一キロ当たり五四元となっており、普通の店の牛肉の値段と同じである。

会社として「トイエマの肉屋さん」が主張しているように、そこで採用される「窒息殺」という独特な屠畜方法が、肉質のきめ細かさと美味しさを保証しているのである。会社にとって、そしてこの会社に通うA氏やその友人たちなどあらゆる利用者にとっても、「窒息殺」という屠畜方法はすべての前提となっている。また、解体作業員の仕事が「過剰殺生」に繋がらないかを心配する関係者たちにとっての問題は、屠畜の数であり、屠畜方法そのものではない。この窒息法こそ、美味しさを決定する要因となる。そして、本人たちのロジックにおいて窒息法こそ家畜に優しい屠畜方法であるとすれば、結果的には、優しさが美味しさを決定しているといえよう。

優しさと美味しさの相関

その歴史的な位置づけにはやや曖昧さが残るが、チンギス・ハーンの大ジャサにおける屠畜方法に関する規定は、特定の宗教を排除するようなものだった。しかしその後の法典においては、屠畜方法についての規定は見られなかった。また、オイラト人の屠畜の現状も多様性に満ちており、そのおかれる社会環境の相違によって異なり、今はおおむね三種の屠畜方法が見られるようになっている。そして、屠畜方法と彼らの集団的アイデンティティは基本的に無関係である。

オイラト地域においては、人々は三つの方法で屠畜実践を行っているが、そのいずれにおいても、自分たちの屠畜方法こそ家畜に優しく、その方法で得られた肉の味も美味しい、と実践者たちは確信している。優しいという確信は、宗教職能者や医師など一部のエリートからは、それは人間の都合による一方的なものだ、と倫理的に問題視され否定された。また、肉が美味しいという確認は、獣医や栄養学者からは、その方法が動物に与えるストレスが大きいため、その肉の質は低い、と科学的に問題視され否定された。だが、これらの確信は、他の方法と比較し、すなわち、自分たちの屠畜方法を相対化した上で、実践者たちが得たものである。屠畜方法が複数ある中で、自分たちの方だけが良いという確信の下で設立されたのが、近代的な食肉専門会社「トイエマの肉屋さん」であった。設立から今日までの約一年間の経緯を見るかぎり、「トイエマの肉屋さん」の滑り出しは順調である。

「トイエマの肉屋さん」が誕生するまで、実践者たちにとって、特定の屠畜方法は、美味しい肉を食べたいという目的のための手段だった。つまり、肉の美味しさが、屠畜方法の優しさを決定していた。その意味で、前者の美味しさが原因で、後者の優しさが結果であった。だが今では、特定の屠畜方法こそ肉の美味しさを意味するものとなり、それまでの因果関係は逆転した。それに、自分たちの屠畜方法が家畜に優しいという人々の確信を加味すると、優しさが美味しさを決定するという構図が見える。前者の優しさが原因で、後者の美味しさが結果となる。この点は、チベット式屠畜方法を採用するオイラト人の実践において、より鮮明に見られる。「トイエマの肉屋さん」にとって「窒息法」という屠畜方法は、単なる方法ではなく、肉の美味しさを決める原因である。河南蒙旗の文脈において、他の屠畜方法が考えられないとすれば、「窒息法」イコール肉の美味しさである。正しくいえば、優しさイコール美味しさである。

さて、一六五一年、ダルジャ・ボショクトに黄河南部への部族大移動を決心させた、あの「柔らかくてジューシーな仔羊肉」を提供したトメト部族の屠畜方法は、いったいどのようなものであったか。トメト部族自身がモンゴル高原から移動してきた部族だったことを考えれば、その屠畜方法はいわゆるモンゴル式であったかもしれない。また、その移動の時期が一三世紀だったことを考えると、一七世紀当時はすでにチベット式になっていたかもしれない。そして、チベット式といっても、一七世紀当時と二一世紀現在のチベット式とは異なるかもしれない。いずれにしても、その屠畜方法は、一七世紀の羊たちに優しいと確信され、そしてその時代にふさわしい美味しさをもたらす方法であったに違いない。通時的に見ても共時的に見ても、屠り方に見られる優しさと味覚における美味しさは常に相互規定関係にある。

注

＊1　いうまでもなく、筆者がここで念頭においているのは、食肉の禁忌やトーテミズムをめぐる文化人類学の一連の議論である。代表的な論者として挙げられるのは、「食べるに適している学派」とされ、機能主義的な立場をとるマリノフスキー（二〇一〇）やラドクリフ＝ブラウン（一九七五）、そしてエヴァンズ＝プリチャード（一九九五）であり、「考えるに適している学派」とされ、構造・象徴主義的な立場をとるレヴィ＝ストロース（一九七〇）や、ダグラス（一九七二）、そしてリーチ（一九八一）などである。なお、「考えるに適している学派」に対して異議を申し立てたのが、食文化をすべてコストとベネフィットという合理主義的な立場から説明しようとする唯物論者ハリス（二〇〇一）である。

＊2　サルト＝カルマクは、「イスラーム教を信仰するオイラト人」を意味するテュルク語である。キルギス以外、中国新疆ウイグル自治区イリ＝カザフ自治州のジョウソ県には約一〇〇世帯が暮らしており、彼らは身分証明書上においてはキルギス族となる（シンジルト　二〇一五：一七九）。

＊3　「一般に毎月（陰暦）八、十五、十八、二十五および三十日には、いかなる動物も殺傷してはならない。もしこの禁を犯して生物を殺す者があれば、その目撃者を証人として裁判所に届出で、殺された動物は訴人の所有物たらしめる」（田山　二〇〇一：二六一）。

＊4　「健康な（病気でない、不具でない、欠陥のない）馬、エジプト鵞鳥、蛇、蛙、野鴨（ブラマン鴨）、山鹿の仔、雲雀、犬を殺してはならない。殺す者があれば、何人たるを問わず、目撃者をしてその人の馬一頭を没収せしめる」（田山　二〇〇一：二六一）。

＊5　むろん、屠畜の時期や主体などには、おおよそ共通するものも見られる。季節でいえば秋の終わりと冬の始まり頃が良く、日単位でいえば朝方が良いとされる。月単位でいえば毎月の八日、一五日、三〇日（この三日間は、人間と動物の魂が、あらゆる生命体に降臨するからだとされる）、そして雨の日や雪の日は避けるべきだとされる。僧侶や女性そして子どもは屠畜しない。

＊6　合理主義的唯物論的な立場から見た場合、肉の美味しさを決定するのは、草や水の質といった自然要素であろう。確かに論理的には、自然環境が明らかに異なる地域の肉の味は当然異なり、必ず「まずい」ところがあるはずであろう。しかし実際、自分たちの故郷の羊肉がまずいという牧畜民は皆無であろう。彼らのリアリティにおいて、自ら生産した羊肉は無条件に美味しい。どの牧畜地域にも肉の美味しさにまつわる自慢話がある。彼らは草や水の質といった自然環境の相違を知らないわけではないが、肉の美味しさをめぐる文脈では、これらの自然環境の問題を恣意的にしか扱わないのである。

＊7　かつて、河南蒙旗においては、山羊などの動物供犠（マル・チョル）が行われていたが、二〇世紀（一九四〇年代）に禁止された。今は、山の神などを祀る際には、動物の代わりにバターなどの乳製品が使われる。その乳製品は、河南蒙旗では、「山羊」を意味するチベット語「ラマ」と呼ばれている。

＊8　マニは、チベット仏教徒によって最もよく唱えられる「オム・マニ・ペメ・フム」という真言のことである。

＊9　字義としては「血液・命」となるが、ここでは「動脈を切断する」の意味である。喧嘩などの文脈で、人を罵り脅かす際にも、たとえば「お前、死ね」のようなニュアンスで使われる言葉である。

＊10　シユェーは、腹部切開など人間の手術を指す時にも使われる。

参考文献

エヴァンズ＝プリチャード、E・E　一九九五『ヌアー族の宗教（上下）』向井元子訳、平凡社。
河南県托叶瑪郷政府　二〇一六「我郷成立河南県旺佳民族伝統飲食有限責任公司」河南蒙古族自治県托叶瑪郷人民政府网（http://www.tym.gov.cn/content.asp?id=1153 二〇一六年三月一四日更新）。
河南県有機畜牧業開発中心　二〇〇九『河南蒙古族自治県有機畜牧業生産管理体系』河南県有機畜牧業開発中心（未公示）。
吉先加　二〇一二「青海省河南県有機畜牧業存在的問題及対策」『当代畜牧』八：五七―五八。
小長谷有紀　一九九六『モンゴル草原の生活世界』朝日新聞社。
シンジルト　二〇〇三『民族の語りの文法――中国青海省モンゴル族の日常・紛争・教育』風響社。
――　二〇一二「家畜の個体性再考――河南蒙旗におけるツェタル実践」『文化人類学』七六（四）：四三九―四六二。
――　二〇一五「口承史に映る国の輪郭――新疆ウールド地域における人・地・病」山根聡・長縄宣博編『越境者たちのユーラシア』シリーズ・ユーラシア地域大国論（五）、ミネルヴァ書房、一四四―一六五頁。
ダグラス、M　一九七二『汚穢と禁忌』塚本利明訳、思潮社。
田山茂　二〇〇一『蒙古法典の研究』大空社。
チョクト　二〇一〇『チンギス・カンの法』山川歴史モノグラフ、山川出版社。
仲優・昂青嘉布　二〇〇八（一八四八）『先祖言教』香札・尕布藏确吉堅賛整理、多傑仁青訳、青海人民出版社（*Deb thar mes poi zhal lung*）。
郝力壮他　二〇〇八「動物福利与三江源区畜牧業的発展」『中国畜牧獣医学会家畜生態学分会第七届全国代表大会暨学術研討会論文集』二九―三四頁。
ハリス、M　二〇〇一『食と文化の謎』板橋作美訳、岩波書店。
逯启賢　二〇〇八「抓好検疫創建『三源蒙鑫』有機牛羊肉緑色品牌」『中国畜禽種業』三：七九―八一。
マリノフスキ、B　二〇一〇『西太平洋の遠洋航海者』増田義郎訳、講談社。
山口格　二〇〇二「モンゴルにおける屠殺儀礼の現代的様相」小長谷有紀編『北アジアにおける人と動物のあいだ』東方書店、三一―

二九頁。
ラドクリフ＝ブラウン、Ａ・Ｒ　一九七五『未開社会における構造と機能』青柳真智子訳、蒲生正男解説、新泉社。
リーチ、Ｅ　一九八一『文化とコミュニケーション』青木保・宮坂敬造訳、紀伊國屋書店。
リヤザノフスキー（リヤザノフスキイ）、Ｖ・Ａ　一九三五『蒙古慣習法の研究』東亜経済調査局訳、東亜経済調査局。
リヤザノフスキー、Ｖ・Ａ　一九四三『蒙古法の基本原理』青木富太郎訳、生活社。
レヴィ＝ストロース、Ｃ　一九七〇『今日のトーテミスム』仲沢紀雄訳、みすず書房。
Батбаяр, Б. 2008. *"Их цааз" ын эх бичгийн судалгаа*. Улаанбаатар.（『オイラト法典』の文献研究）
Buyanöljei & baoge (tailburilaba) 2000. *Mongγul oirad–un čaγaǰa–yin bičig. öbör mongγul–un arad–un keblel–ün qoriy_a.*（モンゴル・オイラト法典）
Na basang 1994. *Öirad un ǰang aγali*. kökeqota: öbür mong γul–un arad–un keblel–ün qoriy_a.（オイラト風俗誌）
Čüngkürǰa（ǰokiyaba）2014. *Mongγul qonin miqan idegen– ü soyol sodolol: kökenaγor mongγul qonin miqan idegen– ü ǰišiyelte.* Liyuoning–un ündüsten–ü keblel–ün qoriy_a.（モンゴル羊肉の食文化に関する研究——青海モンゴルの事例）
Alymbaeva A.A. 2013. Contested Identity of Kalmaks in Contemporary Kyrgyzstan, CASCA（Centre for anthropological studies on central Asia）, Max Planck Institute for Social Anthropology, Department'Integration and Conflict', Field notes and research projects VI: 63-69.
Nanzatov B. Z 2014. The Oirats of Kyrgyzstan: Social, Cultural, and Identity Practices of the Sartkalmaks. In I. Lkhagvasuren and Y. Konagaya（eds.）, *Oirat People: Cultural Uniformity and Diversification*. Senri Ethnological Studies 86, pp.155-166.
Vangčinǰab 1997（1848）. *Ebüge degedüs–ün aman ǰarliγ–iyar olamǰilagsan teüke*, Osor, Gabi（orčiγulba）, Bayasγal（nayiraγulba）*Degedü mongγul–un teüken surbulǰi bičig*, Liyuoning–un ündüsten–ü keblel–ün qoriy_a, pp. 11-270.（先祖の教え *Deb ther mes povi zhal lung*）

後記

奥野克巳

地球上の諸社会における人と動物の多様な関係のあり方を探ることを目的として、平成二〇年度から二三年度にかけて、科研費研費・基盤研究Ｂ（海外学術調査）『人間と動物の関係をめぐる比較民族誌研究――コスモロジーと感覚からの接近』が組織された。そのプロジェクトでは、動物がコスモロジーの中にどのように位置づけられているのか、また、感官をつうじて、人がいかに動物と向きあっているのかが、当初のテーマとして設定された。その後、研究の過程で、「ままならぬ他者」としての動物と人との、身体を介した「いまとここ」における、一回的な交渉である「駆け引き」に焦点が当てられるようになった。その成果は『人と動物、駆け引きの民族誌』（奥野編 二〇一一）として公刊されている。

人と動物の駆け引きの多くは、狩猟・屠畜・供犠・動物実験あるいは闘牛などの「動物殺し」を伴う。その点に、人と動物の関係の中に、動物殺しが次なる主題として浮上する契機が潜んでいた。ところが、人と動物の関係に関して、これまで膨大な研究蓄積のある生態人類学でさえ、動物殺しには特段の注意を払ってきたとはいえない。また、動物殺しを扱った研究は、文化人類学においても数少なく、かつ断片的であった。上述の研究プロジェクトを継承するかたちで組織された、科研費・基盤研究A（海外学術調査）『動物殺しの比較民族誌研究』（平成二四年度〜平成二八年度）では、とりわけ、動物殺しを主題として、人と動物の関係に関して、比較民族誌の観点から調査研究が進められた。

本書『動物殺しの民族誌』は、地球上に見られる多様な動物殺しの事例研究に基づいて編まれた論集である。日本語で刊行するという点で、本書の起点は、私たちが暮らす現代日本を取り巻く状況のうちにあるが、本書では、日本における動物殺しが一編も取り上げられていない。そのことに鑑み、このあとがきでは、現代日本における動物殺しをめぐる課題に触れておきたい。

筆者は、かつて神奈川県相模原市で、「動物供養碑」の調査研究を行ったことがある。水田に乏しく、米の収穫が少なかったその相模原市一帯では、江戸時代以降、養蚕業が盛んに行われるようになった。その後、昭和三〇年代から四〇年代にかけて、農業も養蚕も養豚もやるというそれまでの多角経営から、養豚専業へと経営を一本化する農家が現れるようになった。そうした産業転換以前には、相模原市内では、蚕霊に対する供養碑が建立され、昭和四〇年代頃まで、蚕の供養行事が行われていた。高度成長期になると、豚霊（畜霊）に対する供養碑が、市内の畜産業者によって建立されるようになる。上溝の蠶霊供養塔は昭和六（一九三一）年、麻溝の畜霊供養塔は昭和一八（一九四三）年、高田橋の鮎供養塔は昭和三二（一九五七）年、原当麻の豚霊碑は昭和四二（一九六七）年に、それぞれ建てられている。それらの動物供養碑の建立は、養蚕業から畜産業という、相模原市の産業の移り変わりにほぼ照応する（奥野二〇一四）。

しかし、こうした近代以降の動物供養碑の建立の隆盛を捉えて、それに対する供養が、動物のいのちに高い価値をおく日本人によって伝統的に行われてきた習慣であると考えることは早計である。民俗学者・菅豊は、新潟県村上市の大川の鮭漁をめぐる調査研究に基づいて、魚の「殺し」をめぐる在来知について考察している。そこでの人間（鮭漁師）の役割とは、鮭をエビス神へと導いて仲介することであった。エビス神に供えられたいという鮭の望みをかなえることによって、人間が鮭を糧として食べるという実利的な目的もまた同時に達成されたのである。菅によれば「その説明体系自体には、本来的に『殺す』という行為、また『死』という表現すら存在しない」（菅 二〇一二：二三八）。

つまり、大川流域の人々には、鮭を「殺す」行為や鮭の「死」そのものが意識化されていなかったのである。いいかえれば、鮭を「殺す」ことやその「死」に対する正当・不当の価値判断すらなかったのである。翻って、菅が述べるように、「動物を『殺す』こととその『死』とを、最初から『負』と決めつけてしまう現代人の偏った感性は、自然と真正面から向き合ってきた人々の感性とは異なっている可能性がある」（菅 二〇一二：二三八）。動物供養のもとになる動物殺しに対する原罪意識やそれに対する「負」の感情は、その意味で、歴史のある段階でつくられたものだと考えるべきなのである。

動物を殺すこととは、いったい、いかなることであったのか、また現在いかなることなのか。日本人の動物供養を一瞥するだけでも、その問いには、すぐに答えを導き出すことができない、複雑な課題が含まれていることが分かるし、その問いに対して見通しを得るために、ようやく研究が始められたばかりでもあるように思われる。別の角度からその問いの根源へと迫るため、地球規模で、人類諸社会にまで対象を広げて調査研究を行い、検討を加えたのが、本書である。本書では、九人の人類学者によって、地球上の動物殺しが取り上げられている。

本書に収められた幾つかの論考（第二章、第三章）で扱われたように、「人による人殺し」も、人が動物である以上、動物殺しである。動物殺しと言う時には、「動物による動物殺し」「動物による人殺し」もまた視野に入る（奥野 二〇一三）。本書では、動物殺しと言った時に包括的に喚起される、そうした課題のうち、「人による動物殺し」を中心に論じたことになる。それが、現代に暮らす私たちにとって、経済的・社会的・法的・文化的・心理的・教育的な面において、ひときわ大きな問題だからである。

なお、島田将喜氏（帝京科学大学）による「動物による動物殺し」の論考は、すでに公刊されているので、本書の諸論文と併せてご覧いただきたい（島田 二〇一五）。

最後になるが、本書のベースとなる日本文化人類学会での分科会発表（奥野 二〇一三、西本 二〇一四、池田 二〇一五）においてコメンテータを務めてくださった、池谷和信氏（国立民族学博物館）、竹川大介氏（北九州市立大学）、栗田博之氏（東京外国語大学）、また、本書に関連する研究会でコメンテータをしてくださった、大村敬一氏（大阪大学）、木村大治氏（京都大学）、野田研一氏（立教大学）に対して、この場を借りて謝意を表したい。また、各論文に対して丁寧なコメントを与えるだけでなく、執筆者をいつも温かく見守ってくださった昭和堂の松井久見子さんに、御礼を申し上げたい。

平成二八（二〇一六）年七月一五日

追記

本研究はＪＳＰＳ科研費ＪＰ二四二五一〇一九の助成を受けたものです。

参考文献

池田光穂　二〇一五「文化空間において我々が犬と出会うとき——狗類学（こうるいがく）への招待」日本文化人類学会第四九回研究大会（大阪国際会議場、二〇一五年五月三一日）。

奥野克巳　二〇一三「動物殺しの論理と倫理——種間／種内の検討」日本文化人類学会第四七回研究大会分科会（慶応大学、二〇一三年六月八日）。

——　二〇一四「相模原、アニミズム・シティー——動物供養碑を考える」『わたしのフォークロア』一：一〇—一九、民俗学を語る集い。
——編　二〇一一『人と動物、駆け引きの民族誌』はる書房。
島田将喜　二〇一五「動物は動物を殺すか——野生チンパンジーと他動物のインタラクションを翻訳する」『文化人類学』八〇（三）：三八六—四〇五。
菅豊　二〇一二「反・供養論——動物を『殺す』ことは罪か？」秋道智彌編『日本環境思想の基層——人文知からの問い』岩波書店、二二五—二四八頁。
西本太　二〇一四「動物殺しの担い手ができるまで」日本文化人類学会第四八回研究大会（幕張メッセ国際会議場、二〇一四年五月一八日）。

索　引

あ行

か行

さ行

た行

な行

は行

ま行

や行

ら行

わ行

アルファベット

■執筆者紹介

花渕馨也（はなぶち けいや）

北海道医療大学看護福祉学部教授
専門は文化人類学
おもな著作『精霊の子供――コモロ諸島における憑依の民族誌』春風社、2005年

池田光穂（いけだ みつほ）

大阪大学COデザインセンター社会イノベーション部門教授
専門は文化人類学（医療人類学・中米民族誌学）
おもな著作『実践の医療人類学』世界思想社、2001年

田川　玄（たがわ げん）

広島市立大学国際学部国際学科准教授
専門は文化人類学
おもな著作『アフリカの老人――老いの制度と力の民族誌』共編著、九州大学出版会、2016年

山口未花子（やまぐち みかこ）

岐阜大学地域科学部助教
専門は文化人類学、生態人類学、北米先住民研究
おもな著作『ヘラジカの贈り物――北方狩猟民カスカと動物の自然誌』春風社、2014年

近藤　宏（こんどう ひろし）

立命館大学衣笠総合研究機構専門研究員
専門は文化人類学
おもな著作『贈与論再考』分担執筆、臨川書店、2016年

山田仁史（やまだ ひとし）

東北大学大学院文学研究科准教授
専門は宗教民族学・神話学
おもな著作『首狩の宗教民族学』筑摩書房、2015年

近藤祉秋（こんどう しあき）

北海道大学アイヌ・先住民研究センター助教
専門は文化人類学、アラスカ先住民研究
おもな著作「北方樹林の愛鳥家――内陸アラスカにおける動物を殺す／生かすこと」『文化人類学』79（1）所収、2014年

■編者紹介

シンジルト（Shinjilt）

熊本大学文学部教授

専門は文化人類学

おもな著作

『民族の語りの文法——中国青海省モンゴル族の日常・紛争・教育』
風響社、2003 年

『アジアの人類学』共編著、春風社、2013 年

奥野克巳（おくの かつみ）

立教大学異文化コミュニケーション学部教授

専門は文化人類学

おもな著作

『改訂新版　文化人類学』共編著、放送大学教育振興会、2014 年

『「精霊の仕業」と「人の仕業」——ボルネオ島カリス社会における災い解釈と対処法』春風社、2004 年

動物殺しの民族誌

2016 年 10 月 31 日　初版第 1 刷発行

編　者　シンジルト
　　　　奥野克巳

発行者　杉田啓三

〒 606-8224　京都市左京区北白川京大農学部前
発行所　株式会社　昭和堂
振替口座　01060-5-9347
TEL（075）706-8818 ／ FAX（075）706-8878
ホームページ　http://www.showado-kyoto.jp

印刷　モリモト印刷

ISBN978-4-8122-1602-6

＊乱丁・落丁本はお取り替えいたします。

Printed in Japan